A Short History of
Philosophy

世界哲学简史

Robert C. Solomon   Kathleen M. Higgins

[美]罗伯特·C·所罗门　[美]凯瑟琳·M·希金斯　著

梅岚　译　陈高华　校

献给奥克兰大学的朋友和同事
感谢他们的善意、友情和交流

目 录

序　言　/1

第一部分

世界秩序的追寻：古代哲学　/1

"轴心时代"与哲学的起源　/2

希腊的"奇迹"　/8

哲学、神话、宗教与科学　/13

意义与创造：宇宙生成论与哲学的起源　/20

吠陀和吠檀多：印度的早期哲学　/26

第一位（希腊）哲学家　/29

前苏格拉底哲学家（1）：世界的基质　/34

前苏格拉底哲学家（2）：基本秩序　/38

前苏格拉底哲学家（3）：多元论者　/43

走进智术师　/47

苏格拉底　/52

柏拉图：形而上学家抑或高明的幽默大师？　/59

哲学家的哲学家：亚里士多德　/68

柏拉图（和亚里士多德）的注脚　/82

艰难时期：斯多葛主义、怀疑主义与伊壁鸠鲁主义 /83

古印度的神秘主义与逻辑：龙树和正理派 /90

第二部分
神与哲学家：宗教哲学与中世纪哲学 /95

宗教与灵性：三个哲学主题 /99

东方的智慧（1）：印度教、耆那教、佛教 /103

东方的智慧（2）：孔子和儒家 /111

东方的智慧（3）：老子、庄子和道家 /115

波斯的内心深处：琐罗亚斯德教 /119

从雅典到耶路撒冷：犹太教、基督教和伊斯兰教 /120

希伯来民族与犹太教的起源 /126

希腊的犹太人：亚历山大的斐洛 /134

基督教的诞生 /136

基督教的开场：圣保罗 /142

新柏拉图主义和基督教 /144

圣奥古斯丁和内在精神生活 /146

基督教内部的首次大分裂 /151

伊斯兰教的兴起 /154

神秘主义 /158

波斯和逍遥派传统 /160

犹太人的流散、辩证法和犹太教中的神秘主义 /165

思考上帝：安瑟尔谟、阿伯拉尔、阿奎那和经院哲学 /169

晚期经院哲学：邓斯·司各脱和奥卡姆的威廉 /175

追寻本质：炼丹术士 /177

西方之外的哲学综合 /180

宗教改革：路德及其追随者 /183
反宗教改革运动、伊拉斯谟和莫尔 /189
亚里士多德之后：
培根、霍布斯、马基雅维利和文艺复兴 /193
在"地理大发现"之前：非洲和美洲 /198

第三部分

在科学与宗教之间：现代哲学与启蒙运动 /207

科学、宗教与现代性的意义 /208
蒙田：第一位现代哲学家？ /211
笛卡尔和新科学 /213
斯宾诺莎、莱布尼茨、帕斯卡尔和牛顿 /221
启蒙运动、殖民主义与东方的衰落 /228
洛克、休谟和经验主义 /231
亚当·斯密、道德情感和新教伦理 /237
伏尔泰、卢梭和革命 /241
伊曼努尔·康德：拯救科学 /244
康德的道德哲学和第三批判 /250
黑格尔：历史的发现 /254
哲学和诗歌：理性主义和浪漫主义 /262
叔本华：浪漫主义的西方邂逅东方 /265
黑格尔之后：克尔凯郭尔、费尔巴哈与马克思 /268
密尔、达尔文与尼采：消费主义、进化和权力 /272
美国早期哲学 /278

第四部分

20世纪：从现代主义到后现代主义　/287

拒斥观念论：百年战果　/288

弗雷格、罗素和胡塞尔：算术、原子主义和现象学　/289

战壕中的查拉图斯特拉：理性的局限　/298

哲学的美国经验：实用主义　/305

变化的实在：过程哲学　/311

乌纳穆诺、克罗齐和海德格尔：生命的悲剧感　/314

希特勒、大屠杀、实证主义和存在主义　/323

毫无出路：加缪、萨特、波伏娃的存在主义　/329

从理想语言到日常语言：从剑桥学派到牛津学派　/333

女性和性别：哲学的女性化　/337

受压迫者归来：非洲、亚洲、美洲　/344

从后现代主义到新时代　/352

世界哲学：希望还是幻影？　/358

参考书目　/361

人物年表　/375

出版后记　/381

序　言

　　早在有历史记载之前的数千年，哲学的核心概念就已经存在。某种形式的不朽概念，至少可以回溯到数万年前的尼安德特人。他们似乎已经发展出了一种来世观念，这体现在他们的墓葬遗址和图腾符号中。在史前时期，巫术也显示了明确的哲学基础：它诉诸不可见且尚未得到理解的原因。抽象和观念化形式则可追溯到生活于一万多年前的克鲁马努人。那些可怖的人类献祭活动，历史同样久远，也已表明某种关于世界的复杂信念。

　　人们在什么时候第一次构想出了需要安抚的诸神？又在什么时候第一次相信生命场景和奥秘背后的力量？人们在什么时候开始思索世界的创造，又在什么条件下进行这种思索？人们在什么时候超越自然的"事实"而走向思索、灵性和惊异？这些信念和思索又在什么时候开始统一为古希腊人称之为哲学的这门争论不休的学科？古代世界早期为数众多的诸神是如何变成一神的？在公元前1370年，摩西诞生数世纪之前，埃及法老阿赫那吞（Akhenaton，即阿蒙霍特普四世［Amenhotep IV］）就已宣称信奉一神。但据说，在此前五百年，亚伯拉罕就已经有一神的信仰。哲学在多大程度上是一种处理统一性要求、关注"超越"我们之物的努力？

　　在接下来的篇章中，我们试图撰写一部哲学简史：它简单明了，却抓住了这个主题的复杂性和多样性。读者诸君可能会心存疑虑，我们怎么能把一本几近300页的书称作"简史"。毫无疑问，这本书可以更加简短：我们可以泛泛而谈、略过某些人物，并把整个非西方传统排除在外。但是，一旦我们试着这样删减，受到损害的就不是我们作者自己，而是我们的历史。什么东西完全不必要，以致可以忽略？当然，我们一直在做这样的决定，删减了很多内容，尽管如此，这个主题的丰富性仍蔚为可观。为了包罗更为广泛的内容，我们只能冒着大量内容被过度简化的危险。不过，当我们看到我们的德国哲学同行施杜里希（Hans Joachim Storig）的"简史"厚达750页，我们又振作了起来。

我们会尽可能在本书中摒弃自己的偏见——当然并不总能成功地做到。我们也力图收录某种意义上哲学的全球性视角，但当我们这样做时，并未犯下错误，有意避开独特的"西方"视角。我们对此也无需致歉。我们也尽可能不去冒犯什么，这在今天着实不易。尤其是关于神学和宗教的几个章节，我们尽可能谨慎地保持无宗派立场。至于其余章节，我们相信读者能够容许我们说两句俏皮话，提出一两个批评。总而言之，哲学妙不可言，我们不应该过于刻板地对待它。

特别感谢史蒂芬·菲利普斯（Stephen Phillips）、罗杰·埃姆斯（Roger Ames）、保罗·伍德拉夫（Paul Woodruff）、哈拉尔德·阿特曼·斯帕克（Harald Atman spacher）、贝尔德·卡里克特（Baird Callicott）、大卫·霍尔（David Hall）、哈罗德·利波维茨（Harold Liebowitz）、珍妮特·麦克拉肯（Janet McCracken）、埃里克·奥姆斯比（Eric Ormsby）、罗伯特·麦克德莫特（Robert McDermott）、格雷厄姆·帕克斯（Graham Parkes）、托马斯·沈（Thomas Seung）、杰奎琳·特里默（Jacqueline Trimier）、乔格·瓦拉德斯（Jorge Valadez）、卢修斯·奥特洛（Lucius Outlaw）、彼得·克劳斯（Peter Kraus）和罗伯特·古丁-威廉斯（Robert Gooding-Williams）。我们感谢在贝拉的塞尔贝罗尼别墅得到的热情款待，感谢新西兰奥克兰大学的好朋友提供的极佳服务。我们也要感谢给予我们鼓励和启发的德克萨斯州大学奥斯汀分校的许多朋友。尤为感谢最初批准这一计划的安吉拉·布莱克本（Angela Blackburn），以及我们长期的朋友、牛津大学出版社的优秀编辑辛西娅·里德（Cynthia Read）。最后要感谢约翰·科维诺（John Corvino），他为我们制作了本书的索引。

罗伯特·C·所罗门
凯瑟琳·M·希金斯
1995年2月于德克萨斯州

第一部分

世界秩序的追寻：古代哲学

"轴心时代"与哲学的起源

在公元前6世纪和前4世纪之间,①相距甚远的世界各地都取得了非凡的发展和进步。在地中海的北部、南部和东部,在中国、印度以及它们之间的某些地区,独创思想家开始挑战和超越各自社会既有的宗教信仰、神话以及民间传说。他们的思想开始变得更加抽象。他们的问题变得更加尖锐。他们的回答也越来越富有雄心、更具思辨和令人惊讶。他们引来了学生和信徒,创建了学派、膜拜团体和伟大的宗教。他们就是"哲学家",智慧的追求者,对简单回答和流行偏见永不满足。突然之间,到处都有他们的身影。尽管我们并不十分了解他们之前的思想世界,甚至也不了解他们,但我们仍可以很肯定地说,自从他们出现,世界开始变得不同。

有些哲学家出现在地中海的东海岸、希腊和小亚细亚(今属土耳其)。这些充满好奇心、间或有点乖戾的哲学家,认为根据任性的诸神来解释自然的流行说法有问题。他们是贤者、智慧之人,对自己的才智充满自信,对流行观点进行批判,尤为关键的是,他们能使自己的追随者信服。他们重启了关于万物的终极本原和本性的古老问题。他们不再满意(曾激动人心的)熟悉的神话故事,比如,大地与天空交媾、维纳斯诞生于大海以及宙斯投掷雷电。他们开始拒斥流行的诸神观念,更加喜欢较少人性(较少"神人同形同性论")的知识。他们开始质疑"事物所是"的常识观念,并区分"真的"实在与事物显现的样子。

与此同时,"我们应该如何生活"这个问题,也从原来仅仅是关于个人明辨、遵守具体社会的法律风俗的问题上升为普遍性的问题,即

---

① 我们要讨论的许多哲学和哲学家并不属于基督教,因此我们在这本书中将使用"B.C.E."(before the common era)这个广为接受的名称来取代"B.C."。

"什么是人之为人的正当生活方式"？在智慧这个观念中，我们可以找到对这个问题最简明扼要的回答，而那些追求智慧、热爱智慧的人，因此被称为哲学家（philosopher这个词源自philein［爱］和sophia［智慧］的结合）。在公元前6世纪和5世纪的大部分时间里，他们丰富了小亚细亚、希腊和意大利的思想生活。他们中最伟大的人或许要数苏格拉底（Socrates，公元前470—前399），他因自己的教学活动和政治立场而遭到处死。他坚信真正的好人不会受到伤害，在某种程度上，他的死就是对这个信念最为生动的展示。而且，由于他的死，哲学成了人类世代痴迷的学问——先是希腊人，随后是罗马人，接着是欧洲的沉思者。

大约与此同时，有位名叫悉达多·乔达摩（Siddhārtha Gautama，公元前563—前483）的忧郁的贵族青年，走遍印度苦苦寻觅面对死亡以及他周遭所见的巨大苦难的方法。最终，他找到了答案。他在动荡不安、暴力横行的时代提倡和平与安宁。在经历了一段神秘体验之后，他"好像从梦中醒来"，成了著名的"佛陀"，即"觉者"。他的思想质疑传统的"印度"思想，改变了印度、东亚各国，以至世界。

佛陀弃绝世俗的物欲和欢愉，是漫长的探寻者传统中的一员。他从印度教经典《吠陀》（Vedas）和《奥义书》（Vedanta）中的古老论题得到启发，认为我们关于宇宙和自身的日常图景只是一种幻象。长久以来，印度哲学家都在捍卫婆罗门作为绝对实在的概念。有些哲学家强调，婆罗门完全独立于常人的经验且不为这种经验所知。佛陀肯定熟悉这种观点——他的同时代人，耆那教的创建者摩诃毗罗（Mahavira）也肯定熟悉。但他们两人最终都拒斥了这种观念。与耆那教徒相同，佛陀表明，惟有看破世俗现实和个体自我的幻象，修行自身以摆脱招致苦难的那些令人迷惑的欲望和激情，才能超脱人类苦难。以佛陀之名，佛陀的追随者发展出丰富的理论，涉及知识、自然、自我及其激情、人的身体及其疾病、心灵及其苦恼、语言和我们构想实在的方式。耆那教徒和一代代不同流派的婆罗门哲学家，也发展出有关上述主题的丰富理论。

与此同时，在中国，有位名叫孔丘（孔夫子，公元前551—前479）的小官员，因其在人们相处共事方面的金玉良言和深邃洞见吸引了大批追随者，成为万世不朽的伟大教育家。当时的中国已经有高度发达的政治文化，但社会也同样处在动荡之中。孔子学说的主旨就在于定义并促成通向大同社会之方式（即所谓道）。在孔子生活的时期，周王室只是名义上的统治者，整个中国实际上有众多"诸侯"，每个人都很清楚，只要帝国不能保持统一，就会陷入毁灭性灾难。孔子孜孜以求的，就是为统一提供哲学基础。

中国文化的基础是家庭。然而，家庭以及我们今天所谓的"传统的家庭价值"在当时（公元前500年！）就已被权力政治所败坏，存在严重的问题。因此，孔子哲学关注的几乎全是社会政治、正当统治、正当政府以及家庭价值和共同体价值的问题。于是，他的论述涉及人际间的和谐关系、为政的才能、如何与他人相处、如何教化他人、自我反省和自我转变，以及培育个人德性和避免恶习。

与西方哲学家相比，孔子没有谈论的东西同样值得注意。除非出于类比人际关系的需要，孔子并不谈论自然或万物的本性。他并不特别关心非人类实在的终极本性，而且，与佛陀不同，他不考虑我们所认为的"实在"或许只是表象或幻象的可能性。他也不谈论诸神，或者说，除了个人德性、人际关系和良序社会，他什么也不关心。孔子从未想过要创建一种宗教，也没有野心要凭借抽象的哲学才华去征服同胞。他谦虚却颇有预见性地说："素隐行怪，后世有述焉，吾弗为之矣。"（译按：出自《中庸》）可是，他死后受人景仰，甚至被历朝历代奉若神明，而儒家思想——或者说它的变种——如今也成了世界上三分之一人口的哲学。

根据历史记载，在公元前6世纪，中国还有另一位圣人（也可能是许多圣人）名叫老子，他提出一种极为不同的达成和平与教化的方式（道）。① 与他同时代的孔子相反，老子更为看重自然，但对人类社会关注较少。比如，孔子认为某些欲望"不自然"，也就是说（从根本上而言），它们在君子的正当生活中不应有位置。老子更相信自然，

---

① 值得注意的是，希腊语 dike 常常被译为"正义"，可就其本质上的意义"正当的生活方式"而言，最初指的也是"方式"。

更信赖未受教化的人的欲望。①对于孔子而言，美好生活之道就是遵循和尊重祖先遗留下来的传统。而在老子看来，道显得更为神秘。道不可言说，也无法加以阐明。它无法被解释为一种准则、指南和哲学。（《道德经》有言："道可道，非常道。名可名，非常名。"）但这并不意味着人们不能尝试去发现道并循道生活。

孔子和老子奠定了中国哲学的基础。他们都强调，"和"是社会与个人的理想状态；两者都坚持以宏大视野来看待个体生命。个人品格是生活的目标，但个人无法用孤立的个别术语加以规定。孔子认为，个人具有社会性；但在老子看来，个人依自然而生。他们的分歧在于，自然与社会哪个更为重要？这是中国思想家共有的思想框架。

无论东方还是西方，（孔子和老子引发的）自然—社会之争都是永恒的哲学论题。中国人沉思自然秩序与人类秩序的关系；古希伯来人讨论什么是"自然"；希腊人所开启的争论则延续至今：什么是自然，什么不属于"人的本性（自然）"？中世纪的教会和伊斯兰教陷入这类争论不能自拔；南太平洋和非洲的许多地区，以至南美和北美，有成千上万的部落和传统社会都展开过类似的论争和讨论。日本社会在哲学上最为折中，把老子的道家思想、儒家思想和佛教思想相互融合，仔细地区分了自然、社会和灵魂的哲学概念，由此形成了属于他它自己的、充满独创性的生命哲学。

儒家与道家的对话，或者从较为全球性的视野来看，强调社会和传统与强调自然之间的对话，本身就是某些社会概念和文化观念的产物。它建立在如下文化观念之上：人在自然中的位置、自然与文化的区分，以及与之相应的"自然"与"不自然"之间的区分。早期希伯来人坚持认为，烹煮还在吃奶的小羊羔"不自然"，这也许是因为，在食肉的饮食习惯中，他们隐约意识到那些被食用的动物也有尊严。20世纪美国最高法院为哪种性行为是自然的展开争论，但这类讨论早在古希伯来人及随后的基督徒便已设定。亚里士多德认为，为了谋利而借贷（高利贷）是不自然的，然而今天，绝大多数商人会认为，赚钱是世界上最为自然的事情。人们以为，所有世界给予我们的东西都

---

① 我们将会看到，类似的争论也在18世纪的欧洲展开，即让－雅克·卢梭（Jean-Jacques Rousseau）与其他道德情感理论家之间不同哲学的争论。

是自然的。事实证明，"自然"是哲学中最具争议性的概念之一。

让我们回到中东，回到波斯，即现在的伊朗，那里有个名叫巴尔赫的查拉图斯特拉（Zarathustra of Balkh，又称琐罗亚斯德［Zoroaster］，约公元前628—约前551）的人，他开始提出一种全面的道德一神论。我们可以推测，查拉图斯特拉在很大程度上受到古希伯来人和埃及早期的一神论者阿赫纳吞的影响，甚至也许还受到了《吠陀》的影响，当然，人们完全可以说，他不是一个真正的一神论者，因为严格来讲，他确实信仰多个神。然而，他强调对最强大的神——阿胡拉·马兹达（Ahura Mazda）——进行专一崇拜。（值得一提的是，《旧约》也不否认其他神的存在。《希伯来圣经》只是严厉宣称耶和华的至高无上，强调"在我面前，不可称颂别的神。"）

查拉图斯特拉也坚持一种激烈的伦理观，它源自世间两种形而上的力量之间的冲突。阿胡拉·马兹达站在善的这一边，与其相对的是完全的黑暗，即恶。查拉图斯特拉认为，善和恶都源于我们自身。他对后来所谓的"恶的问题"有过深入思考——北非的圣奥古斯丁在千年之后才又开始着手讨论这个问题。全能的上帝怎会允许世界上存在如此多的苦难和恶呢？查拉图斯特拉的回答是，善和恶均由上帝创造。摩尼教徒继承这个观点（他们受查拉图斯特拉影响，但被拜火教信徒视为异端），将这种道德二元论发展成善恶之间的宇宙大战。拜火教信徒后来将自己的信仰转变成具有很大影响力的政治势力，使波斯成为当时世界上最强大的帝国之一。

古希伯来人属于世界中的一股哲学力量，但（在耶稣之前）没有哪个希伯来哲学家堪与孔子、佛陀、苏格拉底或查拉图斯特拉比肩。即便如此，他们撰写过一部描写他们自己的著作，这部著作可以说是历史上最有影响力的著作之一。不错，这就是《希伯来圣经》或《旧约》（尤其是《创世记》），它首先是一部宗教经典，但它也是极为重要的哲学著作。当然，它还是历史、神话学作品，有人甚至还认为它是科学作品。古希伯来人并没有发明一神的观念，他们也不是第一个具有庞大法律体系或者认为自己是"选民"的民族。埃及人阿赫纳吞和后来的查拉图斯特拉也崇拜唯一神；汉谟拉比统治下的巴比伦人也有丰富的法典（希伯来人后来从中受益良多）；而且，几乎每个部落和社会的成员都认为自己是独一无二的——我们今天仍这样看待自己。古希伯来人的显著成就在于，他们善于创造和讲述自己的故事，说自己是与上帝立约的民族，虽因自己的作为而历经苦难、遭逢悲剧，却仍忠心耿耿、默默忍受，使种族繁衍延续。自力更生的漫长历史无疑是这个民族的巨大优势，使它尊崇作家、思想家以及传说叙述者。

因此，宽泛说来，哲学不是某时某地在世界突然登场，而是在世界各地多次登场。然而，我们不应想着自己的那点创新而沾沾自喜、目无他人。我们非常熟悉这种洋洋自得的情境：世界黑暗，一片蛮荒，直到出现少许光亮——希腊的"奇迹"以及其他两三个遥远地方的光亮。许多民族都把自己的文化称颂为"野蛮人"包围着的文明港湾，我们对此应持谨慎态度。希腊人说波斯人是野蛮人，波斯人以同样的名称回击希腊人。希伯来人把所有其他人贬斥为"异教徒"，后来却又被不再接受自己原来犹太身份的基督徒所拒斥。中国哲学家余英时在谈到中国周边部落时也说过类似的话，中国所谓的"蛮夷"部落就有今天的日本，但它是世界上最精致复杂的社会之一。同样，埃及人瞧不起南部的努比亚人，罗马人蔑视北方地区的人。到了近代，英国人看不起法国人，法国人看不起德国人，德国人看不起波兰人，波兰人看不起俄国人——而俄国人看不起西伯利亚人和中国人。一种文化中的"野蛮人"，往往是另一种蓬勃发展的文明，并能成为富有成果的观念之源。

只有无知和偏见才会阻止我们接纳这样的可能性：丰富多彩的哲学流派和精妙的论证曾盛行于世界各地。许多社会有复杂精致的口传文化，它远比通过书写让知识代代相传更为直接也更富成效。面对面讲故事非常迷人，且极富人情味。识字的人往往较少。相比之下，书写文字就很难有这样的效果，它冷漠、疏远、没有人情味。在口传社会中，长者以诗歌的形式传递他们的智慧。然而，这些文化一旦消失，他们的观念——实际上还有整个文明——也就不为我们所知了。

甚至古希腊在变得"哲学化"之前，也就是说，哲学家还没有将自己的观念写下来并要求自己的学生去研读时，也属于口传文化。《伊利亚特》和《奥德赛》并不是名叫荷马的人的独创，这些作品能够以如此非凡（尽管确非原创）的形式流传至今，可谓幸运至极。斯巴达的哲学大多数以传唱而非诉诸文字的形式流传，或许正因为雅典人——尤其是柏拉图——能够书写，最终使雅典成了世界的哲学中心。

（就此而言，伟大的苏格拉底也没有留下任何文字，因为柏拉图，我们才［自认为］对苏格拉底及其思想非常了解。）

因此，非洲有很多地方的部落对世界的思考极为复杂精妙，这是完全有可能的。实际上，倘若倾听地球上不同地区人们的交谈和思索，无论是乡野之声还是咖啡馆之语，我们就不难发现，任何民族都在以（或者曾经以）某种形式"做"哲学。他们好奇，什么是星星？事情为何发生？我们生活的意义是什么？为什么我们会死，死时又发生了什么？什么是真正的善，什么是恶？没有理由认为，这类问题以及围绕它们产生的思想只限于那些采用了书写语言的文化，它们为后世保存了可供研读的文本。

同时，后来南北美洲作为"新世界"而"被发现"，但其实都早已有人居住，那些居住在靠近赤道较为温和的地方的人们，发展出了自己卓越的文明和哲学。在欧洲人16世纪早期到达之前，印加、玛雅和阿兹特克文明已然发展成形很久。美国土著部落几乎没有什么历史文献记载，但他们在家园被开发剥削的之前数千年，就可能已经发展出了有生态意识的思想体系。澳大利亚土著依照"黄金时代"的哲学观念生活了数万年，在那个时代，祖先创造了世界，他们在回归自然之前，把法律和仪式传授给后代。

不用说，古希腊人和中国古人对这些发展一无所知（从地理上来说也是不可想象的），欧洲人要在百世之后才对这些文明有所了解。但是，我们为何要认定，与那些保存完好且有哲学自觉的文化相比，这些文化缺乏思想性、哲学性和想象力呢？我们（有些自以为是地）将"我们自己"的哲学传统视为历经曲折后突然转变的结果，并对它广为人知的开端加以颂赞，这没什么不好。不过，同样重要的是，我们要认识到我们向来颂赞的只是某一种哲学，它或许只是有众多面向的宏大人类计划的一部分。

希腊的"奇迹"

希腊文明在公元前6世纪开始出现，但远在此之前，地中海东岸、中东、亚洲和非洲就已经出现了灿烂的文明。希腊人本是来自北方的游牧印欧人，他们取代了在爱琴海定居的民族。（这个流离失所的民族不断迁移，最后在克里特岛创造出伟大的文明。可惜，我们完全不懂他们的语言，但很难相信，他们没有自己深刻复杂的哲学。毕竟，他们甚至有室内排水系统。）大约在公元前1200年（特洛伊之围后不久），希腊基本毁灭殆尽，此后直到公元前6世纪，希腊一直处于"未开化"状态。

希腊人在整个地中海地区从事贸易活动，自由地吸收其他文化。他们从腓尼基人那里学到了字母表、技术和大胆新颖的宗教观念。他们从埃及获得了现在所谓的希腊建筑、几何学原理以及其他许多观念。他们从巴比伦（今伊拉克）汲取了天文学、数学、几何学以及更多的宗教观念。希腊并不是"奇迹"（古印度也不是），它仅仅是极为幸运的历史事件，是从邻邦和先辈那里汲取不同特性的经验的产物。

在这个过程中，埃及神欧里西斯（Orisis）成为希腊半神半人的狄奥尼索斯（Dionysus），公元前6世纪，希腊各地广泛流传着对狄奥尼索斯的神秘崇拜。根据"俄尔甫斯"秘教，巨人们（泰坦们）统治着大地。他们都是地母盖亚之子，后者还生下了宙斯——诸神之王和狄奥尼索斯的父亲。狄奥尼索斯被泰坦们所杀，宙斯为了复仇则杀死了泰坦们，而人类则从他们的灰烬中产生。因此，人性部分具有自然性，部分具有神性。这就意味着，我们拥有永恒的生命——借用托马斯·霍布斯（Thomas Hobbes）的话说，在生命常常陷于"卑下、野蛮而短暂"的世界里，这不算是令人厌恶的观念。因此，无论希腊哲学如何宣称自己多么"理性"，也无法掩饰俄尔甫斯秘教对它的深远影响。

希腊哲学是神话、神秘主义、数学以及与世界不协调的令人烦扰的知觉的混合产物。第一批希腊哲学家发现他们所处的环境既令人艳羡又易受到伤害。他们的文化丰富而又具有创造性，但在它周边，遍布充满嫉妒和相互竞争的敌人。伟大的文化因遭到突然入侵而完全从世界版图上被抹去，这并不少见。这些伟大的文化，即使幸免于战争，也常常会被自然摧毁。流行病就像无声的军队，席卷各个城市。生活不可预知，往往多生变故，既令人珍惜，又令人惋惜。（欢乐的西勒诺斯［Silenus］说："最好是从未出生，次好是生来就死掉。"）

在几乎不可控的世界中，命运观念自然极为重要。然而，尽管特洛伊时代和荷马时代的希腊人把命运归结为诸神反复无常的决定，但公元前6世纪的哲学家仍试图为万物寻找某种根本秩序，即某种稳定的、可理解的存在基础。几千年甚至上万年以来，宗教一直在为"超越"开辟道路，但是，哲学要在超越中寻求秩序。它用原则取代神的意志和激情，用逻各斯（logos），即某种理性或潜在的逻辑，取代命运显而易见的不确定性。

第一批希腊哲学家是小亚细亚的米利都人。米利都是雅典人创建的一座伟大城市，不过先后为吕底亚人和波斯人征服。实际上，波斯文化确实让米利都人接触到宇宙统一性、数学之美以及某些宗教信仰观念。其中有拜火教的教义：一神论、灵魂不朽以及善恶二分。正如我们将会看到的，早期希腊哲学家特别强调宇宙论（cosmology）的重要性，重视数学的特殊地位，认为数学是知识的典范。他们也寻求基础性的解释理论，比如，他们认为世界由相互竞争的元素和属性（热和冷、湿和干）的有序"对立"组成。终极实在可以根据某些基本原则加以理解和把握，而且，人的生活及其命运能够也应该由此加以理解。

公元前6世纪思想家标志的这个剧变，实际上并没有后来人们回顾时所认为的那样突兀。事实上，哲学与所有其他人类成就一样，并非无中生有，哲学家同样也不是从天而降。当时，地中海的东岸、印度和中国的文化已经发展出灿烂的文明，但它们又处在巨变之中，尚未定型。传统和变化的结合，恰好培育了值得我们认真对待的哲学观念的土壤。印度教有数千年的历史，它不仅有丰富的寓言故事和民间智慧，也有漫长的圣贤和沉思传统，对世界的存在方式有深刻洞见。（"印度［Hindu］"指的不是一种宗教，而是一个地方，即"印度河以东"。）印度的《吠陀》可以追溯到公元前1400年，其后评注《吠陀》的《奥义书》（也被称作《吠檀多》或评注集）则可以追溯到公元前800年。佛陀开始质疑其中某些观念的时候，自由的思想论争和对神秘主义的热衷已经在印度盛行开来。这些外来观念也流传到小亚细亚和雅典的贸易港口，这并非完全没有可能。

公元前6世纪，希腊神话已经变得有些令人厌烦，而且日益成为问题。诸神及其受害者和护卫者的故事不再被严肃或严谨地对待。在世俗与神话之间的裂隙中，"真理"观念开始出现。色诺芬尼（Xenophanes，约公元前560—约前478年）抱怨说，我们似乎只是"编造"了自己的诸神。他说:"如果牛、马、狮子像人那样具有双手,能够画画,马笔下的神会是马的样子,牛笔下的神会是牛的样子,因为谁都会按照自己的样子的来塑造神的形象。"此外,色诺芬尼继续说道,我们为何要崇拜行为无耻、道德败坏、情感幼稚的神呢?为此,色诺芬尼推崇这样的信念:"有一神存在,在诸神和人类中最伟大,它无论在形体还是心智上都不像人。"《希伯来圣经》(或《旧约》)的前几卷也大约形成于这个时期。

我们并不知道这些疑虑在希腊社会的流行程度,但非常清楚的是,它们的确流传开来。一神论也肯定为希伯来人所知,因为希伯来人与希腊人关系密切。尽管希腊人有各种各样的神,一神论必定唤起了他们的统一感。犹太教几乎可以回溯到公元前3000年(亚伯拉罕大约生活在公元前2000年),它有丰富的哲学思想和哲学争论,尤其体现在先知们(公元前9—前8世纪)的著作以及后来构成《塔木德》和《密什那》的大量著作和律法中。所罗门王(公元前1000年)是一位堕落的统治者,然而却因其留下的宝贵智慧令人长久铭记。公元前750年,以色列人享受着罕有的黄金时代(终结于亚述人在公元前721年的入侵)。这个时代产生了新的律法和新的先知,这些先知公开指责在富裕中看到的贫乏。哲学争论成了古希伯来人的生活基调,对于他们而言,甚至都没有必要称之为"哲学"。当然,与晚几个世纪的基督教思想相比,早期希伯来哲学家对神学、形而上学、信仰的认识论问题都没什么兴趣。他们和生活在广阔大陆另一端的孔子类似,更感兴趣的是应该如何生活、正义以及良序社会的问题。首先,他们追问无法回避的问题:我们应该如何取悦那个全能却总是无法预知的上帝?

同时,在希腊附近,汉谟拉比(Hammurabi,公元前18世纪)统治下的巴比伦人早就有了迄今最早的一部法典和一套审判体系。希伯来的十诫也已经众所周知,而且很可能是更庞大的教会法的一部分。地中海北边还有莱库古(Lycurgus)领导的斯巴达政体和欣欣向荣的文明,当然,它被当时还不怎么进步的雅典人所贬低。我们已经指出,地中海南岸地区也有重要的伟大文明,尤其是埃及,也许还有努比亚(今埃塞俄比亚)、苏丹甚至尼罗河流域的上游地区。这些文化拥有精妙的天文学体系、高等数学、复杂且经过深思熟虑的灵魂观,而且沉迷于死后生命问题。希腊哲学中许多主要的观念，包括最为重要的几何学兴趣和灵魂观念，都是从埃及输入的。实际上，如果我们不把希腊的"奇迹"视为显赫的开端，而把它看作顶点，看作漫长故事的高潮，但它的开端和过程无人能知，这可能更有教益。

不过，这个古老故事的高潮，这个故事的中心人物，就是苏格拉底。但无论如何，他都不是第一位哲学家。在他之前近两个世纪，希腊就已经出现过好几代见解深远、观点有力的哲学家。他也不是唯一论辩有力、扰乱时代循规蹈矩的生活并鲜明地刻画了西方人意识中的"哲学家"形象的哲学家。当然，他有许多功绩和美德，但是，他之所以能在西方思想史占据独特地位，主要还在于他的命运既有喜剧性又有悲剧性。公元前399年，苏格拉底受到"败坏"学生的控告，众所周知，他被宣判有罪并被处死。毫无疑问，这是雅典民主最难堪的时刻。但是，苏格拉底因此不仅被视为"哲学家"的榜样，而且也被确立为典型的殉道者——真理的殉道者、使命的殉道者。他向陪审团说道："我宁愿死，也不会放弃哲学。"因此，事实上他自己宣判了自己的死刑。苏格拉底由此为哲学的应然设定了标准，无疑，这是极高的标准。

苏格拉底非常幸运，他有一位人类历史上最具写作才华的学生。这个学生就是柏拉图，柏拉图是位优秀的学生、热心的崇拜者、用心的聆听人、睿智的记述者、熟练的宣传家、成功的剧作家，他本人也是哲学天才。以苏格拉底的审判为背景，柏拉图先是记录，随后加以阐释，最后进行润色转化。由此形成的对话就是最早的完整哲学著作，这些令人震惊的文献一直为人铭记，以至此后所有哲学不过是柏拉图的注脚。但是，柏拉图仍然处在幕后。苏格拉底仍是对话的主角。当然，倘若不是柏拉图，苏格拉底可能什么也不是，至多只是希腊历史的一个注脚，因为他自己什么也没有写。但是，如果不是苏格拉底，我们可能也就没有柏拉图，没有柏拉图，也就不会有亚里士多德，我们也就永远不会知道希腊哲学"奇迹"的发生。因为正是通过亚里士多德，我们才了解了大部分苏格拉底之前的哲学家（"前苏格拉底哲学家"）。

与差不多同时代的孔子和佛陀相同，苏格拉底感兴趣的几乎只是美好生活的观念——有德性的生活、文明社会中的生活、幸福的生活。不过，他还有与他们极为不同的想法，这些想法也与许多同时代希腊人甚至之前的哲学家不同。实际上，苏格拉底最为著名的观念是，他本人就是智慧的化身。这就给我们提出了一个问题，即我们今天如何来区分哲学家。

苏格拉底尽其一生都致力于思考、讲授和展示德性。他似乎对当时重大的宇宙论问题毫无兴趣，对数学和几何学问题也只是稍有兴趣，甚至对雅典的既有宗教只是敷衍了事或貌似尊重（这是对他的另一项指控）。可是，柏拉图和苏格拉底之前的好几代哲学家对这些问题都具有强烈兴趣。我们如果要对古希腊哲学做出简明扼要的勾勒，就要解释这种显然的不连续性，即"哲学"观念本身的严重分歧。哲学果真如苏格拉底所展示的，是极为个性化、极具社交性、极为实际的关于过好生活并教导他人（确切地说，帮助他人）过好生活的关切吗？抑或哲学是某种原始科学，是理解宇宙终极自然的极为抽象且常常颇为深奥的探求，是似乎不会让苏格拉底、孔子和佛陀有什么兴趣的活动？

当然，这两项任务并不必然对立或不相容，而且多数伟大的哲学家都试图结合两者，最为显著的有柏拉图和亚里士多德。不过，这两大立场之间仍存在尚未解决的矛盾。哲学到底是非个人的真理探寻，还是说与更为古老的圣贤（所谓圣贤，就是自身展示出智慧的人）紧密相关？尊崇苏格拉底对于哲学史而言至为重要吗？哲学本身由那些通过其作品定义哲学的个人（佛陀、孔子、苏格拉底、柏拉图、亚里士多德、耶稣、圣奥古斯丁、伊本·鲁西德、笛卡尔、大卫·休谟、伊曼努尔·康德、甘地等等）的英雄的历史吗？还是说哲学是观念的历史，是观念发展或展开的历史，个人的实存在其中至多不过是有趣的偶然事件？比如，如今回顾希腊哲学的历史，我们要在多大程度上把苏格拉底作为研究中心？他在多大程度上只是因其显著的哲学成就而值得铭记的历史名人，但即便如此，从根本上来说也不应分散我们对真正主题的关注？我们在下文将尽可能公正地探讨这些问题。

哲学、神话、宗教与科学

介绍哲学尤其是古希腊早期哲学，现在的标准说法是，哲学始于与神话——希腊流行文化中的民间宗教——的分离。这种宗教包括奥林匹斯诸神（比如宙斯、赫拉、阿波罗和阿芙洛狄忒）以及许多希腊传说中的神话英雄和轶事。请注意，我们通常只是把其他民族的信仰视为"神话"。不过，希腊人有意识地区分了哲学与神话，并且把这种区分应用于自身。

在复杂的希腊社会，"信仰"分为很多等级，有对神话说明的完全接受，也有对其极为夸张、诗意甚至寓意的解释。诗意的敏感性对于智慧来说是必要的，但智慧不能与世俗的真理相混同。相信诸神的存在或多或少是切实的。（苏格拉底被判死刑的指控之一就是他"不信城邦的神"。）然而，赫拉克勒斯、伊阿宋和阿尔戈英雄以及类似的历史寓言，在多数人看来不过是戏谑性的怀疑主义。俄狄甫斯可能是真实的人物，《奥德赛》和《伊利亚特》中的人物（至少其中的凡人角色）也是真实的，这也没什么疑问。

希腊人为何编造奥林匹斯诸神与凡人之间尔虞我诈的神话？据说，宙斯变成天鹅、牛和云甚至女性的丈夫，以各种方式追逐甚至奸污女性。（这本身就是迷人的哲学难题，这个妇人因此而对她丈夫不忠吗？）神话人物变为树和花朵，有些还成为神罚的受害者——比如普罗米修斯（他由于为人类盗火而受罚，终日被一只鹰啄食肝脏）和西西弗斯（他被罚终生推石头上山，每到山顶，石头又因自己的重量滚落）。有教养的希腊人似乎把这些神话当作道德（或不道德）故事，而不是神学教条。这促使我们想知道没受过教育的人真正信仰什么。第一批哲学家是在与迷信作斗争（这是启蒙哲学家的流行观点，他们自认为在重复这个过程），还是只不过在参与一项较为普通的事业？或许，古希腊民众只是喜欢这些观念和形象所带来的娱乐，而那些认同他们的哲学家不过较为明确地表述了这种怀疑观点而已。

倘若我们要理解西方哲学的诞生，重要的是要谨慎对待哲学与神话之间被过于滥用的区分，这个区分实际上是那个时代的哲学家为了强调自己的重要性和原创性而提出的。人们认为复杂的希腊哲学源自流行（"俚俗"）的神话，并取而代之。我们被告知，未经反思的神话与深思熟虑的哲学之间的差异标志着一个时代的结束和另一个时代的开端，前者强调诸神，后者为"自然主义"的解释辩护。神话持神人同形同性论，把人类特性向（我们认为）无生命的自然力量投射。因此，古埃及人和地中海东岸的其他多数文化，通常根据人类行为来解释宇宙的起源和本性。古希腊人则根据极为人性化的诸神的行动和情感来解释宇宙的起源和本性。但是，从泰勒斯（公元前625？—前547？）和其他前苏格拉底的希腊哲学家开始，陈腐的故事仍旧盛行，不过解释变得更加科学、"自然主义"和唯物主义。这些早期的希腊思想家颂赞冷静的理性，强调物质原因，而不是幻想性的诗意解释或神灵在幕后的行为。

然而，这些过于简化和自吹自擂的观点经不起推敲。因为，第一批希腊哲学家沉浸在神话之中，新颖的理性受到几何学的启发，但哲学中最伟大的突破——比如毕达哥拉斯、巴门尼德和柏拉图做出的成就——完全拒斥对世界的唯物主义解释。他们常常用谜语和寓言写作，更像神话诗人，而不像当代的科学教授。哲学像科学那样提供切实的真理，这个观念一直受到怀疑。现代哲学家（比如康德和黑格尔）也擅于使用隐喻和类比。当然，科学本身是否也依赖于隐喻而不是直白的描述，这个主题远远超出了我们探讨的范围。

可以肯定，希腊哲学的起源也是西方科学的起源，但哲学不是科学（至少并不只是科学），而神话——赋予宇宙人格，使其具有理性的可解释性——也没有丧失它的魅力，这对于哲学家而言也是如此。因此，诗意、神话的思考在哲学中仍然保留至今，这也就不令人感到奇怪了。

同样的观点也适用于其他文化，尤其是并不像我们那样严肃对待科学的文化。中国有比西方更为漫长的技术传统。（比如，中国人发明火药、面条和眼镜比西方人早好几百年。）但是，中国人对科学向来持实用主义的观念，尤其是儒家哲学，它更看重社会和谐而不是科学理论。亚洲值得注意的技术史几乎与常常被理想化的"追求真理"没什么关系，与之相关的是健康的社会实用主义。道教尽管也强调自然，但它实际上与科学毫无关系，佛教不仅认为科学是人类的大幻象，而且认为自然知识方面的进步观念也是人类的大幻象。

尤其在宗教哲学中，神话中的神灵与有血有肉的个体之间的区别非常大，远远超过神的模糊性所需要的。希腊和印度的神灵很相似，都是形象模糊的人、超人或非人。他们常常变来变去。孔子和佛陀，与摩西、耶稣和穆罕默德相似，无疑是真实的人物。（老子如果不是一个人，也会像荷马那样是几个真实的人物。）耶稣是上帝的道成肉身，就此而言，作为人的耶稣与作为上帝的基督之间的明显矛盾，引发了贯穿整个基督教神学史的思想难题。

模糊性和类比是中国哲学的精髓，同时，儒家和佛教的"神灵"是个体的人，而不是基督这样的上帝化身，也不是为了教导我们真谛而化身为人的诸神。因此，倘若谁认为这些神是与人同形同性的，就显然偏离了正题。尽管古代中国有自己的神话，其中有龙这样五彩斑斓的生物，但是，哲学与神话的区分不能简单地应用于儒家和佛教。佛陀的故事像耶稣的故事，象征意义远比历史意义重要。

在早期印度，这个故事复杂得多。印度教充满了奇幻的生物和神灵，这至少和古希腊神话一样富有想象力。在古典的印度神话中，诸神的"三位一体"至为根本。它们分别是梵天（创造神）、毗湿奴（维护宇宙之神）和湿婆（破坏之神）。但我们知道，它们是同一个神的不同面向，是一个实体而不是多个实体。实际上，印度神庙一方面比希腊所见的神庙更大更复杂，另一方面又具有更为明确的统一性。最令西方读者震惊的不是印度诸神各自的独特身份，而是它们具有多态性。

我们所熟悉的有六只或更多臂膀的湿婆，只是令人困惑的复杂问题的开端：诸神通常会有各种样子，采用不同的容貌，履行极为不同的功能，因此有许多极为不同的名称。比如，湿婆的配偶雪山女神，也是充满母性的安巴女神、破坏性的凯利女神和娑提女神，后者被认为是湿婆的力量之源。印度神话在不同的城市和亚文化中也有不同的变化，印度的民间传说和文学由许多不同的故事构成，很像早期版本的古希腊神话，赫西俄德曾试图把它们加以统合（未能成功）。这样的尝试在印度教中实际上不可想象，后来的神话专家证实了这一点。

古印度漫长的历史（正如相对短暂的古希腊历史）中有非常多的准历史英雄，他们也是哲学的典范。特别值得注意的是《薄伽梵歌》（神之歌）中的英雄阿周那，而《薄伽梵歌》是附在史诗《摩诃婆罗多》（巴拉塔王朝的伟大史诗）后面的宗教文本。阿周那在战斗开始之前有所犹豫。他不愿意攻打反对他的敌军，因为敌军中有自己的亲人。然而，至高神克里什那（乔装为阿周那的车夫）告诉阿周那，尽管敌军中有自己的亲人，但战斗是他的义务，作为义务，他应该无私地执行，全心追随神明。

这种道德困境对我们而言似乎极为恐怖——这等于说，在某种处境下，我们有义务杀害自己的亲人。但是，类似的恐怖也见于希伯来圣经、希腊神话和所有内战之中。这些恐怖故事只是（就像哥斯拉电影）在拿我们逗乐吗？还是说，这些深刻的道德传说让我们陷入了直抵人类道德和经验核心的深刻哲学困境？甘地把阿周那的危机解释为我们每个人在心中进行的善恶斗争。克里什那向阿周那显现其神性之际，我们的日常世界颠倒了。神话事实上是哲学、思辨性思维的养料，但不一定以文字的形式呈现。

《薄伽梵歌》中的华丽故事伴随着深刻的思想评注，它们无论在什么意义上都富有哲学性，但对于平实的自然主义解释却毫无兴趣（与此相反，早期的西方人恰恰迷恋于此）。然而，正如我们将要看到的，早期希腊哲学家并不常常关注自身，他们尽管拒斥粗俗、表面上难以置信的神人同形同性论，却仍坚持刻意的含混和古老神话所描述的那个充满生机的世界图景。

与西方神话相比，印度神话最明显最有吸引力的地方是它充满想象力的活泼戏谑，以及相对而言的无所拘束。（宙斯可以变成公牛，但这只是暂时的策略，他仍是宙斯。）比如以下这个广受喜爱的印度神话。湿婆在儿子还很小的时候就去打仗，多年后回来发现有个英俊的年轻人陪伴着自己的妻子，于是将这个年轻人视为情敌，砍下他的头颅，结果发现砍杀的是自己的儿子。他在惊恐万分之际，发誓将接下来所见的生物头颅给予儿子使其复活，他最后看到了一头大象。

这些故事要从字面上来理解吗？它们只是幻想的结果吗？还是说，它们更可能在以娱乐形式呈现深刻洞见，在以较为有趣但未经消化的形式解释实在，而没有呈现为早期西方哲学的那种原始科学？事实上，我们认为，印度神话的变化令人困惑且充满想象力，表达的也是相同的观念，它们支配着整个印度哲学的绝大部分历史。甚至在最戏谑的印度传说中，我们都能看到生命的再生和延续这个恒久主题。不过，"宇宙的统一性"是其中的关键主题，尽管它会呈现为诸多表现形式。这唯一的绝对实在在哲学中以"婆罗门"之名出现。但是，在早期神话中，诸神的多元化事实上是一神的不同表现形式，表达的是同一主题。因此，从神话到哲学，与其说是逻辑的跳跃，不如说是描述语言的转变。

然而，这种不同不应使我们远离神话而倾向哲学。两者各有优点。神话涉及叙事（故事），尽管故事中的人物可能是虚幻的，但故事本身至为重要。当我们设想自己是那些人物，这些故事就显得尤为重要。哲学更关心系统性的理论，而不是故事。但是，哲学如果遗漏历史叙事，完全脱离情境，往往会导致毫无背景的空概念被错误地解释为永恒真理。神话的叙事可以容纳矛盾甚至荒谬，但因此更富魅力，更能抓住世界的混沌本性，而不会减少可信度和一致性。（美国人沃尔特·惠特曼颂赞矛盾，不因矛盾而哀叹，也不试图"解决"矛盾，先贤中不止他一人这样做。）与之相对，哲学只在身处极大危险时才容纳矛盾。实际上，无论来自何种文化，多数哲学家都绞尽脑汁要避免矛盾，即便他们将矛盾和支离破碎视为生命和哲学中的重要组成部分，比如德国哲学家黑格尔和尼采，以及禅宗传统的某些伟大哲人。

我们或许应注意尼采，他警告我们要小心现代哲学隐藏的神话："原因""实体""自由意志""道德"，当然还有"上帝"。哲学有它自己的神话假设，这些假设不那么明显是因为它们是非人格的。这并不意味着我们必须放弃这些观念，但我们不应完全接受它们，而是要把这些概念归入神话王国。人们可能坚持认为，神话有助于教养，哲学有助于理智，但是，最好的神话就像最好的哲学，既有助于教养又有助于理解。

同样，人们应该谨慎对待宗教与哲学的关系。某些古希腊人小心地对两者加以区分，但是，在过去的两千年里，西方哲学绝大多数时候难以与犹太—基督教传统区分开来，即使那些终身致力于抨击这一传统的哲学家也无法做到。只是在过去的两百年里，美国的许多哲学家和欧洲的一些哲学家才预设了这一分离，而在许多其他传统中，宗教与哲学的同一性仍然极为稳固。在许多社会中，包括绝大多数部落文化，宗教规定着哲学。在其他社会中，则哲学规定着宗教，最显著的是儒家和佛教，两者皆是无神论的宗教——没有神的宗教。有人可能根据神话与哲学之间的模糊差别来区分宗教与哲学，或者通过批判性思想与纯粹"教条"之间的差别来区分宗教与哲学，但这常常意味着对宗教的误解。无疑，哲学在宗教内外都起着重要作用，但如果因此而认为宗教、神学和宗教哲学（与更为世俗和批判的"宗教哲学"相对）在哲学的范围之外，则是个错误。

人们也应该谨慎对待科学与哲学之间的关系，不要急于得出结论，认为，尽管我们试图区分哲学与宗教——如果哲学不是宗教，它就必定是科学，或者说，至少具有科学性。生活中有很多值得深思之处——人的个人身份与社会身份、我们与他人的关系、我们的政治责任和政治关切、艺术品的美或精巧，甚至自然的奇观等等，它们都不必归入科学和宗教。确实，现代人认为哲学应该具有科学性，但这种观念只有几百年的历史，它主要是欧洲启蒙运动的产物。实际上，这个观念在其提出之日就受到质疑，绝大多数其他文化也不怎么关注它——值得强调的是，这并不意味着这些文化还没有启蒙。固然，科学特别要求客观性。但是，科学和科学（诸）方法被用来定义客观性观念时（情形常常如此），这个假设值得用哲学来考察。但是当科学和科学方法用来定义客观性的概念时，这种假设应该受到哲学的审查。当然，科学所要求的非人格性和超然性不必推广到哲学中去，因此，（东西方）许多哲学家恰当地强调哲学是一门艺术、技艺、学问，是有别于科学或者至少比科学更具渗透性的实践。

甚至那些确实崇尚科学的哲学家，也承认科学有其局限。因此，康德这位近代最伟大的哲学家、牛顿物理学的狂热追随者，宣称有两种事物令他充满"敬畏"，即"头上的星空和内心的道德律"。他也承认艺术的美、宗教的虔诚、数学奇迹、邻人的陪伴和酒的醇香，以及科学的价值。牛顿也绝没有把哲学局限于"自然"。在生命的最后二十年，他提出了一种神学来补充和容纳他的物理学。弗里德里希·尼采也是（19世纪）科学的狂热追随者，认为科学"真理"只描述了我们经验的小部分，因此认为"美学真理"更为重要，与哲学更相关。

然而，在哲学与科学的联系中，有某种值得崇敬和基本的东西，它不只是对客观性和理性的共同强调，不只是对真理的共同追求。因此，许多年来，某些哲学家固执地认为，哲学问题不同于科学（当然，长时间以来，某些哲学家也认为哲学应该算作科学的一部分或科学的卫道士，清理科学的不严谨）。根据这个观点，哲学问题无需任何经验证据，也不需要科学研究中的最新进展，或者说，根本无需任何经验和研究。用哲学术语来说，这些问题能而且只能先天地加以解决。换言之，哲学独立于所有经验或实验，要么诉诸逻辑和语言，要么诉诸直观。

结果就是哲学致命的贫乏，在哲学的某些领域，如今仍是如此。那些不是"仅靠理性"，纯粹只需思考解决的问题，被贬斥为"纯粹经验"问题，或"心理学而非哲学"问题。比如，沿着这些思路，某些英美哲学家近年来不厌其烦地争论心灵与身体之间的关系，而不费心去学习任何与大脑相关的东西，这本来与讨论的问题有某种真实的相关性。某些哲学家则争论科学和自然的性质，却从不曾与物理学家交谈。某些哲学家则仍详细地讨论人性，却从没想过去读几页弗洛伊德的书。幸运的是，这种情形正在改变。

哲学与科学相连，这是我们要谨记的教训。哲学既不是科学的母亲，也不是科学在概念上的护卫者。但是，在科学家进行研究时清理混乱的术语和概念在探究诸多主题时，哲学与其他学科之间并没有明确的分界线。这在所谓的"某某哲学"领域更是如此（科学哲学、社会科学哲学、艺术哲学或宗教哲学）。没有谁能够明确区分经验知识和先验知识、内在知识与外在知识。1932 年，爱因斯坦用了母亲类比，认为"哲学使科学得以诞生，人们不应嘲笑她的赤裸和贫乏，而应该希望哲学的堂吉诃德式理想会活在她孩子的生命之中，以免他们沉沦于庸俗。"

哲学与科学相连，恰如哲学与神话、宗教相连，但这并不意味着它们相同。我们需要哲学、神话、宗教和科学之间的这些审慎区分，然后才能走进哲学的开端。在西方，哲学诞生于宇宙论的兴起，或者，更为确切地说，诞生于宇宙生成论的兴起，它研究世界如何成为它现在的样子。

意义与创造：宇宙生成论与哲学的起源

埃及、新月沃土地区以及希腊人都以农业为生，这使他们研究地理和气象，思考诱使大地女神盖亚物产丰富的原因是什么。天文学为航海提供强有力的新工具。人们对天空复杂性最初的好奇心，最终导致对天文学的仔细研究，催生出源自实践目的但并非总是可靠的占星预测，他们还认为天空住满了神明，由此产生充满想象力的神话和宗教。这些思考极为自然地导致宇宙生成论问题的出现：所有这些都从何而来？世界又如何变成现在这个样子？

尽管这些问题都是科学的核心问题，但若因此认为它们是最早的科学问题或原科学问题，你就错了。最早的宇宙生成论者寻求解释，但也寻求意义和教化。无论遇到什么，他们都会探问：这有什么意义？其目的何在？它预示了什么？希腊人以及古代世界的许多民族都认为，追问如何解释宇宙就是追问如何解释人类行为，即这是关于行动者的问题。谁做的？为何这样做？原因首先是意图，是某项需要理解的主题。

古希腊人与其说富有好奇心，不如说他们常常感到害怕、绝望。他们想要在不能理解的世界中获得安全感和舒适感。他们经历伤痛和疾病，遭遇悲剧、贫困以及死亡，这些都需要某种解释和安慰。死亡很早就让人感到神秘和困扰。地中海地区的哲学家开始沉思灵魂不朽之前数十万年，史前时期的尼安德特人就已在埋葬死者，并画下原始符号纪念死者。哲学就诞生于这种可怕的"惊异"。自然人类学家告诉我们，我们大脑的开发使得我们手指灵活，让我们能够直立行走，但我们用大脑处理的问题，并非全都令人高兴或有助于进化。我们运用大脑，也同样使世界充满奇观。

什么人最先提出了这些问题，这对我们既重要又无法想象。孩子们现在如果向他们的父母询问这些问题，常常得到的，要么是容易理解的废话，要么被打发去看书，或者让他们出去玩或打扫房间。可是，人类首次提出这些问题时，根本没有人能够回答。那时没有书籍，只有自以为是的祭司或贤者。第一批哲学家及其同时代人如何解释"万物从何而来"这个问题？毫无疑问，最早的答案基本以这类形式出现"它就在那儿，就是这样"或者"它一直就在那儿"。但是，随着时间的推移，答案变得越来越富有想象力，问题也越来越得到认真对待。早期哲学家（若一定要坚持，也可以称之为前哲学家）认为，宇宙产生于两个原始人，他们交媾产下一个宇宙蛋。其他哲学家则认为，这些原始的存在者就是诸神，他们的家庭关系极其混乱。其他文化同样认为，狂暴的家庭关系是宇宙创生的原型。

在希腊的宇宙生成论中，世界被设想为被碗罩着的扁平圆盘，碗就是我们所看见的天空。圆盘底部存在某种类似树干的东西，世界的根在冥府这个"地下世界"以及冥府的最底层塔塔罗斯。环绕地球的是"冥河"俄刻阿诺斯，这样形象可能借自埃及和美索不达米亚。在《伊利亚特》中，荷马把俄刻阿诺斯描述为万物之源，也是诸神的源头，这也得到哲学家泰勒斯的赞同，他常常被认为是第一位哲学家。希腊人也反思黑夜或黑暗的意义，荷马将之视为恐怖的化身，甚至对宙斯也是如此。

根据诗人赫西俄德的说法，最初是混沌。它并不是"彻底的混乱"（我们今天通常所说的意思），而是无形，或者严格来说，是天地之间的缝隙。（亚里士多德认为，"混沌"的意思是空间；斯多亚学派认为它是空气。）从混沌产生盖亚（大地）和厄洛斯（爱，被认为是雨水或天空的精液）。从混沌产生夜，从夜产生以太（火热的高层大气）和白昼。从大地产生天空乌拉诺斯，从天地的结合中产生海洋俄刻阿诺斯。

天空与大地之间的分合关系，是宇宙生成故事的关键。赫西俄德写道："伟大的乌纳诺斯携着黑夜而来，追逐盖亚，渴望爱，伸展身体将盖亚覆盖。"埃斯库罗斯也有类似的描述："神圣的天空热望着穿透大地，欲求拥抱大地结合为一。雨水从天空降落在盖亚的床榻，大地受孕。"[1]性和混乱在关于宇宙起源的早期说明中处处可见。天空与大地结合之后又分离开来。所有孩子都被父亲所记恨，甚至要杀死他们。有个儿子用"带锯齿的镰刀"阉割自己的父亲，并截为几段，从"这几段中"诞生了阿芙洛狄特。这类故事常常为荷马（公元前9世纪）和诗人赫西俄德（公元前8世纪）引用，赫西俄德试图把这些故事综合起来，使各种版本的故事在他的《神谱》中融会贯通。

在埃及神话中，赛特神将其父亲欧里西斯大卸八块；他的遗孀伊西斯又把它们缝合起来，使其复活。在印度的《梨俱吠陀》中，创造神梵天创造了第二存在者，即他的女儿。他们分别作为"天"和"地"，乱伦造就了其他存在者。[2]同样，在南太平洋的早期神话中，毛利人的传说写道，帕帕（大地）被赋予女性形象，并与其儿子塔尼乱伦。新墨西哥的祖尼印第安人说，万物的创造者阿旺阿维罗纳认为自己是

---

[1] Danaids, as translated in G. S. Kirk and J. E. Raven, *The Presocratic Philosophers* (Cambridge: Cambridge University Press, 1957, p. 29.

[2] 见 Wendy Doniger O'Flaherty, ed. And trans., *Hindu Myths: A Sourcebook Translated from the Sanskrit* (Baltimore, Md.: Penguin Books, 1991), pp. 25-26. 这里的多数分析都出自奥弗莱厄蒂的论述。

在无边的黑暗中创造了自己,并使河流受孕,由此诞下阿维特林斯塔这位大地母亲。之后,阿旺阿维罗纳与阿维特林斯塔一起孕育了大地万物。

这些早期的宇宙生成论,都没有认为世界从虚无中产生。它们都认为世界由某个原初造物主创造出来,造物主的第一个行为常常是创造自己(即使自己显现)。或者说,第一个行为是对无形的先天统一或混沌进行划分。在毛利人的传说中,创造的第一步是分离大地(帕帕)与天空(朗基)。在印度的《奥义书》中,创造之前的世界"仅仅是水",然而,创造者将已然存在的能量组织起来,赋予有气息的生命形式。气息让水运动起来,从水中产生了万物。

同样,根据《创世记》的说法,世界是唯一永恒的上帝的作品,创造始于上帝分离白天与黑夜、天空与大地。(这个基本思路似乎也影响到了早期的希腊生成论。大地是一片无边无际黑水,接着,这片黑水被分为天空之水与大地之水,泰勒斯就持这样的观点。)唯一创造者的观念非常有助于统一,无需原初的性行为与战争。但是,有人可能认为,《创世记》中的造物故事因此就少了其他造物神话所具有的大量令人兴奋的事。(或许,这正是如今的物理学家为何觉得宇宙大爆炸理论有吸引力的原因所在。它保持了戏剧性的张力,而不屈从于神人同形同性论的家庭暴力。)

值得注意的是,某些类似的概念也出现在中国,但是却有极为不同的含义。宇宙在希腊语中指的是统一,在中文里,相应的汉字(指称宇宙)指的是"万物"①。同样,混沌在希腊语中指的是无形,在中文里,相应的汉字指的是"万物秩序的总和"。混沌意味着无辜的自发性和原初的和谐,而非无序。在希腊的宇宙生成论中,世界源自宇宙(形式)对混沌(无形)的胜利。在中国,混沌可能也被击败了,

---

① 译者注:作者将中文的宇宙或世界概念理解为"万物"(ten thousand things),这种理解应该从道家而来:"道生一,一生二,二生三,三生万物,万物负阴而抱阳,冲气以为和。"(《道德经》第四十二章)中文"宇宙"出自《淮南子·原道》:"横四维而含阴阳,纮宇宙而章三光。"高诱注为:"四方上下曰宇,古往今来曰宙,以喻天地。"指称无限的空间和时间构成的万物存在的总体。

但这种失败会被视为一种危机。道家的庄子讲述了一个故事，说混沌死于人试图赋予其人的感官。"南海之帝为倏，北海之帝为忽……尝为混沌凿七窍，日凿一窍，七日而混沌死。"

宇宙生成论或过去的起源问题，也与未来的问题有关。犹太—基督教的传统关心和争论的很多问题都涉及世界的终结，而不只是世界的开端。基督教甚至认为，世界的终结是历史中唯一重要的事。与此相反，在印度的宇宙生成论中，世界不断走向终结，又不断重建。甚至诸神也像别的事物那样不断死亡，又不断重生。重生的具体形式取决于重生者的"业"，即前世所修的果。因此，宇宙本身也同样如此：每次毁灭之后，宇宙会再现，从早期的创造中保留的能量里重生。这些抽象的宇宙生成论有直接严重的社会后果。因此，印度神话认为人的社会处境（健康、疾病、富裕和贫穷）不是由命运决定，而是由实在本身的性质直接决定。相应地，人完成自己的法则（dharma），即特定社会角色所要求的义务，对于维持宇宙秩序至为根本。

我们很难想象，第一批哲学家如何构建出我们进行理解的那些最基本概念，因为早期创造神话与现代科学所谓的直接概念之间差别极大。比如，我们对时间的理解，是概念精致化长期发展的产物。当然，许多有意识的生物都有某种时间的流逝感。每个人类社会都有某种标记和衡量时间的方式，要么是简单的日夜之分，要么是季节或年。许多社会都有时间名称，或者至少有计时者的名称（比如，在希腊神话称为克罗诺斯）。但是，它们都不能说有时间概念。早期哲学的评论者有时认为，前哲学的时间观念"完全是诗意的"，缺乏客观性，并且指出，作为分析主题的时间观念直到亚里士多德才出现。人们有时认为，不只是"什么是时间"这个问题，根据个人经验理解的线性时间概念，也直到4世纪在圣奥古斯丁那里才出现。

但是，我们仍然对实际上在各种不同社会中发现的极为不同的、充满想象力的时间概念印象深刻。比如，在古代的美洲，时间被设想为三部分组成的现象，即历史时间、神圣时间与神秘时间。在人类创造之前，原始的澳洲人提到了"梦幻时间"。古代中东的循环时间概念或"永恒复返"观念，则为早期的希腊人所继承，并且在很久之后为德国哲学家尼采所颂赞。古印度人有一种非凡的时间感，他们不仅认为时间是复返的（有四个截然不同的阶段），而且具有神奇的延伸性。

时间的每次循环被称作一个大纪元，是 432 万年，对于绝对实在婆罗门而言，一千个大纪元相当于一天。一百个婆罗门年（大约 300 万亿年）之后，新的婆罗门（上主）出现，一个新的循环开始。鉴于这样的计算方式，人们就不必奇怪为何人类生命在这种特殊的时间算法面前渺小得可怜。相比之下，在早期基督教那里，时间有明确的开端和终结（即使至少上帝是永恒的），根据标准算法，从开端到终结的时间总量也少于 6 千年。当奥古斯丁将关注的焦点集中于个体灵魂，这样的时间量或许正好足够。

尽管认为我们正在谈论的是宇宙论或宇宙生成论的观念这并不确切，但是完全可以说，这里是在（以初级方式）谈论灵魂（或精神）。毋庸置疑，灵魂是整个哲学史上不断重现的主题之一。在早期希腊哲学中，灵魂被认为是一种光滑的非实体的东西。它不具有道德意义。实际上，它毫无价值，只有在赋予身体之后才是生命之源。此外它就像是非实体的影子，一种纯然的"气息"。古埃及人也持类似观点，他们坚持认为，只要能够保存身体，灵魂就能进入来生。为此，他们煞费苦心去保存死者的身体奢侈品和奴隶。

许多古代文化思想中的灵魂都是相当"干瘪"的概念。为何早期的基督徒认为身体的复活至为根本，原因就在于此。与之相比，古希伯来人几乎不谈论抽象的灵魂之类的东西，他们多多少少都局限于关注个人的具体品格。同样，中国人在谈论某人的"灵魂"时，心里想的也是这个人的品格和社会身份，毫无抽象的形而上学意涵。对于佛教徒（以及许多印度人）来说，灵魂要么与宇宙剩下的部分相关，要么是需要克服的幻觉。与之相比，耆那教徒相信个体灵魂——他们甚至相信昆虫和害虫也有永恒的灵魂。印度教徒在这些问题上看法不同，但他们也相信死后灵魂可通过转世化生或重生保持连续性。（毋庸置疑，印度教徒、耆那教徒和佛教徒在这个问题上有争论，错综复杂。）早期希腊哲学家中最富想象力的赫拉克利特认为，灵魂是"火"，由星星那样的材料组成。我们认为这个观点很崇高，但在此之前，我们应该提醒自己，赫拉克利特认为星星不过是天空的小口袋，并没有什么实体性。

吠陀和吠檀多：印度的早期哲学

我们常常提及古印度的哲学，尤其是所谓的"印度教"，现在是时候更准确地谈论这个问题了。严格来说，并没有一套叫作印度教的唯一哲学——或者说，没有一套叫作印度教的唯一宗教。正如我此前提到的，"印度"最初是阿拉伯语，只是指一个地方（印度河以东）。确切地说，"印度教"指的是极为多样的信仰群，其中有些是有神论，有些是无神论，有些注重精神，有些不注重精神，有些沉浸于古印度神话，有些没有。它通常指涉一套独特的社会体制（即种姓制度），并有相应的宇宙生成论为之进行论证（或加以合理化）。

然而，印度教作为哲学，我们最好将之当作一组作品——首先是众所周知的《吠陀》。最早的《吠陀》是《梨俱吠陀》，大致作于公元前1500年左右，早于摩西数百年，早于荷马六百年。《吠陀》是多种要素的结合体，至少包括诗歌、圣诗、神话和宇宙生成论。吠陀的宇宙生成论是对宇宙的"人格"起源的阐释。《奥义书》是对《吠陀》的评注，又名《吠檀多》（或《吠陀》的"完成"），它进一步集中论述婆罗门（绝对实在）的创造故事。因此，印度教文明的仪式被称作婆罗门主义，它的执行者被称作婆罗门，即最高的祭司种姓。[①] 不过，我们将继续称这种婆罗门哲学为吠檀多。

《吠陀》提出了"万物为何存在"的宇宙生成论问题。值得注意的是，《吠陀》甚至也对这类终极问题是否有答案存有疑虑。还有虚无问题，创造之前是什么样子（或许连虚无都没有），又或者世界本身是否是幻象、虚无。正是在印度，我们第一次听说"宇宙蛋"的故事，以及原初的创造者创造了世界以及世界万物这个众所熟知的故事。早期的印度宇宙生成论与古代世界的绝大多数宇宙生成论类似，都对宇宙进行人格化解释，试图通过较为直接的人类生育来理解创造，性想象非常明显。实际上，《梨俱吠陀》甚至将宇宙本身设想为原人（即宇宙人），他既是不朽的，又为世界做出了牺牲。原人有一千个头、一千双眼……他是不朽的统治者……原人分裂开来，月亮从他的口中

[①] "婆罗门"是印度种姓制度中最幸运的成员——即贵族。

诞生，太阳从他的眼中出现，大地从他的腿中涌现。①

印度哲学处处含有"人格"这一基本关切，明显地体现出对自我、灵魂和个体人格的真正本性的永恒关切。这类关切也是耆那教和佛教的核心，它们要在几百年后才从印度教中发展出来。一方面，个体灵魂（或命）的概念使每个个体成为独特的存在者。至于命是否真实，是否足以在身体死后继续生存下来，这是一个极富想象力的争论。自我也被用来指灵魂，更宽泛地说，它被理解为存在于所有人（每个人）的生命原理。因此，人们可以把每个个体看作因灵魂而充满活力的命，或者，人们还可以有极为不同的看法，把命看作虚假的自我，而把灵魂看作真实的自我。尽管如此，《吠陀》清楚地写到，我们不能认为命和灵魂是在同一个人内一争高下的两个自我。相反，它们就像"两只鸟儿，始终做伴，栖息于自我这同一棵树"。②然而，这种关系显然有问题，自我（命或灵魂）的真正本性仍在随后的2300年是印度哲学的焦点之一。

《奥义书》从明确的哲学方向上发展了《吠陀》的主题。存在的终极原则——在《吠陀》中（正如在许多西方文献中），它有时被描述为"言"——成了众所周知的婆罗门（我们已经提到过）或绝对存在。《吠檀多》，正如早期印度丰富的神话，含糊不清、充满矛盾，这并不是因为它奇异乖张，而是因为最终都得出唯一的观点（这与希腊人最早的哲学没有什么两样）。这个哲学观念认为，尽管有无限多样的显现，实在（婆罗门）是唯一的。也就是说，虽然有许多神，但他们都是同一个神的显现，无疑，这对一神论者而言非常困惑，对于多神论者也是如此，因为他们认为神性是内在稳定的性质。因此，有人主张实在的单一性和终极合理性，认为它是一种内在不变的（即使不说是永恒的）存在，对于他们而言，印度哲学显然令人困惑，或者说不具备一致性。但是，婆罗门的不变恰恰在于其不断变化，甚至诸神也

---

① *Rg Veda*, 10. 129, trans., Wendy Doniger O'Flaherty (Harmondesworth, Eng.: Penguin, 1981), p. 33.

② Svetasvatara Upanishad IV. 6, in The *Principal Upanishads*, trans., Radhakrishman (London: Allen and Unwin, 1975), p. 733.

会每隔300万亿年左右重生一次。

然而,这完全没有说到婆罗门是什么,或者,我们如何讲述婆罗门。我们能够认识婆罗门吗？如果能够,如何认识？我们是婆罗门的一部分吗？还是婆罗门的不同面向？还是不可调和地处于婆罗门的对立面？我们在此能够确定的是西方人对印度哲学的最为熟悉的内容——神秘主义以及众所周知的名为瑜伽的练习。印度哲学甚至其最古老的形式无非是神秘主义,这种说法让西方许多代哲学家完全无视印度哲学,这是一个巨大的错误。但是,如今印度哲学的许多拥护者否认神秘主义的核心作用,这同样是个错误。

印度哲学一直都对最古老的《吠陀》持有怀疑态度,但是,怀疑常常集中于婆罗门可以只凭理性或反思得到理解的观念,而不是知识的可能性问题。婆罗门的知识基本上来自经验,尤其是名为神秘经验的那种无所不包的统一经验。但是,个人不会轻易就能拥有这类经验,基督教倒是与此相反,比如某些未经准备的基督徒,最著名的有保罗,他在去大马士革的路上声称突然见到基督、圣母和圣杯。个人要获得这样的经验,就得做好充分准备工作,至少要彻底研究和理解《吠陀》和《奥义书》,还要进行冥想和瑜伽这样的禁欲(自我否定)活动。(事实上,瑜伽这个词的出现比印度的梵语还早几个世纪。这个词在印度哲学会造成一定混淆,因为印度哲学有名为"瑜伽"的古典哲学流派,见公元前2世纪帕坦加利的《瑜伽经》。)人们如果有婆罗门的经验(即有关于神的知识),就会言行"合宜"。但是,这主要不是指健康或身体健壮(当然,这些事情不会被忽视),也不是身心放松(这是瑜伽的正当目标),而是指自律,它是能让人达到"更深层"的实在以及从中获得极乐经验的精神自律。

这种极乐经验几乎处于所有印度哲学的核心,尤其是在古代。当然,它有不同的名称,达到它的教义和手段也极为不同。佛教徒把这种极乐经验称作涅槃(Nirvana),耆那教徒称这是"从苦难中解脱",印度教徒称之为解脱(mukti),当然,他们各自对其性质和重要性有不同的解释。有人会说,我们称之为实在的东西,不过是幻象(轮回或"幻觉之网"),婆罗门的经验才让我们第一次感知到真正的实在。另一些人则认为我们的日常世界很真实,日常世界已经足够真实,不过,它只是表面的实在。实在有很多层面和深度,究其根本而言,它是婆罗门，是唯一。几乎在所有情形中，终极目标都是从日常生存的烦忧中超脱出来。从更为形而上学的层面来说，这种"解脱"使人摆脱了所有生命都限于其中的生死循环。

婆罗门的经验也可能被描述某种"无我"感，正如我之前所言，这在印度哲学中暗藏深意。固然，流行（但"超越"）的冥想可以让我们感到轻松安乐，在那里，一切自我的思想——甚至绝大多数思想——都被系统忽略或驱赶至意识的边缘。但是，印度哲学所理解的无我远比这种说法深刻。它认为我们通常所谓的自我是不真实的幻象。用梵语来说，我们不是 jiva（命），而是 atman（灵魂），但 atman 只是婆罗门的一个方面。尽管如此，婆罗门与灵魂之间的关系仍是古典印度哲学争论的主要问题之一。在最古老的《奥义书》中，至高神把 atman 描述为"摆脱了邪恶的自我、摆脱了年老的自我、摆脱了死亡的自我、摆脱了悲痛的自我、摆脱了饿与渴的自我，他的欲望是真实的，他的思想也是真实的。他理解并找到了那个获得所有世界和所有欲望的自我。"[①] 后来的《吠檀多》更多强调的是从世界和欲望中"解放"出来。然而，atman 仍与日常生活中偶然、转瞬即逝的自我完全不同。它是我们所有人的生命原则。它就是生命本身。

第一位（希腊）哲学家

谁是西方第一位哲学家？即使我们把目光限制在古希腊的石山海岸，这个极具争议问题也不会有显而易见的答案。通常的答案是泰勒斯，他生活在公元前七世纪（公元前 625？—547 年？）的米利都。事实上，我们对他所知甚少，没有任何他写下的只言片语。我们对他仅有的了解来自并不总是可靠的亚里士多德。泰勒斯认为，世界诞生于水，并被水环绕，这个观念极有可能来自早期希腊的宇宙生成论和其他文化。然而，这个观念转变为宇宙生成论观点，可能要归于亚里士多德，他出于自己的目的，把泰勒斯的理论看作与他的后继者的理

---

① Chandogya Upanishad VIII 7.1 in *The Principal Upanishads*, trans., Radhakrishman, p. 501.

论有关，因此重新把它塑造成有关宇宙的基本"基质"。

泰勒斯并没有确切说万物是水构成的。他主张世界被水环绕，这与同时代的许多其他思想家相同。他说的似乎是，水在某种意义上是万物之源，但这种说法还不是以下这种自然理论：万物本质上是水。不过，泰勒斯确实与根据诸神解释万物的神话传统决裂，采用了我们可能称之为自然主义的观点。这是一种科学观点，它根据其他更为确切的自然现象来解释自然现象。因此，或者根据某些人的说法，他至少配得上第一位哲学家的称号。

不过，我们有理由质疑这种评价，而且，它会引发人们对"哲学家"这个声名卓著的标签所指为何的疑问。如果哲学是理解世界秩序、解释事情为何发生以及为何应当发生的尝试，比如，如果哲学是理解人是什么、人在宇宙中的位置以及我们死亡意味着发生了什么的努力，那么，哲学确实在泰勒斯之前好几个世纪就已出现。这样来理解哲学，哲学就可以追溯到古代诗人荷马和赫西俄德，甚至可以进一步追溯到克里特岛的米诺斯文明，以及埃及、苏美尔、巴比伦和其他文明。

然而，如果我们要根据自然科学的模型来理解哲学，认为哲学是不借助诸神和神灵来解释世界的尝试，泰勒斯也不是第一位哲学家。泰勒斯显然相信，用他自己的话说，"万物有灵魂"。实际上，我们还要等待好几个世纪，才能找到否认万物有灵论者的哲学家，万物有灵论者认为万物在一定程度上都有神性。实际上，甚至亚里士多德，这位古代世界最伟大的科学家—哲学家，也是万物有灵论者。他有一个非常令人兴奋的观念：作为整体的世界（即宇宙），根本上是有生命的，是神圣的。不过，我们应区分以下两种说法：动物意义上的活着（有感知、感觉能力、能运动和可繁殖）以及较弱意义上的活着（某物能简单地"自主移动"）。有时，希腊人会在这两种极为不同的含义之间转换。他们也会在以下三种极为不同的万物有灵论观点之间转换：（1）万物都是有生命的（甚至包括岩石、星星和水）；（2）生命遍及万物；（3）作为整体的宇宙是有生命的。泰勒斯和亚里士多德到底倾向哪种观点，我们并不是很清楚。

然而，许多当代哲学家所持有的哲学观却并非如此，他们主张，哲学由论证和关于实在之本性的深刻思想构成（名为"形而上学"的事业）。依此来看，"第一位哲学家"恐怕要归于巴门尼德，他生活在公元前五世纪（约公元前515—前450），他的思想极其晦涩难解。巴门尼德与他的前辈和同辈相比，谈论问题的方式更为抽象和晦涩。他称自己的做法是关注"存在"本性的"全新思考方式"。更关键的是，巴门尼德做了论证。他不只陈述了大胆（和极具争议）的主张，而且还证明了他的主张，并期望甚至邀请同时代人做出回应。

巴门尼德所捍卫的观点，涉及存在的本性、什么存在以及什么不存在。与他的那些具有科学性的前辈不同，巴门尼德并不关心事物的具体构成。他并不关心事物根本上由水还是其他某种元素构成。巴门尼德的主张和论证，是与此截然不同的抽象。比如，他论证说："能言说和能思考的东西必定存在，因为不存在既无法言说，也无法思考。"这常常被认为是第一个哲学论证，因此，巴门尼德被认为是第一位形而上学家，第一位真正的哲学家。

当然，人们可以质疑这个结论。有人认为，人类从开始学会说话（甚至在此之前）就已经在论证了，我们至少会感到，甚至最古老的思想家（诗人和先知）也关切存在之谜，关心自己的存在、上帝或诸神的存在、善与恶、彼岸世界、死后生命。此外，巴门尼德用诗歌展开自己的论证，这与希腊以及整个中东的许多古代哲学家并无二致。在柏拉图看来，这是哲学不可接受的论证形式，这种看法在很大程度上保持至今。尽管如此，巴门尼德为哲学思考开创了全新的抽象层面（当然，有人可能会说是不可理解的抽象层面）。如果极端抽象和论证是真哲学的标志，巴门尼德似乎就是我们寻找的第一位哲学家。

但如果我们寻找的是深刻的晦涩，这个称号反倒要给巴门尼德的同时代人赫拉克利特（约公元前540—约前480）。事实上，赫拉克利特的"寓言"就其深刻性和难以理解性而言，在哲学中无可匹敌（至少在20世纪德国哲学家马丁·海德格尔出现之前是这样，海德格尔也大量借用了他这位卓越前辈的手法）。其他哲学家力图探究自然的本原，赫拉克利特却认为"自然喜欢隐藏自身"。他自己热爱谜题、悖论以及令人困惑的文字游戏，以此来隐藏自己的意思。他总是激怒自己的同时代人，认为自然只向少数人呈现。他教导说世界包含某种基本秩序，逻各斯在万物中运行，但他又提醒自己的同行，认为他们"永远无法理解它，无论是否听说过逻各斯"。

赫拉克利特声名卓著的原因还在于，他那些看似显而易见的说法，稍作思考就成了深刻晦涩的谜语，比如，"上行之路与下行之路是同一的。"他在谈到死后生命的问题时还说过："我们清醒时看到的一切，就是死亡"，以及"人们不要期望和想象死亡时到来的东西。"希腊文明在持续不断的战争后极度渴望和平，他说："战争乃是万物之王。"不过，赫拉克利特与他的同时代人巴门尼德不同，并没有对这些说法加以论证。他并没有为相信这些说法给出理由，当然，他无疑对它们进行了大量思考。他满足于被人们看作传统意义上的圣贤、预言家、智慧之人、人类先知。

不过，倘若我们必须给出第一位（希腊）哲学家的名字，我们选择毕达哥拉斯（约公元前约581—约507年），他是绝大多数高中生都很熟悉的人物。毕达哥拉斯比赫拉克利特和巴门尼德年长一辈，与泰勒斯的最优秀学生生活在同一个时代。他提出并证明"毕达哥拉斯定理"，构成了几何学的支柱：在直角三角形中，斜边（最长的那条边）的平方等于其余两边的平方之和。他在数学上还有其他重要发现，包括"无理数"的概念——那些不能被平分为整数的数。（当然，埃及人和巴比伦人已经计算出了圆周率，分别是3.16和3.125，圆周率其实是个"无理数"。）

但是，毕达哥拉斯首先是位哲学家，而且是位有魅力的哲学家，他的思想包含宇宙本性和音乐的理论，也包含灵魂本性和最好生活方式的外来信念（他的很多思想，包括几何学，都来自埃及）。柏拉图在《理想国》中称赞毕达哥拉斯，说他"主持着由亲密信徒组成的团体，受信徒爱戴，并流传下来某种生活方式，使毕达哥拉斯派时至今日仍卓然独立于世界。"实际上，据说柏拉图本人就是虽未明言却极为虔诚的毕达哥拉斯派学者。[①]

毕达哥拉斯生活和活动的地区是今天的意大利南部，远离居住在希腊半岛的其他哲学家。他的几何学研究只是他宏大的世界观和宇宙观的小部分，数学规定了万物的秩序。他说，万物皆由数所规定。当然，这种观点至今仍被许多物理学家所赞同，他们认为数学是理解宇宙的

[①] 柯克（Kirk）和雷文（Raven）认为，毕达哥拉斯更多是受到"宗教或情感冲动"的触发，而不是寻求一种对自然的理性解释（第216页）。这种虚假的对立笼罩着整个西方哲学史。

关键。毕达哥拉斯进一步用他的数学比例理论解释一切，包括解释音乐的本性和星辰的运动。他推断说，星辰发出大量声音（只有诸神听得见），他称之为"天体的音乐"。最重要的是，毕达哥拉斯提出了一套关于灵魂、死后生命以及正确的生活方式的复杂观点。

他还采用并发展了从埃及和亚洲学到的大量灵修观念和神秘观念，包括轮回思想（柏拉图可能从他那里获得了这个观念）。他身边聚集了许多追随者，不少是第一批女哲学家，她们因对精神生活充满思想、智慧的追寻而加入进来。但是，由于他是受到狂热崇拜的人物（他团体的成员也非常成功地保守着秘密），我们对他的教义所知甚少。当然，创建宗教团体通常不被视为哲学家的标志，但很遗憾，第一位哲学家不愿让自己的智慧得到较为广泛的传播。不过，我们把毕达哥拉斯称作第一位（希腊）哲学家有以下这个简单的最有力的论证：我们完全有理由相信，在诸多思想家中，毕达哥拉斯首次明确称自己为"哲学家"，"哲学家"（philosopher）就是"爱智慧者"。而且，既然哲学是自我反思和自我理解，我们就应该注重哲学家是如何看待自己的。

我们需要注意，爱智慧者并不必然就是拥有智慧的人。实际上，当有人问他是否拥有智慧时，毕达哥拉斯回答说："不，我只是一个智慧的爱者。"正是这种探究、寻求的思想活动，而非总结性答案，才使人成为哲学家，因为总结性答案很容易简化为缺乏思考的教条和标语口号，根本无需思考或理解。尽管我们很少见到他们观点的只言片语，但仍可自信地把许多早期思想家算作哲学家，原因也正在于此。根据亚里士多德和其他资料记载，我们确实知道他们是探寻者，他们热爱思考，他们不愿只是接受流行的意见和既有的信念，坚持要超越它们，有时还要反对它们。这也是我们把哲学家这个身份给予那些并不出名的思想家的原因，他们的习惯和表达方式对我们而言极为陌生，但他们的努力表明，他们是积极探究的探寻者。

或许，哲学家与其他人之间的唯一区别在于以下这个简单的事实：哲学家彻底思考生活中的偶然性和不确定性引发的问题以及相应的肤浅答案。哲学家是否得到并写下了他们的答案，这些答案是否流传了下来，这些都是次要的。第一批哲学家定下基调，确立新思考的严肃性，它常常是神秘的，与流行的陈词滥调相对，因而也常常自觉"无用"。这些哲学家相互之间，以及与自己的弟子之间，相互切磋，共同进行思考训练。他们交谈，费心思考，但极少写下什么东西。"发表或消亡"或许是大学校门上的标记，但这只是他们自己对学术专业化的迷恋而已。这与哲学或哲学性没有任何关系。

毕达哥拉斯生活在公元前6世纪，他因此通常被归入古希腊的第二代哲学家。因为他住在意大利而不是小亚细亚，他与同时代的哲学家的接触很有限。但是，毕达哥拉斯确实见过比他年轻的同时代人赫拉克利特（毫无疑问，他说过很多针对毕达哥拉斯的坏话）。毕达哥拉斯也是色诺芬尼的同时代人，色诺芬尼对希腊流行宗教进行了充满想象力的批判。但是，我们是时候该回到始于泰勒斯的所谓第一代哲学家—科学家。作为开端，尽管不是哲学的开端，他们的故事仍然值得讨论。他们作为哲学家的条件不充分，这并不是因为他们如今更多地被视为科学家而不是哲学家，实际上，早期历史时代根本无法区分这两种角色。就此而论，我们在早期哲学中把哲学与宗教神话区分开来也并无助益，尽管这种区分和张力确实已然开始出现。

简而言之，泰勒斯之后是阿那克西曼德，阿那克西曼德之后是阿那克西美尼，阿那克西美尼之后是毕达哥拉斯、赫拉克利特和巴门尼德及其学生芝诺，芝诺让一切都变得混乱。接着是"原子论者"、恩培多克勒、阿那克萨戈拉和苏格拉底的同时代人德谟克利特。苏格拉底和柏拉图之后是亚里士多德，亚里士多德总结了他那个时代的科学，并规定了后世上千年的多数学科。当然，还有其他几十个哲学家，其中很多只是评注者和非严肃作家，多数已被历史遗忘，但是，一般哲学史叙述中所呈现的稳步发展的情景只是幻象，这很大程度上是亚里士多德发明出来的，或者更公平地说是他添加上去的。与时间历程中的稳步发展相反，我们拥有极其丰富、充满分歧、纠缠难解的冲突观点，拥有令人激动的论证、狂热的思辨和激烈的争论。黑格尔说，智慧的猫头鹰在黄昏悄然起飞，与此不同，我们发现这些极具进攻性的、看似无畏的鸣禽带来的是全新而陌生的黎明。

前苏格拉底哲学家（1）：世界的基质

我们将评论前苏格拉底的古希腊哲学家的进展，在此之前，重要的是确定他们各自在其社会中的位置。他们的哲学口号是，用人们熟悉的东西来解释未知之物，而不诉诸神性或神话（以自承"我不知道"的奇特方式）。他们对"常识"的依赖有时看似成了对常识的反对，我们将会看到，这在哲学史上其实并不少见。但是，在公元前6世纪和公元前5世纪的希腊，哲学之外的其他方面事实上也充满创新且富有成效。其中最重要的是技术的兴起。

希腊进入由富裕地主和农民构成的封建农业社会之后，出现了一个新阶级，这个阶级由工匠、商人和技工构成。（值得注意的是，商人常常被柏拉图和亚里士多德用作例子。）发明家不计其数，新发明层出不穷。新的农业工具和航海工具也在此时出现，新技术和新工艺也相伴而生。希腊人从埃及和巴比伦引入的几何学和其他数学体系，使他们能够在航海和制图方面有突破性的进展。当然，从实用性和人文性的观点来看，最重要的是，科学和医学实践的蓬勃发展。伟大的医生希波克拉底（约公元前460—约前377）概括了新的时代精神，他说："人们认为疾病是神圣的，原因在于不了解疾病。但是，如果他们把所有不了解的事物都称作神圣，神圣的事物就会无穷无尽。"[1]

泰勒斯的思考表明，他对于革新和技术的勃兴极为熟悉。新观念、新发明、成群结队的商人、大批的新工匠，这些都是雅典和米利都的雅典殖民地的标志。（特洛伊战争之后，雅典人创建了米利都。吕底亚人与波斯人在公元前6世纪末才夺取了米利都。）据说，泰勒斯开创的科学思考并不是发生在思想真空或社会真空。实际上，类似的观念在地中海东岸已经出现了很多年。特别是，哲学沉思反映了社会对技艺（techne）的迷恋，基于新技术的新技艺激发了新问题，并启发人们用新的、更"具体的"方式看待自然。比如，柏拉图和亚里士多德就常常用技艺观念来类比德性。这是激动人心的时代，各种新思想和新实验层出不穷。哲学只是其中之一。

无论前苏格拉底哲学家在其保存下来的著作中是否有过明显表述，他们的思考都包含着政治维度。哲学家没有让他们的思想飘荡在空中。相反，他们把思想带回大地。正是在希腊历史的这个时期，梭伦对雅典进行了"现代化"改造，创建民主政制，赋予自由的男性公民投票权，

---

[1] 引自 Benjamin Farrington, *Greek Science* (Harmondsworth, Eng.,: Penguin 1944).

并解放了某些奴隶（这些奴隶多半是雅典本地人，因债务或羞耻之事而被迫为奴）。梭伦之后，雅典又回到了专制，遭受到斯巴达的严重入侵，并经历了当地人的革命。民主再次出现，但这并非我们幻想的轻松或非暴力过程。我们如果要理解第一批哲学家对秩序和理解的渴望，我们必须把他们置于暴力频发的历史背景中来考察。

泰勒斯用水这种基本元素解释宇宙，这种自然主义观点可能在我们听来并不深刻，难以成立。但是，与其前辈不同，他对世界提出了非神人同形同性论的说明，我们称之为"科学"的说明。而且，与关于诸神及其功绩那些丰富多彩却十分特别的故事不同，泰勒斯的说明为我们提供了统一、单一的世界观。甚至世界依托于水这个观念也十分引人注目。但是，如果亚里士多德对泰勒斯的解释是正确的（即世界本质上由水构成），这种主张就为宇宙生成论问题提供了令人惊讶的答案。它也为较具体的宇宙论问题以及后来所谓的物理学提供了新开端。事物有几种？泰勒斯的假说看起来相当简单——亚里士多德是这样看的，我们也是如此。但是，它标志着全新的思考方式，以及对起源的全新探寻。此外，在当时的背景下，这种说法并非完全不合理。我们现在都知道，就基本成分而言，人体的98%是水。①我们如果压榨水果、木头，甚至用足够的力量压榨岩石，最终都会挤压出某种液体。普遍的观察会让我们支持如下观点：水是基本物质。

我们对泰勒斯的其他思想所知不多，但我们知道泰勒斯以聪明才智和行事怪异闻名于世。据说，他因抬头看天而坠入井底。据说，他还利用自己广博的天文知识正确地预测到来年橄榄大丰收。于是，他提前投资收购橄榄油压榨机，囤积起来大赚了一笔，成了当时的富翁。这些轶事表明哲学家（也是哲学）在西方传统扮演着极为古怪、有时还极具讽刺意味的角色。

一方面，这个传统处处可见魅力四射的名人、才华横溢的怪人。另一方面，就西方哲学的本性而言，观念有自己的生命，即使它们揭示出的是哲学家的某种深层关切。相比之下，孔子和佛陀的故事却难以与他们的哲学分开来。儒家和佛教是某种关于孔子和佛陀的论述，

---

① 译者注：这个说法并不准确，人体含水量从出生到成年都在不断变化，年龄越小，含水比重越高，成年人含水比重在60%—70%之间。

但希腊哲学不是关于泰勒斯及其追随者的论述，甚至也不是关于其中最具典范的人物苏格拉底的论述。哲学从其诞生之初论述的就是观念。于是，毫不奇怪，观念在接下来的几个世纪获得了自己的生命，并成为哲学的中心。因此，哲学家的传记只被视为流言蜚语。

西方哲学传统向来是不断在重新诠释、创造和质疑自身。① 这些传统的哲学家甚至常常完全拒斥传统本身。实际上，许多伟大的哲学家在自己巨著的开篇便宣称自己前辈所言完全错误，这是西方哲学传统极具魅力的特性。还有很多哲学家宣称，他们已经完全终结了哲学，解决（或消除）了问题、一劳永逸地摆平了一切。新的哲学家、新的批评者、看待事物的全新方式总是层出不穷，即使伟大的哲学家也仍是争论的中心（哪怕是"误解"）。

这种情形甚至在哲学诞生之初便已是如此。哲学总是向问题开放：这是西方哲学区别于神话和宗教最显著、最重要的地方。它明确表明自己欢迎质疑和修正。我们在此可以预先提提两个重要的术语，即*辩证的*和*非教条的*。② 特别是，泰勒斯受到比他年轻的同时代米利都哲学家阿那克西曼德（公元前610—前547）的质疑，阿那克西曼德反对泰勒斯认为"世界由水构成"的观点并提出了不同的看法。他的观点复杂得多，也系统得多（他的著作也是如此），以至许多学者认为配得上"第一位哲学家"这个称号的，是他而不是泰勒斯。

阿那克西曼德对希腊的传统宇宙生成论进行了条理化，区分了土、

---

① 当然，不只是西方传统如此。印度哲学中数千年的论争，让西方哲学中的许多论争相形见绌，显得不过是一时争论而已。在中国，哲学辩论可以追溯到孔子和早期的道家，但是，正如在许多权威社会，这些辩论通常被认为对社会具有破坏作用而受到阻碍。或许，人们可以悖谬地断言：不断重新解释、发明和质疑自身，这种德性本身就是最具争议的哲学德性。

② 人们应该谨慎，注意到"教条"（dogmatic）的词根是"教义"（dogma），在宗教研究中，这个词指的是某种极为重要的东西，根本没有否定或封闭的意思。它只是指信仰或学说而已。"辩证"这个词也同样被误用。最初，它指的是"交谈"，意思是说要严格审查和保持开放。但是，甚至在古希腊以及晚得多的马克思主义思想那里，它有些像"教条"这个词的消极版本（封闭和意识形态）那样顽固。

气、火、水，并对它们的不同性质（热与冷、湿与干）以及彼此如何相互作用产生自然（physis）作出解释。泰勒斯追问，四元素中哪种是最基本、最基础性的元素，阿那克西曼德的回答是"没有"。宇宙的最终来源和万物的基本成分是某种我们无法感知到的东西，他称之为 apeiron（无定），我们只能把称为"基质"，这个词在希腊人那里的意思是"无穷"或"无限"。在科学史上，这或许是理论假设的首个重要实例，它本身不可感知，其存在却能解释可感知的现象。（电子和基因是更通用例子。）但是，阿那克西曼德的无定也像泰勒斯的水那样，没有生命却又是精神实体。无需多言，它也是神圣的和永恒的，却又不是普通希腊人相信的诸神。

阿那克西美尼也是米利都人，他是阿那克西曼德的学生。因此，他对他的老师那个神秘的、不可感知的无定进行了批评。他认为，回到普通经验的秩序是他义不容辞的责任。阿那克西美尼为此论证道，气是最基本的元素，它可以浓缩和蒸发、加热和冷却、增厚和变薄。

泰勒斯、阿那克西曼德和阿那克西美尼（它们构成米利都学派）跨过希腊古老神话和民间传说。然而，我们应该小心谨慎，不要急于使用具有过于"哲学"和"理性"意味的术语去描述这种变化。他们只是为我们要称之为"哲学"（以及许多我们要称之为"科学"）的东西搭建了舞台而已。不过，正是以泰勒斯、阿那克西曼德和阿那克西美尼为背景，我们才能理解他们的继任者更为激进的背离，在这些继任者中，著名的有毕达哥拉斯、赫拉克利特和巴门尼德。

前苏格拉底哲学家（2）：基本秩序

泰勒斯、阿那克西曼德和阿那克西美尼对于宇宙提供了"自然主义"的说明——也就是说，他们在解释是什么时强调的是可感知的元素（或者像阿那克西曼德那样，某种假定的元素）。然而，同样重要的是，我们要思考，不仅与它们意图取代的那些丰富且令人兴奋的神话相比，也与那些信手拈来的不现实的说明相比，他们的解释为什么会显得过于简略。泰勒斯、阿那克西曼德和阿那克西美尼都是唯物主义者，因为对于他们而言，世界是由某种基质构成，或者是水，或者是气，或者是无定。这样的解释错失了什么呢？

与之相比，毕达哥拉斯认为宇宙的基本成分是数和比例，不是"基质"而是形式和关系。哲学关注的是秩序本身，而不是有秩序的物质。没错，米利都学派的唯物主义者意图避免传统的超自然解释（当然还保有万物有灵论的观点）。但是，"自然的"不只是"物质的"（更不是现代化学所谓的无生命物质）。正是通过毕达哥拉斯，古代（以及之后的中世纪）本体论的这个核心问题才成为关注的焦点。这就是抽象秩序或事物形式如何在世界的多样性事物中显现自身的问题，它常常被简单地概述为"多中之一的问题"（有时也被称之为"一与多"的问题）。

希腊人很快意识到，数学不同于其他知识。它优雅、简洁，拥有其他东西——尤其是乱糟糟的日常生活——所没有的普遍性和确定性。数学和几何学命题可以确定地被证明为真，且放之四海皆准。直角三角形的形式特性，无论是在埃及、波斯，还是在雅典、意大利，都完全相同。毕达哥拉斯定理的有效性，不是只在这或在那有效，而是在所有地方都有效。自毕达哥拉斯起，数学的那种优雅、简洁和确定性，一直都是哲学家的理想，它是最佳理性的最终展现，是完美哲学的抽象形式的系统展示。

只有与米利都学派的唯物主义者相比较，我们才能理解，赫拉克利特的哲学为什么会虽然晦涩但却不朽。一方面，赫拉克利特可被视为早期哲学家—科学家，因为它信奉另一种自然元素——火，并且宣称它是基本元素。在很多方面，他谈论火的方式与米利都学派的唯物主义者谈论水、气和无定的方式完全相同。他认为闪电（雷电）是神圣的，火是基质："火生于土之死，气生于火之死。"但是，火这种元素在赫拉克利特思想中所扮演的象征角色，是米利都学派的其他元素所没有的。

火是猛烈的。火焰不断变化、闪烁。对赫拉克利特而言，世界不断变化，即不断"流变"，人们所见的稳定性则是错觉。他用隐喻表述出他的著名观点：人无法两次踏入同一条河流。（他实际所说的是："人所踏进的同一条河，会不断有新的水流过。"）[①] 可是，赫拉克利

---

① 残篇12。

特的语言有太多的隐喻，我们很难把他仅仅视作唯物主义者。他还有更宏大的观点——宇宙中的不变就是变。然而，世界是永恒的："宇宙对于所有存在物都相同，它不是神所造的，也不是人所造的，它过去、现在、未来永远都是一团永恒的活火，在一定的分寸上燃烧，在一定的分寸上熄灭。"①

此外，根据赫拉克利特的观点，世界是一。万物彼此关联，尽管相互对立，但在世界的多样性之中，存在单一的统一体，即逻各斯。逻各斯使所有表面上对立的事物具有统一性，它给予混沌以秩序，让变化有规律，使我们能够理解这种统一、秩序和规律，尽管所谓的我们也只是极少数。当然，赫拉克利特在此对他的哲学同侪发出的警告虽然并不讨人喜爱，但却击中要害。在表面的混乱之下，潜藏着秩序，但惟有极少明眼人能够看到这种秩序。我们在此可以看到他与阿那克西曼德存在重要的连续性，即对不可见物的假设，但是，我们也看到了赫拉克利特对这位唯物主义前辈极为显著的更改。逻各斯不是某种元素。我们日常眼光所看到的世界，与最有智慧的哲学家所认为的真实世界，它们之间的差异极大。

我们在此要再次回到巴门尼德。如我们所说，许多人认为他是第一位哲学家，甚至认为他是最伟大的哲学家之一。②巴门尼德和他的学生，爱利亚的芝诺，使哲学转向对论证技巧的关注，即逻辑与最基本的语言单位的分析（比如"是"）。如此一来，他从圣贤、预言家和冥想者那里接过哲学，使之变成一门学科，有智力和耐心的人才能掌握哲学的艰深技巧。有人可能会说，巴门尼德和芝诺是大量恶作剧的始作俑者，让好几代哲学家陷入了毫无意义的解谜活动。他们给出逻辑难题，破解逻辑难题，又给出新的逻辑难题，却抛弃了哲学的基本事业，不再回答和解决人的真正问题。

然而，巴门尼德把哲学的重点带向了新的抽象层面。他的论证充满悖论，但都是基于最基本的概念或范畴，即存在。他的思想与动词"是"有莫大关系，这是我们语言的最基本方面。

---

① 残篇 30。

② 柯克和雷文认为他开创了"原创的发展路线。"

让我们略去这个事实不提,即并非所有语言都有动词"是"或诸如此类的词。我们也不要再去说,比如,中国的整个哲学传统绵延数千年,却没有这样的难题和悖论(当然,有些哲学家据此认为中国哲学根本就不是哲学)。①这里的关键,至少此刻,是理解巴门尼德及其最著名的学生芝诺对于不断展开的哲学故事所做的天才贡献。若没有他们,我们今天所说的哲学无疑会截然不同。

当我们回顾巴门尼德的前辈所做的工作,心中会呈现如下几个核心主题。第一,让对宇宙的说明摆脱超自然、神话的解释,尽管这从未真正做到。第二,实在或真理与纯粹现象(即世界在我们普通人看来的样子)之间与日俱增的分离感。第三,尽管常常并未言明,这些思想家确实热衷于统一性,米利都学派主张单一的基本元素,赫拉克利特主张逻各斯的根本统一性。(与其他人相比,毕达哥拉斯在这个问题上的观点有些隐晦,不过他强调数学的单一性、灵魂的纯洁性和世界的和谐,这些无疑也指向这个方向。)第四,在赫拉克利特和毕达哥拉斯那里,出现了从神话和唯物主义向非物质秩序的转变。(重要的是要注意,前苏格拉底哲学家自己并没有意识到物质与非物质的区分。)第五,宇宙安排显而易见的必然性,这在数学和逻各斯中很明显,也体现在希腊人对命运的信念之中。第六,无论看起来如何,一定存在永恒之物,因为尽管事物确实可以变化(比如通过变形和重排),但我们仍然完全无法解释无中生有或化为乌有的观念。最后,理性和合理性的观念贯穿了这段历史,最初强调的或许是思考和对话,但慢慢地就被当成理解真理的特殊能力或媒介。理性日益区别于经验和普通知识。这七个主题相互结合,哲学世界就形成了如下论点:我们所"认识"的世界并不是真正的世界。

巴门尼德的论证在于运用动词"是",论证细节极为复杂和晦涩,论证意义至今在学术上仍然充满争议。有人认为,他的整个论证基于语法、逻辑和形而上学的混乱,即使这些领域那时候实际上尚未形成。但是,用较为日常的术语来说,他的观点很容易明白:若某物可以被思考,它就必定存在,因此谈论"无"没有任何意义(或者说,不存

---

① 中文有关 being 的对应词是"有"。说某物"是"不是说它存在,而是说它在手可用。

在的东西，现在不存在，过去不存在，将来也不存在）。所以，存在必定是永恒的，它不会生成，也不会毁灭。（这种观点认为，事物的根本实在具有持久性，它也体现在前苏格拉底哲学家那里。）

巴门尼德由此得出结论道，根本没有变化这回事。存在已经存在。[①]没有什么可以无中生有。他进一步断定，时间并不存在，我们的时间感只是错觉，空间感也是如此。我们所谓的现实无非是"骗人的语词排列"。然而，真正的实在是绝对单一、不变、永恒，是"一"。（值得注意的是，吠檀多派和佛陀也有关于统一、变化和永恒的论点，尽管风格和背景不同。）[②] 当然，这个实在不是我们生活于其中的现实。

尽管巴门尼德有明显的理性并试图保持演绎的严格性，但他在其哲学诗的开篇就表明，他的洞见源自魔法，并通过启示产生。他以诗歌的形式书写自己的思想，这个事实本身就暗示了某种神秘的意图，这与古印度早期的一些神秘主义作家并没有多少不同。巴门尼德诗歌的多数否定性结论，与他对真理的确信相互结合。否认我们可以认识真实的世界，同时又确信这种否认，这个观点极大影响了后来许多哲学家——其中包括柏拉图和亚里士多德，他们两人在谈及巴门尼德时都充满敬意。

怀疑主义（始于希腊怀疑主义者皮浪，持续至今）的演化过程极其漫长，它的祖先可以追溯至巴门尼德，尽管巴门尼德深信自己的观点。

---

① 这种时间观富有想象力的当代版本，出现在库尔特·冯内古特（Kurt Vonnegut）的几本早期小说中。他在书中塑造了来自特拉法拉马多星球的外星人种族。特拉法拉马多人眼中的世界只有当下瞬间，没有过去，也没有未来，万事万物只出现在单一、永恒的现在。同样，对于巴门尼德而言，也只存在单一、永恒的现在，但我们与特拉法拉马多人不同，根本无法理解这样的事实。见冯内古特的经典作品《第五号屠宰场》（*Slaughterhous Five*, New York: Dell, 1971)。

② 见本书"吠陀与吠檀多：印度的早期哲学"部分。最古老的吠陀书中已经有对这些论点的表述。公元2世纪的佛教哲学家龙树，就有对这些观点的详细阐述。在佛教中，anatman（无我）指的是虚无，即认为没有自我、灵魂和永恒；anitya（无常）指的是万事万物的瞬息万变；duhkha（苦）指的是必然遭受的挫折和苦难。

（哲学中常见这种信心满满的怀疑论者。）巴门尼德也预示了未来哲学发展的两个方向：把演绎论证当作哲学"命脉"的"分析"哲学家认为，巴门尼德是分析传统的先驱。但是，有些西方（和东方）哲学家寻求特权或秘传，主张"高级观念"只有少数人可以获得，他们也以巴门尼德作为他们的传统的先驱。因此，有些哲学家主张"智慧之爱"属于极为技术性或私人性的领域，有些哲学家认为智慧之爱人皆有之，他们之间一直存在紧张关系。（我们稍后就会碰到后者的代表人物。）

但是，在巴门尼德之后，许多哲学家都在回应巴门尼德。一种方式是完全赞同巴门尼德，他的学生芝诺就是如此。芝诺提出了一系列独具匠心的论证，以此"证明"时间和变化的观念极其荒谬。其中最为著名的是以归谬法呈现的一组悖论，其核心是：如果假定确实存在着时间和变化，就会导致荒谬。因此，时间和变化不存在。或许，我们最为熟悉的是"飞矢不动"悖论。箭飞向目标，必定会有飞行轨道。但是倘若如此，它就必定要经过更小的一段飞行轨道，要经过这段飞行轨道，又要经过一段更小的飞行轨道，以此类推，以至无限。因此，正如汤姆·斯托帕德的戏剧《跳跃者》中的哲学教授所总结的那样，"箭从未射中，圣塞巴斯蒂安（他被箭射死，罗马人尊之为殉道者）死于恐惧。"这些戏法必然涉及一些"证明"，我们在此不必要对它们详细阐述。但我们完全可以说，这些悖论让公元前4世纪许多才华横溢的年轻（和不那么年轻）的哲学家感到困惑，他们对其中的某些悖论有所怀疑，并试图加以反驳（但并不成功）。

前苏格拉底哲学家（3）：多元论者

置之不理是应对巴门尼德及其论证的另一种方式，我们在后文会对此简单论述。不过，抨击巴门尼德或许是更具哲学性的方式。这里采用的策略与其说是驳斥论证，不如说是破坏论证的前提，并发展米利都学派的科学宇宙论。这里所说的前提是巴门尼德简单从早期的前苏格拉底哲学家继承而来的、无所不在的统一性。特别是，三位哲学家抨击宇宙本质上是一的观念，这个观念被称作一元论，它可追溯到最早的前苏格拉底哲学家（这显然与在他们之前就存在的一神论宗教和宇宙论有亲缘关系）。与之相比，恩培多克勒、阿那克萨戈拉和德谟克利特都是多元论者，他们都不认为世界基于某种单一元素，或者由唯一的秩序统一。恩培多克勒（正如在他之前的阿那克西曼德和赫拉克利特）推测，世界由冲突构成。而且，并不存在基础性的元素或秩序，唯有爱与恨这两种力量之间的无尽冲突。

大多数关于前苏格拉底哲学家的阐述，对恩培多克勒关注不多，原因主要是恩培多克勒那种温和多元论不足以应付巴门尼德那些精致的伎俩。但是，我们只要越过哲学机智的有限范围，就会发现恩培多克勒是古代世界最复杂、最多彩也最为人注目的人。他是精明的政治家、才华横溢的演说者和雄辩家、医生、诗人、富有想象力的史家和有影响力的宗教思想家。他只是不怎么像是形而上学家，因此未能得到亚里士多德的注意。所以，他在古希腊哲学主流中或多或少受到了忽视。

从纯粹宇宙论的角度来说，阿那克萨戈拉的学说显得更有前景。阿那克萨戈拉确立了——哪怕既没有发明也没有坚持到底——晚期希腊宇宙论的最重要的特征。作为多元论者，他认为存在多种事物，每种事物都有自己的种子。与此前的前苏格拉底哲学家不同，阿那克萨戈拉认为，有多少种质料就有多少种元素，不只有土、气、火、水，也有纸、肉、果肉、木材、酒、骨、铜——这个清单可以一直列下去。而且，既然没有什么东西可以无中生有，每种相应的元素就必定一直存在。

此外，根据阿那克萨戈拉的观点，并非每种事物都是元素。人不是元素，而是多种元素的复杂混合物。不过，元素也可以分割，而且是无线分割。因此，阿那克萨戈拉（奇怪地）主张，"一切包含在一切之中"，每种元素都包含其他一切元素。无论对古代读者还是现代读者，这个观点理解起来都非常费力。

阿那克萨戈拉至少戏谑地提到了心灵（或努斯）观念，认为它是组织性的力量，这个观点在之后数百年的哲学道路上引起了极大关注。但是，他从未论及心灵是什么样子（心灵是现代哲学不可缺少的组成部分，但是，那时候的希腊人从没有运用类似于"心灵"概念的东西）。值得注意的是，佛教也在这个时候提出了这样的"内在性"观念。

此外，因为心灵属于组织性的力量，阿那克萨戈拉自然开始不只是根据秩序来思考宇宙，也根据某种宇宙目的来思考宇宙。而且，他似乎没有像一个世纪之后的亚里士多德，把自己的这个洞见贯彻到底。

这再次成了不合时宜的观念。(在 19 世纪的德国哲学中,它将成为掩盖一切的观念。)

这种对所有事物都可分的强调,启发了另外两位哲学家,几乎没什么名气的留基波以及他的学生德谟克利特。他们探寻小得不能再小的"基质"观念,最后确定的基质后来成了现代最为重要的观念,即原子这个概念。

德谟克利特是极端多元论者。他认为,世界由无数大小不同的各种"微粒"构成,不过,作为元素,这些微粒有显著的共同特点。它们无法被切割或进一步分割。("原子"[atom]在词源上来讲,就是这个意思,因为它源自"不"[a-]和"分割"[tom]。)因此,德谟克利特直接反驳了阿那克萨戈拉无限可分的观点。实在的基本单位是原子,它无法被分割。德谟克利特也直接反驳了巴门尼德,宣称存在着无(虚空),这是原子在其中运动和结合的空间。

当然,原子会运动这个观念也与巴门尼德直接矛盾,但是,他们之间的分歧不应让我们无视两者在根本上的一致性。这就是永恒不变的"一"这个观念。不过,对于德谟克利特而言,这个"一"实际上有无限的样式,每种样式就是一个原子。每个原子都是永恒的,既不能被创造也不能被毁灭。原子内部也没有空间,因此也无法被切割或分开。这个基本观点认为,宇宙是整体,并由互不相干、各自独立的单位构成,我们会反复看到这个观点。(当然,我们也已然看到这种猜测在多大程度上助长了对宇宙极为过分的解释。)

德谟克利特对世界的去生命化和去神话化的做法极为彻底。他的宇宙观念是彻底物质的,没有任何强加的秩序或理智,没有逻各斯、目的和心灵。那些古老的观念,例如主宰我们的命运、统治世界的诸神,甚至可能让我们有死后生命的灵魂,统统消失不见了。正是由于德谟克利特,我们所谓关于世界的纯粹"唯物主义"的理论出现了。实际上,甚至人的灵魂,这个对于绝大多数前苏格拉底哲学家而言极为神秘的问题,在德谟克利特看来也只是物质性的原子,它在由物质性的原子构成的宇宙中并不特别重要。

倘若把前苏格拉底的哲学史看作科学的发展历程,我们就能够很容易理解以下这个进程:从最初对万物终极本性的隐约猜测,到完全排除诸神和神话、人类灵魂以及宗教神秘话语的雄心勃勃的理论。即便这个发展过程获得不少东西，但更为重要的是，我们必须深入思考，真正丧失的是什么。理智统治（即使仍很神秘）的世界会更令人轻松吗？我们的命运仍然是被决定的吗（即使我们不知道也无法知道如何被决定）？我们可以确信自己的灵魂在死后继续存在吗？我们死后会继续我们活着时开启的旅程吗？

这些观念遭遇危机时，许多思想家（和绝大多数普通人）都感觉损失巨大，我们对此不应感到吃惊。在基督教出现之前，在雅典的三位伟大哲学家登场之前，新兴哲学的贫乏已经是大家关注的问题。19世纪在德国，这种怀旧成了一种痴迷，像黑格尔、尼采和海德格尔这些不同的哲学家都有这样的怀旧情绪。实际上，海德格尔在这三位哲学家中最为极端，甚至认为我们的哲学思考能力在公元前5世纪之后就已经丧失了。

然而，德谟克利特的宇宙观，有令人烦恼的方面，它对现代哲学带来了严重的后果。原子无色无味，这在另一个重要的意义上意味着，我们日常生活中经验的那个世界并不是世界的本来样子。德谟克利特担心的是，我们在事物中感知到的属性在原子自身那里找不到，因为原子只有空间属性。这就意味着颜色、滋味、质地等知觉根本不是实在的真正属性，而只是在与感知者的互动中呈现出来的属性。在这里，人们可以看到漫长传统的开端，这个传统在约17世纪的约翰·洛克达到顶峰，他区分了"第一性的质"和"第二性的质"。第一性的质就是那些依附于事物本身的性质，第二性的质则是"在我们之中的性质"（当然德谟克利特没有也无法做出这样的区分）。对于关注这种新哲学的人来说，令人烦恼的是，现在看似无色无味的实在，被这个理论带来的兴奋劲掩盖了。

由于德谟克利特，古希腊科学达到了它的至高点，人们忍不住会想，从古代的原子论者到现代的科学哲学之间，只有一小步的距离。然而，反讽的是，在这之后不久，当古希腊科学在亚里士多德那里形成典范之后，探寻一般科学知识的动力似乎突然停顿了。一边是巴门尼德，确信世界是统一、不变、永恒但我们永远无法认识，一边是德谟克利特，认为世界由大量无色无味的原子构成。在这两者之间做出选择，人们并不感兴趣，他们除了听哲学家的猜测，还有很多事情要做。谟克利特坚持认为世界由众多无色无味的原子构成。人们在这两种观点之间似乎无所作为，只能听之任之。在接下来的一千五百年里，哲学走了其他方向，科学被边缘化，科学天才要么被无视，要么被折磨致死。

古希腊最伟大的科学家当属亚里士多德（公元前384—前322）。他回顾了前苏格拉底哲学家的探索和发展，也做出了自己的贡献，对整个科学进行了总结和概括。尤其是，正因为他，我们才知道早期希腊哲学家的许多言行，但同样是因为他，我们今天才有了科学。他关于自然科学的观点，绝大多数是自己的原创，历经一千多年没有受到挑战。因此，过去几个世纪的科学家在看待亚里士多德时，感情极为复杂。一方面，他可能是有史以来最伟大的科学家；另一方面，他也是科学进步的巨大障碍。他的光辉形象使他成了13至16世纪无所不能的中世纪教会教义的中心，以至于在近代之前，任何科学方面的理论进步都遭到了挫败。

但是，我们把故事说到前头去了。现在我们要回到巴门尼德以及他的论点，大意是我们永远无法认识世界。那么，我们能认识什么呢？如果哲学带给我们的只是些唐突的、不可更改的结论，那它有什么用呢？可能的答案是：接下来的两千年都用来抨击这些前提、批判和改善逻辑、澄清和推断"生存"和"存在"、重新解释和重申结论、重构论证、把论点转化为神学、把神学转化为本体论、重新定义本体论并把它简化为语义学、重新定义语义学并再次把它简化为常识语言，然后再质疑或嘲笑常识，并把它变为悖论，进而提升为逻辑，提出新的甚至更令人困惑的悖论。

走进智术师

正如我们提到过的那样，绕开巴门尼德及其论点的其他方式，就是对他视而不见。这也正是新一代哲学家所采取的方式，他们认为，巴门尼德的结论（以及人们对其结论的回应）极其荒谬，甚至觉得完全没必要加以回应。我们永远无法认识真实世界，我们日常经验的世界在某种意义上是幻觉，显然，这种看法让哲学家们极力反对常识。这样的困惑和悖论或许为我们提供了智识上的挑战，但也可能只是让人们耸耸肩就打发掉了。无论如何，它们确实为各种论证开辟了空间，也让年轻人从所接受意见的教条主义中摆脱了出来。

这些年轻的哲学家中,有些是所谓的智术师("贩卖智慧的人"),他们用新的论证技巧贬低和嘲笑巴门尼德的哲学。有些则对我们已知的真理持怀疑态度,并且用巴门尼德的论证提出激进的宗教观念和道德观念。这些观念包括如下看法:人类的所有知识和价值都是"相对的",根本上而言都不是"真的"。在伦理方面,他们也同样认为,我们的理想无非就是那些统治者的理想,正义不过是那些掌权者的利益。智术师只是教授工具,训练那些充满热情且雄心勃勃的雅典年轻人如何在论辩中获胜、赢得好感、让对手哑口无言,从而给公众留下好印象,由此在新的民主政体中谋得政治前途。

换句话说,哲学在智术师那里变得很实用,这是人在世界中谋出路的方式。世界的起源和终极实在的性质、模糊的言辞和难以置信的论证,他们都受够了。还是回到生活中来吧,用哲学为自己做点事,也别太清高,哲学只是为自己找点乐趣而已。

在这些不同的智术师中,我们要提到高尔吉亚,他模仿巴门尼德的论证风格,"证明"了如下引人注目的结论:

1. 无物存在。
2. 即使有物存在,也无法认识。
3. 即使可以认识,也无法把它说出来。

现在,人们可能设想高尔吉亚对一系列荒谬的命题及其论证非常认真,但也可能断定高尔吉亚是个疯子。或者,人们可以把这一系列命题和论证看成挑战,另一个需要解决的难题。不过,或许如下解释更为合理:这些命题和论证可能是有意为之,是戏仿性论证,但针对的不是荒谬的结论本身,而是完全不同的论点,即"证明"这种做法实际上毫无意义。只要所给定的前提足够深奥、晦涩或模棱两可,再加上聪明才智,机灵的哲学家就可以"证明"一切。

基于此,所谓证明和论证确实不过是另一种形式的修辞而已。它们是劝说的工具,甚至只是花招。这样的话,它们实际上所做的,就是劝说对手接受自己的观点。但是,它们也可能会把我们引向绝路。巴门尼德是对自己的戏仿,埃利亚的芝诺是历史上伟大的哲学骗子。

只要问题足够神秘,比如说,时间的性质以及没有得到很好理解的概念(例如,无限大和无限小概念),人们就可以"证明"各种毫无意义的说法。只要事物真实存在的方式(与常识与感官证据有别)处于险境,人们就很难找到什么来反对诸如此类的论证。当然,它不会是常识和经验。它只能是另一种同样超然的论证。(根据20世纪维特根斯坦的诊断,治疗哲学的唯一方式就是更多的哲学。)然而,在关于我们经验之外世界相互冲突的主张中,没有终极的证明或论证,只有巧妙呈现的修辞和意见。

但是,高尔吉亚的论证引发了进一步的问题,随着我们进入对其他哲学家著作的考量,它将显示出某种程度的重要性。我们对哲学文本的理解,在多大程度上取决于我们对撰写这一文本的哲学家的意图之了解?会不会高尔吉亚撰写他的"证明"时语带戏谑,而巴门尼德则对其证明极为严肃?(又或者,高尔吉亚处于精神崩溃的边缘,因而其作品极为真诚,而巴门尼德恰好过得很愉快?)当然,在绝大多数情形下,我们已经证实了哲学家及其态度的说明,不过情形并非总是如此。我们一旦强调观念及其价值的独立性,认为它们可以完全脱离阐述它们的哲学家,那么,无论这些论点在意图上多么荒谬,似乎都可以独立存在,这对于未来世代的人而言是种挑战。

哲学论点和论证是由谁阐述的,这非常重要吗?普罗泰戈拉认为这非常重要。普罗泰戈拉或许是最具原创性的智术师,而且肯定是最有风度的智术师。"人是万物的尺度",正是出自普罗泰戈拉之口。有时,它被援引为早期人文主义的宣言,就是说,强调对人的需要、人的观念、人的利益的关注,相应地,它也被认为是实用主义的某种表述,即认为我们应该相信于己有用之物。它也提示了以下这种看法(当时无疑是渎神的看法):根本没有什么神圣的观点,事实上根本不存在诸神。

然而,这句格言更常被用来意指某种怀疑主义,即为怀疑所有关于实在的主张提供了普遍、不可辨驳的理由。因此,这种为人所熟知的解释进而认为,这个观点关涉的不是人作为知识的来源或主体(观念本身在西方大概又经过了上千年的时间才成为哲学思考的中心),而是所有人类知识的局限性。我们的知识,受人的五官的约束和人类理智能力的限制,为人类的偏见所决定。易言之,我们无法知道什么是真实存在,而只能知道在我们看来什么存在。同样,我们也无法知道"什么不存在",而只能知道在我们看来什么不存在。根据这个观点,"人是尺度"意味着人类受限于自己的观点,这就使我们无法认识事物本身。

不过,对于普罗泰戈拉,我们还可以采用较少怀疑的解释方式。根据这种解释,我们认识世界,因为我们从人的角度观察它。在接下来的两千年里,这个观点的意蕴并不为人所了解,但是,我们现在完全可以说,智术师普罗泰戈拉的哲学肯定不能被解读为狭隘的只是为了论证而论证的"诡辩术"。它可以被解释为针对知识性质的极富洞见的观点。作为对巴门尼德的回应,它重新安置了对终极实在和人类知识的关注,"把它们全部带回了家"。

普罗泰戈拉也被某些人认为是"相对主义"之父,这种观点认为,一切知识都是"相对"于来源、背景、文化、民族和人而言。但是,在某种意义上,相对主义的指控并无恶意。它只是说,知识本质上需要认知者。这种说法无疑不会窒息知识的可能性,甚至也不会认为不存在可以认识的真理。然而,可以进一步表明,所有认知者(或许神圣的认知者除外)都有其内在的局限,以至于任何(普通的)认知者都只能从自己的视角出发理解实在。这确实使感官获得了某种资格,我们借此可以说能够认识实在,但是,这绝不意味着消除了知识的可能性,更不用说破坏了真理观念。根据这个观点,真理就是每个人从自己的视角出发真正认识(或未能认识)的东西。

人们也可以强调这个观点是成问题的,因为从某个视角认识真理必然意味着所认识的真理不完整,就此而言不是真正地认识到真理。人们还可以进一步论证说,既然个人无法走出或超越自己的视角,就无法知道是否存在真理,而只有我们自己对它的"呈现"。此外,人们还可以明确把这个观点往前推进,超出普罗泰戈拉意图表达的意思,认为这里的"人"所指的不是人类,而是具体、个别的人,每个人都有所不同(实际上,不同文化背景下的民族彼此也极为不同)。倘若如此,真理之为"相对",不只与人的理解有关,而且与个人相关。

尽管如此,人们仍可能主张,我们没有理由认为,这些诸多不同的视角根本上有很大不同;我们也没有理由由此断定,博学学者的知识并不比中等偏下的学生的粗俗意见"更好"。普罗泰戈拉可能从未想过要做出如此激进的结论,然而,他仍被绝大多数哲学家斥为不负责任，认为这样的结论难以置信。事实上，"相对主义"是完全值得尊敬的思想，只是极少得到公平对待（尽管在以其名字为名称的柏拉图对话中，普罗泰戈拉战胜了苏格拉底）。因此，智术师普罗泰戈拉向来是诡辩术的受害者，而不是它的帮凶。

就某些也常常被用作滥用哲学的笑柄而言，智术师中还有其他几个人物值得一提。色拉叙马霍斯是柏拉图的《理想国》第一卷中的人物，历史上也真有其人，他确实主张正义无非是当权者对自己利益的照顾，而且他可能真的具有柏拉图讽刺的那种呆板的论证风格。还有就是卡利克勒斯，他强调权力的自然表达，对其他理想在人类事务中的作用冷嘲热讽。（现代哲学家弗里德里希·尼采常被人认为与其相像。）再有就是这个时期的哲学家—诗人、名叫克里提阿（Critias）的贵族。克里提阿被斯巴达人任命为僭主，他除了写过某些富有思想的诗，还杀害了雅典的数千名民主分子和有民主分子嫌疑的公民。不过他也没有得到善终。我们可能会注意到，柏拉图是他的表亲。

雅典历史上还有个真实人物，也值得稍微提一下。他就是臭名昭著的阿尔喀比亚德（Alcibiades）。阿尔喀比亚德是雅典著名的贵族青年。他长相英俊、才华横溢，但阴险狡诈。他是民主的公开敌人，两次背叛雅典（他先是加入斯巴达，后来又加入波斯，反对母邦）。他还是著名的有情人、负心汉、通奸者和渎神者。他也是苏格拉底珍视的学生之一。

重要的是要记住，希腊的民主不是突然出现的。没有哪次公民起义能够创建这个体制（而且，我们也可以确定地说，没有哪个君主或僭主仅靠命令就能让这样的政体存在）。大约在公元前1200年入侵希腊的多利安人，就已经用公民大会进行统治了。雅典甚至在希腊的大部分地区被外国军队征服之际，仍设法保持独立，他们有漫长的人民统治传统。但是说到发起真正的革命，在雅典确立由公民大会统治的民主政体，则大概是在公元前5世纪之交。甚至在那时，"民主"也局限于相对较少的部分（男性）公民，绝大多数是富人和老贵族家庭的成员。

在公元前463年，激进民主分子采取了进一步的推动措施，把投票权扩展到底层阶级。在伯里克利统治时期（他在雅典的"全盛时期"作为"首席公民"执政），公民大会人数扩大到18000人，由500人组成的议事会管理，500人议事会以随机抽取的方式选出。甚至将军也是选举产生，审判法庭的陪审员有501人甚至更多（这让行贿和游说几乎不可能）。但是，民主从不缺少挑战者。富有的贵族家庭因权力和特权的丧失而感到怨恨，他们组织秘密社团，破坏向来脆弱的民主政体。在智术师盛行的时代，雅典已经因公元前430—前429年的瘟疫受到重创，失去了四分之一的人口（包括伯里克利），并且在伯罗奔尼撒战争中遭到了斯巴达的严重破坏。值此之际，苏格拉底这位最聪明、最机智的智术师试图教育这些秘密社团的年轻人，其中就有年轻的阿尔喀比亚德。

苏格拉底

西方的哲学家始终把苏格拉底当作他们的英雄。确实，他向来被认为是我们的哲学典范，他不屈不挠地寻求真理，论辩几无败绩，最后为了自己的理想而死。或许，所有这些都是实情，但是，除非我们能够理解他的政治立场以及他所处身的政治形势，否则我们就不可能理解苏格拉底及其哲学。他绝不是纯粹、超然的哲学家，也不是我们或颂扬或嘲讽的漫不经心、不擅交往的教授。他是个有使命感的人，或许如他向来所说的那样，他最重要的使命是"拯救灵魂"，但他也有他的政治使命。这包括反对民主制，不过，他似乎也同样反对所有不是由统治"专家"管理的政府体制。

至少根据柏拉图的说法，苏格拉底有完美国家的观念，即由哲学家统治的"理想国"。事实上，苏格拉底知道雅典的情形远非理想。这个城邦一度为"三十僭主"统治，使同胞公民完全处于恐怖之中。三十僭主的领导者是克里提阿，他是苏格拉底的学生。因此，在三十僭主的统治被推翻、克里提阿被杀后，重新掌权的民主政体把复仇的怒气投向了苏格拉底。本来，特赦法保证不对过去的政治犯起诉。但是，正如我们当前的法律，那时的法律也有其漏洞。于是，苏格拉底被控"不信雅典城邦的神和败坏青年"。这些罪名看似毫无根据、极其荒谬，但如果我们真的这样认为，只能表明我们没有考虑到当时更大的政治背景。

苏格拉底最终还是受到了审判。然而，陪审团成员是那些苏格拉底在漫长生涯中羞辱和得罪了的公民（当时他已经七十岁了）。毫无疑问，苏格拉底的回应和申辩——柏拉图在《申辩》（Apology）中的记录多少有些真实性——极具才华、傲慢且不乏讽刺，但偏离了主题。他主要辩护的是，个人怎么能够为自己受到的不真实指控辩护呢？苏格拉底无礼地要求陪审团给他津贴，结果陪审团判处他死刑。无疑，若从历史的眼光而不是正义的眼光来看，陪审团更想判他流放。可是，苏格拉底用他那极具讽刺的言辞终结了自己的命运，在公元前399年，他被判处死刑。

这确实是哲学史上的悲剧事件。苏格拉底因"败坏青年"而被处死之际，雅典是希腊最民主的城市国家（或城邦），而且苏格拉底已经有了最伟大的哲学家的声誉。自那以后，他就成了捍卫崇高观念的孤独思想家的典范，并且以实际行动展示了这些观念。此外，他强调德性是最宝贵的财富，认为真理存在于我们日常经验的"影子"之外，而哲学家真正的事业就是向我们展示真正认识的东西之少。人们常说，苏格拉底至死都体现了这些德性，从未违背他长久以来提倡的观念。

照我来看，这种说法既对又不对。苏格拉底或许作为有德性的人而死，但他的政治倾向在当时肯定极为引人注目，只是如今已被大多数人忘记罢了。而且，他自己向来也强调是为了"个人私利"而死，即为了"灵魂的善"而死。他极其卓越，但也令人捉摸不定。

苏格拉底没有试图按照主题顺序写下他的观念，显然他也没有哲学体系那样的东西。可以说，他在许多方面与《旧约》中的先知处于相同的传统，而且他也常被拿来与耶稣比较。他是圣贤、智者，也是"牛虻"。他亲自在雅典的市场上公开论证自己的哲学，展示自己的德性，因此冒犯了当局。我们对他的了解都是来自别人的记录，而我们所知道的，也主要是他的"方法"，即探询式对话，他的辩证法。在论证严密的对话中，他驳斥了一个又一个的观点。

但是，就我们所知，苏格拉底只不过是公元前5世纪雅典众多辩才无碍的牛虻之一。正如其他智术师，他既擅于修辞，又懂得逻辑，很多内容都是借自富有独创性的巴门尼德和极为聪明的芝诺。苏格拉底知道如何使表面上的自明之理陷于悖论而瓦解，让老生常谈陷入矛盾，他还知道如何扭转辩论，把锋芒倒过来指向发难者。只要有必要，他知道如何设计并发明可能的案例，用"反例"去驳斥一般的说法，他也知道如何提出最难回答的问题，推出最具挑衅的理论，并对最受尊重的论证方式加以戏仿，直到把它们变得毫无意义，甚至更糟。

然而，苏格拉底的意图不只是在于摧毁他人的主张和论证，尽管他极少为自己的问题提供答案。他的意图在于迫使他人自己去寻求答案，而且，与其他智术师不同的是，苏格拉底似乎确信这些问题实际上有明确的答案。

我们已经指出，在他们迂回曲折的论证和富有技巧的修辞中，智术师常常会给出深刻的观点。在今天的人们看来，他们是"骗子"，他们的论证是纯粹的"诡辩"，但事实上，他们有大量要教导的价值。确实，他们声称要教授德性。对此，苏格拉底不同意。他认为，德性不可教。尽管如此，他与其他智术师一样认为德性很重要，并且模仿他们的方法。总之，他们共同针对前苏格拉底哲学抽象的、有时还深奥难懂的困惑，以及常常随之而来的绝对自信提供了一种健全的矫正方法，具体而言，这种前苏格拉底哲学的代表就是巴门尼德和芝诺。反讽的是，"诡辩"向来被用作苏格拉底的对照物，而苏格拉底则被柏拉图塑造为所有哲学家的英雄和智术师们的克星。的确，柏拉图把许多智术师塑造成苏格拉底的受害者、"对话者"和可笑的陪衬者。在对话中，好台词向来只为苏格拉底保留，几乎不会落在智术师身上。

然而，事实上，苏格拉底并不反对智术师。相反，他用他们的修辞打败他们。他指责他们急于宣称拥有知识，并批评他们说，作为教师却经不起严格的辩证法考验。苏格拉底为知识设置了很高的标准。因此，他总是认为自己无知，而且他还擅于揭穿他人的无知。他是智术师中的佼佼者。同时，他还相信某些东西。正如命运安排的那样，他也是历史上最好的公众人物。

苏格拉底的学生柏拉图（约公元前428—前348或347），对他老师的活动和教义进行了改写。柏拉图是个忠诚的学生，几乎可以算得上忠实的记录者和才华横溢的作家，这让我们（和苏格拉底的声誉）感到非常幸运。在他晚期的著作中，柏拉图开始融入自己的某些看法和观念。确实，我们所知道的苏格拉底有多少是苏格拉底，有多少实际上完全是柏拉图，直到今天仍是富有活力却莫衷一是的话题。但是，如果我们能够从柏拉图的早期著作（以及历史学家色诺芬和其他作家不那么忠实的描述）中得到苏格拉底的原初形象，我们就能够想象哲学史上最动人的情节必定是这样的：哲学出现在雅典广场（或市场）的街道上，就像去参加奥林匹克竞赛，而不是沉闷乏味的哲学研讨会。现在，让我们把苏格拉底的政治立场和死亡置于时代背景，理解是什么原因使他的学生以及从古至今的许多思想家将他视为"哲学家"。

当然，苏格拉底"第一哲学家"这个无可置疑的称号，指的不是时间上的在先，而是地位上的居首。实际上，所有在他之前的哲学家（包括德谟克利特，他实际上是比苏格拉底年龄小些的同时代人）被统称为"前苏格拉底哲学家"，即在苏格拉底之前的哲学家，这种做法就是对苏格拉底在哲学中的独特位置的显著认定。就标准的哲学史而言，他们实际上被归为哲学的史前史。不过，就常常用以把前苏格拉底的人物称作哲学家的主要标准而言，即系统性思考、富有争议的中心论点（最好以某种方式记录了下来）、摆脱了文学性和日常的谈话内容、对宇宙论和宇宙进化论这样的终极问题感兴趣，苏格拉底似乎并不符合标准。

苏格拉底的对话展现的从来不是单一的思想路线，也完全没有哲学理论的形式，有的只是苏格拉底不可效仿的风格和个性。直到今天，学者们仍在争论苏格拉底到底有没有一以贯之的论点，又或者，他是否只是在应对身边不同人的论证，留下的只是问题。苏格拉底从未写下他的哲学思想，而只是把它应用于他与学生以及同时代哲学家的活生生的对话。苏格拉底的论证尽管富有独创性，而且常常极具洞见，却几乎没有呈现可以轻易当作哲学论点的东西。此外，对于那些曾触动前苏格拉底哲学家的论题，他似乎也没有啥兴趣。

尽管如此，我们仍可以在柏拉图和色诺芬的著作中找到关于他的学说的丰富文献。① 苏格拉底确实捍卫了某种类似于理论的东西，核心是极为特别的德性观念。德性代表了人的最好方面，其中最为重要的是哲学德性或理智德性。可以说，苏格拉底之死显示了这种意义上

---

① 色诺芬的说辞仍然可疑。见 Gregory Vlastos, "The Paradox of Socrates," in *The Philosophy of Socrates*, ed., Gregory Vlastos (New York: Doubleday 1971) pp. 1-4。阿里斯托芬也写过嘲讽苏格拉底的戏剧，名为《云》（*Clouds*），但这部作品更多的是嘲讽，而不是模仿，对于理解历史上的苏格拉底和他的哲学没有什么帮助。见 Kenneth J. Dover, "Socrates in the Clouds," in Vlastos, ed., The Philosophy of Socrates, pp. 50–77.

的德性。正如亚里士多德后来论证的那样,哲学的首要德性就是不断追问、不断进行哲学活动。不过,苏格拉底也强调自己"为了拯救灵魂"而放弃生命。在这里,我们发现了让随后两千年来的道德主义者着迷的哲学论题。这意味着就像苏格拉底揶揄自己时说到的,他是自私的,只关照自己的利益(灵魂的好)吗?还是说,为了自己的灵魂行动(而死)就是至高的德性?又或者,因其本身就建立在对立面上而是个虚假的两难问题?

苏格拉底表现得最为含糊的地方,就是我们所谓的自我的边界问题。苏格拉底声称有内在的声音,即"精灵"(daemon),使他不至于越界。[1] 这个精灵再三告诉他,有很多事他还不知道,他非常无知,但是,只有知识能够拯救他的灵魂。尽管如此,德尔菲的神谕却告诉苏格拉底,他是世界上最有智慧的人。这两种声音并置于前,你就能得出这样的结论:智慧用冷酷的现实让你明白,你什么也不知道。相比之下,苏格拉底认为他的同胞公民,尤其是那些没有受过教育却以为自己知道很多的民主分子,是十足的笨蛋。他还自作主张去确保他们知道这一点。比如,他通过询问"什么是德性?""什么是知识?"和"什么是正义?"这样的问题,巧妙地表明哲学问题的困难以及他的民主分子同胞的愚蠢。

看似奇怪的是,至今我们仍几乎没有给出任何关于苏格拉底哲学的实际内容。究其原因,当然又是他几乎没有主张什么观点。他教导说,生命中最重要的事是拯救灵魂,好灵魂的标志是德性,最重要的目标是获得知识,即智慧。然而,他主张德性不可教。确实,他几乎从未尝试去"影响"他自己的学生。他似乎不仅相信灵魂不朽,还相信灵魂轮回。在这方面,他很可能受到毕达哥拉斯的影响。当然,他相信

---

[1] 在题为《会饮》(Symposium)的对话中,苏格拉底展现了他的哲学,仿佛它是当地的缪斯女神献给他的颂歌。或许这只是柏拉图所涉及的戏剧情节,但它也指向了苏格拉底自己常说的深刻真理,即最深刻的真理向我们自己呈现。我们无法"把它们勾画出来"。Julian Jaynes 在他的著作 *The Origins of Consciousness in the Breakdown of the Bicmeral Mind* (Boston: Houghton Mifflin, 1976) 中论及这个折磨人的论题,认为我们所谓的"反省意识"很可能已经存在三千多年,只是它那时被当作"内在声音",而不是我们自己的声音。

自己的理念和理性的力量。在所有的对话中，正如在他自己的一生中，苏格拉底一直强调自己的无知和德性，尽管事实上，他的整个哲学中存在透彻的论点，即德性即知识。不过除此之外，苏格拉底几乎再没有提出任何肯定的主张。

比如，众所周知，他的灵魂概念极其模糊和宽泛。它显然不具有宗教性，似乎也没有预设什么形而上学和神学原则。同样，它也不涉及任何自然或物理学的信念，像传统的观点那样认为，灵魂是有生命的"气息"。实际上，他在论证灵魂不朽这个主张方面也并不特别明显，因为他在《申辩》中只是说，要是灵魂不朽该多好啊！为灵魂而生（和死），它只与个人品格和正直有关，而与关于未来奖赏的期待无关。严格来说，苏格拉底的关注是伦理性的，完全没有令其前辈着迷的宇宙论关怀。

因此，在各种苏格拉底式对话中出现的这个极为重要的德性观念（以及关于诸德性的分析），最多也就是一系列无序的例子和反例，以及相应的对如下观点的持续强调：要做好人、过好的生活，德性必不可少。完全没有任何称得上德性"理论"的东西，或者说，就此而言，甚至没有关于什么可算作德性、什么不可算作德性的明确清单。至于细节，苏格拉底也没有说，甚至在他的受害者彻底被击溃、眼看要陷入绝望而需要启迪之际，他也三缄其口。苏格拉底坚持认为个人应该自己去寻找，因此我们从他那里几无所得。甚至在他似乎主张了某种立场时，他也经常会收回自己的说法，甚至加以反驳，这种情形有时还出现在相同对话之中。

例如，在《克力同》这篇对话中，苏格拉底慷慨激昂地与他的朋友争辩，并意欲说服克力同。哪怕是当他受到错误指控和不公判罚的情形下，他违背雅典法律逃狱是正当的吗？他似乎坚持认为，即使法律不公且对他不利，公民也有绝对服从在地法律的义务。但是，在几年前，苏格拉底被僭主命令去逮捕（无辜的）同胞公民，他却拒不执行。

因此，比如说，苏格拉底会在某部对话或某卷中反驳关于勇敢或正义的定义（例如《拉克斯》或《理想国》第一卷），然后他自己又会在另一部对话或另一卷中提出类似的定义（例如《普罗泰戈拉》或《理想国》第十卷）。在某些对话中，苏格拉底似乎主张通常称作"形式论"（理念论）的学说（用柏拉图的术语来说）。可在另一些对话中，苏格拉底又对任何理论表示严重怀疑，并相应地提出了极为强烈的反驳理由。

或许，这些必定会让多数读者感到困惑的明显矛盾，学者们可以梳理和解决。在每部对话中，都留下了苏格拉底令人惊讶的个性。苏格拉底令人钦佩的地方，不是他哪个具体主张的性质或说服力，而是这个人本身及其方法的魅力。苏格拉底确实践行了哲学。他过着哲学的生活。无论他是否相信某种理论，他向我们展现的都是哲学家应有的样子。

不过，人们可以看到苏格拉底对于未来哲学的影响表现在两个极为不同的方面：他的品格和他的方法。他极具个性，风度翩翩。他喜爱交谈和辩论，享受战胜对手的感觉，通常的做法是：抓住对手的错误，诱使他们进一步讨论，给他们些许鼓励，然后再指出对手的错误。看苏格拉底辩论，就像看语言大师的表演。他很有耐心，甚至年轻的战士（常常是他的学生）也为之动容。他很风趣，说话充满了反讽与戏谑。他也很朴实、热情，富有激情。他有魅力，是雅典年轻人心中的神话。当然，他总是在说个不停。

但是，苏格拉底还有一种方法，也呈现为他的哲学之中，尤其是在柏拉图后期的某些对话中。苏格拉底在此很少再作为戏剧角色出现，而更多作为"纯粹的哲学家"出现。（在这里，"苏格拉底还是柏拉图"的问题确实很重要，令人沮丧的是没有答案。）在过去的这个世纪，许多关于苏格拉底的评述主要关注的是苏格拉底的方法，这种方法可以而且也向来被描述"反讽"——因为他总是宣称不知道，事实上，他比谁都知道。或者，可以更好地称之为反诘法，即形成困惑（或窘境）的方法。通常，苏格拉底以寻求"定义"开始，可随后他又无形地拒斥了所给出的任何定义。不过话说回来，苏格拉底所谓的"定义"，并不是单纯的词典定义，仅仅关涉词语（比如"正义"、"德性"或"勇敢"）的用法。他是在探寻事物本身（正义、德性或勇敢）的最纯粹形式。因此，他的方法似乎表明，在所有不适当的定义被抛弃之际，在这个"辩证"过程（或充满活力的谈话）中保留下来的东西，就是真正的定义。反过来，这个真正的定义会把我们指向理念本身（正义、德性或勇敢）。因此，苏格拉底似乎相信，理念本身在人类日常经验之外。

这些理念定义了德性，并规定了人灵魂的价值。更令人惊讶的是，苏格拉底坚持认为，灵魂甚至在人出生之时就认识到了这些理念。但是，这些理念绝不只是"在我们之中"。它们属于理念世界，只能为哲学家领会。为什么根本上只有哲学家适合统治，而无知者必须意识到自己不适合统治，原因就在这里。

这个方法及其意涵又把我们带回到了前苏格拉底的早期希腊哲学，相信或希望在流变和纯粹现象的世界之外，存在理想的、不变的世界。易言之，它把我们带回到了毕达哥拉斯和巴门尼德那种原始的宇宙论。不过，苏格拉底似乎对他们的观点没有什么兴趣，[①] 他和所有智术师相同，反对任何绝对知识的主张。看来，如果要理解前苏格拉底哲学家观念的影响，我们必须超越苏格拉底来到柏拉图。但我们将会发现，问题只会变得更为复杂。[②]

柏拉图：形而上学家抑或高明的幽默大师？

柏拉图是哲学界最伟大的作家，也是戏剧天才。当然，他很幸运，有很多作品留存了下来。（不过，这说的是他的哲学作品。柏拉图在决定献身于哲学时焚烧了自己的全部戏剧作品。）柏拉图还创建了一座学校，即学园，由此确保自己的作品和观念（以及苏格拉底的教义）得到传承。

实际上，与其他哲学家相比，柏拉图更具有才华、更动人、更风趣，也更深刻。我们来看看下面两段分别摘自《理想国》和《会饮》的简短对话：

[①] 然而，在柏拉图那里显然不是如此，他与这两位哲学家有深刻的亲缘关系，因此，断言苏格拉底不关心这两位哲学家，这几乎是不可能的。

[②] 当然，也有其他针对苏格拉底的回应，并不都是溢美之词。苏格拉底还有个学生，名叫安提斯泰尼（Antisthenes），就鼓吹贫穷和极端禁欲（克己）的个人道德。他是犬儒主义者（这个词来自希腊语 cyne，意思是狗）。第欧根尼也是犬儒主义者，据说，柏拉图对他曾有这样的评论："他是发了疯的苏格拉底。"

苏：那么色拉叙马霍斯，请你从头回答我。你不是说极端的不正义比极端的正义有利吗？

色：我的确说过，并且我还说明过理由。

苏：那么好，你对于这个问题的看法究竟怎样？你说它们俩一个是善一个是恶吗？

色：这是明摆着的。

苏：正义是善，不正义是恶？

色：我的朋友，你真是一副好心肠。像我这样主张不正义有利，而正义有害的人，能说这种话吗？

苏：那你怎么说呢？

色：刚刚相反。

苏：你说正义是恶吗？

色：不，我认为正义是天性忠厚，天真单纯。

苏：那么你说不正义是天性刻薄吗？

色：不是。我说它是精明的判断。

苏：色拉叙马霍斯，你真的认为不正义是既明智又能得益吗？

色：当然是的。至少那些能够征服许多城邦许多人民的极端不正义者是如此。你或许以为我所说的不正义者指的是一些偷鸡摸狗之徒。不过就是小偷小摸之徒吧，只要不被逮住，也自有其利益，虽然不能跟我刚讲的窃国大盗相比。

苏：我想我并没有误会你的意思。不过你把不正义归在美德与智慧这一类，把正义归在相反的一类，我不能不表示惊讶。

色：我的确是这样分类的。

苏：我的朋友，你说得这样死，不留回环的余地，叫人家怎么跟你说呢？如果你在断言不正义有利的同时，能像别人一样承认它是一种恶一种不道德，我们按照常理还能往下谈；但是现在很清楚，你想主张不正义是美好和坚强有力；我们一向归之于正义的所有属性你要将它们归之于不正义。你胆大包天，竟然把不正义归到道德和智慧一类了。

色：你的感觉真是敏锐得了不起。

苏：你怎么说都行。只要我觉得你说的是由衷之言，我决不畏缩、躲避，我决定继续思索，继续辩论下去。色拉叙马霍斯，我看你现在的确不是在开玩笑，而是在亮出自己的真思想。

色：这是不是我的真思想，与你有什么相干？你能推翻这个说法吗？

苏：说的不错……

——《理想国》（348b8-349b1）

苏：一个盼望的人所盼望的是他缺少的、还没有到手的，总之是他所没有的，是本身不存在的，不在那里的；只有这样的东西才是他所盼望的、他所爱的。

阿：确实是。

苏：那我们就总结一下所说的话。这就是：爱神首先是对某某东西的爱，其次是对他所欠缺的东西的爱。是不是？

阿：是的。

苏：既然如此，那就请你回想一下，你在颂词里把爱神说成什么。如果你愿意的话，我可以提醒你。你大致是这样说的：由于爱美好的东西，才把自己的活动安排成那个样子，因为丑的东西不是神所爱的。你是不是这样说的？

阿：不错。

苏：你说的很妥当。朋友，既然如此，爱神所爱的就是美的东西，而不是丑的东西咯！

阿：是。

苏：我们不是也同意过一个人所爱的是他缺少的、没有的东西吗？

阿：是的。

苏：那么，爱神就缺少、没有美的东西咯！

阿：必然如此。

苏：那缺少美、没有美的，你说美吗？

阿：不能那么说。

苏：既然如此，你还主张爱神是美的吗？

阿：苏格拉底啊，恐怕当初我只是信口开河，并非真懂所说的话的意思。

苏：你说的还是很动听，阿伽通啊，可是我还是有个小问题：你是不是认为好的东西也是美的？

——《会饮》

苏格拉底的命运笼罩着每部对话，让每段交谈读来都令人心酸，让每个论证都显得高贵。实际上，柏拉图最初把苏格拉底当作戏剧角色来使用，只是后来才把他当作哲学代言人，由于极为成功，柏拉图因此就继续这样使用，即便柏拉图阐述和主张他自己的观念时，他也依托苏格拉底来进行。

这里就引发了大家熟悉的问题：我们怎么知道柏拉图何时忠实于苏格拉底，何时只是把苏格拉底用作自己言辞和哲学的发言人呢？我们如何认定他们两个何时一致，何时只是柏拉图个人的观点？更复杂的是，对话形式固有的困难使我们无法确保对话作者（柏拉图）的观点等同于对话中发言人的观点。比如，在《会饮》中，柏拉图向我们呈现了七个发言人彼此矛盾的观念，这绝不意味着他自己认同其中任何发言人，包括苏格拉底。（在某些晚期对话中，苏格拉底完全消失了。）

首先，柏拉图的哲学始于对苏格拉底毫无保留的信赖，甚至可以说，他对苏格拉底过于崇敬、毫无批判，这尤其体现在对苏格拉底最后日子的叙述上。对苏格拉底的审判、监禁和处死，分别记录在《申辩》《克力同》和《斐多》之中。此外，柏拉图还创作了大量其他对话，在这些对话中，苏格拉底与他同时代最聪明的思想家（也有些不那么聪明的思想家）侃侃而谈，其中包括阿里斯托芬、阿尔喀比亚德、巴门尼德、芝诺、普罗泰戈拉和高尔吉亚。通过苏格拉底对各式各样论点的驳斥，柏拉图开始提出自己的观点。或许可以这样说，柏拉图的早期对话，那些特别关注伦理、做个好人以及德性定义的对话，是对苏格拉底观点的合理却大加渲染了的阐释。而晚期对话，那些更多关注知识和宇宙论问题的对话，几乎可以肯定是柏拉图自己的哲学。

柏拉图的宇宙论，包括毕达哥拉斯数的世界观、赫拉克利特流变和逻各斯的世界观，以及巴门尼德永恒不变且不可知的实在观。不过，柏拉图哲学的核心是他的形式论，当然它在苏格拉底那里已经有所显现。这个理论设定了"两个世界"的宇宙论。一个世界是我们日常的变化世界。另一个世界则是充满了理想"形式"的理念世界。第一个世界是"生成的世界"，如赫拉克利特所主张的，不断流变；第二个世界是"存在的世界"，如巴门尼德所要求的，永恒不变。柏拉图这个新观点的魅力在于，首先，这两个世界相互关联，而不像巴门尼德和某些智术师认为的那样彼此毫无关系。这个生成的世界，即我们身处的世界，由存在的世界即理想形式的世界决定，前者是对后者的"分有"。因此，日常世界背后有不变的逻各斯，这个观念可以被理解为形式的理想化，它决定了那个流变的世界。此外，这个理想的形式世界并不像巴门尼德所说的是不可知的。根据柏拉图的说法，我们至少可以通过理性窥见这个世界。

这种对理念世界的窥视，在数学和几何领域有现成的例子。比如，我们可以以三角形定理的几何证明为例。我们在黑板或纸上画的三角形并非绝对的三角形。事实上，线条模糊、弯曲，角也没有完全形成，可以说，它根本不能算是一个真正的三角形。然而，通过这个不怎么样的三角形，我们能够证明三角形的某些原理。这是如何可能的？

毕达哥拉斯通过他的理论已经表明，世界的本质可以在数、比例中找到。毕达哥拉斯认为，最真实的不是事物的质料，而是事物的形式。因此，数学和几何研究就是研究实在的本质结构，而不管具体存在者和关系注定消逝的命运。因而，我们可以说，数学和几何研究让我们"透过"日常世界的流变，理解某种不变的本质之物。同样，我们"透过"画得不怎么样的三角形看到三角形本身的理念或形式。可以说，我们所证明的与其说是所画的蹩脚三角形的定理，不如说是所有三角形的定理，因为它们都是三角形本身的实例。当然，我们所画的蹩脚的三角形也与定理相符，因为它也是三角形的表象。但是，说它是三角形，只是因为如下事实：它是在这个世界不存在的三角形本身的表象。即使如此，我们显然仍能够认识三角形本身，即三角形的理想形式。我们通过自己的理性思考认识它。

同样，不论怎样，世界上的万事万物都是理想形式的表现。回顾历史上的苏格拉底（与柏拉图笔下的人物形象不同），我们现在可以看到他在何种意义上提出了形式论（不管他是否确实相信）。当探寻德性的"定义"时，他实际上寻求的就是理想形式，即德性本身。当探寻勇气、正义或智慧的定义时，他所寻求的是理想形式。当探寻"善"时，苏格拉底所寻求的也是所有善的事物、善的行为和善的存在者背后的形式。因此，我们可以理解为何苏格拉底通过各种尝试定义的反诘法和推理思考如此重要。同时，我们也可以明白为何苏格拉底如此坚决地宣称自己无知，坚持自己无法教授这些定义以及经由启发而产生的德性。人必须自己解决这些问题，必须自己"看见"这些形式。

我们可以肯定，苏格拉底的眼睛始终盯着这些理想形式，无论他是否向我们给出了非凡的定义本身。他之所以如此自信和坚定不移，甚至在面对死亡之际仍然如此，原因就在于此。

柏拉图在他的杰作《理想国》第七卷中给我们提供的图景，或许是关于形式及其使观看它们的哲学家头晕目眩最难忘的景象。在那里，他讲述了"洞穴神话"的寓言，它既关注于存在世界与生成世界（形式与世间万物）之间关系，也对哲学家面临的危险进行警告。这里的哲学家，柏拉图大概指的是他的老师苏格拉底，后者试图向大众解释或阐明这些形式。

这个神话的开端是囚徒被束缚在洞穴之中，面对洞内墙壁。他们所看见、所认为的实在，其实是投射到墙上的影子。因此，苏格拉底进而解释到（根据柏拉图对寓言的叙述），我们当成实在的东西基本上是由影子构成的。这不是说影子是不真实的。影子是真实的，但有比他们更真实的东西。因此，这里的区分类似于巴门尼德，是实在与幻象之间的区分。这种区分是真实程度的区分，是较高世界与较低世界的区分。

现在，我们假设其中某个囚徒，即哲学家，摆脱了束缚转过身去，生平首次把眼睛看向投射出影子的真实物体和火光。他能不头晕目眩吗？与现在看到的实在相比，他不觉得日常实在的影子很不完美吗？因此，哲学家在看到德性、正义和勇气的完美形式时，再与普通民众那些不完美、常常混淆的观念和行为加以对照，就会头晕目眩。随后，他的希望就会"高远"得多。如果这个哲学家返回到洞穴，并且试图告诉他的同胞他们身处的世界多么贫乏，他们的想法多么不足，这些人难道不会攻击甚至杀死他吗？苏格拉底自己的命运就是特别的例子，不过，形式意指的东西，具有更普遍、更深刻的意义。

形式论让柏拉图的哲学显得很抽象，像是宇宙论。事实上，柏拉图的哲学首先是政治哲学，《理想国》是极具争议的政治著作。但它也不只是单纯的政治学。维护和重新定义希腊城邦，需要全新的宇宙论，事实上，这是取代宙斯及其众神的新宗教。（在针对苏格拉底的指控中，有一项就是不信雅典的诸神而引入"新神"。）

不用说，柏拉图描述的理想国与雅典城邦有许多共同点，但是它也呈现出令人不安的差异，其中许多还很极端。首先，它不是民主政体。在这方面,柏拉图与苏格拉底当然一致。统治权在那些富有洞见、头脑清晰的有德性的人手里,这些人就是哲学家。在《理想国》中,柏拉图为我们描述了哲学王的形象,无疑,无论是在今天还是在当时,这样的形象都会受到人们嘲笑。(至少从泰勒斯开始,关于哲学家心不在焉的笑话就没有消散过。)

柏拉图的理想国是奇异的结合体,独裁、等级、平等纷列其中。它是"自然"的贵族政体,基于天赋、出生的幸运和后天的教养。它是温和的独裁政体,每个人都清楚自己的位置。它不是迎合个体或个体利益的社会,相反,在这个社会中,个体和个体利益被认为要服从于共同善。比如,柏拉图提倡进行艺术审查,主张艺术的激励作用应以灌输恰当的社会态度和社会行为为限。在这个社会中,人没有权利拥有自己的财产,甚至不能自由地抚养自己的孩子,而是由国家来教育。但是,在这个社会中,妇女被给予与男人相同的权力——这在当时是大胆的提议。最卑微的公民的幸福被认为与最伟大的公民的幸福同等重要。甚至,统治者没有特权,也不会必定幸福,反倒是具有令人又敬又怕的责任。柏拉图告诉我们说,幸福并不是为哪个特权阶级而备,而是针对整个城邦而言。

这种反民主的美好社会图景,很难与苏格拉底向来圣洁的好人典范(虽然古怪但善良的牛虻形象相容)。但是,《理想国》不只是纯粹想象国家的政治模型。它也倡导某种反思自我和世界的新方法。我们可能拒斥柏拉图描述的理想国中的独裁和不平等的方面,但不必抛弃《理想国》中的世界观。(实际上,柏拉图自己就拒斥了这个理想国模型,在他最后的对话《法义》中维护了某种较为含糊的政治观。)因此,我们也可以拒斥形而上学,不去相信绝对理念的世界,而不必放弃德性理念以及在某种程度上通过哲学培养各种德性的重要性。可是柏拉图,类似于苏格拉底,向我们允诺的不只是乌托邦式的城邦和极不可信的形而上学。他也向我们展示了鼓舞人心的灵魂图景,我们借此可以重新打量这个世界。

正如我们此前提到的,希腊人,从荷马到德谟克利特,只是在最低程度上"相信"灵魂。他们承认,需要有某种称之为"气息"(即 psyche 的原初意义)的东西使身体具有生命,它会因死亡而离开身体。不过,这样的话,灵魂需要身体就像身体需要灵魂。没有灵魂,身体就是死的，但没有身体，灵魂就只是可怜的影子，毫无意义和价值。但在苏格拉底看来，灵魂有道德意义。它也比身体更重要。苏格拉底认为，灵魂在重要的意义上比身体更持久。（在这方面，他显然接近于毕达哥拉斯派关于灵魂不朽和灵魂轮回的学说。）

在《申辩》中，苏格拉底幻想死后可以不受干扰地沉浸在哲学思考的快乐中。他好像把死亡视为将要到来的休假，甚至认为它是某种治疗。① 柏拉图后来的观点为我们理解这个灵魂概念提供了媒介。灵魂与我们的其余部分不同，它（部分）属于存在世界、永恒世界。因此，身体的丧失对它而言只是部分丧失（或者说根本没有任何丧失，这取决于你如何看待它）。苏格拉底说，真正的好人最终不会遭受任何恶，哪怕身体受到伤害甚至死亡，原因就在于此。

此外，如果灵魂（部分）属于理念世界，它就已经包含了形式的知识。因此，我们关于德性、美和善的知识就不是靠学习而来，更不用说对它们进行教授了。我们生来就具有这样的知识。它是"自然的"（字面意思就"出自"我们自己）。在《斐多》中，苏格拉底说，"为了完全认识某个事物，我们必须摆脱身体，只用灵魂的眼睛注视真实的实在。"因此，灵魂成了理智生活和道德生活的通道。毫不夸张地说，这是生活中唯一真正值得在意的事。

苏格拉底对话中最令人难忘和当之无愧的著名对话，无疑是《会饮》，它描述了晚宴后的聚会场景，虽然是虚构的，但场面欢快，苏格拉底与诗人和剧作家就"厄若斯"即爱欲的德性展开讨论与辩论。喜剧作家阿里斯托芬也参与其中。或许，这是柏拉图为苏格拉底在《云》中受到的抨击进行的回应。（比如，阿里斯托芬在这部对话中饱受打嗝之苦。）此外，还有才华横溢的年轻悲剧作家泡赛尼阿斯和会饮的主人阿伽通。或许，书中最富戏剧性的人物是阿尔喀比亚德，他最晚出场，喝得酩酊大醉，受到苏格拉底有意冷落。在《会饮》中，苏格拉底主张，爱不只是对美的身体甚至美的人格的欲求，而且欲求某个更多的东西——即对美本身的爱。当然，"美本身"是形式。它使真正的爱者成为智慧的爱者，即哲学家。

---

① 苏格拉底的临终遗言是："我还欠阿斯克勒皮俄斯（医神）一只鸡（献祭、谢礼）。"

《会饮》对美的强调反映了柏拉图思想的重要特征。关切美和秩序是整个柏拉图哲学的核心。美体现了人类的形式，最容易被认识，人们常常在对美的凝视中激起了对哲学的追寻。此外，对柏拉图而言，德性与美紧密相关。德性使灵魂和谐，就像美使脸庞或风景的各部分变得有序。甚至柏拉图的理想国，也涉及各组成部分和谐的审美观念。审美观念在阐述伦理和政治观念中的核心位置，在亚里士多德的哲学中仍继续存在，并且不断出现在后来哲学的各种观点之中，尽管很少再有古希腊人（或早期中国人）那样直截了当。

　　《会饮》有几个值得提及的具体特征。首先，在这篇较早的对话中，柏拉图并没有让苏格拉底完全代表他发言，对话的结果不只是苏格拉底的观点。阿里斯托芬做了奇特的演说，无论苏格拉底对其如何嘲讽，都令人难忘、凄美动人，很好地说明了爱的起源。（这个古代故事讲的是，人最初是双生体，后来被宙斯劈成两半，从此总是"努力在寻找自己的另一半"。）其他发言者也指出，爱有风趣和实践的特征。

　　在对话的结尾，阿尔喀比亚德突然闯入，嘲弄苏格拉底，恶言相加，说他是负心人。不过，阿尔喀比亚德也提出重要观点，这个观点与苏格拉底自己的教义直接相互矛盾。他以自己的所作所为表明（但实际上并不认为），爱并不指向形式，而是指向特殊的个体，而且，个体的美和德性与爱并没有特别的相关性。（苏格拉底或许是个有德之人，但他显然也长得不怎样。相反，阿尔喀比亚德倒是相貌堂堂，不过臭名昭著。）似乎是，柏拉图斟酌之后，认为厄若斯既要有苏格拉底体现的理想特征，又具有苏格拉底所忽视的某种形而上的、神话般的依恋性。

　　《会饮》也是苏格拉底明确表明自己并非无知的对话。他说，他唯一确知的事就是爱。当然，这是因为他已然是（智慧的）爱者，但这也意味着他并不拥有智慧。尽管如此，苏格拉底甚至也没有宣称有关爱的知识是他自己的发现。相反，他把这种知识归于第俄提玛。（第俄提玛是否真实存在，远没有她是位女性更令人感兴趣，因为希腊哲学家从未在妇女那里听取过什么哲学建议。[①]）

---

　　① 唯一的例外是毕达哥拉斯，他允许女性追随自己学习，凭能力成为哲学家。

最后，应该说，《会饮》除了充满洞见，还非常有趣。[①] 它彻底表明，哲学可以深刻，但不必乏味。不幸的是，这方面没有得到学者们真正严肃的承认，人们对于柏拉图有诸多赞美之词，但却没有这样的说法：他不仅是伟大的形而上学家，也是极为高明的幽默大师。

哲学家的哲学家：亚里士多德

作为柏拉图的学生，亚里士多德对于老师的形式论自然很关注，只是他进行了驳斥。作为苏格拉底的"再传弟子"，他对于老师的德性观念也特别有兴趣，并且发自内心地赞同。不过，这种赞同并没有扩展到彼世的德性本身观念，即作为理想形式的德性。根据亚里士多德的说法，德性是人之品格的具体方面，是个体品格之一，无论在何种意义上，它都不是脱离展现此种品格的人的抽象概念或理念。

因此，在亚里士多德那里，我们发现的是很接地气的"世界"哲学。类似于柏拉图，亚里士多德的目标是穿透前苏格拉底哲学家们的巧思和晦涩，找到自己的路，以此提出某种合适的关于人性以及普遍自然的理论。类似于苏格拉底，亚里士多德重点关注的是德性的培养——不过，他赞同智术师而反对苏格拉底，认为德性可教。但是，这并不是说德性可以通过哲学讨论或著作进行教授。个人必须在德性中成长、经受德性的熏陶，德性才会成为他的第二天性。就此而言，没有哪个哲学家和哪本哲学书可以做到。在这方面，就像亚里士多德向来所说的那样，关键在于个人，这里没有形式论、彼世论、灵魂转移论的位置，而且也不需要这样的理论。

然而，亚里士多德是最沉迷于宇宙论和此世科学的哲学家。他不仅研究前苏格拉底哲学家的宇宙论和宇宙生成论，而且对它们做了概括和重新解释。实际上，正如我们已经指出的，我们主要是通过亚里士多德才了解到他们的著作，甚至他们的存在。亚里士多德不仅吸收

---

① 这部对话显而易见的幽默风趣，尤其可以在它的一个新译本中感受到，见 Plato, *Symposium*, trans., Alexander Nehamas and Paul Woodruff (Indianapolis, Ind.: Hackett Pbulishing, 1989).

整合了过去的科学；他还把几乎所有的科学都推向了未来——实际上，他对未来影响极为深远。他的许多观点在长达十五个世纪里没有受到任何实质性的挑战，在这之后又过了三百年，这些观念的绝大部分也没有被驳斥。他是宇宙学家、天文学家、气象学家、物理学家、地理学家、生物学家、心理学家，以及首位逻辑学家，这极为重要。非常有趣的是，他唯一没有涉足的科学竟然是数学。

此外，亚里士多德还是诗人、文艺理论家、修辞学家、政客、政治理论家、政治家以及政治家的导师，其中最为著名的是年轻的亚历山大，后者不久之后就成了"亚历山大大帝"。（亚里士多德的父亲是马其顿国王即亚历山大的父亲的御医。作为亚历山大的导师，亚里士多德在某种意义上接近于柏拉图笔下的哲人王。）亚里士多德基本上在所有领域都是他那个时代最为先进的知识人。我们只需论述亚里士多德的各种理论和成就，就足以填满这本书，不过我们必须有所节制。就像对待柏拉图那样，我们只应设法把他揉进所讲述的这个漫长而复杂的故事之中。

我们要强调的是亚里士多德形而上学中的主题以及他的伦理学，这历来都有特别的影响力，直到今天仍是这个领域最伟大的贡献。他没有撰写宗教方面的著作，或许是因为他关于这个主题的观点非常激进，毫无疑问，这在那个时代对他很危险。（苏格拉底命运的阴影仍然历历在目。）我们主要论及的是他对柏拉图形式论的抨击，以及相应地对前苏格拉底哲学家们（尤其是赫拉克利特和巴门尼德）的宇宙论的回应。

与前苏格拉底哲学家们不同，亚里士多德可以毫无疑问地接受变化这个现实。同时他也认为，如果关于世界的知识是可能的，就必须存在某种基本的"质料"。他不像前苏格拉底哲学家们，被迫去选择某种基本元素（水、气、火、不定）。他也不觉得有必要在形式的优先性与质料的优先性之间做出选择。他认为，很显然这两者对于事物而言都很必要。而且，没有任何必要或可理解的理由把它们割裂开来，像毕达哥拉斯和柏拉图所做的那样。

尽管哲学史向来被描述为柏拉图思想与亚里士多德思想相互斗争的历史，但是，亚里士多德从未想过要与柏拉图完全决裂，毕竟，柏拉图是他整整二十年的老师、朋友。亚里士多德赞同柏拉图，认为事物的形式至为重要。不过，亚里士多德主张，事物的形式就在事物之中，而不在事物之上或之外的某个地方。与柏拉图相比，亚里士多德更像是科学家而不是哲学家。据说，柏拉图学园门楣上有言，不学几何者不得入内。与此相反，亚里士多德的吕克昂则堆满了科学展品、收集的岩石、植物、动物标本。与早期的哲学家不同，他不但相信感官，而且运用感官，去观察、收集标本和做实验，当然，我们必须要说，在某些情形下，他更相信理性而不是真实的实验。（许多世纪之后，伽利略通过实验表明，大石头并不比小石头下落快，这与理性的推理相反——也与亚里士多德未经检验的预期相反。）

正如他的老师柏拉图，亚里士多德也追寻万物的本质，这也是理性的事业。因此，亚里士多德的哲学有大部分在分析理性和推理的方式——逻辑、归类和解释、"辩证法"（或对话式辩论）甚至修辞。但是，亚里士多德认为，如果根据形式来解释理性，就只能依赖于"空洞的言辞和诗意的隐喻"。

然而，亚里士多德的哲学也包括某种"超越"，不过，它超越的不是感性经验，而是事物的现实状态。他强调的不是事物当前所是，而是它们的潜能。正如我们指出的那样，亚里士多德并不回避这个世界存在变化。相反，他接纳这个事实，并且在自己的哲学中为某种变化，比如自我实现、成长和发展，留有特殊的位置。尤为重要的是，他是生物学家。甚至亚里士多德在《诗学》（*Poetics*）中对希腊悲剧的说明，也来自生物学。在亚里士多德的"有机"的艺术模型中，戏剧要像身体的器官那样共同运作。

亚里士多德的身份以及他对自然主义解释的强调，并没有让他放弃古老的泛灵论，即泰勒斯所说的"万物有灵论"。不过，这些所谓的"诸神灵"根本上来说就是事物本身的生命原则，即它自己的形式，当然，这里的"形式"包括亚里士多德所说的事物的功能。比如种子，如果只是根据它的构成以及它当前的形式和特征，是无法得到充分理解的。要理解种子，就必须考虑其长成某种植物的潜能，为了理解这一点，就必须承认它具有某种内在原则，即引导着它发展的蓝图。当然，亚里士多德不知道我们现在所谓的脱氧核糖核酸或DNA，也不知道较为原始的"基因"概念。不过，他确实知道特定的种子无疑会长成特定的植物，动物只能生出同类的幼崽，而孩子们的长相和行为举止与他们的父母很像。

因此，亚里士多德哲学的核心特征就是目的论（实际上这是他与柏拉图共有的特征，不过柏拉图并没有这样加以强调），即万物都具有目的性。不可否认，石头的目的简单而迟钝——呆在某处一动不动，或者在适当的时候下坠。（人们不应该认为它们是有意决定这样做的，当然，至于石头可能有意识这种想法，亚里士多德是不会认真对待的。）植物和动物则有更加复杂的目的，植物和动物的构成部分也有更加复杂的功能（它们的共同目的就是让植物或动物生存）。

当然，人的行动各有目的，但他们的根本目的，即人类生活的目的，决不能简单被理解为特定的人甚至整个社会的人认为想要的东西。在这方面，苏格拉底的方案就重新进入了视野，即向人们表明，他们想要的许多东西根本上是不值得追求的，至少不是那么值得追求。根据亚里士多德的说法，人类生活有一个目的，毫无疑问，它正是苏格拉底所提倡的目的：认识人是具有理性能力的动物，并依照理性过有德性生活。

不过，在我们进入亚里士多德的伦理学之前，重要的是理解他独创性的形而上学，它在与柏拉图的形式论的竞争中，至少奠定了后来六十代人的研究方向。他的哲学、他的目的论的基本原则，远离了宇宙生成论，即不再试图去说明宇宙的起源，而是导向宇宙以及其中万事万物的性质问题。确实，亚里士多德根本没提出某种宇宙生成论，在他看来，宇宙永恒存在，没有开端也没有终结。但是，他的确有必要说明事物之潜能的观念——它可以且将会成为什么——以及规定和引导这种潜能的内在原则。

对于柏拉图而言，形式规定了个别事物，而且与个别事物不同，然而对于亚里士多德而言，事物的形式只不过是引导性的内在原则。柏拉图有时会说存在某种唯一的形式，无限多的个别事物所"分有"的形式（在前苏格拉底哲学家们那里，有时被称作"多中之一或一与多"的问题），然而，亚里士多德主张，最终存在的无非是个别事物，这匹马、这棵树、这个人。亚里士多德进而强调，并不存在超越的实在，没有所谓的形式世界，只有世间的个别事物。

亚里士多德在称呼这些个别事物时，用了特别的名称，即实体。个别的人——比如苏格拉底——就是一个实体。一匹马、一棵树或一条狗，都是一个实体。理解苏格拉底或一匹马、一棵树、一条狗，无需去看苏格拉底、一匹马、一棵树以及一条狗之外的东西（比如形式）。当然，事物由部分构成。苏格拉底、马和狗都有腿、毛发、眼睛和鼻子。树则有叶、干、枝和根。但是，这些部分相互组合形成完整的个体。显而易见，这里再次以生物学作为典范。

重要的是要理解，亚里士多德既强调个别事物的独立存在，又主张事物有其特征或属性这个显而易见的观念的重要性。前苏格拉底哲学家们认为事物由基本要素构成，事物如何变化，它们如何从一种事物转变为另一种事物，这样的问题就成了谜团。实际上，这是个显然的矛盾。亚里士多德则避免了这样的问题。根据他的说法，实体是具有属性的基质。实体本身并不会消失，比如说炉子不再热而变冷了，苏格拉底曾经有头发如今秃顶了。

并非事物的所有特性都同等重要。有些是本质的——它们规定着实体本身；另一些是"偶然"的——依附性的、非本质的，它们可能呈现是在事物中，但是，即使它们没有呈现在事物之中，事物也仍旧是其本身。苏格拉底没有了头发，也仍旧是苏格拉底。但是，如果苏格拉底变成了青蛙——当然，这不是一只特别能说会道且有德性的苏格拉底式青蛙，而是一只非常普通的只会呱呱叫的青蛙，那么这只青蛙就不会是苏格拉底。事物的本质是由这类属性构成，它们使事物是其所是，而事物只要没有了它们则不再是其所是。比如，苏格拉底的本质包括如下事实：他是人，也是哲学家。相比之下，苏格拉底的发型只是苏格拉底的附属性质，和他的真正本性无关。这种对个别实体和本质的务实谈论，是亚里士多德哲学的核心，它消除了诉诸柏拉图所说的神秘形式的需要。

回顾前苏格拉底哲学家，我们就会明白，希腊思想在很大程度上源自他们早期关于万物本性和实在本性的思索。为了回应早期唯物主义者的还原论和原子论者乏味的多元论，亚里士多德恢复了世界原初、常识的丰富性，而且并未因此牺牲掉前苏格拉底哲学家们提出的敏锐洞见。他接受他们关于宇宙的基本"质料"的各种提法，称赞他们所取得的进步，并且指出他们过度窄化了对于世界的解释。其中某些过分强调了质料而忽视了形式的重要性。为了回应巴门尼德和芝诺那些令人困扰的论证，亚里士多德认同赫拉克利特，主张变化的实在性。

亚里士多德表明，巴门尼德混淆了"是"这个动词的两种不同意义，第一种意义指示存在，第二种意义指的是"谓词'是'"，这个"是"断言实体具有属性或特征。确实，不可能无中生有。但是，作为存在的"是"与作为谓词的"是"的众多不同应用是相互兼容的，现在可能是冷的事物，能够变成热的。现在的橡子能够变成橡树。有存在，也有生成。而且它们同样真实，根本没有矛盾。

赫拉克利特曾经假定，逻各斯是所有变化的基础。为了取代逻各斯，亚里士多德假定了"运动和静止原则"，它们是每个存在者自身内部的变化原则（但它们自身不会变化）。但是，亚里士多德至少有个观念看似与赫拉克利特的逻各斯相应，那就是他的神的概念，它是所有运动的基本原则，即"第一推动者"。我们更多是通过亚里士多德而不是在他之前的希腊人获得关于神的明确观念，亚里士多德的神完全脱离了神人同形同性论，它是原则而不是人。色诺芬尼曾提出一神的观念，用来取代古希腊流行宗教中神人同形同性的诸神。巴门尼德完全可以通过宗教的方式加以解释，柏拉图通过苏格拉底提出的概念也常常可以作神学解释。但是，后来所谓的"哲学家的神"（毫无崇拜意味）是亚里士多德赋予我们的。

一定不要以为，亚里士多德的神只是自然原则，就像18世纪"自然神论者"的上帝那样，不过是驱动宇宙发展的"第一因"而已。神不会只是显现，然后就消失不见。在亚里士多德那里，关键问题集中于目的论。每种活动都有一个目的，它是存在于其终结处的理想，它不处于存在世界之外，而在活动本身之中。尽管如此，但若以回望的眼光来看，亚里士多德还是可以被视为给后来基督教的上帝概念提供了绝佳的基础。宇宙本身的终极目的、除去所有质料而在自身中存在的唯一形式，就是神。神是永恒的，是自身完满的。他是全部的现实，是最终目的，是渴望，是所有事物向往和（力图）实现各自潜能的目的。同时，神是完全现实的活动，是纯粹的思考活动，是"思考自身的思想"。这个神与后来统治基督教的上帝有何共同之处，这是极具争议性的难题，至今仍充满争议。

有关神的纯粹物理学观念（推动世界运转的第一因）与有关神的目的论观念（作为世界的终极目的）之间的差异，突显出亚里士多德核心的"原因"概念的复杂性。人们可以说"原因"这个词容易令人误解，甚至很不成功，因为"原因"在今天往往被用来排除目的论观念，甚至就此而言已经成了物理学理论的基石。比如，生物学中的因果说明通常就是用来取代目的说明的。进化论和自然选择理论，就是用来取代传统的创造论，后者通常被认为是上帝意志的表达，是指向某个自然目的的。因此，当要否定人是出于自己的理由选择某种行动时，就可以说他是以某种方式"被引起"（无异于"被强迫"）。

亚里士多德区分了四种不同的"原因"，但对于亚里士多德而言，一种"原因"就是一个解释原则，是某个"理由"、某个"因为"。通常我们所谓的原因，多半是直接的自然原因，它只是某种原因。四种原因分别是：质料因，即构成事物或活动的质料；形式因，即引导和解释发展的形式、本质、内在原则；目的因，即目标、目的，"那个要达成的东西"，活动所针对的对象；动力因，即我们通常所谓的原因，开启或停止某个活动的直接触发者或"推动力"。

在最近关于因果关系的叙述中，尤其是由于现代科学革命，事件的"原因"一般被理解为刚好先于事件的变化条件，它们最好地说明了事件的发生。8号球滚向底袋的原因是它受到5号球的撞击。群畜乱窜的原因是狗弄散了畜栏。她失败的原因是听从了顾问的不适当建议。（又或者，你的同事在被雨淋湿之后抱怨说，暴雨的原因是我们忘记了带伞，当然，这种说法很荒谬。）

相比之下，亚里士多德的质料因现在只是偶尔被用作原因，比如："毯子烧着的原因是它由易燃材料制成。"就原因的当代意义而言，亚里士多德的的形式因甚至更少被视为原因，罕见的例外或许是如下这样的说法："计划失败的原因在于设想失误。"数字命理学家可能也会说到形式因（比如，"13是个不幸的数字，而你正好是在13排"），但是，即便这类解释被视为"原因"，它的地位也极其可疑。

在科学中，目的因不再是可接受的，这或许是亚里士多德的方案与现代思维最为不同的地方，这不只是术语上的不同。我们提到过，进化论就是这样的领域，目的论解释被抛弃，取而代之的是纯粹（有效）的因果说明。几乎所有生物学领域都显示出同样的倾向。门外汉或许会说，植物的叶子转向阳光是为了接受更多的照射，但是，优秀的植物学家会指出，植物茎细胞中的水分增多，所以植物会扭向某个特定方向。门外汉会说，心脏的目的是向全身各处输送血液，但是，生理学家会坚持认为，心脏是循环系统中的动力器官，在不断收缩中将血液输送至全身各处。门外汉（或者电视节目《自然》[Nature]的讲解员）或许会说，羚羊有角是为了保护自己、进行交配和吸引雌性。但是，任何头脑清醒的生物学家都会坚持认为，因为羚羊正好有角，这些角现在可用于保护自己；雌性羚羊碰巧对那些有角的公羊更有兴趣，因此，较多的雄性羚羊天生就具有较大角的基因，而较多的雌性羚羊天生就对有较大角的公羊更有兴趣。恰巧被鹿角吸引到雄鹿群中，因此更多的雄性羚羊天生具有更大鹿角的基因，更多雌性羚羊天生会被雄鹿鹿角吸引。

（当然，亚里士多德会反对这样的进化论点。他认为，物种不会进化。每个物种都是永恒的，在亚里士多德看来，认为物种通过自然选择的突发事件应运而生的观念极为荒谬。）

这些解释若不涉及生命物，就不会产生什么争议。没有哪个现代科学研究者会像亚里士多德那样，认为石头倾向于落到恰当的位置，行星和恒星受欲望驱动，或者说，磁石确实"吸引着"金属片。然而，如今甚至是人的行为都难以用"目的因"来说明，即目的论的解释难以令人满意。自觉的科学心理学家坚持认为，人的行为不过是刺激—反应，即原因和结果。欲望不是根据它们的目的（即所欲求之物）得到解释，而是被当作激发行动的状态。确实，在当代"心灵哲学"中有非常强有力的运动主张，欲望根本不真实，它只是源自亚里士多德的陈旧解释的"大众心理学"的残余。这些理论家认为，将来我们会把所有的行为解释为神经状态和神经事件，换言之，完全根据亚里士多德所谓的动力因进行解释。

倘若亚里士多德的目的论有道理，对于困惑的读者甚至专家而言，形式因与目的因难以区分开来的说法或许令人感到欢欣鼓舞。活动的目的可能就是它的定义，即它的形式因。我们不妨来看看钓鱼活动。根据定义，钓鱼就是设法抓住鱼。但是，钓鱼的目的也是抓住鱼。由于绝大多数或至少许多人类活动都是根据其目的加以定义的，因此形式因无非就是目的因。不过，数学为我们提供了形式因的无数例子，亚里士多德之所以称毕达哥拉斯为哲学家，就是因为后者发现了形式因。而在柏拉图那里，形式就是"分有"它们的万物的（形式）原因。

质料因的发现要归功于前苏格拉底哲学家们，例如泰勒斯、阿那克西曼德、阿那克西美尼和赫拉克利特。正如我们所提示过的那样，亚里士多德也不是这些哲学家的再现；但是，这样的说法使得亚里士多德可以把之前的整个哲学史解释为通向他的一系列发现。他对目的论或目的因的强调，使他既可以融合柏拉图说过的东西，又可以根据最终目的（包括宇宙本身）来解释所有人类行为以及通常而言的自然。这幅激动人心的画面，即使"不科学"，也足以让哲学家和非哲学家们兴趣盎然，至今仍对人们有很大启发。

在我们最后转向亚里士多德的伦理学之前，或许应该再次回到我们的哲学戏剧中再三出现的角色，即人的灵魂。我们已经指出过，在早期希腊思想和埃及思想中，灵魂很可怜，除非加以具化，它是在任何意义上都无法存在的幻影。在某些希腊哲学家看来，特别是德谟克利特，灵魂没有什么特别的，无非是原子而已。但是，由于毕达哥拉斯和俄耳甫斯教，灵魂具有了新的含义。它或许仍需要身体，但它可以通过轮回转世寻找新的身体。而且，由于毕达哥拉斯、苏格拉底和柏拉图，灵魂成了理智和德性的居所。它成了形式世界的构成部分，它自身就是永恒的。然而，亚里士多德拒斥了形式世界。那么，他对于灵魂有什么看法呢？

首先，亚里士多德认为灵魂不仅是人这种存在者的形式，也是所有生命物的形式。特别是，动物也有形式。正是它们的形式（而不只是它们的质料）使得它们得以存活。当然，它们的形式包括它们的各种不同功能，包括吃、呼吸、移动和感觉。但是，亚里士多德毫不犹豫地把动物的形式称之为"灵魂"（anima）。因此，植物也有形式，尽管它们的功能更加有限。（亚里士多德从他大量的田野调查中发现，植物与动物之间的分界线并不能够那么容易分辨。）不过，就植物像有生命的存在者那样具有运行功能而言，植物也具有灵魂。

于是，就人类具有形式而言，而且每个人都具有形式，人类也具有灵魂。但是，正如在柏拉图的理论中所呈现的那样，他们相互之间无法区分开来。人们的形式就在他们之中。他们规定了自己的本质，人的本质是理性。因此，就我们的思考而言，我们具有灵魂，而且，当我们进行思考，尤其是对思考进行反思时（就像我们现在所做的那样），我们是不朽的。相比于毕达哥拉斯和柏拉图的神圣存在世界，这种不朽可能不那么令人满意。相比于苏格拉底心无旁骛地追求哲学的永恒，这种意象或许不那么令人鼓舞。但这正是我们对亚里士多德的期望：他完全拒绝把灵魂与身体、形式与质料、生物学与心理学、神学与哲学、此世与彼岸分离开来。灵魂自身不是实体（即不是一个独立存在的事物）。它是实体的形式。因此，我们会满足于自己的不朽时刻——比如，当我们从事哲学之际。

亚里士多德的目的论在他的伦理学和政治学中有实践意义。严格来说，两者之间无法割裂开来。美好生活是亚里士多德的伦理学要处理的核心，它要求人们参与到美好社会的建设之中，而后者正是亚里士多德的政治学要处理的核心问题。不过，这里我们应稍作停顿，进行政治反思，因为亚里士多德所谓的美好社会的组织机构无法让我们接受。雅典城邦富足的基础是可耻的奴隶制。

亚里士多德笔下的雅典，大概有四万男性公民。他们是真正的有闲阶级，其中有些人鄙视劳作，从而使他们能够集中精力从事哲学、政治、诗歌和发明。雅典也有由天才商人们构成的不断壮大的中间阶级，以及不得不维持的庞大军队。但是，妇女多半被局限在家庭之内，绝大部分劳作，包括最为重要的产业及农业，全都由奴隶从事。在雅典，奴隶的数量至少是自由公民的三倍，而且，随着雅典四处征战，可用的奴隶总是越来越多。亚里士多德笔下的雅典依赖于奴隶制。

在这个背景之下，亚里士多德提出了自己的伦理学说，它主要关切的是具有特权的阶级的德性和幸福。他的政治学，尽管有其优点（比如，亚里士多德比柏拉图要民主得多），实际上也是始于对奴隶制的辩护。然而，通过伦理学和政治学，亚里士多德想要说的不止这些。他的观点不只是出自于历史的好奇心，正如他的科学和形而上学常常表现的那样。它们也出现在我们关于当下的实践应用的严肃思考之中。因此，有必要把他的伦理学从道德上不可辩护的社会结构中拯救出来，这就是我们现在要做的事情。

我们再次看到，亚里士多德的伦理学有严格的目的论色彩。它是根据"人之为人的目的"来定义的。人们具有目的。人们不只有直接的目的，例如赶上这班公交、获得职位的晋升、爬上山顶，也有终极的自然目的。亚里士多德告诉我们，大家一致同意，这个目的就是"幸福"，或者更准确地说，即"过得好"。（希腊语的说法是eudaimonia，它常被翻译为"过得好"或"兴旺"。）因此，亚里士多德的《尼各马可伦理学》（*Nicomachean Ethics*）就是对幸福的真正性质及其基本成分（理性和德性）的分析。亚里士多德告诉我们，幸福其实是美好生活的名称，即那种完成了正当"功能"或达到了人的自然"目的"的生活。真正的问题是，这是种什么样的生活？

有人认为，这是愉快的享乐生活。亚里士多德很快就打发了这种观点。有些快乐是下贱可耻的，但更为重要的是，快乐只是令人满意的活动的附属物；它不是活动的目的或目标。个人生活得好，会因此很享受；而个人为了享受则不会过得好。

另外有些人认为，美好生活就是拥有财富和大量财产的生活。亚里士多德回应说，财富只是获得幸福的手段，而不是幸福本身。

还有些人认为，美好生活就有拥有荣誉、权力或获得成功的生活。但是，亚里士多德说，这些不是幸福，因为它们依赖于他人的想法，而得到确切理解的幸福应该是自足的、自身完整的。

亚里士多德还含蓄地提到，"有些哲学家"用形式来定义善（the Good），而亚里士多德完全没有这样的观念。这再次说明，他拒斥柏拉图的理论。

最后，亚里士多德把幸福描述为符合理性的道德生活。这种描述的每个部分都值得我们仔细推敲。首先，我们注意到，美好生活是积极的生活，充满了活力。美好生活不能缺少朋友，在对友谊的论述中（这是亚里士多德的整个伦理学中最详细的论述），他宣称"没有人会选择缺少朋友的生活。"它是参与到共同体中的生活。它既是充满成就的生活，也是哲学的沉思活动。但并不是每种活动都是如此。在亚里士多德和他的雅典同胞看来，美好生活并不仅仅是忙碌的生活。实际上，忙碌，特别是商业，就像所有劳作那样，完全与美好生活背道而驰。[①]（亚里士多德混淆了商人的观点，这些人为他们的技艺和贡献感到骄傲，但他们没有闲暇去过亚里士多德所说的美好生活。）

亚里士多德所推崇的最重要的活动，是那些作为德性之表达的活动。重要的是要注意，德性这个词的希腊语 areté 也被译为"卓越"，它是让人变得优异的品格特征。当然，在这种意义上，存在各种各样的德性，比如摔跤的力量、跑步的速度、绘画的艺术天赋、算账的计

[①] 亚里士多德称商人和放债人为"寄生虫"，而劳作自然是奴隶的活动。

算能力、论辩的机智、歌唱的好嗓音,等等。然而,亚里士多德注意的是较为普遍的德性——即那些让人成为卓越者的德性,而不是那些让人成为优秀的运动员、艺术家或医生的德性。这些普遍的德性有勇敢、节制、正义感、幽默感、诚实、友好,就是说,大体上要做容易相处、人们乐于与之共同生活的人。人们发现,在这份德性清单上,没有什么德性有特别的"道德"色彩,值得注意的是,亚里士多德(以及希腊人)并没有特别的"道德"感(即明确的原则),而在今天,这却是伦理学的核心构成部分。

按照亚里士多德的说法,定义德性的是理性。不过在这里,我们应该小心处理。理性可以定义德性,但推理并不是学习或践行德性的途径。我们必须被培养成有德性的人。通常,这就要包括对我们行为得当的奖赏以及行为不当的惩罚,不过,在我们还是小孩时,人们通常并不会为我们提供什么理性的解释来说明行为对错的原因。起初,我们学着要正确行事。然后,当我们跟随亚里士多德学习伦理学时,我们就学着用理性的话语去说明我们为何应那样行事。

此外,有德性的人通常不会花时间去思量和权衡自己的德性。勇敢的人自然会行为勇敢,慷慨的人自然会在他人有急需时给予金钱。人们只要停下来反思这些行为,想想自己是否应如此勇敢或慷慨,就已经意味着自己不那么勇敢或慷慨。而且,有德性的人享受自己的德性。人的应为和想为之间并不存在冲突,德性与自利之间也没有什么张力。亚里士多德伦理学的这些特征与我们所接受的反思伦理学和道德的方式截然不同,我们许多人认为,义务常常与自利背道而驰,做我们应当作的事情常常与所要克服的诱惑大小成正比,而与自己的享受成反比。

这都是在表明,行为得当是个理性问题,但是,理性的作用要比算计我们应做什么微妙得多。首先,理性规定了德性自身的性质。亚里士多德的理性有种比例感,他主张,所有德性都是"两极之间的中道"。这不只是希腊人所追求的那种"适度"。用亚里士多德的话说,德性意味着行为的合宜得当,就像美意味着对称有序。比如,勇敢是恐惧、懦弱与蛮勇、鲁莽这两极的中道。

理性也涉及到我们理解德性的方式。完全成熟的人不只是行为得当,这不过像条训练有素的狗,而且要能理解和领会自己的所作所为,能够谈论并向他人解释。（在亚里士多德之前的两个世纪，中国的孔子就已经提出了极为类似的谈论伦理学的方式，见第二部分。）在亚里士多德看来，理性涉及两方面，一方面是与完满人生的目标相一致的行为"诀窍"，一方面是对完满人生的理解。亚里士多德对商人的感情较为复杂，尽管如此，他在这里仍声称技艺（techne）或"诀窍"的重要性，并把对商人的专门技艺的普遍热情应用于更为普遍的伦理学关切。同样的策略也被他很好地应用于对艺术的论述。亚里士多德那部影响深远的有关悲剧的论著《诗学》，就描述了他观察到足以引起观众"怜悯和恐惧"，从而得到"净化"的技巧。理性既是思虑，也是实践技艺。它既是理智性的理解，也是适当的情感反应。

作为哲学研究，如果伦理学只能跟在已经得到正确培养的人后面，这就意味着，关于伦理学的哲学研究本身对我们没多大用处。人必须非常幸运地在好的家庭中长大，有好的老师和正派的朋友。他还必须身体健康，有相当数量的财富，家族在城邦（希腊的城市—国家）中有权有势，头脑清楚，如果打算做哲学，还要在科学上有根基。若没有这些，做什么也无济于事了。

在这种意义上，亚里士多德是不折不扣的精英主义者。他只为贵族即"最好的人"（也是最幸运的人）撰写伦理学。对于亚里士多德而言，并没有贫穷的幸福生活，这是苏格拉底的另一个学生、犬儒主义者安提斯泰尼（Antisthenes）所宣扬的生活。幸福、美好生活或许不是快乐的生活、拥有权力和财富的生活，但如此种种却是幸福和美好生活的前提条件。亚里士多德并不认为这样不公平，也没有像我们那样觉得社会不平等令人苦恼。为了与自己的社会观保持一致，他认为人易受命运的摆布。即使他的伦理学提出了让人的生活"受控"的体系，他仍然始终认为命运会让人的所有努力化为乌有。这种宿命论（在雅典的悲剧中特别明显）与当代西方某些社会过分的乐观态度形成了鲜明对照。"控制自己的生活"，这种观念常常是责任和自大的混合体。

具体德性的性质，理性在理解伦理学中的作用，这些问题超出了我们这里要讨论的范围。不过，我们要注意亚里士多德的伦理学中有他自己似乎都没有解决的重要混乱。我们在开始分析时说过，幸福生活是充满活力的生活，但是我们也提到，根据亚里士多德的说法，最重要、最"神圣"的活动是沉思活动（思考、反思、哲学）。事实上，亚里士多德称颂沉思生活，并把它置于所有生活之上，因为它是最具神性的生活，而且也如我们所指出的那样，它是我们能够期待享有的不朽。可是，沉思生活这种观念无法与积极的社会政治生活的其他观念合拍，而亚里士多德，由于他身兼学院派的哲学家和亚历山大的哲人王这两种身份，似乎受到了这两种观念的推动。①

此外，亚里士多德所描述的和谐的社会政治生活，既是某种怀旧，也是对那时希腊的城市—国家的准确描述。战争的破坏，雅典和希腊的所有其他城市—国家被并入亚历山大创建的帝国，传统关于荣誉、忠诚和家庭价值的法律失去固有价值，所有这些都促使了光荣的希腊的衰落。正如尼采（他既是哲学家，也是古典学者）后来主张的那样，苏格拉底、柏拉图和亚里士多德已然是"堕落者"，是迅速衰败的社会的代言人。在这种情势下，亚里士多德的追随者紧紧抓住不放的那部分伦理学是理想的沉思生活，这就并也不奇怪了。超然的理性在希腊哲学中被提升为人性中最基本甚至最神圣的特征，这种观念实际上支配了西方传统的未来走向。它就像东方世界的"解脱"，为人们提供了逃避混乱无序的不幸世界的主要手段。

柏拉图死后，亚里士多德离开学园去了马其顿。后来，他又回到雅典并在公元前335年创建吕克昂学园。②但是，十二年后，亚历山大去世（死时33岁），亚里士多德发现自己在雅典不受欢迎。杀死苏格拉底的古老指控，即"不虔诚"，又被提了出来。与苏格拉底不同，亚里士多德逃走了，"为的是不让雅典人对哲学再次犯罪"。这还算是明智的决定。

---

① 由于亚里士多德撰写了两部截然不同的讨论伦理学的专著，一部是广为人知的《尼各马可伦理学》，一部是为人们较少阅读的《欧德谟伦理学》（*Eudemian Ethics*），情形就显得很复杂。在前者中，强调的是德性生活。在后者中，强调的是沉思生活。

② Peripatos 的意思是在花园铺有石子的小道上散步，亚里士多德的逍遥学派（peripatetics）的名称就是来自于此。亚里士多德会在沿着道路散步时讲学。

柏拉图（和亚里士多德）的注脚

怀特海（Alfred North Whitehead）有个著名的说法，即整个西方哲学传统只不过是柏拉图的系列注脚。稍微宽泛点说，人们可以把整个西方哲学传统描述为柏拉图与亚里士多德之间辩论的具体展开。柏拉图是推测的、暗示的、诗意的。他为人所知的作品——绝大部分是对话的形式，主要人物常常是苏格拉底——既是哲学也是戏剧。根本的理念仍像是个巨大的秘密那样隐藏着，只能为极少数人瞥见。相比之下，亚里士多德是彻头彻尾的科学家，尽管他可能也写过对话（现已佚失），但我们知道他的作品极其枯燥、明晰和谨慎，完全是分析的，而极少推测。当然，人们可以在柏拉图那里看到某些富有启发性的分析和论证，亚里士多德也有宏伟壮观的哲学洞见，但是，他们在风格和实质上的不同规定了两种不同的气质，它们在整个西方传统中相互交织。

比如，在基督教哲学中，奥古斯丁追随柏拉图；阿奎那追随亚里士多德，并且在提到他时直接称之为"哲学家"。在现代，那些自称"理性主义者"的哲学家常常回溯到柏拉图，求助于理性，把它看作能够"穿透"纯粹经验、寻求绝对真理的能力。那些自称"经验主义者"的哲学家，即使没有追随亚里士多德，也常常与作为科学家、谨慎观察者的亚里士多德类似，怀疑所有没有经验证据和常识的观念，认为它们永远需要修正。19世纪德国的观念论者和20世纪的许多欧洲哲学家，即使拒斥柏拉图的哲学，也仍然共享柏拉图的思辨敏感性，20世纪的"分析"哲学则显然追随亚里士多德，要求准确、彻底和清晰。

因此，哲学家们为自己选择了不同的形象，文艺复兴时期的艺术家拉斐尔在梵蒂冈西斯廷教堂附近的壁画中对他们做了完美的描绘。柏拉图手指向上，心思在天。亚里士多德手掌朝地，显示出他自己的世间气质，不适于进行天马行空的思辨。这是西方最伟大的两位哲学家，他们是师生，是亲密的朋友，实质上有亲戚关系，他们对于哲学的本性有着截然不同的看法。甚至在公元前4世纪雅典的有限背景下，哲学也绝不是非凡的事业，单一的"话语"或"学科"。今天，有哲学家为自己的大胆观念、宽容、敏感和骇人感到骄傲。也有哲学家为自己的逻辑和冷静感到骄傲。不幸的是，大部分哲学成了不那么温和却自以为是的谈论，谈论做哲学的"正确"方式。但是，如果柏拉图和亚里士多德确实教给了我们东西,这首先应该是不同气质的作用,以及找到每个人自己的哲思风格的必要性。未来还有各类哲学会形成,它们不能简单地斥之为"注脚"。

艰难时期:斯多葛主义、怀疑主义与伊壁鸠鲁主义

在亚里士多德之后,哲学日益成了不同学派之间的对抗,不只是柏拉图的学园与亚里士多德的吕克昂之间的对抗(当时这两座学园都已经传给了其他学者),而且还有竞相出现的新学派之间的对抗。尽管有"学园"背景,许多哲学主要关切的仍是如何生活这个人类的基本问题。不可否认,柏拉图的许多追随者从事关于数的本性和几何学(以及他的形式论)的重要研究,亚里士多德的学生则显示了对逻辑和科学的各种兴趣。但我们在此不会追溯这些发展。相反,我们将集中于哲学家在应对日益艰难的时代所采取的不同方式,这个时代的艰难包括希腊城市—国家的解体、野心勃勃的君主之间毫无意义的战争、埃及的迫害和屠杀、罗马对希腊的蹂躏,以及罗马帝国众所周知的堕落和衰败。

柏拉图的学园持续了好几百年,在哲学史中扮演了重要角色。但是,由于亚历山大的胜利和死亡,博大精深的柏拉图哲学和亚里士多德哲学以及滋养了它们的城邦世界突然终结了。"政治"的哲学走向了终结。许多希腊科学从南方迁移到亚历山大和帕加马的港口。在亚里士多德死后发展起来的哲学,出乎意料地摆脱了他的影响,尽管柏拉图(当然还有苏格拉底)影响下的"学园派"仍是哲学中的重要力量。斯多葛学派和伊壁鸠鲁学派拒斥了柏拉图(实际上他们深受柏拉图影响)和亚里士多德,而提倡更加唯物主义的世界概念。不过,宇宙论不是他们的主要关切所在。在亚历山大和亚里士多德死后(分别死于公元前323年和公元前322年)的"希腊化"世界,人们更多关注的是伦理学问题。[1]这对于"学派"的剧增也很重要,而这种剧增现象支配

---

[1] 历史上,"希腊化"指的是亚历山大死后的时期,但是就我们这里的目的而言,它也可以意指亚里士多德死后的时期。"Hellenes"是古希腊人自称的名字。

了整个中世纪的哲学，甚至影响到了当代哲学。因此，哲学对美好生活的寻求，也成了团体活动。或许，值得注意的是，正是在希腊—罗马式的世界中，哲学也逐渐成为了"大众"的事业。

希腊化时期另一个值得注意的地方是它的世界大同主义和普遍主义。这一点部分归功于希腊的强制统一以及对埃及和波斯的征服。希腊化世界（或多或少）是单一的世界，与之后的罗马帝国没有什么两样。特别要提及的是位于尼罗河口的埃及的亚历山大里亚城。亚历山大死后，托勒密（Ptolemy，亚历山大手下的大将）掌管了埃及，随后发展成了文化和哲学中心。由于亚历山大里亚有座伟大的图书馆，希腊以及希伯来的经典文献得到了保存和研究。但是，托勒密王朝的统治喜忧参半。在托勒密一世的统治下，亚历山大里亚是希腊文化的主要堡垒，但在公元前2世纪快要结束之际，在托勒密九世（希腊人给他取的绰号是"大肚子"）的统治下，地中海周边的科学家、诗人和学者遭到了系列迫害和屠杀。最终，就像希腊征服了埃及，罗马征服了希腊和希腊文化。

在亚历山大里亚，东方的宗教相互交融，先是影响了希腊人的思想，接着又影响了罗马人的思想。亚历山大里亚是希腊人和犹太人的交汇之地。哲学家斐洛（Philo）是第一批将经典的希腊哲学与希伯来先知的旧约教义结合的人，从而为基督教铺好了道路。希腊圣经是亚历山大里亚的创造。甚至有狂热的哲学家竟然声称，柏拉图与摩西有同样的哲学理念。从这种文化汇流中涌现出各种形而上学思想，后来形成为中世纪神学。

不过，回到雅典，希腊化哲学促进了学派的繁荣，其中包括伊壁鸠鲁，他是原子论者德谟克利特的信徒，也是*伊壁鸠鲁学派*的创建者。伊壁鸠鲁（公元前341—前270）有纵情享乐之名，但他自己强烈反对这个称号。今天，所谓伊壁鸠鲁主义者就是沉浸于感官快乐的人，这些人奢侈甚至放纵。这完全偏离了原意。事实上，伊壁鸠鲁离群索居，他学派的成员通常避免参与到同时代的激烈辩论当中。他们真正笃信的是心灵的平静。伊壁鸠鲁认为，追求快乐和感官的愉悦很"自然"。（他没有像某些犬儒派那样鄙视或谴责享乐，不过，他也没有鼓励享乐，更没有把享乐提升为生活的目的。）他主要关切的是免于恐惧的自由——宁静（不动心，ataraxia）。伊壁鸠鲁说，贤人甚至在最糟糕的处境中也不会恐惧生活。伊壁鸠鲁声称，真正的贤人哪怕身受折磨也能获得幸福。他坚持认为，痛苦不会永远持续下去。

按照伊壁鸠鲁的说法，死亡无非是构成我们身体和心灵的原子的分离而已。这样看来，死亡也没什么可怕的。对于那些害怕诸神对他们的行迹加以审判和惩罚而恐惧的人，伊壁鸠鲁向他们保证，诸神根本不关心我们。然而，人们不应该因此认为伊壁鸠鲁厌倦生活，是纯粹的犬儒主义者。恰恰相反，他确实主张，快乐是轻松的，我们应享受快乐。他为德性辩护，但没有（像苏格拉底那样）把它确立为生活的至高目的。德性不过是达到心灵平静的手段而已。通常，有德性的人很少有敌人，也不必担心受到指控和逮捕，因而总的来说没什么可恐惧的。

首先，伊壁鸠鲁与早他四十年的亚里士多德类似，认为友谊是美好生活的关键。实际上，在古代伦理学向我们今天的伦理学的转变中，最为显著却未受注意的是，友谊在论述美好生活中的重要性的消失。今天，哲学家大量谈论的是道德、公共善和契约的神圣性。更为粗俗的哲学家则谈论财富和权力。他们几乎不会谈论朋友的重要性。人们可能认为，现代哲学家较倾向于简单地认为友谊理所当然，不值得进行哲学上的关切，但是，这恰恰是启示性的。在伊壁鸠鲁看来，友谊是体面生活的核心，或许正是这点而不是其他让伊壁鸠鲁受到尊崇，被认为是哲学家。后来，在罗马，伊壁鸠鲁学派成为两种最有影响力的哲学之一，甚至让柏拉图和亚里士多德的哲学黯然失色。（另一种是斯多葛学派的哲学，我们马上就会论及。）

在公元前1世纪活动的罗马哲学家卢克莱修（Lucretius），成了伊壁鸠鲁最忠诚、最著名的信徒（因为只有他的作品保存了下来）。他的《物性论》（*De Rerum Natura*）尽管常常主要被解读为唯物主义形而上学（原子论的某种版本），但他更深层的意图则是重新定义不动心这种"稳定、甜蜜的伊壁鸠鲁式宁静"并为之辩护，尤其是反驳迷信以及对诸神不必要的恐惧。不过，无论是伊壁鸠鲁还是卢克莱修，都没有否定诸神的存在。实际上，伊壁鸠鲁认为诸神的存在显而易见，卢克莱修甚至宣称诸神会在梦里造访我们。但是，根据他们的叙述，诸神的真正生活安详宁静，没有恐惧，不受人类行为打扰，也不关心人类事务。不动心，而不是爱管闲事的宙斯和赫拉（或朱庇特和朱诺，他们在罗马的对应神祇），才是诸神真正神圣的生活。

希腊化时期第二个大的哲学派别是斯多葛学派，它是希腊罗马哲学中最成功和持续时间最长的哲学运动。有些斯多葛学派的哲学家在亚里士多德死后不久就出现了，著名的有斯多葛学派的芝诺（Zeno，约公元前335—前263，不要与巴门尼德的学生、爱利亚的芝诺混同），接着就是克吕西普（Chrysippus，公元前280—前206）。晚期的斯多葛学派则在罗马帝国的鼎盛期和瓦解过程中宣扬自己的学说。"生活的是艰难的"，他们的这个论点不仅影响了那些落魄的人，比如奴隶爱比克泰德（约55—约135），甚至影响到了那些处于权力顶峰的人。实际上，有个斯多葛学派成员是罗马的皇帝，即马可·奥勒留（Marcus Aurelius，121—180）。

斯多葛学派的特点是对理性几近狂热的信仰。特别是，他们强化了古已有之的理性与情感之间的对抗。[1] 柏拉图区分了灵魂的不同部分（欲望部分、激情部分和理性部分），亚里士多德也明显区分了理性和情感。不过，苏格拉底曾警告他的追随者不要让情感遮蔽他们的理性，而柏拉图则赞扬灵魂三个部分的完美和谐。亚里士多德把情感与理性视为同等重要，认为它是德性、品格和美好生活的基本组成部分。（他说，受到挑衅而不愤怒的人是"傻子"。）但是，随着斯多葛学派的兴起，理性和情感分道扬镳。

斯多葛学派认为，情感是非理性判断，是让我们感到沮丧和不幸福的东西。正如几个世纪之前、几千公里外的东方佛陀教导的那样：减少欲望就会减少痛苦。爱比克泰德也有类似的说法，他说，"不要求事情如你所愿那般发生，而要让事情自行发生，这样你就会生活幸福。"[2]

斯多葛学派环顾四周，发现自己身处混乱世界，这是虚荣、残酷和丑恶横行的世界。然而，他们相信宇宙是理性，只是在我们看来似

---

[1] 理性与激情之间的争论至少可以追溯到前苏格拉底哲学家。（例见 Kirk 和 Raven 论毕达哥拉斯的部分，第216页。）事实上，人们可以通过理性与情感的辩证法为线索重写哲学史。当然，我们在此并不采用这种做法。

[2] The Enchiridion, VIII.

乎是非理性的或荒谬的。他们也相信人类理性的力量，认为它是"神圣的火花"，能够使我们看透人类关切的残酷和卑琐愚蠢，从而理解更大的合理性。

克吕西普通过重提亚里士多德的原因观念，坚持认为我们应该只关心它所谓的原则性原因（形式因或目的因）——也就是说，我们世界的决定性因素可以在我们自身之中、在我们的品格中找到。我们应该忽略那些外在于我们的纯粹偶然的原因（动力因）。一般来说，斯多葛学派宣扬我们应"按照自然"生活，不过，如今自然被认为"与理性一致"，而不是与我们的情感一致。实际上，斯多葛学派的哲学理想可以概括为"不动心"（apatheia）。因此，他们拒绝人类的虚荣和骄傲。他们教导说，愤怒毫无意义，只能自我毁灭，爱甚至友谊都是危险之物，贤哲只需要有限的财物，不应惧怕悲惨和死亡。

与注重精神的希腊人相比，务实的罗马人不怎么待见哲学，因此哲学家在这个时期比较遭罪。罗马重要哲学家塞涅卡（Seneca）的悲惨命运就是典型的例子。他是危险时代的政治家。在疯狂的皇帝卡里古拉（Caligula）的统治下，他只是因为身体状况不佳才勉强逃脱了死刑，他还陷入了与克劳迪乌斯的严重麻烦（塞涅卡无情地嘲笑了后者自以为的神圣性）。然而，在性情乖张的腐化皇帝尼禄统治下任职时，塞涅卡（因所谓的谋反）被勒令自杀，然后他照办了。罗马时期的斯多葛学派的哲学就是为了应对这些悲剧和不义而产生的，因此，它的持续不变的主题是强调通过理性超然于生活的荒谬的重要性。

斯多葛主义是极端的哲学，但在艰难的时代里有助于许多灵魂的安顿。在罗马共和国和帝国时期，它成了极为盛行的哲学。实际上，斯多葛学派为禁欲主义所作的辩护，以及它们关于看似非理性的世界中包含更大的合理性的洞见，后来为早期的基督徒所继承，成了基督教哲学的基本组成部分。

最后，还有更为极端的哲学派别，即怀疑论，它从古希腊的皮浪（Pyrrho，约公元前360—约前272）流传到罗马的塞克图斯·恩披里柯（Sextus Empiricus，3世纪）。皮浪宣称，避免信仰是通往宁静的必经之途。（值得注意的是，他的宁静［不动心］的观念可能来源于印度。）无疑，正如好几代怀疑论者，恩披里柯也受到了他的影响。从很早的时候起，就流传着各种各样的故事，皮浪如何差点掉落悬崖，在马群和战车中行走，又是如何饮食毫无规律、毫不在意，他之所以还能活下来，完全是因为朋友和学生的警觉。（倘若他真的活到了九十岁，这些故事无疑可以说是假的。）当然，皮浪并没有费心写下任何东西。（哲学家在实践中与自己相矛盾的程度是有所限制的。）这种徒劳的活动，有什么意义呢？

然而，塞克图斯·恩披里柯是虽不算雄辩但充满活力的作家，是强有力的辩证法学家，据说，他还是优秀的医生。他极少下断言，但对所有人和事都进行冷酷无情的质疑。（类似于苏格拉底，怀疑论者发现，这种做法在论辩中有巨大的优势，即无需断言任何东西，同时却可以要求他人提供充足的证明和证据。）从柏拉图的老学园开始，早期的怀疑论者反对斯多葛学派（他们称这个学派的人为"教条主义者"），主张所有信仰，包括对理性的信仰，都是不满和不和谐的根源。与打着怀疑论旗号的现代运动不同，古代的怀疑论者关切的几乎完全是伦理学，而不是知识及其确证的可能性。

无论关于信仰的本性和确证有什么样的论证，怀疑主义首先是生活哲学。它首要关切的是如何生活的问题，即有没有这种生活方式，人们藉此可以应对这个世界常见的残酷、悲剧和不公正。怀疑论者主张，悬置信仰（悬搁）首先是治疗形式，是让自己超脱的方式，是宁静之道——即免于恐惧的安静和自由。因此，它完全不同于现代盛行的怀疑主义。现代怀疑主义仍存在于大学生活和各种书籍之中，被认为是关切信念之确证的令人困扰却又显然不可解决的悖论，但是，它几乎不关注这些问题的实践意味。在古代的怀疑论者看来，普遍的怀疑是智慧，是合理的生活方式。那种纯粹出于理智的怀疑主义观念，尤其是当它与教条的政治信念或宗教信念相互联系，在他们看来是伪善和荒谬的。

怀疑主义的传统，尤其是作为斯多葛学派的对立面，在很大程度上要归功于"新"时期柏拉图学园的领导者。早在公元前3世纪初，他们就通过扩展苏格拉底的怀疑论（人不知道或者无法知道任何事情）的内涵，发动了对斯多葛学派的知识论的全面攻击。学园追求的既有柏拉图的形而上学，也有苏格拉底的方法。

或许，这种苏格拉底方法最有名的提倡者，是罗马政治家、演说家马库斯·图里乌斯·西塞罗（Marcus Tullius Cicero，公元前106—

前43）。尽管他在斯多葛学派那里发现了许多值得欣赏的东西（有时甚至从那里借用了不少东西，相反，他在伊壁鸠鲁学派那里发现了许多令人嘲笑的东西），但考虑自己在公共争论中的角色，[①]他觉得怀疑论者称许的那种对不同观点的质疑，既有吸引力，又很实用。因此，毫不奇怪，他成了修辞学和我们今天所谓的"应用伦理学"的拥护者，所谓"应用伦理学"，就是处理政治和日常事务的方法。（如果你正在售卖的房子屋顶漏水，你有义务告知买方吗？）类似于其他怀疑论者，他发起了一场严肃的运动，常用的方法是以子之矛攻子之盾，但没有阐述任何哲学"体系"。因此，他是决疑术（把特定情境下做出具体论证时用到的所有原理搜集起来）的发明者，决疑术就像它之前对应的"诡辩术"，长时间以来都名声不佳。

尽管如此，在最好的苏格拉底方法的学园传统中，他们仍把知识确立为终极理想（在公元前的最后一个世纪，柏拉图的形式论开始慢慢得到复兴）。"学园派"认为斯多葛学派（以及伊壁鸠鲁学派）是"教条主义者"。实际上，尽管内部有各种纷争，斯多葛学派和伊壁鸠鲁学派的学说都有显而易见的连续性。不过，这种"教条"也为人们得到慰藉提供了来源，即认为信仰、自足与命运相伴而行、密不可分，而且，在皇帝马可·奥勒留的斯多葛主义中，我们还可以发现许多后来成了基督教基本教义的看法。

相应地，怀疑主义的强烈反对者是希腊医生盖伦（Galen，约129—约199）。（怀疑论者塞克图斯·恩披里柯也是医生—哲学家。）除了在医术和医学理论上有诸多贡献，盖伦还常常直言不讳地批评社会现象。他抱怨道，既然教师一开始就剥夺了学生的教育基础，即一个有所知的教师，那么教师又能如何进行教育呢？不过，他也质疑斯多葛学派强有力的观点，认为他们过分强调情感和品格的意愿方面。他论证道，既然情感更多是生理学问题，而不是选择问题，想要人对他的激情负责就是误导性的说法。比如，当人们观察小孩子的行为，会禁不住被小孩很早就确立品格意识打动。人有多少选择，他应如何生活，会成为什么样的人，这个范围是有限的。在最惨然辉煌的哲学中，

[①] 拉丁文化的研究者之所以熟悉他，是因为在公元前63年他对喀提林（Catiline）的激烈谴责，他在此把自己描述为罗马的拯救者。

人们总是能够发现这样的常识之音、实践之声。哲学在人们之间的交流中繁荣兴盛。

古印度的神秘主义与逻辑：龙树和正理派

斯多葛主义和怀疑主义是对绝望环境做出的哲学回应。与此同时，罗马帝国的殖民已抵达欧洲（远至英国）、亚洲（实际上到了印度）和非洲（从埃及到阿尔及利亚）的腹地，它的中央政府却因丑闻和腐败而导致瓦解。像尼禄和卡里古拉这样的皇帝，则是历史上最疯狂的统治者。相比而言，皇帝马可·奥勒留倒像是个圣人，他是斯多葛学派的哲学家，但他最后被谋杀了。帝国在内忧外患中摇摇欲坠。叛乱虽然得到无情地镇压，但是，在公元4世纪，基督教渗透到异教的罗马，公元5世纪末，罗马被"蛮族"征服，从此衰亡。

当然，我们坚持认为，某种文化中的蛮族或许是另一种文化中的文明人。不过，上帝之城与屠杀遗址之间没有什么可比性，前者是有一百多万公民的权力和文化中心，后者在新千年中也只有区区四万居民。最终，德意志人、撒克逊人、凯尔特人以及法兰克人在西方文明的中心赢得了各自的位置，但是，目前来看，他们实际上是毁破坏者。雷神之锤并不是补充哲学、艺术和文学的精妙工具，更别说借此获得美好生活——哪怕是罗马人曾有过的美好生活。

然而，文明没有消亡，甚至没有变得黯淡，它只是迁移到了东方。基督教的罗马帝国保存了下来，并在拜占庭（今天的伊斯坦布尔）繁荣昌盛。不久之后，伊斯兰教扩展到从非洲至整个中东的闪族帝国。实际上，西方哲学接下来的篇章都是用中东（希伯来和阿拉伯）的非印欧语言勾勒的，即使他们继续接受用希腊语进行的典籍汇编（见第二部分）。

不过，再往东，印度哲学极为兴盛。在古印度，诗人和哲学家向来就有对《吠陀经》的深刻洞见，并用梵语提出了精致的哲学论题和论证。[①]这种语言与拉丁语、希腊语极为相像(它们都是所谓印欧语系)。

---

① 我们再次在英语化的梵文拼写中忽略了可辨别的标记。

梵语是《吠陀经》和《奥义书》以及所有古典印度哲学的语言。印度教，或者更准确地说，吠檀多，在柏拉图生活的时代之前，就已经发展出了极其复杂的哲学。佛陀在公元前6世纪就已出现，耆那教至少可以追溯到这个时期。佛教和耆那教已经阐述了关于灵魂和人性（就耆那教徒而言，是非人性）的深刻且有趣的观点。印度教的博学者[①]、佛教与耆那教的圣贤以及学者们，在公元前2世纪就已经创建了丰富的哲学世界。（耆那教学者强调没有自己的学说［他们有时也申论某种名为"不确定主义"的哲学］，因此，他们是古印度哲学最可靠的记录者。）

亚历山大的帝国瓦解之后的这个时期，恰恰是印度政治、文化和哲学的黄金时代，它始于公元前320年的孔雀王朝，并在公元320—550年的古典时代达到巅峰。

同时，在中国的周朝（公元前1120—前256）出现了孔子（公元前551—前479），随后又出现了形形色色的追随者，其中有孟子（约公元前371—约前289）和荀子（公元前298—前230），以及道家和其他兴盛起来的思想流派（见第二部分）。在"东方"接下来的数百年里，哲学的产出，无论在数量和原创性方面都超过了西方。[②]

我们在第二部分会论及某些主题（包括婆罗门教、佛教、耆那教、儒教和道教），并将之与西方相应的宗教作比较，比如犹太教、基督教和伊斯兰教。尽管如此，若认为在古代，东方哲学完全是或主要是宗教哲学，则是误解。确实，在印度和中国，哲学与宗教并没有如许多西方哲学家那样真正区分了开来，但是在中国，许多称之为宗教的东西根据西方（犹太基督教）的标准来看，实际上是极为世俗之物，而在印度，宗教关切所触发的大量思想，若放在西方，则会被视为有关实在和人类知识本性的形而上学和认识论。

或许，对于西方读者而言，印度最为显著的是神秘主义与逻辑的

---

① Pundata 是梵语，意思是"博学者"。

② 不过，人们不应过分强调受到创伤的西方与开明的东方之间的这个对比。比如，在中国，公元前475至前221年之间，通常被称作"战国时期"，后来汉朝正式确立儒家的地位，无疑部分要归功于对此前混乱时期的反思。到公元220年，中国再次陷入混乱，遭受各种反叛，直到581年才告终结。

有力结合,通常而言,哲学这两个领域(就它们都被视为"在"哲学之内而言)被认为相距最远,实际上彼此截然相对。[①] 不过在印度,无论哪种神秘主义,都成了主要的三个宗教(印度教、佛教和耆那教)的焦点。实际上,梵语用以表述"哲学"的词是"见"(darsana)。这三个宗教都发展出了强有力的逻辑,一方面为了支持"见"这一经验,另一方面用来反对如下做法:通过过度理智化或过分依附于日常世界和常识范畴来损害这种经验的可能性或完整性。

吠檀多因含糊和矛盾而兴盛,但为的是得出唯一的观点,即唯一绝对实在的统一体(梵),当然,它有无限多的表现形式。吠檀多,从大概最早的《奥义书》(公元前800)发展到近来的新解释,[②] 主要关切的是这个原始统一体的理解和阐释,它最终只能在神秘的启示中为人所"见"。但是,与这种形而上学关切(以及伴随而来的对知识谜题的关切)相关,还有对美好生活、最好生活的关切,这种生活,希腊人称之为幸福(eudaimonia),后来罗马人称之为至善(summum bonum),用梵语来说,则是正智(parama-purusha artha),即"个人的至高善"。印度哲学尤其是印度教的普遍观点是极端非个人的,通常对日常的苦乐无动于衷,因此与真理离得不会太远。吠檀多的目标和梵的经验是找到极乐(mukti),使人从不必要的痛苦中解脱出来。[③]

为此,从根本上来说,人要从幻象中解脱出来,尤其要从自己在世界中具体的个体地位的幻象中解脱出来。神秘的 bramhavidya(关于神的真知)经验就是这种洞见的本质,但是,根据许多博学者的说法,它的基础可以通过适当的逻辑进行最好的准备。通过逻辑分析或"分别"(samkhya),我们的常识范畴的幻象性质就会显现出来,它们

---

① 当然,在中世纪的基督教中,也用了大量的逻辑创新来支持宗教信仰,但是信仰与神秘主义并不相同。

② 比如,在阿罗频多(Sri Aurobindo)的哲学中,他死于1950年(见第四部分)。

③ 关于这些问题,就像这本书所有关于印度哲学的其他论述,我们都(业报式地)受惠于菲利普斯(Stephen H. Phillips)。当然,所有误解都应有我们自己承担。

本质上极其混乱、相互矛盾。因此,印度的逻辑学家在罗素(Bertrand Russell)和英国统治印度之前2500年,就已经在探讨复杂的逻辑悖论,大约在相同时期,巴门尼德和芝诺也正对这片确实混乱的领域发动极其相似的攻击。

我们如果在此探究这些逻辑谜题和悖论,就会离题太远,不过我们可以简要考察逻辑与吠檀多的核心学说的关系及其在后者的位置。在吠檀多那里(正如在赫拉克利特和其他前苏格拉底哲学家那里),梵是万物的根基、价值和本质。因此,这个终极的统一体是对立面(热与冷、干与湿、意识与世界)的统一,这在我们看来难以理解。梵"超越所有名称和形式",因此,梵(就像"耶和华")是对不可名状之物的命名,指无法理解、无法分析之物。(梵总是"非此非彼"。)不过,梵却可以通过冥思和玄想体验,梵在根本上就是人的真实自我(atman,我)。因此,最为重要的是,对梵的意识是每个人的至高善。这种善的障碍之一就是理智的幻象,这对于学者而言尤为严重。对于印度最杰出的哲学家而言,悖论的运用是驱散幻象的关键。

佛教哲学家龙树(盛年大约在公元150—200)是运用悖论最重要的践行者。他无疑可以被称作印度的苏格拉底,因为在哲学史上,他是极其聪明的"辩证法家"。无论是在婆罗门教还是在佛教中,都存在强有力的思想潮流,他们喜欢分析,对日常自我的幻象进行敏锐的理智诊断。佛自身也强烈怀疑这种理智路径。他最为著名的诘问可以举例如下,"若房子着火,明智的做法是谈论火的本性吗?不是,明智的做法是把火扑灭。"[①]

龙树用理智来反对理智。比如,他论证道,任何证明都需要其他证明来支持,因此会陷入无法证明的无限倒退。他阐述的理论,20世纪的哲学家会称之为"指称"问题和"虚无"的性质,它从看似简单的事实中辨别出某种深刻的意蕴,即语言中某些术语(比如"虚无")似乎并不指称任何东西。他也指出了某些同样令古希腊哲学家困惑的运动问题,当然,这部分是因为类似的语言语法。龙树的某些论证与巴门尼德和芝诺的论证类似。("运动属于正被移动的某物,这怎么

[①] 出自 *Majjhima-Nikaya*, 转引自 Stephen H. Phillip in *Classical Indian Metaphysics* (La Salle, Ill.: Open Court, 1995).

能够发生呢？"①）

通过指出知识分子的各种不同立场的荒谬性，龙树为直抵纯粹（但并非无知）的经验扫清了道路。通过强调佛教的践行而不是理智的理解，他表达有关佛的真正启示。无独有偶，他也认为自己的聪明是智慧的显现，是佛基本的"圆满"，是菩萨的标志，他也因此自认为是佛教的圣人。

尽管龙树费尽心思阻止理智思辨，但是，佛教的逻辑学在随后的世纪里变得日益丰富。在接下来的上千年是属于印度哲学的世纪，其中充满辩论、精彩绝伦。特别是，正理（逻辑）传统成了许多婆罗门教徒和怀疑论者"幻论"的很有影响的抗衡力量。正理派拒斥日常世界是个幻象这样的观念。因此，他们对绝大多数印度教教徒具有的神秘主义和宗教倾向表示怀疑。这些怀疑在佛教和婆罗门教中导致持续17个世纪的争论。在第二部分中，我们将对它们的某些结果加以考察。

---

① *Majjhima-Nikaya*, translated by Phillips. Op. cit.

第二部分
神与哲学家：宗教哲学与中世纪哲学

哲学与宗教的关系，向来紧密又微妙。在极其狭隘的意义上，我们或许可以说，宗教先于哲学数千年，也就是说，人们认为哲学本质上是批判的、自然的，而宗教只是对超自然的信仰。然而，事实上，宗教信仰很可能总是萦绕着怀疑和争论，哲学却几乎总有对世界更大方面的观照。这些方面即便不是超自然的，也肯定是超越人类的。哲学与科学在某些时期紧密相连，这也促进了哲学与宗教之间的尖锐对立，但是，值得注意的是，许多伟大的科学家和数学家，比如毕达哥拉斯和牛顿，拒不接受这种对立。

哲学与宗教之间的差别常常体现为理性与信仰之间的区分，但是只要稍加考察，这种区分就会瓦解。在中世纪多数时期，逻辑的历史都是由神学问题触发，并且常常建立在神学问题基础之上，因为它们虽然关涉信仰问题，却要求极其准确地运用我们的理性能力。许多伟大哲学家都曾努力使理性与信仰结合，表明或者信仰是或可以是理性的，或者至少理性与信仰可以共同发挥作用，给予我们更具启示意义的世界图景。

正如理性与信仰的区分，哲学与宗教之间的区分也是非常西方的概念。印度思想，无论是神话学还是极其精致复杂的逻辑，都没有这样的区分，几乎从未提到如此狭隘的理性概念或信仰概念。印度的神秘主义者（比如龙树）是世界上最敏锐的逻辑学家。儒教和道教尽管常常被列为世界上的伟大宗教，但从来都没有像西方宗教那样谈论过信仰（相反，它们谈论的是"和"）。在绝大多数文化中，通过理性反思问题与基于信仰或权威接受学说之间，并没有可以容易辨别的所谓尖锐差异。在人们本着传统谈论和思考的地方，批判性的探究就不会得到鼓励，而只会提倡群体参与和协同一致。在这些地方，不会有因极端个人主义的困境和选择，因此也不会最终产生诸如"信仰的跳跃"这样的西方观念。

在我们进入三大"西方"宗教之前（迄今为止，这三大宗教被认为是在"东方"创立的），我们无疑应当谈谈宗教哲学以及其他某些伟大的宗教。从公元4世纪基督教在罗马的合法化到现代开端之际"新科学"的成功，犹太教、基督教和伊斯兰教规定和定义了大量西方哲学术语，甚至包括当代形而上学的许多术语。但是，其他宗教也在世界思想史中留下了自己的痕迹。从西方视角内部来看，很容易认为西方哲学的宗教维度和形而上学维度是理所当然的，并且会否认或无视世界（以及国内）其他地方极为不同的哲学和宗教传统。

与中东的三大宗教相比，其他宗教传统，比如亚洲的宗教传统，有完全不同的关切。古代中国和古代印度的哲学世界观，尽管也进入主要世界"宗教"之列，却从不关注人与一神的关系。（各种不同的"神"和神圣形象不应直接等同于西方一神论的上帝概念。）因此，占主导地位的犹太教—基督教—伊斯兰教的启示问题，它们并不关心，尽管许多亚洲思想传统（尤其是佛教和儒教）也有基本文献或经文。人们可能会说，东方思想传统倾向于关切的内容与希腊人和罗马人类似，即在世界上生活的适当方式。但是，早已引入的世俗与神圣之间的区分，是西方的思维方式，不是东方的四维方式。比如，在儒教中，天与地的区分尽管是主题，但不是极为不同的存在秩序之间的二分；宗教与日常伦理的区分即使存在，也不会明言。因此，我们从关于宗教的普遍本性以及亚洲的某些著名宗教的评介开始。

宗教与灵性：三个哲学主题

我们不妨大胆地进行概括：世界宗教及哲学有三大共同的核心主题，但这并不意味着三大核心主题在所有传统中都得到了相同的处理。我们甚至很难说，这些主题在某个传统中得到了同样的处理。第一个主题无疑是前历史的、原始的，即我们与其他存在者共有世界。在所谓"原始"的宗教中，这些存在者可能是我们周围的熟悉生物，得到了我们的仔细观察，甚至出现在我们的创造性叙述中。它们可能是当地的动物，鸟、蛇和蜘蛛，或者是附近易于辨别形状的山，可能是当地植物和树木的营养或者治疗能力。比如，蟒蛇在澳大利亚土著的神话中是人类的创造者。古埃及人把神的地位赋予猫。印度人认为当地的所有生物都有神性，从最为熟悉的母牛到较为奇异的猴子。他们还认为存在大量的神，其中许多就在日常生活世界之中，而不应认为具有"非世俗性"。

这些其他的存在者可能是难以置信的神话生物，或是自然力量的人格化，或是大地"母亲"本身。信仰始于同感，这是基本（但并非唯一）的人类特征：我们认识到他人身上有我们在自己那里辨认出来的情感和思想，或者把自己那里有的情感和思想投射到他人身上。当然，到底是认识还是投射，这可能是富有争议的问题，无论是通常我们把情感和思想归于彼此，还是把情感和思想赋予诸如猫狗之类的动物。不过，随同感而来的，是同样重要的理解其他存在者的自然倾向。某些无趣的哲学家和科学家可能坚持认为，这类同感只对于他人才是正当的。但事实是，在绝大多数人和哲学家看来，世界充满了富有生气的居住者。

这些其他的居住者可能是奥林匹斯山上的诸神——这些神圣却不可见的邻居，有窥探的眼睛和耳朵，以及我们非常熟悉的侵扰倾向。又或者，如果我们把自己的存在归于一个单一的、无所不包的、超越的上帝，那或许就只有一个重要的非人居住者，焦点也就完全集中在这方面。这个超越的世界（以及这个世界）可能居住着天使、魔鬼、缪斯和各种精灵。事实上，在每个传统中，我们都以某种方式与祖先共有这个世界。无论是想象他们在天上注视着我们，还是如巴布亚新几内亚的卡鲁里人那样，认为祖先就在我们周围，像鸟儿那样对着我们歌唱，都难以否认这样的观念：我们并不孤单，我们总是被前人监护，得到他们关心。在许多非洲文化中，祖先被认为是可感知的存在。在儒教那里，祖先继续存在的重要性是这个世俗宗教的核心主题。祖先的在场丰富了我们自己的存在，并为我们提供过好的生活的智慧。

第二个主题，用西方的术语来说，就是正义，即世界受我们以及我们的努力的影响，反过来我们也有所期待。在很多文化中，祖先的存在就足以确立公平交换的传统，比如欠债还钱、杀人偿命。实际上，在古代斯堪的纳维亚的传说和古希腊的神话中，这样的关系和预期甚至存在于诸神之中。在犹太教—基督教—伊斯兰教的传统中，全能、慈爱且时而愤怒的上帝确保了正义。在印度教中，正义体现在因果报应之中，简而言之，万事皆有报应，善有善报，恶有恶报，不是不报，时候未到。当然，这种对正义的关切在于报应的谨慎态度，这要么因为诸神是善变的或在"考验"我们，要么因为从更大的框架来看，我们的行动和个体生命意义甚微，甚至毫无意义。不过，绝大多数宗教必须从这种对正义的原始信仰来加以考察。

相应地，正义的主题意味着要求某种社会秩序。每种宗教，无论多么非世俗，都有其世俗性，在其信徒的生活中有世俗的、政治的对应物。埃及的法老，以及自那时起的绝大多数皇室，都声称有神圣的统治权。希伯来人与他们的神之间的主要关联是律法，他们和后来的穆斯林类似，根据神的意志来安排日常生活的方方面面。基督说，"让凯撒的归凯撒"，但是，基督教几乎从未拒绝承担凯撒的角色，而且宣称自身就是国教。道教徒通常无视政治权威（这本身就是政治立场），但是在儒教那里，恰当的政治秩序不仅仅是表面现象，相反，这向来是其核心。

易言之，每种宗教都有其更愿意认可的政治秩序，但我们会说，有些政治秩序要优于另外某些政治秩序。比如，若认为基督时代法利赛人与撒都该人之间的紧张关系没有政治色彩，那就太天真了。希腊人袭击特洛伊，只是拿（复杂的）诸神庇佑当作借口。希伯来人显然是在利用他们的选民身份来为我们今天称之为入侵和屠杀的行为辩护，基督徒和穆斯林也是如此，最为典型的是八次"十字军东征"，从11世纪持续到13世纪。但是，尽管有必要认识到，这些政治议程处于对精神问题的非世俗的讨论，但同样重要的是，不必把这些讨论看得太重，试图充分搞清楚宗教哲学观念本身的力量。对于那些掌权者显然不利的是，有人坚持主张平等的观念，即在上帝眼中或律法面前，人人平等。这个观念在犹太教以及后来的基督教和伊斯兰教中至为重要。实际上，它意味着西方正义理想的核心。

另外的极端是印度的种姓制度，它首先是宗教概念，而不是社会或政治概念，它援用因果报应法则说明，我们每个人生来就处在生活的恰当位置，无论富裕还是穷困、幸运还是不幸、健康还是疾病或残疾。甚至是否生而（或再生）为人，这也是因果报应的问题。正是针对印度教这种严厉的、不容置疑的"自然"不平等，佛教徒和耆那教徒起而反抗，提倡一种无所不包的平等主义。（比如，耆那教徒坚持认为有感知的存在者都拥有平等的生命权，甚至连蚊子也不愿意拍死。）同样，早期基督徒也是藉此反抗傲慢的法利赛人和罗马的贵族等级制，尽管他们在建立自己的教派之后很快也采用了类似的等级制。孔子并没有对所处社会的等级组织表示异议，但是他也申论所有人在天道面前的平等。[①]

第三个也是最后的主题，实际上是所有宗教都信奉的，即个人本质在死后继续存在的可能性，或许也可以说，再生的可能性。比如，苏格拉底显然认可这种可能性，尽管它在古希腊宗教中的地位稍微有些可疑。某些古希伯来人以及实质上所有的基督徒、穆斯林和印度教教徒都相信灵魂在生物性身体死亡后会以某种形式继续存在。然而，没有富有生气的身体，个人自我的观念似乎极为抽象，持续存在的本性和媒介就成了值得思索的问题。从古埃及人到当代的基督徒，这种充满希望的思索激发了大量的精巧理论。埃及人保存原样的身体，以

---

① 不过需要说明的是，我们的平等和不平等观念在用于谈论中国时，含义会发生转变，因为儒教传统所塑造的人类社会，是基于家庭而不是以契约为基础的文明单位。

及相应的装饰、用具和娱乐，期待死者某天重返人间。尼日利亚的约鲁巴人相信，人的人格像身体那样，是三个灵魂的结合体。在来世，人格作为祖先的精神继续存在；但是与此同时，人格也会在活着的后代子孙那里重现（他们的身体特征常常与返回的祖先相像）。基督徒对持续存在的本性有漫长的思索，身体复活的学说表明，甚至在死后，不朽的灵魂都很适当地居于身体之中。

然而，有些传统并不坚持独特的人类灵魂的连续性。卡鲁里人相信，死者的精神会再生为鸟。印度人则像许多民族一样相信，灵魂会以各种不同的形式再生，或再生为人，或再生为动物。因此，转世就引发出各种迷人问题，比如，灵魂或精神的本性以及它持续存在的可能性。人的灵魂、自我或本质是什么？它在死后还会继续存在吗？它会进入其他存在者吗？我们当作自我的东西有多少能在这样的转化之中幸存下来？如果再生为蝴蝶、母牛甚至具有不同种族、性别和文化的孩子，这个人在何种意义上仍然存在？甚至，我们是在何种意义上说人在自己孙子的基因和记忆中继续存在？但是，绝大多数犹太人并不需要处理这些问题，他们认为在基因和记忆中持续存在就够了。

本质保持连续性的生命观念还可以有另外的形式。比如，佛教徒相信个体自我是幻象，因此，问题只能当作困惑提出来。我们不仅无法作为个体继续存在，我们现在甚至也不是作为个体存在。在死亡的时刻，我们不再有个体性的幻象，因此回到我们原初的虚无。此外，许多传统并不认为持续存在是福佑。对于基督徒而言，地狱中的永恒很难说是幸福的前景，而对于佛教徒、耆那教徒和印度教教徒而言，圆满的死亡使人从宗教宣称的轮回中解脱出来，而不是导致永恒存在。尽管如此，对于尼安德特人和世故的现代人而言，难以令人相信，我们熟知的自我，无论是我们自己的还是他人的，会在死亡时完全消失。我们也很难想象，自我并不存在，这在许多传统中会使人们断言，想象我们的自我持存比不再存在更为合理（通常也更令人满意）。

然而，个人本质观念最重要的意蕴并不关心死后生命的可能性，而只关心生命中自我本质转变的可能性。这个转变的达成在不同宗教中有不同方式，或者是救赎，或者是开悟，又或者是祈祷、诵经、冥思。通过各种不同的传统，我们确信，日常生活的自我并不必然是真实的自我。那个过分自私的自我，那个常常陷于自己的个人野心和利益的自我，事实上很可能是扭曲了的自我，受到了蒙骗的自我，既非唯一也难以与自身和平相处的自我。因此，苏格拉底通过哲学寻求自我的转变，耶稣通过受难寻求自我的转变，佛陀通过觉悟寻求自我的转变。对于某些宗教来说，生活本身的目的就是达成这样的转变。对于某些人而言，这样的转变发生在某个瞬间，比如圣保罗在前往大马士革的路上皈依。对于其他人而言，它可能需要一生的仪式和实践，比如西藏的僧人，他们的自律堪称传奇。但对于另外某些人而言，真正的自我无法完全融入群体，包括与自己的祖先相互融合。但是，宗教和哲学所指的自我并不一定就是日常生活中的自我，努力去发现或实现本质自我才是宗教以及哲学的核心目标。

有人可能将这三个主题及其各种变种相互糅合并称之为"灵性"，尽管这个术语常常被某些宗教宣称为自己的发明。有时，这个术语只用于那些相信超越的神的人。其他人则把这个术语局限于表达某些特定的内在情感。还有些人认为，这个术语指的是宗教生活的不可简化的社会维度。然而事实是，思考精神的方式有很多，灵魂的概念有很多，而且我们与许多不可见的存在者共有这个世界。灵性或许涉及超越之物，但也可能不涉及。它也可能指的是独特、深层的社会秩序感。这由我们的祖先规定，并把他们的祝福赋予我们。这也是宗教（这本身就是过度教科书化的分类，易于把诸多不同的灵性世界同质化和过分组织化）。不过，还是让我们带着这种多面向的灵性观，转向非常具有灵性的亚洲哲学吧！

东方的智慧（1）：印度教、耆那教、佛教

印度的三大本土宗教（印度教、耆那教和佛教）有很多明显的相似之处，包括它们不同于西方一神教的显著形式。事实上，从比较的角度来看，最引人注目的是，南亚的宗教缺乏明显的严格性和教条性，至少它们关于神圣的概念是如此。特别是在印度教中，根本没有西方那样强制性的一神论。（"你不可有别的神。"）神的概念极为多样，且充满想象力，与西方三大宗教所具有的严肃性相比，东方关于神的概念极为有趣和不正经。不同的地区（有时候是不同的村庄）有自己

所偏爱的神。一般而言，佛教是没有神的宗教（尽管佛教充满了神性）。

不过，印度有复杂的一神教传统，尽管这个神的地位充满争议，并且不为绝大多数印度人所接受。从哲学文献来看，甚至在吠陀一神教中，比如，名为不二论吠檀多（Advaita Vedanta）的"幻术"派，神的身份都是极其可疑的；它根本就不是整个宗教赖以维系的教义。（实际上，甚至神也被证明为幻象。）正如我们在第一部分中主张的，印度教并不是由整套明确信条的宗教。它的内容相当多样、广泛，有哲学、民间神话、习俗、仪式和社会结构，其中许多都是基于吠陀经。有些吠檀多学者认为梵是唯一神，另一些学者又不这样认为。但是，尽管有漫长的论辩传统，印度教教徒的论辩多半没有什么说服力或竞争力。当然，这并不是要否认印度各教派的成员之间出现过相互残杀，世界上的绝大部分宗教都发生过这类残杀，但是，在伊斯兰教和欧洲人到来之前，印度教的诸多神话和哲学体系确实和平共处，而且常常与佛教、耆那教以及其他地方性宗教相互混杂、融合。

人们既可以夸大亚洲内部的宗教之间的相似性，也可以夸大西方（即小亚细亚和中东）宗教与东方（尤其是印度和远东）宗教之间的差异。比如，东方宗教并非全是神秘主义，尽管神秘主义确实在印度的三大宗教中有着重要地位。比如中国，神秘主义在道教中的地位非常小，在儒教中实际上没有任何地位。在印度哲学中，吠陀经仍是三大宗教的出发点，只是佛教和耆那教在根本上拒斥了印度教对吠陀经的解释，尤其拒斥了令人厌恶的种姓制度，而吠陀经对这个制度做了正当辩护。同样，佛教徒通常也拒斥梵和自我（我）的观念，而这两个观念恰恰是许多印度教思想的核心所在。

甚至在印度教和佛教内部，在这些问题上也存在很深的分歧。印度教中有极为多样的男神、女神，以及其他神和神圣之物，但是简单把印度教归结为多神论宗教（意思是说具有许多神的宗教）却是个错误。传统的印度神话都谈到这种观念，即在某种意义上，所有神都是一神（唯一主）的显现，而且某些吠檀多哲学家进一步阐述了这个主张，梵就是一神，即唯一实质性的存在。其他人（比如正理派）则试图证明神是某种创造者，这种论证与中世纪基督教哲学的某些著名论证很像（但要早得多）。佛教徒完全拒斥了神的观念，但是即使有，我们也发现存在大量分歧和异议。

所有这三大宗教都把生活的苦难（dukkha）和"解脱"观念（佛教中的 nirvana、印度教和耆那教中的 moksha）当作核心主题。不过，不同教派对于达到解脱的看法差异极大。在某些佛教团体或教派中，开悟需要多年高强度训练和克制。相比而言，在印度教的某些教派中，倒是建议"怎么都行"。我们注意到，这三大宗教都深切关心灵魂或自我的本性，但特别的是，它们都接受那种规定自我的特殊的因果关系形式，即因果报应，并且相信生命通过轮回转世继续存在，而因果报应在这种轮回转世中展现出它的结果。

然而，西方哲学和宗教对生活的苦难有专门强调，与印度哲学和宗教类似。既然生活是苦难的，我们就完全能够理解逃避生活的欲望。生命不只是单次性的，而是不断反复出现，这样的信念只能使解脱的需要变得更为紧迫和困难。尽管如此，他们强调的仍然是解脱，而不是苦难。

佛教"四圣谛"的第一个是苦谛，但是，佛陀喜欢展示的形象是平静，甚至是雀跃。耆那教徒则致力于尽可能阻止苦难。在印度教中，因果报应哲学与种姓制度残酷的结合强化了苦难的盛行，但是，常常被低估的是喜悦、欣喜和快乐在印度哲学中的地位。特别是，印度教把世界看作游戏场所，诸神的欢快形象也证实了这个看法。神秘经验显然是根据欣喜来描绘的，而佛教的宁静也决不可以简单地理解为消极的"逃避"。实际上，如果说印度人对苦难的容忍有时超出了基督教徒的想象，我们也可以说，印度哲学和宗教的游戏性对于他们也会显得有些陌生。哲学和宗教并不一定就是"严肃"的事业，哪怕人的灵魂处于危险之中。

如果允许我们简化宗教信仰这张极其丰富的挂毯，那我们最好从印度教开始，进而追踪佛教徒和耆那教徒对具体的吠檀多的反应。由此呈现的相似和差异关涉到如下四个主要问题：（1）自我、灵魂（atman, jiva, anatman）问题；（2）至善及其与神、梵、唯一者的关系问题；（3）因果报应和苦难问题；（4）解脱（以及解脱经验）问题。

关于第一个问题，人们有重要的共识：个体有形的自我并不是终极的自我，即不是我们所谓的"灵魂"。不过，尽管绝大多数吠檀多哲学家会主张真正的自我是梵，某种超越个人的无所不包的自我，把我们所有人都包括在内，但是耆那教徒仍然坚持认为，真正的自我是个体性的，而佛教徒则完全拒斥自我这个观念，代之以无我。即便如此，至少某些印度哲学家（加尔瓦卡派）仍然持明确的唯物主义立场，坚决主张自我无非是个体的有形自我，它是某种自然组织，会死去，会消失，而这正是自我的终结。

对至善问题的回答，取决于我们对自我的理解。在吠檀多中，至善就是自我认识——即承认自己是 atman（大我）。个体存在（jiva，个我）与更大的自我即我们所有人的生存原则（atman）之间，存在重要区别。个我通常被翻译为"灵魂"，但是在吠檀多内部，关于个我是否必定依赖于特定的生命体、是否在人死后还继续存在，仍有大量分歧。通常，自我只被当作物理特征的具体聚集，即独特个体的记忆、思想、活动和情感。只要人死去，个我就不再存在。无论如何，个我都不应被解释为"真实"的自我，即持存的自我。它属于大我。因此，至善是自我认识，这不是指个体自我，而是指更大的无所不包的自我，即大我。大我并不是与众不同的个体。大我是不朽的、非个人的。然而，个我与大我在活生生的人那里是紧密相联的，至少在死之前是如此。

在死之后，大我仍是不灭的。它仍是生命的原则，不断显现在其他存在者之中。更为困难和更富争议的问题是，个我，即那个独特的个体怎么了。尽管印度的唯物主义者认为死亡就是个我的终结，但是印度教教徒（包括绝大多数吠檀多学者）相信，个体会继续存在，最终会在另一个人那里重生，当然，这另一个人可能处于不同的种姓，甚至可能变为不同物种。这种转生的关键既不是个我（它仍保持着独特的个体性），也不是大我（它显然仍是普遍的），而是因果报应，我们可以把它看作人生前所作所为的"残余"。因果报应才是重生和轮回转世的关键。

在吠檀多中，认识到自己属于大我，同时就认识到自己的真正自我是梵。个体的人实际上只是唯一者的某个方面，是无限多的转瞬即逝的显现中的某个方面。但是，这个核心信念为解释留下了足够的空间，比如，梵被当作创造了那些显现的神，还是被等同于这些显现，又或者它与这些显现截然不同。相应地，这引起了极为不同的个体概念和实在概念。比如，不二论吠檀多既可以被看作一神论，又可以被看作无神论，因为它提倡献身于神，为的是激发"一切皆幻象（maya），包括神"的神秘意识。因此，至善就是"看透"日常的欲望世界，明白它是幻象，并认识到精神性的自我意识（bhakti）才是生命的实现。不过，正理派认可世界的真实性，并认为神是非个人的形而上学原则，与亚里士多德的"第一推动者"没什么不同。倘若如此，至善并不需要拒斥世界，也不需要任何个人性的神圣参与。加尔瓦卡派则摒弃了灵魂和来世观念，同时也摒弃了神。因此，他们认为人应该尽可能摆脱生活。

印度教教徒、佛教徒和耆那教徒全都接受某种形式的通过重生使生命延续的观点，而且他们全都对个体的有形自我和有形世界的终极实在性表示怀疑。不过，他们关于自我本性的不同观点使他们具有不同的至善概念。绝大多数印度教教徒相信，重要的不在于把自己看作更大的整体即梵的某个部分，而是要与之等同。因此，他们所谓的至善，就是认识这个更大的自我（无论梵是不是神），拒斥个体自我这个"幻象"。相比之下，佛教徒拒斥任何关于自我的观念，包括大我或梵。因此，他们把解脱看作自我的灭绝，而不是把自我等同于某个更大的东西。许多佛教徒仍有唯一者的观念，但这是完全非个人的唯一者，即不是大我（anatman）。[1] 然而，耆那教徒坚持相信个体自我或灵魂的存在，不仅人有灵魂，而且每个生命存在者都有灵魂。他们之所以如此极端地尊重所有生命，原因就在于此。（他们也类似于许多印度教教徒，相信人的灵魂会在动物中重生。）根据耆那教徒的说法，人死去得到解脱之后，灵魂会飞升，用某位著名的注疏家的话说就是"像气球那样飞升"。

这就把我们带向了最后两个问题，即因果报应和解脱。因果报应是印度哲学中最广为人知、也最常遭到误解的概念。它是三大宗教的核心，但是它的起源在吠陀经中。印度教、佛教和耆那教在西方常常被理解为顺从的宗教，即极少强调行动和"善功"。事实上，行为问题以及各种仪式和实践是三大宗教的核心，尽管最重要的行为是无为——即不要伤害他人，这尤其体现在佛教和耆那教之中。某些耆那教徒甚至渴望不要呼吸（或者戴着面具），以免无意中杀死了空气里的昆虫。但尤其是在印度教中，个人在此生做的所有行为在来世都会得到奖惩。不过，这个"来世"并不是天堂和地狱（尽管这样的观念

---

[1] 佛教僧侣对做大饼的人说："让我与万物合一。"

在印度教教徒的思想中并非完全没有），而是重生。每个行动都有结果，而所有行动的结果决定了个人的因果报应。有些因善行和恶行获得的奖赏和惩罚会显现于此生，甚至即刻得到报应。但是"恶的"因果报应不只是在此生展现它的不良影响，它也会改变人重生时进入的那个宇宙的因果网络。这样的话，个人不仅要遭受卑劣或较为低贱的生活之苦，而且轮回也会延长，在那里，生活的折磨和持续的重生本身就是受苦。

因果报应常被当作命运的某种形式来谈论（很像古风时期的希腊人和伟大的希腊剧作家所写的悲剧中的命运概念）。因果报应的概念最早可以追溯到《薄迦梵歌》，包括自由意志和责任的观念。不过，从印度人"超脱"的行事理想（即不利己、不关心自己）来看，这个概念极为复杂。因此，自由不能像在西方那样理解为不受束缚的个体行动。佛教在这个问题上与西方思想背道而驰，它特别关注的是"无私"（或"无意识"）的行动。

因果报应的教义包括以下这种信念：人可以通过有意对他人做出有德性的同情行动来影响因果报应。在印度教中，责任（dharma，佛法）规定了德性，并且特别有助于开悟的生活和解脱。西方人常常低估了印度社会对责任的强调，特别是对公民的主人和家庭的责任的强调。（这体现在下面这个神话中：天上智慧之主毕尔哈斯帕提［Brihaspati］向众神之王因陀罗发布了两套指令，一是好的统治，一是幸福的婚姻。）印度20世纪伟大领袖圣雄甘地（Mohatma Gandhi）的那套激进的解放哲学就是源自吠陀经的因果报应观念。然而，他的解放概念包括了整个社会。

印度教没有规定唯一的解脱之路，而正是在这个问题上，我们发现了最大的分歧和争议。对于某些理论家而言，尤其是正理派，解脱通过理解得以实现。相比之下，按照《瑜伽经》（*Yoga Sutras*），解脱的方式是灵修、冥思和神秘的顿悟。（这里所说的瑜伽是一种哲学，而不只是放松运动。）开悟和解脱源于某种极端形式的超然，即出神、完全无动于衷、心灵平静。在出自《奥义书》（其中最早的部分可以追溯至公元前800年）的印度思想中，解脱至少有部分与转变意识的修行紧密相联，这包括看待世界的不同方式、深刻的无我经验以及"深海经验"（samadhi），20世纪的圣人阿罗频多把这种形式的 bhakti

描述为"与神结合的完美体验"。

佛教是这三个古印度宗教中"最新"的宗教，特别值得注意的是它关于苦难、自我和解脱的详尽思考。乔达摩（Siddhartha Gautama），即佛陀，深切关心他所见的可怕苦难，因而坚持社会改革。他谴责种姓制度和过多的印度教祭司制度，认为它们是非人性的和破坏性的。然而，佛陀的基本哲学首要关注的是个人的内在转变，它通过对佛教四圣谛的洞见得以实现：

1. 众生皆苦。
2. 苦之根源在于私欲。
3. 私欲可根除。
4. 通过以下正确方式可根除私欲。

解脱或开悟的正确方式被称为佛教八正道，包括：正见、正思维、正语、正业、正命、正精进、正念、正定。佛教的目的是把人从虚幻的信念中解脱出来，这种虚幻的信念首先是自我，其次是随之而来的欲望和挫折、野心和失望、骄傲和耻辱，由此达到开悟，结束苦难，这种情形叫做涅槃（nirvana）。尽管涅槃显然是从否定自我中心的角度对苦难中止的描述，但是，它也可以更为积极地描述为欣喜，当然，这就容易把佛教的目标描述为类似于西方的"幸福"之类的东西。佛教的生命概念首要关注的是苦难及其解脱；而希腊人所谓的"幸福"与这样的佛教观念不同。

与绝大多数印度教教徒相比，佛教徒显然更相信所有生命的无常。实在无非是一连串瞬间存在；根本没有什么持存的实体。无常这个教义有助于解释我们处境的悲苦，如四圣谛所描述的那样。我们欲求的对象本身就是暂时性的，我们也永远无法得到（或保持）我们所欲求之物。但是，在我们认识到所欲求的东西只是瞬间的存在之前，我们总是会认真把它们当作目标，受这些目标的奴役，害人害己。

人们可能注意到犹太教—基督教—伊斯兰教传统中的相反倾向，即把宗教作为手段去获得想要的东西，无论现世还是来世。（"信上帝会让你幸福、更安全。""信仰会让你成功。""殉道会让你进入天堂乐园。""耶稣会让你拥有凯迪拉克！"）尽管如此，若由此认为亚洲宗教本质上是禁欲的宗教，那就错了。在印度教中，佛法和解脱只是四个自然的人类目标的两个而已：另两个分别是财富和其他物质利益（artha），以及快乐和情感的满足（kama）。尤其是在儒教中，希望的三大支柱是社会繁荣、子嗣兴旺和长命百岁。佛教徒也绝不回避物质享受，只是把这些虚幻的"需要"与解脱的欲求做了严格的区分。世俗欲望和精神需求的汇合并不是东西方之间的差异，实际上这种汇合是每种宗教内部迷人的裂纹，它常常被人们用"灵性"加以掩饰。

佛教徒说，就像万物持存的幻象，我们相信我们的自我具有实在性，这也是幻象。事实上，没有永久的自我或灵魂。人只是身体、情感、思想、性情和意识的暂时复合体。在这个复合体之外，没有什么基础性的实体，没有"自我"或灵魂。甚至也没有更大的永恒自我，即大我。没有大我，也没有自我，有的只是无我。认识到自我和所有欲望对象的暂时性，这是迈向洞见和终结痛苦的重要步伐。在犹太教—基督教—伊斯兰教的传统（以及某些希腊哲学）中，灵魂是基本的自我，问题只是应当追求什么样的欲望。（值得注意的是，斯多葛学派拒绝欲望本身，在这方面，他们与相距甚远的佛教徒极为相似——很可能他们曾受到东方佛教徒的启发。）

尽管所有佛教徒都共享某些基本信念，但是佛教已经发展出了很多不同的思想流派。而且，随着佛教在东亚和北亚的传播，它变得越来越多样化，这些地区不仅包括日本和中国（它在此与儒教和道教融合），而且还包括西藏、尼泊尔、印度尼西亚和印度支那。南方的佛教徒（主要是印度及其附近）与北方佛教徒（中国、西藏、尼泊尔、日本和韩国）在早期有过严重的分裂。南方佛教徒强调个人开悟、放弃所有个性品格并注重非个人的欣喜。他们相信开悟会在极度苦行和孤独的僧侣生活中实现，因此，这样的开悟只有十分有限的人能够做到。

相比之下，北方佛教徒坚持同情和尊重他人的首要性。他们要求每个人都必须摆脱苦难和精神上的无知，因此，那些已经开悟的人必须帮助那些或多或少还过着日常生活的人，帮助在寺院外面喧嚣的日常世界中生活的人。他们认为，佛陀已经心生欣喜，但仍出于同情留在他人身边。人应该以佛陀为榜样，这样才算是菩萨（bodhisattva）。菩萨在开悟之后，是不会进入涅槃状态的。相反，他们仍然活跃在世界各地，帮助他人分享自己的洞见，由此消除苦难。因此，同情是（北方）佛教徒的核心德性，如同它后来在犹太教—基督教中所具有的地位。

东方的智慧（2）：孔子和儒家

类似于佛陀，孔子也为人民和周遭社会所处的困境触动，不同的是，他并没有因此给出任何形式的哲学逃避或哲学超越，而是推进社会参与和人的提升。他的哲学主要集中于有益于共同体和谐的伦理行为和社会行为。在孔子思想中，"和"这个隐喻特别重要（正如在柏拉图那里的重要性），孔子常常用音乐的和谐来直接类比社会安宁和个人安康。明君、圣人会精心地把社会组织好。不过，社会的和谐取决于个人的德性。（我们在此又可以与柏拉图和亚里士多德进行比较。）因此，孔子的哲学主要是德性的箴言。

无论什么社会，唯一重要的德性就是好的统治者，好的统治者要求个人的发展，由此激发他臣民的德性。孔子对自我实现的推崇，应该在这个社会背景下加以理解。它不是个人的觉悟或个人的完善。它完全是社会关切，强调的重点永远是社会关系——首先是家庭关系。在孔子的思想中，社会作为整体就像扩展了的巨型家庭，甚至大到像中国这样庞大的社会。

不过，孔子的哲学涉及的也不全是社会思想。早在西方哲学对语言着迷之前很久，中国哲学家就已经认识到语言在规定我们观看世界的方式中具有明确的核心作用。当前苏格拉底时期的希腊人主要探寻的问题是："什么是实在？""为什么在者在而无反倒不在？"古代中国哲学家已经认识到语言在我们理解和影响世界的活动中的作用。古代中国人不会追问某物究竟是什么，他们问得更多的是："我们应如何称呼某物？"因为，我们正是通过语言定义和评价我们周围的世界，尤其是社会世界。比如，断言某个人"独立"（在英语世界）不只是描述了他的社会关系，而且是对这个人的称赞（在我们社会）。但是在中国，这样的独立观念完全无法理解。个人没有任何社会关系，或者不承认自己在许多方面依赖于他人和共同体，他就会被认为是"反社会的"，这是非常严重的批评。中西方的这种差异，不只是价值的差异，也是语言本性上的差异。按照孔子的说法，任何社会要成为美好的社会，"正名"是必不可少的。语词自身就含有理想，比如，称某人是"为政者"，这不只是在描述这个人在社会中的地位，也是在规定他应有的价值观和行动。易言之，事物应与它的名相称。孔子不只是说要注意使用语词，如我们今天所说的"广告要诚实"。他指的更是人在实践中要依理想行事，而这些理想就蕴藏在语言本性之中。谨慎使用语言是维护世界的主要方式。

强调个人品格和和谐社会背景中的德性，对于理解儒家而言极为重要，不过这也提供了与西方的重要关联。两个世纪之后，在希腊，亚里士多德也提出了相似的伦理概念，他认为个人德性是首要的，不过他预设了人在和谐运行的城邦中的角色。比如，希腊哲学和中国哲学赋予德性的首要性堪比犹太教赋予律法的首要性，但这显然不是说犹太教没有很强的德性概念，也不是说希腊哲学和中国哲学没有认识到法律的重要性。但是，这两种因强调重点不同而导致的看待社会和个人的不同见解值得注意，尤其是犹太教律法预设了全能上帝的存在，正是这个上帝制定并颁布了这些律法。希腊人和中国人都把伦理学的唯一目的看作促进和谐社会，更不用说外在的法官和立法者了。孔子确实提到了天的意志；但这通常被认为是在提醒人们，人虽然能够影响环境，但是他们无法控制环境，更无法确保自己成功还是失败。（在这方面，儒家又可以与希腊思想相互比较和对照，它们都强调人类在命运面前的脆弱性。）因此，儒家的最高成就是与社会和谐及宇宙"相互协调"，而不必去"控制"它们。

因此，儒家强调德性和自我实现，也必须根据其对社会和谐的价值来理解，而不是主要考虑其个人成就。相较而言，犹太教、基督教和伊斯兰教尽管更关注顺从上帝律法，但也更加个人化，更关注个体灵魂的安宁（基督教尤为如此）。在儒家那里，并没有西方意义上的那种原子化的"灵魂"，因为个人无法与他的社会角色和社会关系区别开来。孔子在说到"君子"时，他说的也不是个体，而是在称颂某种德性，社会藉此可以得到转变和变得和谐。

儒家的视角以人的经验为中心，而且它所理解的经验是涉身的经验，而不是抽象精神或无形灵魂所理解的经验。我们的身体本性在应对世界潮流方面，与较为理智的意识同等重要。有规律的身体锻炼，比如武术，被认为是通过引导呼吸节奏、清空心灵杂念和平衡情绪以达到精神上掌控自我的方式。就像其他的亚洲传统，在儒家思想中，心灵和身体是互补而非对立关系。事实上，身体锻炼被认为是增强心智能力和清空内心杂念的手段，人们由此变得更加敏锐。

儒家的核心德性，即把所有其他德性包括在内的德性，是仁，它可以被理解为"人道"或"慈悲"。这个观念包括仁爱和忠恕；有时，仁也被用来指称一般的"德性"。尽管孔子也认为仁内在于人，但他坚持主张人并非其所是，而是其所为。用亚里士多德的话来说，德性是现实的，而不只是潜在的。德性就是实现，它需要培养和发展。在孩子那里，仁是通过孝顺即尊敬父母的行为发展出来。作为年轻人，仁则体现为更加一般的尊老。因此，仁的重要体现是礼，即仪式。但是，礼不应被理解为重复的行为，只是空洞的仪式。仪式必须集中心力、发自肺腑，是身体动作与内心专注的真正统一。礼和乐尤为重要，因为它们不仅在身体和精神上把社会结合起来，而且提供了学习仁、践行仁、培养仁的仪式。乐和社会团结的结合，产生出引人注目的"和"。

因为仪式或礼涉及的不只是对典礼形式的外在尊奉，而且涉及个人对自身行为得体的敏感。儒家社会是精英社会，与柏拉图笔下的城邦非常相像，它所认可的是由文化定义的、有着强有力领导的等级秩序。因此，行为是否得体，主要由个人在社会中的位置决定，而具体个人的角色相应的支配和服从，则取决于他所受的教育及其在共同体中的位置。在许多情形中，年长者占据优势，因为他们（通常）被认为比年轻人更有智慧。不过，在军事活动中，年轻人则扮演了支配性的角色，因为他们在体力上要强于年长者。尽管如此，尊重仍是基本德性。就像亚里士多德笔下的德性，儒家德性涉及行为的分寸感，人应该在"中庸之道"里面寻求这样的分寸感。（亚里士多德同样是用把握两极之间的中道来描述这种德性。）

在有关儒家的以上概述中，我们没有谈及那些支配犹太教—基督教—伊斯兰教传统的问题，没有谈到信仰或启示，没有谈到上帝作为第一因或苦难治愈者，也没有谈到宇宙的创造或最终审判。不过，类似于西方的那些宗教，儒家也可以由系列的经典所定义——即孔子之前的经典文本（《诗》《书》《礼》《乐》《易》《春秋》，后者提供的是关于孔子的故国鲁国的历史记载）、儒家的四书（《论语》《孟子》

《大学》《中庸》），以及许多关于它们的注疏。但是，这些书没有被认为是神的启示。孔子既不是先知，也不是神。实际上，儒家没有论及宇宙论；无论是神还是孔子，都没有居于审判众人的位置。相反，人们要每天自己反省自己，反省自己在身处的社会中是否展现了仁。

孔子直接继承者并非全都对孔子哲学的得失轻重感到满意。墨子（公元前470?—前391?），大概出生于孔子逝世之际，他批判孔子，认为孔子为当时盛行的制度背书（只要它们能够从败坏中恢复过来）。相反，墨子主张从传统中接受过来的制度、仪式和文学本身是可反驳的，因为它们耗尽了共同体的资源和能量，保全的只是贵族对于社会中弱势群体的统治地位。墨子认为，仪式和典礼都是浪费，并不重要。用当代的术语来说，我们可以说墨家有点"功利主义"，是通过实际结果和"功利"的眼光看问题。墨子认为，美好社会的伦理理想只能通过兼爱来达成，对于这个主张，他的整个一生都在为此做诠释。

有些令人奇怪的是，墨家提倡兼爱，却建立了训练有素的军事组织。不过，我们只要认识到墨子及其学派反对战争，只是出于自卫目的才建立军事力量，这个显然的矛盾也就化解了。（无论当时还是现在，这个区分在实践中并不明显。）墨子是军事威慑理论的先驱。他相信，如果人们能够胸有成竹地展现实力，敌军的每步军事行动都能被击退，敌军就不会有动力发动战争。因此，墨家的军事行动主要是出于和平主义的目的。更加理想化的是，墨子认为兼爱可以保障和平。如果人们不再区分自己的国家和别人的国家，他们就永远不会有理由去攻击他国。类似于孔子，墨子对语言和逻辑非常有兴趣，因为人们如何思考和谈论领土或特定的土地决定了他们会对这块土地采取怎样的行动。比如，人们关于"中国"或"英国"的观念所意指和包括的东西，显然支配了他们的大量行为和态度。因此，中国人的社会利益和军事利益，就与对名称和命题的完整性的哲学兴趣相融合。

墨子非常务实地认识到，如果兼爱的理想背后还有奖惩措施，人们就更加愿意依据兼爱理想选择自己的行为。因此，他渲染民间智慧，说存在人格神。按照墨子的观点，兼爱就是神的意志；神会惩罚那些忤逆他意志的人。墨子也主张要有中央集权国家来执行兼爱的规范。根据墨子的说法，爱会纠正一切，但是，要想达到这一目的，武力不可避免。

儒家反对墨子的兼爱主张，认为人爱自己的父母甚于爱陌生人理所当然。出于实践的需要，孟子（约公元前372—约前289）认为，为了不使爱流于肤浅，应该承认爱有等差，承认个人对人类的爱是源于对自己家庭更强烈的爱。孟子主张人性本善，因此他在人能够仁慈地对待他人上持乐观态度。尽管孟子认为要使善在社会中实现，训练和承诺是必要的，但是他也认为，只要个人能承诺像圣人那样行为，就可以成为圣人，获得道德上的善。总之，每个人都有智慧和恻隐之心。

不过，儒家并不是全都赞同人性本善。荀子（约公元前298—约前230）的主张就恰好相反。根据他的观点，人性本恶，天生有追求个人利益和快乐的倾向。不过，幸运的是，人也有理，能够通过理在自身那里培养善。为了与孔子的学说保持一致，荀子强调对于他人尤其是家庭成员的礼仪行为和得体行为的重要性。因此，根据荀子的说法，道德并非基于天性；相反，它是人的理的发明，是针对我们较为自然的自私欲望，为了确保社会协作而构建起来的。

用较为现代的术语来说，荀子主张亲属关系和社会关系是某种社会建构，而不是基于自然天性。许多西方哲学家认为，"纯粹约定"意味着这种建构的随意性或微不足道，与此相反，荀子认为，人类关系是社会建构，这个事实表明了建构的重要性。因此，在关于文化和自然天性哪方面更具有优势的争论中，荀子站在文化这边反对自然天性。自然天性惟有通过培养才有价值。在这方面，荀子的立场与道家（中国哲学的第二大主要流派）的教义截然对立。

东方的智慧（3）：老子、庄子和道家

儒家和道家是中国思想和宗教的两大主要流派。然而，我们不要以为这两大传统两千多年来都在相互竞争。实际上，两者都对后来的中国思想有重要影响，特别是从宋朝（960—1279）的新儒家开始，他们表面上拒斥道家和佛教的影响，而事实上又从这两大传统中借鉴和吸收了很多思想。

尽管如此，这两大传统各自最卓越的圣人孔子和老子，对于个人与社会之间的正当关系有不同的看法，对于个人应追求的德性也有不

同的观念。类似于柏拉图，孔子在社会结构中定位个人活动。老子[①]（更像西方的卢梭）则根据自然天性来定位个人活动，并且在许多方面把自然天性与社会养成的习惯对立起来。

尽管老子其人是否真的存在、存在于何时仍然充满争议，但是，道家传统极可能在这位圣人之前就已存在。原始道家是某些避世隐居的人，他们发现社会中存在不良倾向，认为人应该保持内心的朴素状态，而不是全力去积累财富。从这个传统出发，老子承认社会和谐的可能性，但是他认为，这种和谐只有当圣人统治时才更有可能出现。更确切地说，统治者不应去进行统治，因为智慧的统治者会尽可能无为而治。在西方，也长期存在着圣人或圣贤传统，只是很大程度上被犹太教—基督教—伊斯兰教传统的先知和希腊的哲学家遮蔽了（比如在希腊，圣人传统在赫拉克利特生活的时代仍然存在）。先知是上帝的代言人，他们自己并没有智慧。希腊哲学家倒是有智慧，但凭借的是理性。然而，在道家看来，圣人传统非常重要，它由自然天性支配的"内在智慧"观念取代了西方的上帝之言或理性，以及儒家所申论的明君之言。

老子的哲学主要集中于获得智慧的方式，他认为这是使人的内在与自然节奏（宇宙之道）相互协调的过程。孔子强调社会。老子强调人类共同体的自然背景，以及个人顺应自己天性的自发行为。简朴、免于机巧，按照老子的说法，是通向智慧的道路。根据道家的观点，甚至"善"和"恶"这样的传统道德概念都是顺应"道"的生活的障碍。通常的情形是，越是严格理解这种观念，就越让人困惑，而不是令人明白，特别是，它们无法反应道的微妙变化。

根据老子的观点，最伟大的德性是顺应自然和无为。颇为反常的是，理想的统治者不进行统治。老子敏锐地意识到"做得太多"带来的危害，尤其是过多的政府政策和法律限制。同样，理想的教师不用去教。有

[①] 根据冯友兰的说法，"老子"的字面意思是"老莱子"。（见 Fung Yu-Lan, *A Short History of Chinese Philosophy*, ed. Derk Bodde, New York: The Free Press, 1948, p. 93.）历史上叫这个名字的人（可能是叫李聃的圣人），可能并不是我们所知的《老子》的作者，不过传统上仍把老子看作《老子》的作者（或作者群）。

德性的个人不会去宣扬自己。通过避免不必要的奴隶，明智的个人"顺应自然"，自觉按照自然行事，像是在自然之中而感觉不到自己。这样的个体善于接纳，由此使得宇宙之道贯穿自己。这样，人就体现了德，即自身的自然力量。（归于老子名下的《老子》，也称为《道德经》，字面意思为"道路与力量之书"。）

根据道家的观点，自然和人性相互作用、彼此交织。在道家那里，根本没有在西方哲学中占有巨大地位的自然与文化、自然与教化之间的斗争。人的方方面面与不断变化的世界的方方面面相互关联，根本上说，人是周遭世界的不可分开的部分，而不是独立的存在者，他要么与自然为敌，要么顺从自然。所谓智慧，就是认识到这种与自然的统一，按照世界的节奏即道来生活。

道的节奏是某种螺旋式循环，任何特定时间中显现的境况都将让位于另一种境况，最终又会回到原来的境况。（"永恒轮回"的循环观念也是古风时期希腊思想的重要部分，但是在西方哲学开端之际就已不再盛行。）根据道家的观点，只要达到极端处境（无论是财富、权力还是灾难），就会出现逆转。比如，过于贪婪地追求自己欲望的满足，会不可避免地导致努力白费。因此，个人要活得好，就应避免行事过度，不要设定超出自己应得的目标。

生和死不过是表达这种节奏的说明性概念，因此两者都不应加以过分强调。尽管如此，道家仍在这两者应强调哪方面这个问题上存在分歧。哲学的道家强调要像对待所有自然事件那样平静地对待死亡，而宗教的道家（那些把道家哲学用于修行的人）则试图利用对自然的洞见延长自己的生命。

变化或流变是存在的自然现象，道家的这个观点与许多希腊哲学的基础性前提——真正的实在不会变化——相龃龉。然而，在流变中，特殊的结构有重要意义。在道家看来，《易经》（儒家和道家都将之视为自己的传统经典）指示出实在的更大流变之中可理解的变化瞬间。

道家强调流变，犹太教—基督教—伊斯兰教传统强调永恒观念，因为任何事物都是神圣的，人们可以把两者进行对照。道家没有永恒概念，在这个意义上，道家的基本模式永远是临时性的、独一无二的（就像木头上的纹理）。事实上，道有时被描述为"常"，但它不同于"永恒"和"不变"。道家认为人是精神性的，但他是自然的部分，并在时间中流动。相比而言，在犹太教—基督教—伊斯兰教传统中，人总是被认为是神圣的，因为他不是自然的部分，并且在时间之外（新约中有个地方说到，"在世界之中却不是世界的部分"）。特别是，基督教的灵魂，是存在于我们之中的完整永恒。而道家的灵魂更像是溪流中的水。

道家对循环变化的兴趣反映在阴和阳这对互补概念上，它们的字面意思分别为"阴面"与"阳面"，它们可以用于描述变化中的所有对立面。不足（阴）让位于充足（阳），然后就会过度，紧接着就是衰颓，再次陷入不足。对于中国思想家而言（这个主要是农业社会的绝大多数中国人也是如此），消长变化模式的重要性显而易见，最终，阴阳互补成了贯穿中国哲学的标准概念和典型智慧。

老子并不是早期道家唯一重要的圣人。孟子的同时代人庄子（公元前4世纪），或许也是与老子同样重要的人物，如果我们把历史上的老子与以其名字作为标题的作品的影响区分开来。（《庄子》可能并非全由庄子撰写；后来编纂了这部著作的学者似乎把庄子后学写的作品也包括了进去。）庄子是无政府主义者，对所有政府都持怀疑态度。在庄子看来，政府是人获得幸福的障碍，人的幸福取决于个人自发表达内在本性的自由。

通过对幸福之障碍的奋力抨击，庄子提出了与斯多葛学派（他们很快就出现在罗马世界）的学说极为相像的宿命论。特别是，庄子主张，许多有碍于我们获得幸福的情绪可以通过理解自然之道得以消解。比如，人若认识到死是道之循环运动的一个部分，对爱人的死带来的痛苦就会减轻甚至消除。类似于斯多葛学派，庄子认为，人的脆弱在于对外物的依赖和不合理的期待：所谓智慧，就是尽量减少这种依赖和期待。

斯多葛学派通过提升自己的区别意识来获得宁静，比如区分什么是人能影响的东西，什么是人无能为力的东西。相比之下，庄子认为最高的幸福只有通过超越这些区别才能获得。克服区别的首要步骤是认识到所有观点的片面性和相对性。如果人确实认识到自己观点的有限性，就不会为了维护它而反对其他人的观点。最终，他就不会去认同任何有限的观点。相反，他只会认同道。根本上来说，圣人"忘记"了自我与道之间的区别。在这种神秘的境况下，圣人体验到时空上显著的普遍性（类似于印度的"开悟"）。圣人的个体自我或许会死去，但他所认同的道会永生。

波斯的内心深处：琐罗亚斯德教

从历史来看，西方三大传统的具体关注通过它们共有的历史相互联系，这段历史贯穿古代世界及其伟大文明，巴比伦和埃及、希腊和罗马。不过，西方一神论的开创性版本出现在波斯，由琐罗亚斯德教的哲学发展出来。从哲学来看，琐罗亚斯德教之所以具有特别的意义，在于它最早处理那些与唯一、全能的创造者上帝概念相联系的哲学问题。

在伊斯兰教产生之前很久，查拉图斯特拉（Zarathustra）或琐罗亚斯德（Zoroaster，约公元前628—约前551）就已是波斯的先知和主要宗教传统的创建者。查拉图斯特拉的同时代人崇拜两类神，分别为德瓦（deva）和阿胡拉（ahura），相反，他谴责对德瓦的崇拜，致力于崇拜一神阿胡拉，即阿胡拉·马兹达（Ahura Mazda）。查拉图斯特拉也相信正是这个一神创造了世界。

由于献身于唯一神，查拉图斯特拉在传统上被视为一神论者。尽管如此，查拉图斯特拉仍然承认低等神的实在性，认为它们由阿胡拉·马兹达创造出来并与之共存。这些低等神与自然的具体方面相互联系，琐罗亚斯德教教徒（查拉图斯特拉的追随者）在崇拜这些神时习惯于崇拜自然的相应方面。当然，这种自然崇拜是最古老的宗教，大约在同时期的希腊宗教和中东地区的其他宗教中，自然崇拜也很明显。它常常与神人同形同性论宗教或更为抽象的灵性宗教共存。琐罗亚斯德教也是如此。琐罗亚斯德教教徒虽然把阿胡拉·马兹达视为至高神，但他们也把对火（以及作为火之造物的太阳）的崇拜当作义务。正因此，琐罗亚斯德教教徒有时被称作"拜火教者"。

一神论和多神论、自然主义和超自然主义之间的这种妥协，预示了很多复杂问题，正是这些问题激发了大量的犹太教、基督教和伊斯兰教的神学。首要的问题是一神与创造之间的关系问题。神创造了独立于自身的世界吗？或者说，世界也应被认为是神圣的吗？对于琐罗亚斯德教教徒而言，众低等神提供了直接的答案，因为这些神即依附于一神，又是自然的组成部分。

这种仍显粗糙的等级制，构成了后来许多哲学思想的基础——尤其是新柏拉图主义的"流溢"说，它认为上帝以不同等级的实在存在于万物之中。有时，这个问题也会以极为抽象的准毕达哥拉斯式术语表述出来：如何从神圣的统一中产生多样性、从一产生多？用更为具体和个人化的术语来说，创造本身的性质或许呈现了西方传统最令人困惑的形而上学问题。上帝在创造宇宙之前在做什么？上帝如何创造宇宙？他为何要这样做？特别是，他为何要"按照自己的样子"创造人？他在创造了人之后与他们还有什么样的关系？

查拉图斯特拉利用创造物中低等神的作用来帮助解决遗留给后来西方宗教传统的核心问题。这就是恶的问题，既然善的、全能的上帝创造了这个世界，恶如何还能存在？以及，理性如何解决这个困境的问题。查拉图斯特拉解释道，恶是两对不同神之间斗争的结果，其中一方是阿胡拉·马兹达创造的神。它们一方是善的；另一方是恶的、破坏性的。世界就是双方之间善恶斗争的显现。

查拉图斯特拉用现在我们熟悉的论证回答了恶的问题，即人有自由的道德选择，通过选择使自身这一方或那一方的神相互一致，即与善的神或恶的神一致。作为宗教，琐罗亚斯德教引导信徒并鼓励他们在所有思想、言行中献身于善的神。查拉图斯特拉承诺，这种结盟是有回报的，这样他就引入了另一个对后来的传统有巨大吸引力的学说：琐罗亚斯德教教义向我们保证，在世界终结之际，查拉图斯特拉会引导那些与善的神结盟的人过上受到永恒祝福的生活。易言之，善的一方最终会获得胜利。

从雅典到耶路撒冷：犹太教、基督教和伊斯兰教

西方世界的二大宗教，犹太教、基督教和伊斯兰教，可以被认为是一个大家庭。它们全都产生于中东同一个地区，而且全都以耶路撒冷这个城市为中心。它们全都宣称亚伯拉罕（Abraham）是它们共同的祖先。最为重要的是，它们都是彻底的一神教，信仰一神。基督教

直接发源于犹太教，并且把希伯来的圣经当作"旧"约融合进来。伊斯兰教承认犹太教和基督教都是自己的先驱，并且接受希伯来的先知和耶稣（Jesus）作为穆罕默德（Muhammad）的前辈。

从哲学来看，这三大宗教有许多共同的关注点，这不只是因为它们都是一神教并且有重叠的历史。从历史来看，重要的是要理解，某种关于唯一的、全能的神的观念是多么具有革命性，在哲学上具有压倒性。从哲学来看，唯一、全能的神的观念意味着普遍性，这套规则和信仰不只应用于这个或那个地区和城邦，而且应用于所有地区、所有人。

古埃及的法老为了捍卫一神的观念，得承受巨大压力。在公元前14世纪，阿蒙霍特普四世（Amenhotep IV）因崇拜太阳神阿吞（Aton），不得不改名为"埃赫那吞"（Akhenaton）。目前还不清楚，古希伯来人是什么时候有了较为持续的一神观念，不过非常清楚的是，这种观念出现之前，他们也承认多个彼此竞争的男神、女神，某个神后来成了他们所偏爱的神，反过来，这个神也使他们成为他①的"选民"。在阿克荷纳托和古希伯来人之前，绝大多数社会承认多个男神和女神。每个城市都有其所钟爱的神，尽管神本身常常是不可预知和不友善的，哪怕对自己的信徒也是如此。而且，他们彼此之间常常很无情，尤其是对于自己的死敌。诸神很严苛，献祭，包括人祭，实际上是中东地区每种宗教的常规活动。（在某种程度上，亚伯拉罕和以撒的故事是希伯来人如下创新的基础：神不要求人祭，人祭应该用动物献祭代替。）②

正如不同社会因贸易、作战和其他活动相互融合，对于不同的男神女神的承认、认同和观念也发生了融合。尽管如此，宗教多元论和多神论仍保留了极大的多样性。然而，一神论要求信仰和观念的融合。

---

① 我们在指称神时，完全意识到围绕这个男性化的"他"而产生的问题，在犹太教、基督教和伊斯兰教之前的那些宗教，即它们所反抗的那些宗教，形式上确实是以女性为中心的。但是，在我们用传统概念来谈论这些宗教时，我们会采用男性化的语言。

② 正是因为有希伯来人痛恨孩童献祭这个背景，人们才能理解耶稣被自己父亲献祭的震撼性。

许多世纪以来，人们一致认为，神有许多（甚至"无限多"）名称，或许还像印度的神那样，也有需多显现方式。但是，或多或少，由于达成唯一指称的共识逻辑，这迫使人们在如何称呼一神这个问题上产生了分歧（尤其是，古希伯来人有时认为这个唯一神根本就不应用名字来称呼，这就让事情变得更为复杂）。比如，"上帝""耶和华""雅威"和"安拉"之间的差异，它们通常被认为并没有任何实质性的不同：他们只是对唯一神的不同称呼。然而，这些名称所涉及的是问题引发出众多争议和分歧。比如，人们可以确定无疑主张，《旧约》中希伯来人的上帝与《新约》中福音派的上帝之间的差异，足以表明他们是两个极为不同的神。

然而，犹太教、基督教和伊斯兰教最重要的哲学问题源于以下这个主张：这三大宗教都崇拜唯一、慈爱的造物主上帝。当然，这三大宗教传统对于上帝的本性并没有一致的看法，同时，在思考上帝、接近上帝、崇拜上帝或遵从上帝意志的正确方式上，它们也存在异议。因此，关于上帝之本性的思辨，完全支配了从公元1世纪到15世纪的西方哲学（而且，这些思辨及其产生的影响仍支配了当今很多哲学思想。）

我们此前触及的最不可避免的问题，在三大宗教的哲学著作中处处可见，它直接产生于如下观念：上帝既有能力创造宇宙，又是位慈爱的神，关心他的子民。这里的问题仍是恶的问题，类似于琐罗亚斯德教所认为的，如果确实是善的、全能的神创造、照看这个世界，为何还存在那么多不必要的苦难、痛苦和死亡。如果上帝不是善的，如果上帝绝不是慈爱的或关心子民的神，那么，普遍存在的苦难和不可避免的死亡就不会是神学问题。实际上，在希腊奥林匹亚诸神手上受伤和死去被认为是理所当然的事，尽管无论在什么特定的情形下，人们都可以问，上述诸神为何要突然袭击受害者。印度教的神湿婆明确地被称作破坏神。因此，他进行破坏时，就不会产生哲学悖论，也没有需要加以解决的神学问题。湿婆就是这个样子。同样，当加罗林群岛上的邪恶女神卡瓦（Kave）造成破坏，无需做任何解释。因为，卡瓦就是这个样子。

不过，在希伯来人的历史上，关于上帝之理由的问题不可避免。当上帝容许他"拣选"的人民被卖为奴，让耶路撒冷和圣殿被毁，希伯来人就面临极其令人不安的选择。他们要么由此得出结论说，他们的上帝违背信约抛弃了他们，要么得出结论说，他们自己违背信约辜负了上帝的信任。总而言之，问题不可避免。上帝为什么要这样做？耶稣甚至问道："你为什么丢弃我？"在之后希伯来人的哲学和犹太人的大部分历史中，我们可以找到他们的答案——责怪自己。因此，先知经常称颂以色列的敌人的力量，并不是出于不忠（尽管这样的指控常常出现），而是因为他们固执地认为，要为他们的不幸承担责任的是人类自己，而不是上帝。三千年之后，在纳粹"大屠杀"或浩劫之后，同样的问题出现在 20 世纪中叶的德国。[①] 犹太人的历史充满了灾难，每次灾难都会产生宗教危机。同样，每次政治危机和外敌入侵都会让他们怀疑，上帝是否在保护他们的民族。

如果上帝或安拉并不慈爱、不关心人类，那也就不会有宗教问题或哲学问题（当然，苦难本身仍是人所具有的深重关切）。此外，要是上帝并非全能，人们也可以设想上帝想要阻止苦难，只是因为某种原因未能如愿。围绕恶的问题而提出的可能解决方式，就是引入第二个强有力的存在者——撒旦，即恶魔。但是，如果这个恶毒的存在者强大到足以对抗上帝的意志，那么，西方三大宗教的神就不仅不是全能的，而且不是唯一的。或者，如果撒旦没有强大到足以抵抗上帝的意志，我们就又退回到了最初的问题：慈爱的上帝怎么会容许邪恶发生？

慈爱、全能的神容许他的造物遭受苦难，这种观念让犹太教、基督教和伊斯兰教的信徒感到困惑和折磨。在某种意义上，正是这个问题支配着西方的宗教哲学。如果哲学家不相信上帝（这种立场即使不是致命的，也常常是危险的），就不会有这个问题。如果人们相信多神，而且这些神还相互竞争（就像希腊宗教和挪威宗教中的情形那样），他也能容易理解无辜（或不那么无辜）的旁观者受到的伤害。如果人们能够对自己的上帝概念做妥协的理解，或者完全拒斥思考这个问题，

[①] 尽管纳粹未遂的种族灭绝常常被称作"大屠杀"，但这是不充分的，而且容易令人误解。"大屠杀"是作为献祭呈给上帝的燔祭品，因而不是对希特勒所作所为的恰当描述。浩劫（Shoah），这个希伯来语的意思是"大灾难"，这个术语或许比"大屠杀"（Holocaust）更恰当。

恶的问题也不会那么紧迫。但是，西方哲学的明确特征与对上帝的绝对、不可妥协的信仰有关，或者，更确切地说，是对上帝的诸多信仰。事实上，这些信仰因不同的世纪、不同的地区、不同的教派而改变，当然，从犹太教到基督教再到伊斯兰教，它们也有所变化。但是，无论具体细节如何，问题依然是：全能、慈爱的上帝怎么能够容许这么多的苦难呢？

或许，更为基本的问题是："上帝的本性是什么？"在很多"原始"宗教中，当地的神就是当地的动物，某些人们极为熟悉、特别了解的特权动物。或者，这些神就是当地的领袖，他们的存在显而易见，他们的个性也清清楚楚。在这种宗教中，关于神的"本性"的问题，答案就显而易见。因此，当诸神与人极为相像，只是多了某些诸如不朽和魔力这样的东西，他们的"本性"便已然为人们所熟悉，无非是普通人的心理和互动产生的知识。正如充满想象力的人常常所做的那样，人们只需增加某些关于"要是……将会怎样"的奇谈怪论就够了。但是，随着上帝变得日益不可靠近，上帝的本性也变得越来越陌生，认识上帝之本性的问题也就越来越成为问题。我们的信仰到底建立在哪里呢？

犹太教、基督教和伊斯兰教都相信上帝向人类揭示了自身，而且这种揭示被记录在神圣的经文之中。由于这个原因，三大宗教有时都被描述为"圣书"的宗教，因此，神圣的文本在表达和形成宗教信仰的过程中起着基本作用。在许多宗教中，神是沉默的，或者只通过行动"发言"（或者，确切地说，通过行动的那种可感知的效果发言）。在犹太教—基督教—伊斯兰教传统中，上帝（或多或少）直接向他的子民发言。但是，这也引发了深刻的哲学问题——特别是解释和权威的问题。如何解读和理解这些文本？谁能够理解这些文本并说出它们要表达的意思？

经文的核心地位在三大宗教中引起了某些同样的问题。谁有权威来解释经文？每个人都可以对经文进行解释吗？解释经文需要接受特殊训练吗？需要特殊的天赋或敏感性吗？这些问题又引发出新的问题："人的理性若在解经中有其作用，那它应当起什么样的作用？"当我们对经文的理解偏离了文本的字面意思，我们还被允许这样做吗？我们还可以如此"理解"经文吗？如果概念或主张的字面意思没法理解，我们可以对其进行重新解释吗？解读经文需要以信仰或某种特殊的态度或见解作为前提吗？还是说只需要谨慎和理智就足以对其加以理解？在认识真理的过程中，理性与启示哪个更重要？启示观念与较为世俗和理性（"合理"）的思想传统相容吗？——比如，用科学解释圣经中所描述的奇迹，或者，用社会历史学解释这些人为何在某个特定时刻受到激发相信这个论点。探询谁撰写了经文这样的问题有意义吗？（或者，允许去这样提问吗？）在解释经文时，需要了解最早写下这些经文的人及其文化背景和政治背景吗？这是如下这个更为普遍的问题的具体应用："为了理解某种哲学，有必要去认识或理解相应的哲学家吗？（或者说，认识或理解相应的哲学家重要吗？）"

进一步说，如果经文本身自相矛盾，或许它是把不同时代的不同民族留下的不同著作汇集的结果，这个问题重要吗？经文是可翻译的吗？或者说，经文最初的语言本身是神圣的吗？（伊斯兰教的古兰经就被认为如此）然而，基督教的圣经被译成了世界上的几乎所有语言，它们的底本常常是英语（钦定本）或德语（路德本）的转译。这两个版本是译自拉丁语本，而拉丁语本则是译自希腊语本，希腊语本又是译自希伯来语本，希伯来语本又是译自阿拉姆语本。那么，这些译本都同等"忠实于"原本吗？或者说，这个问题真的重要吗？

有时，似乎每种文化（或许甚至每个共同体）都把经文当作"自己"的经文，会用自己独特的方式解释某些段落，并用独特的方式思考上帝。这些不同的解释都同等有效吗？还是说有些解释比另一些解释更"正确"？或者说，只要这些解释鼓励人们适当地信仰上帝，它们就是同等有效的。我们可能无需解释直接阅读经文吗？专家（拉比、神父、牧师、毛拉）在经文解释中是什么角色？从历史来看，先知在理解上帝及其事迹的过程中扮演了什么角色？人们可以把某种对圣经的解释证明为唯一可能的解释吗？（因此它根本不只是某种"解释"）所有这些最终汇集为如下问题：经文对于普通大众的理智是否具有可及性？普通大众能够阅读圣经或古兰经并理解上帝的讯息吗？还是说他或她需要专家的帮助？

随着我们从地中海走向中东、从雅典到耶路撒冷，我们可以探究"西方"哲学的第二个来源。西方哲学是古希腊哲学（尤其是柏拉图和亚里士多德的哲学）与犹太教—基督教—伊斯兰教哲学（不过特别是基督教哲学）的综合，这个概括虽有过度简化之虞，但还不算远离主流观点。(当然，犹太教不仅通过它在一神论上的贡献，而且凭借其强有力的律法观念，为西方哲学设定了主要参数。其实，伊斯兰教也在其中发挥了极为重要但常常被忽视的作用，它不仅保存了古希腊哲学，而且进一步促进了它的发展。)

然而，希腊哲学把理性和正当放在极高的位置，与之相反，我们要讨论的三大宗教倾向于强调信仰。这些宗教传统也与希腊人看待问题的非历史倾向截然不同。尽管犹太教、基督教和伊斯兰教坚持主张上帝是永恒的，但是，它们都非常重视自己民族的世俗历史以及先知的故事。因此，希伯来人的历史、耶稣的生平和穆罕默德的故事是各个宗教的核心关注所在。因此，我们关于这三大宗教的叙述，历史与哲学的分量同样重。在犹太教、基督教和伊斯兰教中，哲学成了具体的文化表达，或许带有普遍性的诉求，但更直接地集中于如下问题，"作为犹太人或基督徒或穆斯林，这究竟意味着什么？"

尽管如此，抽象的哲学不可避免地渗透进这些传统的宗教思想。在希腊—罗马哲学中，存在和生成这些极其抽象的概念相当边缘（巴门尼德尤其是柏拉图和亚里士多德是例外）。希腊哲学和罗马哲学的问题，尤其是自苏格拉底以来，更多地与寻找世界中的秩序、理解人的德性和建议过美好生活相关。但是，当全能却很大程度上不为人知的神秘上帝的存在和本性成为哲学中的压倒性概念之后，存在和生成这些形而上学的抽象概念就十分自然地成了讨论的前沿问题。因此，犹太教、基督教和伊斯兰教在奋力理解永恒但历史地在场的上帝之神秘，就很容易与柏拉图和亚里士多德哲学中较为形而上学的部分相互融合。

希伯来民族与犹太教的起源

尽管西方哲学传统在很大程度上受惠于希腊思想，但它也受到希伯来传统（后来被称为犹太传统，名称取自犹太王国）影响。与希腊哲学相比，犹太思想更受宗教推动：希腊人很自觉地把新哲学与旧宗教区分开来；相反，犹太人同样自觉地把哲学与宗教结合起来。

由于犹太教有明确的一神观念，因此，犹太教哲学主要关注的是神的本性及其创造本性，以及他为拣选民族制定的律法的重要性。对于希腊人的统一意识而言，一神的概念有很大的吸引力，而永恒存在的上帝作为基础性实在，也与希腊形而上学的最基本假设相符。不过，它们之间也存在巨大差异，希腊和罗马的"异教"传统无论有怎样的影响力，最终都被中东尤其是巴勒斯坦出现的宗教观念所吸收。

与这个地区的其他宗教最明显的不同（琐罗亚斯德教是个有限的例外），希伯来宗教是一神教，只承认唯一的上帝，反对多神。在希伯来圣经的开头几卷中，犹太教的上帝出场时，总在与其他民族的神竞争。只要希伯来人在与其他民族的文化斗争取得胜利，他们就会满怀信心地相信，他们所信奉的神打败了其他神。但是，一旦斗争失败，敌人取得胜利，上帝与其他神之间的竞争就会有不同的说法。他们会宣称其他神是虚构的，最终会认为这些神根本上子虚乌有。犹太教的一神论断言，唯有一个神存在，他不只是在其他神之上，而且取代了所有其他神。

在某种意义上，希伯来民族与他们的上帝之间的关系，构成了整个犹太教哲学。"以色列啊，你要听，耶和华我们的神，是唯一的主"，这句话概括了犹太教的基本思想。不过，这个核心的重要概念至少蕴含了两个必然的观念，它们有助于说明犹太教的历史和哲学气质。一个是犹太人作为"被拣选的民族"的排他性观念，即他们得到高于其他神的上帝宠爱。作为对这种宠爱的回报，他们必须顺从上帝，尤其要服从律法。律法因此成了希伯来人和后来犹太教思想的核心，而这是其他民族所没有的，尽管古代世界有好几个文化发展出法律体系，其中包括赫梯文化、亚述文化，尤其是汉谟拉比统治下的巴比伦文化。

古希伯来哲学很大程度上由以下三个关键概念规定：一神的存在、上帝宠爱或"拣选"的地位、律法的重要性。或许，第二个概念在哲学上来看可能会被当作沙文主义和民族排外加以拒斥。当然，人们可能注意到，几乎每个社会（无论古今）都倾向认为自己是"被拣选的"，因此享有特权。许多民族在进行战斗时，总是认为上帝站在自己这边。然而，第一个概念和第三个概念，即一神及律法，不只规定了古希伯来人的哲学，而且实际上为西方历史和哲学的整个进程提供了框架。

尽管犹太教强调个体的尊严，但是我们应该记住，犹太教最初是部族宗教。个体有意义和尊严，但首要的是他作为共同体的成员。正如许多古代社会，这个共同体的形成并不是偶然事件。犹太教将其身份定位为"上帝的选民",即上帝对他们的祖先亚伯拉罕(约公元前2000年)所做的承诺,亚伯拉罕可能是从乌尔(在苏美尔)迁移到巴勒斯坦的。上帝许诺亚伯拉罕,他的子孙会成为伟大的民族。这使犹太教具有了排外性、种族性特征,而这遭到了早期基督徒的坚定拒斥。根据这个古代观点,犹太性与其说与某种哲学或信念有关,不如说它构成了共同体成员的基本资质。因此,犹太教哲学并没有像探究犹太共同体中成员资质的意义及其蕴含那样,去探究神学和信仰的复杂性。

由于犹太教在很大程度上是有共同体成员的身份规定的宗教,它至少表面上与儒家的某些方面相似,因为儒家关注的也是社会生活的实践性。作为宗教团结的表达和工具,仪式在犹太教中极为重要。不过,犹太教的许多仪式与日历年的特殊日子有关,常常是对犹太民族生活中的历史事件的重演。上帝或许是永恒的,但他拣选的民族是历史的。事实上,人们可以说犹太教哲学始于犹太人的历史,或者更确切地说,始于历史的意义。它的观念潜藏于小心保存的记忆中,即关于数千年来的胜利和灾难的记忆。而且,这些观念与犹太民族及其上帝之间持续存在的关系相互联系。

比如,逾越节的那个星期是最神圣的时刻,它是每年对出埃及的纪念,即犹太奴隶在公元前13世纪从埃及进入巴勒斯坦,来到迦南的"应许之地"。出埃及,被认为在犹太民族与上帝的关系中是极其重要的事件。正是在出埃及期间,摩西登上了西奈山,从上帝那里接受了律法。节日(圣日)始于仪式性的"家宴",包括规定好的祈祷,它们象征着犹太人在埃及以及逃离埃及的种种经验。整个仪式强调,历史是巩固宗教的方式。人们可以用同样的方式理解当代犹太人对"大屠杀"之恐怖的纪念活动。

在希伯来人的经文中,上帝和他的选民的关系也是核心主题。《希伯来圣经》开篇,即《创世记》,就把上帝呈现为无所不能的造物主,他在六个连续的"日子"里,逐步创造不同等级的存在者,其中最为醒目的是上帝"按照自己的形象"创造人。这就背离了中东地区传统的共同倾向,即把当前世界视为先前世界和境况的结果。甚至对于希腊人而言,世界可以从虚无中形成的观念也是完全不可理喻的。与之相反,犹太教认为上帝从虚无中(ex nihilo)创造了世界。不必说,在查尔斯·达尔文(Charles Darwin)提出进化论这个新观念之前,关于如何适当地解释创世就已经有了大量的争论。但是，在《希伯来圣经》中，讨论最多、争议最大的是上帝与其造物（人）的关系。人是"按照上帝的形象"造出来的，这是什么意思？如果这个说法是真的，为何上帝偏爱某些人——比如亚伯拉罕，在人口密集、文明开化的地区中，上帝独独偏爱他，还有亚伯拉罕之子以撒，根据《希伯来圣经》的说法，上帝选择他而不是以赛玛利（Ishmael）作为亚伯拉罕的继承人。（伊斯兰教地区的阿拉伯人认为自己的祖先是以赛玛利，在《古兰经》中，他被认为是亚伯拉罕偏爱的那个儿子。这些解释的分歧加剧了世界上充满仇恨的冲突，两个相互敌对的邻居各自都声称自己是"拣选"民族，享有来自"他们"的上帝的特权和特殊保护。

没有永久家园的民族梦想在地中海东岸崎岖且四周充满敌意的地区定居，一直信奉某种被拣选民族的观念，这并不是毫无关系或不值得关注的。在大卫王和所罗门王统治时期，耶路撒冷是强大王国的首都，这个王国包括十二个希伯来部落。以色列甚至还建立了国家。所罗门王花了很多精力美化这座首府，最鼎盛的时候是建了座奢华的神殿。这座神殿的建造成了犹太人历史上的关注中心，因为它被多次毁灭和重建。在《希伯来圣经》描述中，古希伯来人受到不断征服、奴役和流亡。正是由于这样的悲惨历史（更别提犹太人后来因不再作为单一民族时所遭遇的苦难了），我们必须理解这种把这个民族与他们的上帝紧密联系的独特的观念体系。

《希伯来圣经》几乎没有什么神学，而是上帝的个性，如果我们可以这样说，他就像是小说的角色那样具有个性。希伯来人的上帝就像他自己坦承的那样，是喜欢嫉妒的上帝。有时，他还是爱生气、愤怒的上帝。希伯来人的全能、保护子民的上帝不可预测、狂暴甚至反复无常，这与希腊人对命运的看法极为相似，这是个大的哲学论题。他极易被激怒，降临到希伯来人头上的灾难就是明证。一方面，希伯来人得到了强大上帝的保护。然而，另一方面，这种保护绝不是完全可靠的。因此，这种上帝保护的缺席必须加以解释。

犹太教的核心和持续性，可以根据这种恐惧加以解释。有人论证道，犹太人背负着律法这个枷锁，这是人们熟知的对严厉的犹太律法的基督教式批判，内容实际上涉及生活的方方面面。然而真相是，所谓的"信约"，即希伯来人承诺服从上帝的律法，赋予了他们巨大的自信，这是由上帝保证而来的自信。如果他们服从律法，上帝就会保护他们。

然而，当灾难发生（这是常有的事），犹太人不会怀疑自己对上帝的信仰，而是责备自己。先知们几乎以骄傲的口气说到那些聚集起来攻击以色列的军队，认为这不是上帝遗弃他们的证据，反而表明了上帝对他们的持续关切，通过这种不满的信号提示犹太人违背了律法。在希伯来人看来，他们被上帝抛弃了这样的解释，是不可思议的。罪恶感是更可取的想法，可以说，希伯来人赋予了罪恶感某种哲学形式。

律法是犹太教和犹太教哲学最为核心的特征。律法被设想为上帝的直接启示。它不应仅仅被当作人类发明的、维护社会团结的法典或契约。它也不应被视为当权者的发明或权力工具。实际上，它不应被视作强迫，而应当作特权、福佑。正是律法中的上帝启示，使犹太民族成为"选民"。

犹太律法的核心是十诫。根据经文，十诫是摩西在西奈山（即我们现在的加沙地带）时上帝颁布给他的。十诫包括的义务有：除了唯一上帝，不得有其他神；不可为自己雕刻偶像，也不可妄称上帝之名召唤上帝；当遵守安息日、守为圣日；当服从父母的权威；不可杀人、不可奸淫、不可偷盗、不在法庭上作伪证；不可贪恋他人的配偶或房屋。

从十诫中衍生出来的具体律法，规定了应该尊重人甚至奴隶。特别是，应帮助那些处于不幸之中的人。正义规定，那些处于安全地位的人应当确保需要帮助的人得到帮助。[①] 因此，法律的义务与对同情、尊重的强调相互结合，这种同情和尊重不只针对位高权重之人，而是针对每个人。每个人都有尊严和价值，因而值得尊重，在律法面前人人平等，而且人人应该同样遵守律法。

律法规定了犹太教哲学，但似乎对律法的违背构成了犹太教的历史。根据犹太教的经文，上帝创造的完美秩序被最初的人破坏了。《创世记》根据人的原罪来解释世界中恶的起源。在西方的宗教哲学中，原罪观念占据着核心地位。原罪最好理解为对上帝律法的违抗，是对

---

① 安东尼·菲利普斯注意到，《旧约》中的先知常常指责自己的共同体，他们未能怀着同情之心对待处于不利位置的人。这样的行为揭示了他们对信仰和仪式的宗教虔诚的虚伪性。见 Anthony Phillips, *Go B. C.* (Oxford: Oxford University Press, 1977).

人与上帝之间关系的破坏，它是由人类有罪的不当行为造成的。每种文化都有某些罪恶观念，但是"原罪"意味着特殊的罪行，它是对上帝的冒犯。

上帝在创造亚当进而创造夏娃作为人类的第一对夫妇后，曾警告他们不要吃一棵特别的树上的果子，即知识树上的果子。蛇引诱夏娃去吃禁果，声称任何吃了这棵树上果子的人都会像上帝。夏娃吃了禁果，并让亚当吃，亚当也吃了。

这个故事揭示的是人类的罪行，它常常被当作寓言理解。原本天真的观念，被代之以可怕的知识重负，而且，知识或在善恶之间做出选择的能力可以概括犹太教—基督教—伊斯兰教传统的许多道德故事及其处理恶的问题的路径。知识毁灭了天真。原始的快乐因道德需要蒙上了阴影，而且由于这种需要，人们还要加上反思需要和哲学需要。然而，我们可能会注意到，人类的好奇心、要认识的诱惑，在无知情形下非常明显。因此，从最初以来，原罪的最终责任问题就进入了犹太教—基督教—伊斯兰教的传统。那么，上帝在创造我们的时候，有意让我们具有不可避免地屈从于好奇性的天性吗？

同样要注意的是，撒旦（蛇）的参与暗示，一神论并没有摒除还存在其他"神"的观念（尽管这些"神"没有上帝那么有能力）。就像在琐罗亚斯德教中，这些"神"有助于我们去解释世界上存在的人类苦难和不幸，而不必把这些苦难和不幸直接归咎于上帝。

上帝对亚当和夏娃的忤逆报以愤怒，由此表明《希伯来圣经》中上帝的典型特征：易于愤怒。作为原罪的后果，亚当和夏娃被逐出了他们此前居住的伊甸园。如今，他们进入了有着疾病、苦难和死亡的世界。他们以前"按照上帝的形象"造出来的本性受到损害，而且这个损害是他们自己有意的忤逆造成的。

从那时起，人类不再自然地具有上帝那样的善行（尽管原初的故事就已表明，这种自然倾向存在严重缺陷）。如今，他们的行为是选择问题，而且常常是在善恶之间进行选择。因此，犹太教的哲学著作多半具有明显的实践性，专注于阐明做出正确选择的正当理由。

《创世记》对原罪即"堕落"的说明，为犹太人处理恶的问题的方案提供了基础。《创世记》表明，恶是通过人类的选择出现在世界上的。后来的犹太教思想常常从《创世记》中获得暗示，试图把苦难和不幸解释为人类不履行信约的结果,特别是人类违背上帝律法的结果。比如,先知就这样认为,他们根据犹太民族未能遵守上帝的律法,说明所罗门王统治时期后犹太人所遭遇的政治浩劫。

当然,先知是哲学家,但他们并不是抽象的思考者;他们首先是上帝的代言人。他们也是文化批评家,认为所罗门死后的政治灾难是原罪、不义、完全违背上帝律法的结果。所罗门建设美丽繁荣的城市的成就,是以沉重的赋税为代价的。结果,贫富差距日益扩大,入侵之后又出现了抵抗和反叛。在所罗门死后,巴勒斯坦分裂为两个互相敌视的国家,耶路撒冷也曾短暂被埃及的法老占据。由于城市的财富被劫掠到了埃及,耶路撒冷开始了长时期的动荡。

这个时期的先知开始对尤迪亚出现的经济不平等作出回应。他们宣扬忏悔和德性,并且预测说,如果他们的社会继续行走在罪恶的道路上,还会遭遇灾难。先知的这些预言绝大部分没人理睬,但却预示了降临在犹太人身上的持续的灾难和不幸。在埃及入侵耶路撒冷、犹太国分裂之后,北部王国又在公元前 733 年被亚述人占领,二十万犹太人被囚为奴。耶路撒冷(南部王国的首都)仍然幸存,但处于长期围困之中。最糟糕的处境,当然是耶路撒冷在公元前 586 年被巴比伦人攻占。这一次,整个城市被烧毁,圣殿被摧毁。重要的公民被流放,以色列被合并到巴比伦帝国。

犹太教的领袖再次对这些事件解释道,这是以色列因为它的罪行而受到的惩罚,尤其是因为它崇拜异邦的神、不人道地对待穷人。由于以色列的不义、非法行为,上帝完全正当地解除了对他们的保护。值得强调的是,古代犹太教的思想是用地球上的灾难而不是用来世描述罪行的结果。一般来说,犹太教从来没有提倡个人不朽的观念。①

---

① 类似于古希腊人,许多犹太人确实相信,死人去了冥府,地下的阴暗之所。但是,继续存在的灵魂至多不过是先前自我的可怜阴影罢了。《传道书》确实引入了个人不朽观念,由此作为解决恶的问题的可能方案,但它只是把这个观念当作神话。一般来说,个人不朽观念并不为大多数犹太人所采纳。有些教派,特别是基督时代的法利赛派,确实接受了这个观念,而且,尽管它从来不是犹太教官方教义的组成部分,但来世观念在耶稣和保罗的教义出现之前很久,无疑对犹太人有吸引力。

在巴比伦流亡期间，先知宣称，只要犹太人在长时间的危机期间保持对上帝的忠诚，上帝会像曾带他们出埃及那样，再次帮助犹太人。这种被迫接受的忠诚"考验"，在犹太教的历史上重复过多次，在基督教和伊斯兰教的历史上也是如此。最终，上帝似乎应验了这个预言。波斯的居鲁士征服了巴比伦，并且允许流亡的犹太人回到耶路撒冷。他还把巴比伦人从圣殿中盗取的财富的剩下部分还给了犹太人。圣殿得到重建，而且，圣殿的重现成了犹太教不可摧毁的有力象征。

但是这种不可摧毁性仍继续面临无数考验，犹太人反抗罗马之后，圣殿在公元70年再次遭到毁灭。绝大多数学者认为，犹太人在地中海以及其他各处的流散就是开始于这个时期。政治灾难再次被赋予了宗教蕴含。不幸是因为人的罪行和犹太人的不忠。他们没能成功遵守律法，他们行为的不平等再次带来了灾难。这次，责任概念及其后果深深地植入了犹太人的意识。

责任与后果之间所谓的对应必定会受到质疑。在犹太文献中，罪恶与灾难之间的联系以最戏剧性的方式受到挑战。《约伯记》（可能写作于巴比伦流亡期间，大约在公元前400年）讲述了名叫约伯的好人的故事，尽管他忠实地遵守了上帝的所有律法，但还是受到上帝的可怕惩罚。撒旦嘲弄上帝，认为约伯行为正直只是因为上帝待他很好。于是，上帝为了"考验"约伯，让撒旦将最严重的灾难降临到约伯和他的家人身上。经历了这一切，约伯仍一如既往地虔诚，只是常常向上帝祈求帮助。他的朋友认为他肯定私下犯了罪，他的不幸是对他的罪行的惩罚。但是，约伯知道自己是无辜的，读者当然也明白。尽管受到的苦难明显不公，但约伯依然坚定自己对上帝的信仰。

最后，上帝让约伯恢复到之前的幸福生活状态，但上帝坚持认为，他的行事方式人类不必理解，而只需信仰就行，哪怕世界上有明显的不义。这就让恶的问题完全悬而未决。义人为何要受这般苦难？在约伯的故事中，上帝无疑要为约伯的苦难担负某些责任。这就是上帝"不可理解"的行事方式吗？难道这不是明显的不公惩罚吗？这个故事难道不是告诉我们，即使是无可挑剔的善人，也有可能遭受苦难，而且不只是在上帝的眼皮底下，还是在上帝操控下吗？恶的问题在此以最极端的方式展现了出来。

《约伯记》对犹太教哲学的刺激性影响，类似于落在犹太民族头上的许多政治灾难，引发了几个世纪的争议和大量的评论。就像后来的基督教和伊斯兰教，犹太教也是"圣书的宗教"。因此，犹太教传统非常重视学术和论证，认为这是犹太教哲学的根本。实际上，持续论争的方法和方式以及辩证法在很大程度上规定了犹太教哲学，这和苏格拉底哲学类似，它们也是让犹太观念数千年来保持活力、有足够韧性的强大力量。

希腊的犹太人：亚历山大的斐洛

由于犹太教是某种圣书宗教，因此它必须面对那些关于如何正确解释经文的问题。这些问题包括：谁能够解释经文？经文可以对每个人开放吗？正确的解释依赖于启示吗？倘若如此，当真的有启示时，如何才能辨认出来？在犹太教的学术和争论与希腊的哲学之间，引发了非常重要的困惑，这就是理性在解释经文中的作用。理性为解释提供了基础吗？经文的恰当解释会导致教义与理性的冲突吗？如果这样，人们应该怎样解决这些冲突？信仰应为理性让步，还是理性应为信仰让步？犹太教的历史无疑表明，信仰具有首要的基础地位。然而，拉比和希腊哲学家的辩证活动表明，理性的地位也非常重要。

因此，当犹太教在千禧年的最后一个世纪遭遇希腊哲学，这些问题自然就到了非解决不可的地步。斐洛（Philo，公元前20—公元40）是最早利用希腊思想建立解释经文的适当路径的犹太思想家。他特别关心信仰和理性的问题。斐洛是亚历山大里亚的说希腊语的犹太人，曾受过希腊化哲学（即在亚历山大大帝征服期间，希腊人在地中海周围发展起来的希腊哲学）的教育。斐洛对自己继承的两种传统之间的冲突十分敏感。作为犹太人，他忠于一神论而拒绝同化。然而，他在其中接受教育的文化传统和哲学传统显然具有希腊特征。他是保持自己的犹太人身份，还是同化进主流文化，这个问题成了哲学史上最漫长的争论之一，切中了自我认同问题的要害。

对此，斐洛的哲学回应是用希腊术语将犹太教思想系统化，并使之与推理论证相协调。正如我们所见，犹太教哲学和犹太教历史更多由故事构成，而没有多少哲学反思。但是，在"哲学"出现之前，希腊思想就为泰勒斯和米利都学派所发展。荷马长时间以来都是通过寓言的方式加以解释的，斐洛之前的亚历山大里亚犹太人也发展出了寓意解经法，针对《创世记》的解释尤其如此。因此，斐洛充分利用这些技巧，把圣经故事解释为关于人类境况和人神关系之本性的神话陈述。他倾向于将圣经故事的人物视为抽象概念。比如，他将亚当解释为理性，将亚娃解释为感官。蛇代表着诱惑。斐洛将原罪的故事解释为对贪欲的说明。贪欲最初诱惑感官，但是只要感官被征服，理性也会随之坍塌。

斐洛继而说，希腊哲学家其实也受到由经文显现出来的相同上帝的启发。因此，真理既可以在经文中找到，也可以在他们的推理论证中发现，真理是同一个真理，即上帝的启示。因此，斐洛试着表明，寓意解经使其洞见与希腊思想相互结合。他对经文中凸显犹太人是唯一"被拣选"的民族加以淡化，反过来强调通过自然原理显现的上帝力量。这种观念对于希腊人而言很容易接受，因为它没有让两种传统彼此对立。这种对希伯来人的哲学进行普遍化解释的做法，对基督教的发展也极为重要。

斐洛从毕达哥拉斯主义中汲取了大量洞见，把上帝描述为潜在于多样的"一"。然而，他也特别利用了柏拉图主义和早期的斯多葛主义。类似于柏拉图主义者，斐洛主张物质世界不过是更高的、超验世界的某个映像。柏拉图所谓的形式（在更高世界中），在斐洛看来其实是上帝的思想。同时，类似于斯多葛学派，斐洛认为上帝遍及整个世界，因此，每个人那里都具有内在的神圣之光。上帝本身是超验的，尽管如此，他仍通过逻各斯（世界的基础性结构）与物质世界相关，在这个意义上，上帝内在于我们之中。逻各斯则成了上帝的形象，而人的心灵则是根据逻各斯的形象构造的。（《约翰福音》就是以类似的说法开端："太初有道［逻各斯］。"）由于分有上帝的形象，人的心灵就能够认识上帝和爱上帝，尽管人关于上帝的知识是有限的。而且，正是逻各斯把自然世界的所有要素结合起来。此外，斐洛还根据逻各斯来说明上帝在世界中的直接显现（比如，通过在摩西面前燃烧的荆条）。

根据斐洛的观点，柏拉图的哲学准确描述了人类至善。柏拉图笔下的苏格拉底描述了瞥见理念带来的炫目洞见。犹太教同样主张，人应该以对上帝的神秘一瞥为目标。柏拉图还正确地看到,心灵自然会导向正确的方向。不过,根据斐洛的说法,人的心灵没有能力把握上帝的本质。因此,在斐洛笔下,人类关于上帝的知识的概念常常是否定性的。易言之,由于能力有限,我们只能通过指出上帝不是什么(而不是提供正面的描述)来获得对上帝本性的认识。斐洛特别强调,与希腊传统的诸神不同,上帝不是某种道德上有缺陷的有限存在。

尽管斐洛综合了希腊思想和犹太神学,他仍承认理性与启示之间存在冲突。他主张,这些冲突应站在启示这边加以解决。他提出,理性无法把握通过信仰启迪的某些最深刻的真理。比如,理性无法理解上帝的单一性,也无法理解如下事实:人无法描述上帝的本质(因此也是说理性无法描述)。因此,斐洛表达了对理性的有限推崇,并且声称,神秘的狂喜在根本上比哲学和神学思辨更为重要。然而,在这方面斐洛也视柏拉图为其同盟。柏拉图和斐洛尽管都重视谨小慎微的理性,不过对他们俩而言,看到真实世界才是人类的终极目标。

最后,斐洛也像柏拉图那样设定,灵魂与身体之间存在决定性的区分,而身体则是通向德性的障碍。斐洛认为身体类似于坟墓,有时甚至认为唯有灵魂具有德性。这种对身体的鄙视、对灵魂内在生活的强调,让斐洛与他同时代的早期基督徒相同。正如早期的基督徒(而且有那么点像孔子),斐洛强调内在德性,认为外在仪式若无适当的内在德性是毫无价值的。然而,他并没有因此断言仪式不重要。相反,他强调用正确的态度应对仪式的重要性。或许是因为他的重点恰好更多与早期基督教的重点相同,而不是与同时代巴勒斯坦的犹太教的重点类似,斐洛对后来基督徒的影响要比对自己犹太民族的影响要大。

基督教的诞生

基督教的发展围绕着耶稣展开,耶稣即"基督"("受膏者"),他大约生活在公元前6年至公元30年的巴勒斯坦,当时,巴勒斯坦还属于罗马帝国。耶稣诞生时的犹太教,分裂为很多个教派。有些教派出于各自不同的理由支持罗马统治,比如《新约》中提到法利赛派和撒都该派。撒都该派是某些吸收了希腊化观念的僧侣家庭,他们接受了罗马人的统治,希望由此保持较高的社会地位。相反,法利赛派(字面意思是"分离出来的人")则把罗马人的统治视为对民族罪行的惩罚。他们采用仪式活动,尤其是净化仪式活动,并且认为自己比其他人更虔诚、更具有犹太性。但他们事实上偏离了传统的犹太教信仰,比如,接受非传统的来世观念,或许这是补偿他们当时在罗马统治下生活的政治逆境。法利赛派对后来的犹太教思想有特别的影响,因为他们用丰富的解经编纂,补充了《希伯来圣经》的成文法,而这种编纂贯穿了整个口述传统。他们认为,这些传统解释像成文法本身那样具有约束力。法利赛派也是宗教领袖,他们在公元70年耶路撒冷圣殿被毁后维持着自身的犹太意识。

法利赛派是保守分子,但是其他犹太教派,特别是狂热派,积极鼓动对罗马的反叛。还有某些教派生活在与世隔绝的修道院。其中有艾赛尼派,这个教派主要居住在死海地区。(历史学家曾把艾赛尼派与死海古卷相互联系——大概600卷古代手稿的残片,它们全藏在洞穴中的石瓮里,1947年才被人在死海东岸发现。这些古卷包括大量的犹太教作品和文学作品,其中有些文件涉及库姆兰宗教,有些学者认为,这是艾赛尼派的某个团体。)艾赛尼派遵循某种不寻常的饮食规律,并且非常注重沐浴仪式。他们也主张性事上的禁欲(当然,他们允许以生殖为目的的夫妻性事)。艾赛尼派的生活方式是农业性的,他们的宗教生活以冥想为中心。他们是不关心政治的和平主义者,但是他们期待救世主的到来,由此创造出新的地上王国。(尽管艾赛尼派奉行和平主义,但他们参加了公元70年保卫耶路撒冷的战斗,并且几乎全部被消灭。)

这些不同派系之间的斗争,再加上与罗马的冲突,使公元1世纪早期的耶路撒冷成了非常混乱的地方。此外,许多先知式的人物到处传播启示和世界末日的各种消息,这更增加了当时的混乱程度。在耶稣出生的犹太人社区,有几个很有抱负的先知特别著名,包括施洗者约翰,他是耶稣的表兄。(他以蜂蜜和蝗虫为食的饮食习惯表明,他可能是艾赛尼派的成员。)约翰宣扬"末日近了",并鼓励人们悔改自己的罪行。他从事洗礼仪式,包括用水净化身体,这象征了悔改。在耶稣30岁时,由约翰在约旦河施行洗礼,后来,洗礼的做法被吸收到基督教之中成为入教仪式,包括确认信仰和全身象征性地浸入水中。无论在新教改革之前还是之后,洗礼的恰当年龄以及这种仪式的确切意义在基督教内部都是富有争议的问题。(成人的洗礼意味着信仰的确认,但婴儿的洗礼的意义并不是很清楚。)

约翰是明确宣称救世主即将到来的先知。("救世主"和希腊语"基督"相同,意思也是"受膏者",救世主需由圣灵"抹膏"。)因此,在基督教的经文中,约翰被描述为耶稣的使者。约翰的绝大多数门徒都成了基督徒。约翰本人则被掌管加利利的罗马统治者希律王(Herod)囚禁并处死。(希律王问舞女莎乐美[Salomé]想要什么回报。莎乐美听取了她母亲的建议,要求"施洗者约翰的头颅"。)

类似于约翰,耶稣也尽力让其门徒相信天启预言。根据当时盛行的故事,救世主将出自大卫家,而耶稣就出自大卫家,于是绝大多数犹太人期望他成为战士和政治领袖。耶稣的奇迹被认为是他救世主身份的证据。他的教义宣扬新的上帝之国就要开始,这有效地迎合了人们对救世主的普遍期待。

与《希伯来圣经》中所描述的常常很严厉、好惩罚的上帝形象不同,耶稣更多强调的是上帝的仁慈、宽恕而不是愤怒,尽管耶稣也很严厉,但从未怀疑上帝有时不可预知的公正。(比如,他发扬了上帝赐予"恩典"的概念,当然他也宣扬信仰和德性。但是上帝对于任何人的行为都没有义务。)不过,耶稣尽管拒斥某些犹太教的做法,但是他的许多教义包含的主题,已经是犹太思想的核心。他对爱的强调被认为是犹太教传统的某种解释。当耶稣强调帮助不幸者的重要性,认为贪求财富有违神圣,他实际上也是在追随犹太教思想的标准主题。他教导的绝非正统论点,认为犹太律法可以概括为全身心爱上帝和爱人如己。这种对爱的强调被基督徒凸显为一种新律法,即爱的律法,它基于内在倾向,而不是外在仪式和对律法条文的服从。不过,这个区分会被过分运用。耶稣批评说,有些人显示自己的圣洁,却冷酷地对待他人。这个主题也是传统的犹太教主题,尤其明显体现在先知的教义之中。人们从未打算把上帝颁布的律法和对上帝的爱区分开来。

作为从犹太教内部衍生的宗教,基督教也吸收了许多其他犹太教主题。与犹太教徒相同,基督徒也相信只有一个上帝,上帝从无中创造了世界。同样,基督徒也强调上帝的巨大力量,重申犹太教对人之尊严的强调。不过,基督教对这些原初的犹太主题做了自己的详细说明。这个新宗教尽管接纳了一神论,但仍主张唯一上帝有三个位格,即神圣的三位一体。首先是圣父,他的特征与犹太教的上帝的特征非常相似,强调他的权力和创造者地位。

其次是圣子,他是上帝在耶稣基督身上的显现,即具有人身的上帝。这个神—人结合的秘密就是所谓的道成肉身,他恰当地选择自己的生死。在犹太教强调上帝不同于人、特别是强调上帝的无限权力几世纪之后,这个学说尤其具有震撼力。它的神秘性在于如下观念:永恒上帝可以成为自然人,他会遭受苦难、流血和死亡。在哲学对永恒与暂时做了明确区分、使卓越与平庸形成鲜明对照的几个世纪之后,这显然是令人震惊的主张,它促使哲学家和神学家为之殚精竭虑直至19世纪。

上帝的第三个位格是圣灵,他常常被描述为上帝的内在性,居于人类之间。根据传统的基督教神学的说法,圣灵尽管是三个位格中最抽象的概念,却在创世中占据了基本位置,而且,正是因为这个观念,激发出宗教改革前后的大量哲学家的想象力。

三位一体学说也在上帝是唯一的这个观点内部造成了巨大的张力。对于许多基督教思想家来说,这些张力提出了哲学挑战,即为这两种学说提供内在一致的说明,表明彼此是相容的。实际上,基督教神学有大量内容致力于这个复杂、抽象的难题。唯一的上帝在何种意义上可以有三个位格?什么样的上帝可以既是永恒的,又可以处在时间之中(以圣子的位格)?三位一体学说所导致的张力,有时还为有分歧的教派发动战争提供了借口,他们以神学的名义发动战争,其实更多的是因为新仇旧恨和贪婪。在公元11世纪,这个张力导致了基督教会的大分裂。

基督教中的童贞女之子学说,澄清了耶稣在三位一体中的角色,同时也表明耶稣从出生起就有神奇的命运。这个学说也体现了艾赛尼派的传统以及法利赛派对身体问题的日益厌恶。根据这个童贞女之子学说,耶稣母亲玛利亚直接怀上耶稣,耶稣并没有人类父亲。上帝(圣灵的位格)是耶稣名义上的父亲。因此,甚至就概念而言,耶稣就已是完满的上帝,既使他也是人。童贞女之子学说也支持耶稣是"上帝之子"的字面解释。

类似于犹太教和琐罗亚斯德教,基督教特别关注恶的问题,即由关心（慈爱）的上帝照料下的世界竟然苦难盛行。基督徒就像犹太教徒，是用人的罪行来说明恶的盛行。因此，基督徒接受《创世记》中亚当、夏娃的堕落故事，以之作为苦难如何出现在人类世界的解释。基督教对这种苦难理论的独特贡献在于，它主张人类在耶稣基督被罗马官方钉十字架之前仍处于"堕落"位置，当然，耶稣基督自己是无辜的。基督徒在解释被钉十字架这个事件时认为，基督自己承担了人类的罪行以及为了洗清这种罪行而必须承担的苦难。在犹太教漫长的有罪和自责传统背景下，这无疑是极其深刻的、方便的观念。当然，根据通常的正义或救赎观念，这也是极端困难的观念。

根据基督教的福音书，耶稣在被钉十字架上之后的第三天复活，并在某些场合向其门徒显身。在基督徒看来，被钉十字架和复活是人类救赎的根本。因此，耶稣被视为上帝对犹太人许下的古老诺言的实现，以及人与上帝之间亲密关系的最高见证。通过耶稣，上帝与他的子民合而为一，分享他们的生命。作为上帝对亚当和夏娃之罪的惩罚，死亡已经进入了世界，人类也已阻挡在天堂和永生生命之外。然而，耶稣的牺牲打开了救赎之路，如今，救赎可以立即成为与上帝合一的永恒生命。因此，基督徒认为，被钉十字架是上帝与人类之间的正道。

耶稣的复活也呈现了战胜死亡的观念。因此，尽管来世信仰从未在犹太教徒中间成为正式学说，但它成了基督教学说的基本信条。复活后的耶稣向他的追随者承诺，他们也将征服死亡。当耶稣重返人世，他的"第二次来临"就预示了世界的终结和最后的审判，在那里，死者的身体将与他们各自的灵魂重新相互结合，所有个体永恒地被允许或不被允许进入天堂。

这就是基督教起源的故事，基督教哲学的其他所有部分都是在这种"祭仪叙述"上构建起来的。但是，基督教与犹太教类似，属于某种"圣书"宗教，它的力量部分在于经文的核心地位和不同解释的动态交织。基督教的经文包括《希伯来圣经》和《新约》，前者又被称作《旧约》，后者包括四个不同的对于基督生命的叙述。这些对于基督生命的叙述分别被归为如下四个福音书作者：马太、马可、路加和约翰。这些福音书作者尽管在传统上被归入十二使徒，即耶稣门徒中的内部圈子，但学者们非常清楚，这些叙述的写作要晚于使徒生活的时代，因此吸收了大量的传奇和民间传说。

《新约》包括《使徒行传》，它关于早期基督徒尤其是使徒彼得和保罗的经历的叙述。使徒书信是来自青年运动中核心宗教领袖的书信，它与《启示录》构成《新约》的其余部分。《启示录》是名叫"约翰"的人写下的预言性的先知作品，人们在传统上认为作者就是使徒约翰。① 整部《新约》（以及基督徒现在所知的《圣经》）在382年就正式确定了下来（希腊语版本）。

正如犹太教，基督教仪式众多（尽管这些仪式的具体性质多有争议）。同样，基督教也把一年中的特定时候与具有宗教性的特别事件相互结合。不过，犹太教关注的是犹太民族历史上具有重要意义的历史性事件，而基督教关注的则是基督生命中的重要事件，而且这些事件都具有抽象的象征意义，常常与上帝的本性有关。

这些仪式中的核心是圣餐，为纪念耶稣在被钉十字架之前的最后晚餐分食面包（逾越节晚餐）。据说，耶稣手拿面包说，"拿着吃吧，这是我的身体，"又拿起酒说，"拿着喝吧，这是我的血。"但这不是唯一要人们"回忆起的东西"，作为逾越节仪式的食物，它们还提醒犹太人记起过往的艰难困苦。圣餐被早期的基督徒按照字面意思解释为基督的肉和血，天主教徒也这样解释，他们庆祝圣餐，让参加者专心于出现在耶稣的最后晚餐上的神秘体验。因此，弥撒被认为是最后晚餐的重演，包括让面包和酒真的变为基督的肉和血的圣餐变体。

这样的宗教经验在绝大多数基督教的思想中具有核心意义，它与其象征意义共同赋予了其他日常行为（喝水、饮酒）深刻意义。正如许多其他宗教，基督教的仪式和象征手法不仅具有深刻的哲学观念，而且也是极神秘的隐喻。对于那些没有深入沉浸于这些观念和隐喻中的人而言，可能就很难理解接下来1500年神学争论的激烈甚至惨烈程度。

---

① 《启示录》可能是使徒约翰之后不同的人写的。然而，近来有些学者推测，《新约》中所有归于"约翰"的部分，很可能出自与使徒关系密切的基督教共同体。

基督教的开场：圣保罗

早期基督教也遇到了很多具有哲学意蕴的挑战和实际关注。这些挑战包括，基督教被统治的罗马人直接认定为颠覆性威胁，而且许多基督徒在早期遭到迫害和杀戮。然而，早期基督徒的许多关注与谁可以或不可以被当作这个被迫害群体的成员有关。比如基督教限于犹太人吗？还是说这个信仰也向其他人开放？希伯来律法在基督徒的生活中的地位是什么？实际上，基督教开始是犹太教内部的教派。许多基督教犹太人继续在圣殿中朝拜，不觉得他们的新信仰与犹太仪式有什么冲突。但是，随着基督教开始想要获得更多的信众，不同种族群体之间就出现了张力，在新千年的前半个世纪，基督教不仅敞开了教门，而且开始主动招纳新信徒，可以说，世界上任何人都是它的潜在信徒。

基督教的早期阶段,决定性的人物和最有影响的哲学家无疑是（圣）保罗（死于公元62至68年间），他是早期基督教领袖中受过良好教育的人。正如斐洛，保罗也是希腊化的犹太人。他年轻的时候，是狂热的基督徒迫害者，但在皈依之后，他也是同样热烈的信仰辩护者。根据他自己的证词，这种转变的发生是由于在去大马士革路上的戏剧性经验，他当时正要去那里组织对某些贫穷的基督徒的迫害。保罗说，当时他突然受惊坠马，接着眼前突然一黑，什么也看不见。只听到某个声音问到："你为什么要迫害我？"后来，由于"看见光明"，他于是皈依了基督教。

保罗的影响力显而易见，如下事实就是明证：尽管他没有亲自接触过耶稣，却被视为使徒。保罗促进了对使徒身份的新理解，宣称只要有可能像他去大马士革的路上那样感受到耶稣的强大力量，个人是否认识耶稣就并不重要。在犹太教律法与基督徒的关联性的争议中，保罗占据核心地位，因为他认为自己对于"异教徒"，即非犹太教的人们，具有特殊的使命。他促进了对于基督教的普遍主义理解，坚持认为新宗教不应该有意区分犹太人和希腊人。而且，对于"被拣选的民族"，并没有什么特殊的规定。保罗对基督教的普遍主义理解，可能与他受到的希腊化教育相符。他似乎意识到罗马帝国存在某些斯多葛学派的观念。比如，他在论及每个人天生具有的良心的自然法则时，就是诉诸斯多葛学派的自然概念。

在早期基督教徒如何解释耶稣的故事上,保罗具有极其重要的影响力。他认为耶稣是《希伯来圣经》的先知所预测的救世主。耶稣出现是新时代到来的标志。正是保罗把耶稣解释为世界创造者天父之子。按照保罗的说明,三位一体的第三个位格圣灵,通过把恩典深入到每个基督徒的内心,从而与基督相互结合。恩典是上帝的福佑,它让个体的精神生命变得充沛有力,帮助他们努力过上有道德的生活。

然而,对于许多基督教的皈依者而言,最具说服力和深刻性的必定是基督教对古老罪行问题的回应,以及那些被上帝"拯救"了的人的美好来世前景。保罗把被钉十字架解释为对罪行的救赎。("救赎"即"弥补"。)强调亚当所有子孙的罪以及基督必须为了赎清这种罪而死,这是保罗的教义,我们可以从他的书信了解相关内容。耶稣可能不会用这样的话来呈现自己;至少,四福音书中对耶稣生活的描述没有用到这些说法。保罗还引入上帝决定谁会得救的观念。根据保罗的书信,基督最后会在"荣耀中"回来审判人类(生者和死者)。保罗预想基督的第二次降临很快就会到来,他早期的绝大多数基督教门徒也这样认为。

基督徒还受摩西律法的约束吗?保罗的普遍主义对这个问题有很大影响。情况往往是,一般问题因为是具体话题而得到热议。犹太教律法要求进行割礼,因此,某些基督徒主张,如果希腊人想要成为基督徒,应该举行割礼。但其他人反对这种观念,认为这个仪式既无必要又很残酷,特别是对于成年人。保罗解决了这个具体问题,宣称基督徒不用必须举行割礼。

这个决定意味着摩西律法不再支配着基督教。耶稣的死亡和复活既完成又补充了作为宗教生活之基础的犹太教律法。根据保罗的说法,新信仰由爱引导,而不受传统犹太教的律法限制。这种说法也促进了人们皈依基督教,反对分裂主义,比如某些犹太教派(著名的有法利赛派)。基督教这种寻求皈依的倾向,被称作福音主义,直到今天,它仍是基督教的一个显著特征。

保罗的看法导致大量的律法被颠覆,不过,重要的是要强调,大量教义被拒斥并不意味着对希伯来律法的全部拒斥。十诫全部完好地保留了下来,它们对基督徒的约束与对犹太教徒的约束类似,毫无疑问,其中包括这样的戒律:"你不应杀人""你不应偷盗"和"孝敬你的父母"。不过，改变的是犹太教律法强加的大量限制，比如犹太洁食对饮食的限制和反对"偶像"的禁令。犹太洁食限制的目的，就是使希伯来人作为民族团结起来，从而与其他民族区分开来，但是早期基督徒没有理由让他们的宗教向其他民族敞开。反对"偶像"的禁令则基于以下这样的观念，即上帝无法描绘。但是，既然耶稣基督是人神，那么就没有理由认为所有形象都是渎神的，因此，基督教艺术得到蓬勃发展。

保罗关于割礼的决定，得到了首届基督教理事会的支持，也标志了希腊化基督教共同体的胜利。通过削弱割礼的重要性，这个决定也与妇女在早期基督教中相对重要的地位相符，当然，这种相对重要性是与其他同时代的宗教比较而言的（包括犹太教）。然而，随着教会成为更加组织化的运动，妇女的地位逐渐削弱。此外，保罗自己也完全不是妇女权利的支持者。他坚持认为，妇女应服从她的丈夫。他也倾向于认为女性的性欲是低贱、危险甚至邪恶的。他虽然没有主张完全禁欲，但他在基督徒中提倡适当的性欲。或许，这种做法与其说是鄙视性欲，不如说是为了抵抗如下盛行说法：某些关于圣餐的基督教庆典已经堕落为狂欢放纵。

保罗关于割礼的决定基于如下论点：犹太律法已为基督教取代。因此，保罗使新宗教更能够为非犹太世界所接近，从此，非犹太、希腊化的基督教共同体的观点开始支配基督教。渐渐地，基督教的信条和活动变得与犹太教的信条和活动完全不同，以至于基督教自身被视为新宗教。

新柏拉图主义和基督教

希腊思想对后来的基督教思想有很大影响。然而，基督徒对希腊思想的认识，经过了新柏拉图主义的中介，这是由后来的柏拉图解释者发起的运动。除了对基督教的影响，如我们将要看到的，新柏拉图主义对伊斯兰教思想也有重要影响。

最有影响的新柏拉图主义思想家是普罗提诺（Plotinus，204—270）。普罗提诺强调柏拉图思想中的宗教趋向，后来促进了柏拉图的形而上学与基督教神学的融合。比如，他把柏拉图善的形式解释为位格，从而引发后来人们把善解释为基督教的上帝。根据普罗提诺的说法，善是至高的心灵，是创造世界的不可分割的统一体。作为理智，至高心灵致力于对自身的沉思，而造物就从它的思考中流溢而出。易言之，造物是从上帝的思考中发散或涌现出来的。因此，普罗提诺的理论常常被描述为流溢说。

柏拉图把物质世界贬低为次要的实在（将它比作洞穴中的影子），与此不同，普罗提诺认为物质世界本身就是精神性的，是充满精神的心灵思想。然而，普罗提诺确实认为流溢物构成了等级，其中每个存在等级都出自其他更高的存在等级。精神这种最高的存在形式，直接源自神圣的心灵。精神照亮了柏拉图的形式，即神圣心灵的沉思对象。灵魂出自精神，并通过超越自身、赋予物质以灵魂来引导世界中的生命。物质只是最低等级的流溢物。

流溢说的吸引力在20世纪或许并不明显。然而，在基督教的最初几个世纪中，这个理论因其发挥了好几个重要的哲学功能和宗教功能而颇具吸引力。柏拉图把神圣领域与物质领域分割开来，却没有说明这两个领域之间的关系。（他主张日常事物"分有"形式。）而流溢说则试图说明，这两个领域如何相互联系。从严格的唯物主义观点来看（即物质是真实事物的根本基础），这个流溢说可能不像是对事物本性的说明。但是，如果人们接受普罗提诺的精神观点，他的解释就不仅有吸引力，甚至还具有启发性，因为他并没有打算在对世界的说明中取消"神秘"。

流溢说还解决了毕达哥拉斯派曾提出的问题："如果统一体先于一切事物而存在，多样性是如何产生的呢？"同样，人们可能还会提出，"生成的世界如何从存在产生呢？"在上帝作为造物主的一神论背景下，这个问题很容易呈现它的宗教意义：如果上帝被设想为永恒、完美的统一体，他为何要创造不同于自己的世俗世界呢？

普罗提诺主张，创造，即世界的形成，是神圣的心灵、思考自身的太一（上帝）的基本方面。类似于艺术家，太一凭借本性去创造、表达自身。不过，在普罗提诺的解释中，造物主与造物没有截然区分开来。此外，存在的等级彼此重叠、相互渗透。人的灵魂已经在更高等级中有其原型，而且精神训练可以使人发展出精神直观。这是心灵与更高等级存在的融合。因此，灵魂的终极目标是与太一（上帝）的神秘结合，充分地呈现在人的灵魂之中。普罗提诺设想了人与太一（上帝）之间的理想关系，不仅通过知识而且通过爱与太一融合。

尽管有这样极端的抽象概念，普罗提诺的哲学仍传达了简单的、非常正面的精神信息。人的灵魂在某种意义上已经是神圣的，日常生活的物质世界也是精神性的。这个世界不存在邪恶，因此也没有"恶"的问题。最糟糕的情况也就是善的缺乏，但这种缺乏可以通过人的努力而得到纠正。

圣奥古斯丁和内在精神生活

最终，圣奥古斯丁（Augustine，354—430）把恶只是善的缺乏这个普罗提诺的观点传给了后世的基督徒；然而，他在人生的大部分时间发现，恶的问题陷入到具有毁灭性的困境。奥古斯丁出生于距离北非希波城大约60英里的地方（现在的阿尔及利亚海岸边）。他的母亲是基督徒；而他的父亲不是。后来，奥古斯丁把自己的皈依和他父亲的皈依都归功于他母亲。在题为《忏悔录》(*Confessions*)的自传中，奥古斯丁描述了他青年时期的放荡生活，结果他有了私生子。至少部分因为对自己的行为感到绝望，奥古斯丁开始寻求恶的问题的解决方案。正如查拉图斯特拉、佛陀和约伯以及其他人，奥古斯丁发现自己是在为世界中的恶寻找解释，尤其是人类有意识地犯下的恶。

最先吸引他的是摩尼教的解决方案。摩尼，摩尼（Mani,216—276或277）的教派是诺斯替（希腊语的"知识"）的支派，之所以得名诺斯替，在于他们宣扬救赎只能通过秘传的知识获得。这种知识只限于小群体，或者直接启示给教派领袖。摩尼结合了基督教和琐罗亚斯德教，试图同时吸引这两个群体。他主要的、也是最著名的教义包括：世界是两个同样有力的神圣原则（善和恶）之间伟大斗争的显现。在这场战争中，善神（光明之神）与恶神（黑暗之神）相互混杂。

人的责任就是把善的部分从物质世界中解放出来。把这种善解放出来的方法，就是启示给摩尼的秘密知识（或灵知）。谁只要听从摩尼学会了解善，就是选民，就会得救。那些认为自己是选民则实行禁欲生活和严格的饮食习惯，由此使自己摆脱诱惑。摩尼被他的追随者尊为救世主，但是他的许多批评者很少尊重他。尽管摩尼教在戒律上采纳了它所进入的文化要素，但是它仍因其暧昧性被三个不同宗教正统宗教（琐罗亚斯德教、犹太教和基督教）贴上了异教的标签。

奥古斯丁发现，摩尼教的教义作为对人类恶的解释很有吸引力。根据它的解释，恶之所以存在，原因是恶神的部分进入并支配了人的灵魂。唯一使人免于这个命运的方式，是采用选民的禁欲习惯，致力于善行。然而，奥古斯丁不久就从摩尼教中醒悟过来。他曾对某位摩尼教主教表达了自己在探究的宗教问题，结果他对这位主教极其简陋的学识没留下什么印象。作为年轻人，奥古斯丁有着强大的、高要求的理智。他不会满足于闪烁其词的回答。

好些年以来，奥古斯丁献身于教学和新柏拉图主义研究，把主要精力放在柏拉图和普罗提诺的著作上。在33岁那年皈依基督教之后，他完全把精力放在从哲学上整合基督教学说与柏拉图和新柏拉图主义的哲学的任务上。从普罗提诺那里，奥古斯丁接受如下观点：真正的实在是精神性的，所有存在者都出自上帝。而奥古斯丁对普罗提诺的流溢等级说的解释，则是基于基督教的三位一体学说。从柏拉图那里，他接受了以下这个观点：沉思生活是获得知识和幸福的唯一方式，不过他拒斥了柏拉图提出这个观点的异教框架。至于基督教，他认可如下观点：经文是生活得好的恰当向导。

或许，奥古斯丁对西方哲学（而不只是基督教思想）的最伟大贡献，是他对个人内在生活的强调。"我思故我在"这个归于笛卡尔的著名命题，实际上早在12个世纪之前就已出现在奥古斯丁那里。而且，奥古斯丁而非任何其他哲学家引入并详细描述了"内在"或"主观"的时间体验。（灵魂也许是永恒的，但却是在时间中得到拯救或陷入迷失。）《忏悔录》仍然是西方文学中对自我进行最大胆、最诚恳的探究作品。在这本书中，人们可以看到理性的充分关注，但它真正的重点却是灵魂的激情。这些激情首先包括的是爱和信仰，但也有欲望、冲动和恶习（比如贪欲、骄傲和好奇），这些激情在我们自己那里全都能找到。

奥古斯丁将上帝与人类灵魂之间的关系视为宗教的核心关注。由于灵魂是"按照上帝的形象"创造出来的，因此认识自我就成了认识上帝的手段。于是，正是通过奥古斯丁，我们进行了哲学中最剧烈的转向，即"内在"转向（当然，我们可能也注意到，在许多世纪之前，佛教中也出现了可与之相比的转向）。关于世界的知识，尤其是关于上帝的知识，不再被认为只是观察和理性的问题，而且也是情感的问题。早期的希腊哲学家可能偶尔谈到过情感，但他们没有认为情感是"内在体验"。犹太人和早期基督徒谈论信仰，认为信仰是态度（通向内在性的重要步骤），但他们没有设想过我们所谓的"丰富的内在生活。"苏格拉底倒是谈到了灵魂，但根据他的构想，灵魂只是德性之源，而不是深刻体验的主体。

由于奥古斯丁的《忏悔录》，个人内在的精神生活开始步入西方思想的中心舞台。他告诉我们，人类存在的目的是带着敬畏沉思上帝。他坚持认为，这样而且惟有这样才能让我们感到幸福。从这个内在生活观念出发，可以发展出强有力的、全新的基督教概念。宗教改革则是这种对内在精神生活的强调的进一步发展，现代哲学也强调主观性和体验，这在笛卡尔以及追随他的哲学家那里达到顶峰。实际上，知识的经验基础或"内在"基础将成为好几代现代哲学家的共有前提。奥古斯丁之后1500年，那些自称"浪漫主义者"的德国哲学家将把这种内在提升到"绝对"的位置。①

根据奥古斯丁对于人类知识的观点，上帝不只是造物主，而且也是宇宙中的积极行动者。上帝照亮了人类的灵魂，与之共享神圣心灵的观念。奥古斯丁接受了新柏拉图主义的解释。对于人而言，形式（神圣心灵的观念）通过上帝而变得可理解。因此，"分有"在奥古斯丁那里比在柏拉图那里有更直接的解释。上帝的光照使柏拉图描述的非物质形式直接向灵魂呈现。由于上帝既是理性能力的来源，又是通过理性获得的真理的来源，奥古斯丁认为，我们可以对人类理性有信心。因此，即使古希腊人没有接近经文所提供的那种真理的途径，奥古斯丁也可以把古希腊人的洞见解释为理性的真正产物。

根据奥古斯丁的观点，这种通过经文得到的启示对于完全理解神的计划以及我们自己在其中的位置至为根本。尽管如此，我们关于自

---

① 我们现在对个人内在情感的着重强调，历史学家罗伯特·斯通（Robert Stone）称之为"情感个人主义"，实际上就是我们自己对这一历史潮流的解释。

然世界的经验仍然能够把我们引向宗教真理。奥古斯丁为上帝的存在提供了自然主义基础。他诉诸造物者的有序设计和美、被造物的不完美（这就意味着有完美的造物主）和运动（这就意味着有运动的发动者）。不过，比理性论证更具说服力的是奥古斯丁在自己那里发现的渴望，即对幸福的渴望，它只能由与上帝合二为一来满足。正是通过理性和这样的情感体验，我们才认识自己掌握的只是局部的真理。但也正是从自己的有限性中，我们瞥见了永恒的真理就是上帝。

奥古斯丁认为哲学是某种活动，包括理性的技术，同时他也认为哲学是通向智慧和生活终极真理的道路。有了这种双重的哲学观，他就能够使自己尽情追寻抽象的逻辑问题、解决基督教学说不可避免产生的悖论，而无需认为这样的活动就足以达到他的真正探求，即对理想的信仰生活的发现、阐明、辩护和践行。不过，至少这里的悖论根本不是学术性的或纯粹逻辑学的，在这里又是恶的问题。

首先，奥古斯丁试图表明，上帝不是导致恶存在的原因。他接受普罗提诺认为恶只是善的缺乏的学说，认为上帝不是恶的原因。恶不是被造物，而是某种东西的缺乏。恶类似于无序，即秩序的缺乏，而不是某种现实的实体。房间可以变得无序，但并不是"无序"进入了房间。"无序"只是称呼秩序打乱的情形。同样，恶是上帝创造的秩序的破坏，而不是上帝的创造物。

在创造世界的过程中，上帝完美构建了人类和所有其他生物，赋予它们用以追求自然目的和超自然目的（就人而言）的本性。根据奥古斯丁的说法，他的希腊哲学前辈已经十分恰当地描述了人类的自然目的，不过他们对自己的超自然命运浑然不觉或含混不清。他们没有认识到，上帝赋予了人类与他们的超自然目的本性，即在恩典的状态中与上帝的神秘统一。

尽管导致苦难的自然灾害或许有不同的含义，但是奥古斯丁仍坚持认为，我们完全无法在上帝为造物设定的整个计划中看到这些灾害的终极意义。如果我们能够设想这个计划，我们会看到，上帝造物完全是善的。不过，神圣的宇宙计划的基本组成部分包括，上帝通过赋予人类自由意志，让人类共享上帝的本性。其他方面的造物完全遵循上帝的计划，与此不同，人类可以自己决定自己的行动。上帝的造物最完美的地方在于，他允许人类自由选择相信上帝，并与他共同实现上帝的计划。但是，由于人类有自由选择，就不能说是上帝导致他们犯下罪行。罪行的可能性是自由意志的必然特征。因此，上帝允许人为的恶，但他自己过去不是、现在也不是恶的原因。

《创世记》详细叙述了人类未能始终选择善行的过程。亚当和夏娃的原罪造成人类的堕落，陷入低劣的存在状态。这种低劣状态的某个方面，就是屈从于诱惑和"堕落"的倾向，尤其是关于身体的诱惑和堕落，这是亚当和夏娃传给后代子孙的东西。这就加重了人类造成世界上的恶的倾向。尽管如此，奥古斯丁仍坚持认为，"身体的堕落虽然让灵魂下沉，但不是原罪的原因，而是对原罪的惩罚……相反，恰恰是有罪的灵魂使得肉体容易堕落。"诱惑是人的罪行、人的选择的结果，而不是它的最初原因。

奥古斯丁还对反驳观点（上帝的先见之明应使上帝对罪行负责）进行了考量。比如，既然上帝无所不能，预见了人类的罪行，他就对它们负有责任，因为他可以阻止它们。如果上帝不能预见罪行，那就说明他不是全知的，如果这样，上帝也就不是上帝，至少不是基督教观念的上帝。奥古斯丁断言，上帝确实预见了人类的罪行。实际上，他能看见人类的所有错误选择，无论是过去的还是将来的（以及现在的）。然而，上帝知道这些自由选择并不意味着上帝安排了这些选择。上帝知道人类历史的整体情形，但他不是迫使那样展开的操纵者。

上帝不仅没有导致人类去犯下罪行，而且还赋予人类甚至在堕落状态下克服罪行的能力。在这种境况下，人类不能依靠自己的本性引导自己走向上帝。罪行的结果是扭曲我们本性中的基本倾向，这就像粗心驾驶损害了汽车的定位系统。然而，上帝把恩典自由地赋予愿意接受它的人，恩典在此就是神圣的指引。奥古斯丁并不认为每个人都会接受恩典，事实是，有些人接受了，有些人没有接受，因此可以说，许多人不会接受恩典以及随之而来的拯救。后来，这个观点被阐述为无情的加尔文教教义，即有些人注定会得到拯救，而有些人注定要下地狱，无论人们做了什么或信仰什么。

然而，奥古斯丁也强调上帝恩典的保护力量，认为恩典会引导信徒远离诱惑，走上使他们通向超自然命运的道路。奥古斯丁坚持认为，最大的危险和诱惑是人类对自主的坚持，不过，尽管奥古斯丁强调人类的自由意志，但他仍主张，唯一的矫正方法是充满激情而非被动接受上帝。总之，人类自己选择了恶，不仅出于恶意，而且常常因为无知和傲慢。与同时代人主张通过积极的努力来保证得救不同，奥古斯丁认为，人最好的态度就是信仰，这是每个人都可以做到的。上帝不仅不是恶的来源，而且为人类克服恶提供了手段。

基督教内部的首次大分裂

自从圣彼得于公元1世纪在耶路撒冷确立著名的大公教派（"普遍"的教派）之后，基督教就试图把自己看作统一的宗教。但是，当基督教在最初几个世纪的传播穿过地中海进入欧洲，它不得不调整自身以适应各类习俗。最初，它是某种祭仪（或多种祭仪），随着时间的流逝，不同基督教文化、不同派别和不同哲学系统之间的差异开始变得越来越明显。在基督教时代的首个千年中，拉丁世界的基督教与希腊世界的基督教之间的差异日益扩大，最终分裂为不同的教会。这次分裂就是著名的1054年大分裂。不过，这个日期显得有些武断。因为这个分裂是从11世纪到13世纪逐渐地发生的，而它的根源可以追溯到更早。

在基督教出现的最初三个世纪中，它在罗马帝国是非法的宗教，其教徒也常常遭到迫害。313年，皇帝君士坦丁（Constantine）使基督教合法化，之后他自己也成了皈依者。作为回报，教会领袖把君士坦丁提升到与使徒同等的位置，而且有权召集大公会议，解决因基督教教义产生的争端。在君士坦丁批准基督教合法时，教会是在三个教区（罗马、亚历山大里亚和安条克）之下组织起来的，每个教区都由主教管理。罗马教区最具影响，这既是因为罗马是帝国的首都，也是因为彼得和保罗曾在那里布道和殉道。

然而，在330年，君士坦丁宣布拜占庭（后来称作君士坦丁堡，现在的伊斯坦布尔）为东罗马帝国的首都，从而使教区之间的关系变得更为复杂。他宣布君士坦丁堡为"新罗马"，并把拜占庭的主教提升到宗主教的地位，使其管辖范围扩展到此前由罗马主教和安条克主教管理的区域。后来召开的大公会议甚至赋予了君士坦丁堡的宗主教更高的地位，因此，罗马宗主教、教皇和主教的相对重要性就日益成了富有争议的话题。

由此而来的政治紧张关系，最终导致了东西方教会的分裂。这个分裂因深刻的文化差异而加深。基督教在东方和西方的发展极为不同，这些差异随着教会越来越组织化而变得更加明显。在东罗马帝国，平信徒和教士都非常热情地参与神学争论。宗教问题上的意见分歧得到宽容，正统信仰从来不像在西方那样明确或教条化。实际上，在教义问题上，教士并不被认为是唯一权威，甚至教会领袖都被认为会犯错误。在东方教会，信仰还不如参与礼拜仪式重要，因为礼拜仪式整合了许多艺术形式，涉及到整个会众。尽管如此，教义仍得到最高的尊重，形而上学的思辨复杂而精巧。

相比而言，西方教会的环境极为不同——且富有挑战性。从最初开始，它就面对各种宗教和教派的竞争。结果，法律特别强调对正确信仰的维护。神学思辨既没有得到鼓励，也不被容忍。由于472年遭到来自北方敌人的入侵，西罗马帝国瓦解，导致教士承担起了政治角色。当时，教会是唯一幸存下来的机构，教会领袖只好与入侵者谈判，管理当地政府。

罗马沦陷之后，唯一正式的教育是教会组织的教育，其目的几乎只是为了训练教士。教士也拥有执行西方礼拜仪式的独特权力。外行参与者极少。而且，当时绝大多数外行不再懂得进行西方礼拜仪式所使用的拉丁语。因此，西方教育是由精英教士团体运作，他们同事也参与世俗政治。在教皇的领导下，教会本身也变得日益等级化，教皇被认为是基督教教义方面最高、绝对可靠的权威。

由于语言、世界观的不同，东方教会与西方教会成了极为不同的两个机构。作为各自基督教文化之核心的两个城市，也因此变得日益不同。君士坦丁堡成了世界上最富有、最文明的城市，而罗马却因战争和入侵被毁坏。

教义和哲学上的分歧不是导致最终分裂的主要原因，不过，它们仍是争夺宗教领袖，确定教义问题的权威而展开的政治斗争的背景。比如，《尼西亚信经》本来是325年大公会议确立的对于基督教教义的官方表述。最初的信经声称，圣灵"从圣父而来"，但是西方教会对此作了修正，说圣灵"从圣父和圣子而来"。"和子说"（Filioque）的表述成了东西方教会之间争议的焦点。

西方教会主张，这是对教义的无伤大雅的表述，因为教会神父向来就是这么认为的,只是由于他们预设却没有明确表述罢了。相反,东方教会声称,这个增添打乱了三位一体中三个位格之间的微妙平衡。东方教会明确了唯一上帝的三个位格的意思,认为上帝的所有属性都适用于作为统一体的上帝,但是,具体使三个位格区分开来的特征并不适用。因此,上帝的永恒适用于所有三个位格,因此他们同样是永恒的。根据东方教会的看法,圣灵从圣父而来,这是圣父作为基本因果原理的独特角色的特征之一。然而,如果圣子也具有这个角色,它就不足以把三个位格区分开来。如果这样,西方教会的教义即使不是对上帝统一体或三位一体中三个不同位格的否认,也至少意味着某种混淆。

与之相反,西方教会认为"和子说"是对上帝同一性的确认,而非威胁。有好些西方神学家,包括奥古斯丁,认为圣灵锻造了圣父与圣子的结合。因此,西方教会主张,圣灵的角色确切地表达在所修订的表述中,即"我们相信圣灵……从圣父和圣子而来"。因此,双方在教义上发生争执,各自都主张自己是对上帝统一体的确认,并认为对方的表述较为可疑。

在东西方教会的冲突中,权威也是核心问题。西方教会接受大公会议的权威,但它主张这个权威是由教皇授予的。因此,既然《尼西亚信经》因教皇的权威而扩展到大公会议而成了基督教教义的核心表述,教皇也就有权威去修订信经,根本无需得到大公会议的批准。然而,东方教会主张,大公会议是唯一不可置疑的神学权威,既然《尼西亚信经》是由大公会议通过的,那么,除非再次召开大公会议,没人能修改信经。西方教会和教皇都没有权威改变或者增损信经。我们不清楚,这场争论在多大程度上是出于形而上教义的细微差别,这场教义上的争论又在多大程度上只是政治斗争的表现,不过,这场争论的政治后果是显而易见的。

东方教会也没有像西方教会那样自愿接受奥古斯丁的神学思辨,因为西方教会把奥古斯丁的思想当作资源来支持如下观念:圣灵从圣父和圣子而来。在西方教会那里,奥古斯丁被当作重要的教父。在东方教会那里,尽管奥古斯丁的重要性并未受到质疑,但几乎没有受到他的神学理论的影响。与其他方面相同,这方面的冲突的主要原因,在于双方对彼此的活动缺乏相互理解,双方的重要代言人缺乏交流。

因此，礼拜仪式活动上的差异也导致东西方教会在以下这些方面充满争议：圣餐上使用何种面包、星期六斋戒活动以及已婚人士做神父的合法性。这些细节引发了系列指控，他们极其露骨地呈现在拜占庭教会的宗主教与某位西方枢机主教之间的通信中。结果，罗马教会向这位宗主教和君士坦丁堡的其他高级教士发布了绝罚的官方公告。这样就导致了公众骚乱，东罗马帝国的皇帝只好下令焚烧这份招致众怒的官方公告来平息骚乱。尽管把宗主教逐出教会既不直接涉及罗马教皇的地位，也不会影响君士坦丁堡教会的绝大多数成员的地位，但更加激发了双方的敌意和误解。宗主教散播谣言说，整个东方教会都将被逐出教会，两个教会就这样分道扬镳了。宏伟壮观的基督教统一体形象，就此走向尽头。

伊斯兰教的兴起

与此同时，新宗教在东西方基督教的辖地开始广为传播。穆罕默德（约公元570—632年）曾是麦加的商人，他是伊斯兰教的重要先知和创建者。"伊斯兰"（Islam）源自salaam（额手礼），意思是"和平与顺从"，指由顺从上帝而来的和平。穆罕默德四十岁那年，入山进行宗教静修，获得启示。天使加百利命他"背诵"，他最终叙述的"背诵内容"被认为是穆斯林的神圣启示。《古兰经》就是对这些启示的抄录。《古兰经》上的话都是神圣的，甚至每页上的字母都是神圣的。因此，从阿拉伯语翻译过来的《古兰经》有本质上的缺陷，只能算是"解释"；所有的祈祷都得用阿拉伯语。

在伊斯兰教之前，阿拉伯世界的宗教涉及的是对诸多神灵（jinn）的崇拜。安拉不过是麦加地区崇拜的诸多神灵之一。但之后穆罕默德教导人们，要将安拉作为唯一神来崇拜，别把安拉等同于基督徒和犹太教徒所崇拜的神。他还认可犹太先知和耶稣所具有的宗教重要性，他的追随者也如此认为。然而，穆斯林相信，穆罕默德本人就是最后的、最伟大的先知，他的使命就是恢复真正的一神论、宣扬上帝的仁慈，并把多样的阿拉伯部族统一为由共同信仰结合起来的单一民族。

《古兰经》认定的"选民"是阿拉伯人，并把他们的起源追溯到犹太人视为自己祖先的亚伯拉罕。不过，伊斯兰教向所有人开放，不仅向阿拉伯人开放，也向基督徒和犹太教徒开放，只要他们崇拜同一个神。争议也因此产生，主要涉及这种普遍性的诉求应如何与伊斯兰教作为阿拉伯人的宗教这个具体概念取得平衡。这些争议与早期基督教的某些争议类似，即基督教应被理解为犹太教派，还是同等地接纳非犹太人的普遍主义信仰。

伊斯兰教的吸引力在于其简洁性，事实上，它渗透在每个人的日常生活之中。伊斯兰教的主要要求是唯一的认信。信徒必须至少在一生中曾有过认定："除了安拉，没有别的神，而穆罕默德是他的先知。"这个要求是伊斯兰教五功之一，所谓五功，即信徒的基本义务。其他四功为：礼（根据正统穆斯林的解释，每天面向麦加祈祷五次）；课（每年捐赠一定百分比的财产用以救济穷人，对那些明显处于困境的人施以援手）；斋（在某个月，虔诚的穆斯林在白天不吃不喝）；朝（如果身体和经济条件允许，一生要去麦加朝圣一次）。

从哲学上来看，伊斯兰教的教义有强有力的社会正义和经济正义观念作基础，这明显体现在第三功上，它极为强调慈善行为。很多伊斯兰教的神学思辨常常从以下这个公理开始，即神是完全公正的。然而，正义有两个互补的含义。一个是慈善所体现的同情；另一个是报应。一个人做对事则应得到奖赏，相反，一个人做错事必须得到惩罚。

伊斯兰教的圣战（jihad）概念也是根据正义来理解的，因为它被视为对恶的肆虐的抵抗。根据伊斯兰教的说法，战争只有在防御恶或者纠正已犯下的恶时，才是合法的。圣战观念也扩展到人的内在生活，这种"以神的名义而战"包括信徒为了给自己的生活和社会带来更大的宗教意识而进行的内在斗争。确信神是正义的，这是伊斯兰教解答恶的问题的关键。人民应对他们的行为负责，神只是惩罚那些因拥有自由意志而犯错的人。此外，穆斯林相信个人拥有不朽的灵魂，它在人死后或者上天堂，或者下地狱，因此那些在有生之年没有得到惩罚的罪行、没有得到奖赏的德性，最终都会得到公正的对待。

在伊斯兰教的思想中，神作为造物主的角色很重要。造物是神的意志的直接结果。伊斯兰教与柏拉图的观点背道而驰，后者认为物质世界低于更加真实、更高层次的世界。而伊斯兰教认为，物质世界同样真实和善。休斯顿·史密斯（Huston Smith）在他的《人之宗教》

（*Religions of Man*）中写道，伊斯兰教中浓厚的科学传统，是其相信自然价值的直接反映。

公元 622 年，穆罕默德与他的追随者来到麦地那，并在创建了名为 umma（乌玛）的宗教社区。这个事件被称作"希吉拉"（hijrah），伊斯兰教历法把这件事发生的那年称为元年。经文被给予至高无上的权威，先知的话语（被称作"圣训"[hadith]）也被给予重要的地位。但是，谁在解释经文上有更大的权威呢，个人还是乌玛？这个问题引发了早期的争议，并因如下事实变得复杂：乌玛的领导人几乎从穆罕默德死后就分歧不断。比如，有些人相信，领导身份应该在家庭成员之间代代相传。另外有些人则强调伊斯兰教的普遍性，因而反对这个看法。当代伊斯兰教最严重的教派分歧（比如逊尼派穆斯林与什叶派穆斯林之间的分歧），都可以追溯到这些争议。

这个问题较为哲学的方面，涉及《古兰经》的地位与神的地位之比较。《约翰福音》的基督教教义主张，基督是"上帝之言（逻各斯）"，他与上帝都是永恒的。然而，伊斯兰教神学家在《古兰经》作为神言是否应视为与神同样永恒的问题上，充满了分歧。有些人强调神的唯一性，否定（基督教概念）上帝具有不同位格这个观念。他们把神与《古兰经》区分开来：他们宣称，《古兰经》是自然世界之物，是上帝造物的一部分（哪怕它有助于人认识到神的永恒属性）。相反的观点则主张，《古兰经》的意思与上帝的本质合一。根据这个观点，《古兰经》的意思就是非创造的和永恒的，尽管那些印在纸上的字词显然是被创造的。

伊斯兰教的世界观本质上看来是平等主义。但是，普遍平等的教义会使解释和解释权威问题变得充满争议。每个人都能平等地理解古兰经吗？伊斯兰教的某些教派认为，《古兰经》有好几层意思。表层是字面意思，每个阅读者都可以看到，可以通过理性和常识理解。除此之外，还有深层的隐微意思，它只能为那些得到适当训练和指导的人理解。因此，那些相信有多层含义的人必定会认为，在关涉《古兰经》的深层意思方面，圣徒具有权威。

比如，什叶派相信多层含义，他们认为《古兰经》的终极意义高妙无比。他们认可所谓的伊玛目（imam）在解读《古兰经》的深层意思上的权威。什叶派信徒相信，伊玛目是接续穆罕默德工作的圣徒，因此让每代人可以直接接触先知之"光"。伊玛目实行世袭。在位的伊玛目在自己的后代中指定继承人。然而，伊玛目的数量、他们是否不会犯错以及他们是否比最高的政治统治者哈里发（caliph）更权威这些问题，在这些方面什叶派自身也存在分歧。某些什叶派信徒也认为，最后的伊玛目处于隐匿状态，他会作为救世主再次出现，对《古兰经》的意思做出终极解释，并带来审判和正义。

绝大多数穆斯林是逊尼派伊斯兰教的支持者，这派的名字得自Sunnah，意思是"传统之路"，指的是先知的实践。他们相信，这些实践确保了穆斯林共同体的统一，因此，逊尼派穆斯林反对非传统的忠诚形式（而这在什叶派中较为常见）。逊尼派穆斯林认为，任何具体的个人都不是宗教继承人或穆罕默德工作的继承者，他们认可哈里发作为核心的宗教权威。而且，至于对《古兰经》细致入微的解释，他们总是持怀疑态度。什叶派通过转向伊玛目来解决伊斯兰教律法的问题，而逊尼派则接受共同体的共识作为解释权威，当然，在实践中，逊尼派共同体也求助于律法学者为大家提供共同接受的解释。

有关哈里发继承的争议导致了逊尼派传统与什叶派传统之间出现分裂。什叶派主张，穆罕默德的堂弟和女婿阿里（Ali）是先知权威的合法继承人。事实上，阿里是首位无视哈里发王权的人，因此，当他最终成为哈里发后，许多人拒不接受他的权威性。于是，阿里被谋杀，他的对手宣布自己是大马士革的哈里发，具有核心权威。然而，阿里事业的支持者在阿里的儿子侯赛因（Husain）的领导下，挑战大马士革的第二任哈里发，结果在680年的卡尔巴拉大屠杀中被杀害。逊尼派穆斯林传统则认可大马士革哈里发王权的合法性，后者的统治持续了将近一个世纪。然而，什叶派则维护阿里的子孙的诉求。他们每年以再现的形式纪念卡尔巴拉的血腥屠杀，确保这个恐怖事件永不被遗忘（无论是情感上还是理智上），这场屠杀的受害者还包括穆罕默德唯一孙子。

苏菲派是伊斯兰教内部的著名神秘传统，它也主张《古兰经》有多重含义。不过，苏菲派并不相信唯有圣人及其门徒才能理解深层含义。他们认为，神的恩典使每个人都能接触到深层含义。因此，苏菲派的神秘主义实践在追寻完全沉浸于神的理想境况的过程中，塑造了各个阶段的自我完善。顺从伊斯兰教律法是精神实践的基本阶段。接下来的阶段包括弃绝世界万物、甘愿接受贫穷和抑制欲望。第三阶段，即灵知的阶段，则包括自我的消除。在这个阶段，苏菲体验到瞬间的狂喜，与神合一并认识到完满的真理。这些瞬间是苏菲派实践的终极目标。

苏菲派根据爱来对整个精神追求进行描述。他们相信，神出于爱创造了世界，世界是神存在的流溢。苏菲派寻求与神合一，这也由爱推动。实际上，人的爱和关系最终指向与神合一（极像文艺复兴时期欧洲人所阐述的"柏拉图式的爱"）。苏菲派的诗歌，常常以灵魂渴望与上帝结合作为核心主题，而这种渴望也常常用充满爱欲的术语表达。

神秘主义

伊斯兰教并不是唯一拥有神秘主义学派的传统。其他传统也相信依靠意识转换和特殊体验来接近神。

比如，印度的瑜伽练习就是这样一种训练，在这种训练中，练习者利用技巧来控制自己的心灵和身体，最终目的就是达到与神合一。同样，许多佛教徒通过律己的打坐来超越幻象对心灵的限制。犹太教和基督教也有漫长的神秘主义历史，他们坚持认为，真正的洞见源自对更高层次的实在的接近，而这通常要借助于规训和启明。（我们马上就会论述犹太教的神秘主义传统。）比如，基督教的传统包括早期诺斯替教派有组织的隐微论，其成员相信洞见取决于对秘密知识的启示，也包括私密的个人体验和记述，比如西班牙的神秘主义者阿维拉的特蕾莎（Teresa of Avila，1515—1582），她最后被天主教会册封为圣徒。特蕾莎在自传《人生》（*Life*）中记录了自己的神秘体验。（他声称自己在将近二十岁阅读奥古斯丁的《忏悔录》，曾有过"皈依"体验。）她的叙述形象生动，充满爱欲的意象，与苏菲派的描述极像。特蕾莎在《心灵城堡》（*The Interior Castle*）中，用宅邸不同房间的形象来描述神秘体验的各个不同阶段。

绝大多数神秘主义传统在正统范围内地位稳固，有些还是十分虔诚的保守派（比如犹太教的哈西德派）。尽管如此，神秘主义依赖于个人努力和体验这个事实，对于有组织的宗教内部的权威还是造成了哲学问题，有时还是实践问题。神秘主义者的个人虔诚和书写如何与正统的宗教教义相互联系？如果这两者产生冲突，是否有哲学的解决方案吗？这个问题的政治解决方案常常是指控神秘主义者为异端，更有甚者就是加以迫害。做神秘主义者是危险的事，尤其还是公众人物。哈拉智（Al-Hallaj）是伊斯兰教神秘主义者，他因在宗教高峰体验时大喊"我是神"而在 922 年被暗杀。尽管他此前坚持这只是表达自己与神合一的体验，但他的话在同时代人听来仍是渎神。

当神秘主义者想要描述自己的神秘体验，他们常常在表述自己时有困难。因为这样的体验非比寻常，日常语言由于其世俗性，不适于用来详述神秘体验所涉及的东西。因此，神秘主义者通常会采取间接的描述手段，运用隐喻、夸张和悖论的陈述来尽力表达神秘体验像什么。当神秘主义者与宗教权威发生冲突，问题常常就是这样的，宗教权威只是给予字面解释或普遍解释的内容，神秘主义者赋予了非同寻常的意图。

埃克哈特大师（Meister Eckhart，约 1260—1327？）是德国的道明会信徒，被指控为异端，教皇对其 28 项言论进行了谴责（幸运的是，这是在埃克哈特死后做出的谴责，并且也适当承认了他对自己言论做了不同程度的撤销）。问题恰恰在于，他的这些言论从普遍的观点来看，像是对正统教义的否定。埃克哈特有时会说造物与上帝没有根本的不同，在有些人看来，他是泛神论者（泛神论者认为神等同于自然世界）。在其他某些陈述中，埃克哈特强调上帝与造物的区分；不过，针对他的指责常常是对他的陈述的断章取义。埃克哈特也宣称，上帝是在上帝的永恒存在的"当下"中创造世界，在某些人听来，这个主张似乎是在说，他认为造物与上帝同样是永恒的，因而会与正统的教义相冲突。同样，埃克哈特声称，灵魂的理智是非创造的（当然，他最后收回了这个说法，宣称理智不是在其自身中创造的，而是与灵魂共同产生的）。

或许，埃克哈特勉强描述的、让宗教机构感到惊恐的神秘体验，很像哈拉智的如下呼喊："我们完全转变成了神。"埃克哈特进而把这种转变比作圣餐变体，即面包在圣餐聚会时变成了基督的身体。因此，埃克哈特描述与神（他把神描述为最基本的理智）合一的做法一直被教会领袖当作对教义的否定，但这显然不是埃克哈特的意图。

波斯和逍遥派传统

我们提到了伊斯兰教内部对古兰经的两种不同解释方法，一种诉诸宗教权威，另一种诉诸神秘体验。此外，还有第三类伊斯兰教神学家，他们维护理性在解释古兰经上的核心地位。类似于犹太教和基督教的神学争论，理性在伊斯兰教神学中的地位很成问题。人类理性是否有能力理解安拉，有些穆斯林表示怀疑，因为安拉超出了我们人类的能力。另一些穆斯林则认为，运用理性去解答宗教问题完全合适，因为理性本身就是来自上帝的礼物。还有其他某些人主张，理性和启示同等重要，当然在两者发生冲突时，应以启示优先，比如斐洛。围绕理性的角色所展开的争论，是伊斯兰教思想家的逍遥派传统特别重要的内容，这个传统的影响不限于伊斯兰教，也对西方的其他思想有影响。

随着阿拉伯人对波斯帝国和拜占庭帝国的入侵，他们也把自己的语言和宗教强加到所征服的人民。然而，影响的作用却是双向的。阿拉伯人遭遇了古希腊、犹太和基督教的哲学话语传统，因此，他们着手发展自己的伊斯兰教传统，并在巴格达占据核心地位，相应，阿拉伯语成了支配性的学术语言。大约在750至900年期间，许多希腊语作品被翻译成阿拉伯语，其中包括柏拉图、亚里士多德和普罗提诺的部分著作。通过利用这些作品，阿拉伯学者发展出了自己的哲学词汇，有些术语直接从希腊语对译过来，比如falsafah一词，就是希腊语philosophia的对译。

正如亚里士多德，阿拉伯哲学家试图对所有知识加以系统化，包括他们从希腊传统中习得的知识。阿拉伯传统认为，哲学日程上的首要任务是确立理性在确定真理中的角色，特别是与启示相比较而言的角色。有些哲学家力图使古希腊哲学的教义对这些问题产生影响，他们形成的传统因为特别依赖于亚里士多德而被称作逍遥派传统。亚里士多德的追随者之所以被称作"逍遥派"，源于他们都效仿亚里士多德的做派，边散步边高谈阔论。不过，某些逍遥派也受到普罗提诺的强烈影响，结果他们在对亚里士多德进行解释时，常常带有流溢说的色彩。

波斯哲学家金迪（al-Kindi，约800—866）就是典型例子。他追随亚里士多德，认为哲学的目的就是用因果说来发现事物的真正本性。

自然主义说明寻求的是关于自然的真理，但"第一哲学"或形而上学，关注的是更高的神圣领域。根据金迪的说法，神是唯一真正的行动者。人类行动的行动者身份是次要的和隐喻的。金迪也强调神的意志而不是神的理智才是使造物存在的力量。金迪推断说，神创造世界，因此拒斥了普罗提诺的如下观念：宇宙也是永恒的。然而，金迪却又接受了普罗提诺的以下这个观念：造物是由系列的流溢物构成，每种理智都源自神圣的统一体。

金迪对新柏拉图主义的流溢说的接受，对他的人类心灵概念有重要影响。他用这个理论解释了亚里士多德的如下提法：知识的可能性依赖于自动、积极的理智。金迪认为这种生产性或"积极"的理智是更高的理智，人的心灵正是依赖它而得以认识。这个积极的理智不同于每个具体的人类灵魂；不过，它是所有人类灵魂中的积极因素。实际上，这个理智就是全部人类思想的作者。这个观点也为其他逍遥派思想家所认可，与奥古斯丁的观点类似，后者认为，仅仅依靠心灵的力量无法获得知识，因为知识依赖于上帝的光照。

正如某些基督教传统中的神学家，金迪认为，由于神的神圣性，人类不可能对其有完满的理解。因此，类似于斐洛借助于否定方法，金迪关于神的描述主要用的是否定性术语。不过，在绝大多数方面，金迪的宗教信仰与正统教义相同，而且他愿意承认理性的局限性。比如，他并不因奇迹观念感到困扰，而是毫无保留地加以接受。类似于斯多葛学派，他极为尊崇命运。

相比之下，波斯哲学家拉齐（al-Razi，865—约925）则是阿拉伯传统中的异数，他在拉丁世界以"拉齐兹"（Rhazes）闻名。拉齐认为哲学是整全的生活方式，包括知识和行为。有时，他会把哲学生活描述为"神样"的生活。无论如何，哲学对他而言不只是嗜好和消遣，也不是需要余生全花在上面的系列有待解决的困惑。确切地说，他撰写过自传性作品《哲学生活》（*The Philosophical Life*），他在其中对自己的哲学观点做了辩护。

拉齐并不特别推崇亚里士多德，相反，他认为自己是柏拉图的弟子。他确信，理性是确定真理的最终手段，因此，若理性与启示发生冲突，应抛弃启示。这个观点，连同普通人也能弄清真理的这个主张，公然违抗了正统的伊斯兰教教义，后者认为唯有先知才有特别的洞见。拉齐进而非议金迪的造物概念，认为物质是永恒的。在他看来，世界是由神创造的，但神并非从虚无中创造世界。他只不过是对已然存在的物质赋型而已。

法拉比（al-Farabi，约878—约950）有土耳其背景，他比拉齐要更传统，更具有亚里士多德主义的性质。他的绝大多数著作是对亚里士多德的注疏，不过这些作品的哲学关切超越了纯粹的评述性质。法拉比试图让柏拉图与亚里士多德相容，使两者的学说都与自己的传统相关。比如，他在哲学上最为重要的原创性贡献，涉及亚里士多德的"本质"和"存在"观念。通过使用亚里士多德的这两个概念，法拉比区分了必然存在者（它不可能不存在）的本质（或基本结构）与偶然存在者（它因原因而定，可以是别的样子）的本质。必然存在者的存在蕴含在它的本质之中。因此，惟有理性能够确定必然存在者的存在。

正如拉齐，法拉比相信理性是人类接近真理的首要路径。但是，法拉比也维护启示的重要性，而且他还批评拉齐贬低了启示的重要性。法拉比主张，任何社会的理想统治者都应是神给予了他启示的那个人。类似于苏菲派，他相信，对神的启示的充分意识，取决于得到培养和强化的灵性。

法拉比还抨击拉齐相信世间的物质先于造物存在。法拉比认可金迪的新柏拉图主义的造物观。他认为，所有造物都是从神这个第一因那里流溢而出，人的心灵之所以能够认识造物，皆因有更高、外在的理智提供了光照。尽管较低的流溢物不如较高的流溢物完美，但是，较低的流溢物反映了较高的流溢物，最终可以说，一切流溢物都反映了神的完美。

伊本·西那（Ibn Sina），他在拉丁世界的名称是"阿维森纳"（Avicenna，980—1037），是对西方哲学家最具影响的逍遥派哲学家。他在其他领域也是声誉卓著的学者，而且，他所著的《医典》直到文艺复兴时期都是医学领域最有影响的著作。伊本·西那主要利用了亚里士多德和法拉比的作品，他的哲学探究的是神与人类的关系之性质传统问题。像法拉比，伊本·西那运用亚里士多德对事物之本质与其存在的区分，他注意到，在绝大多数情形中，这两个概念是可区分的。易言之，人们不必知道事物是否存在，就可以拥有关于它的基本结构的观念。有些本质我们非常清楚（比如米老鼠和圣诞老人的本质），但我们不必相信有与之相应的现实存在者(真实的米老鼠或圣诞老人)。

不过,就神的情形而言,存在是神的本质的一部分。因为神是完美的统一体,存在不可能是附着于其存在的属性,它就是神之存在的一部分。在此情形下,神是必然的存在者。与之相比,其他存在者则是偶然的,它们的存在要归功于外在于它们自身的某物,从根本上来说,要归功于神。这个论点之后在西方世界被不同的哲学家以不同的方式阐述,其中有安瑟尔谟、托马斯·阿奎那。

伊本·西那追随法拉比(根本而言,也是追随柏拉图、普罗提诺和亚里士多德),认为神通过流溢创造了世界。伊本·西那相信,神是纯思,造物产生于神的基本活动,即思考。神的理智流溢出第一理智,它又流溢出另一个理智,以此类推。类似于他的前辈们,伊本·西那主张神的理智的流溢物构成等级,其中我们这个世界处于最低层级。这种见解把神呈现为超越之物,远离了人们日常关切的世界。尽管如此,伊本·西那仍相信,人类以及神的所有造物都被爱引向神,引向这个它们的存在所依赖的神。在伊本·西那的著作中,那些神秘的秘传作品所表达的主题,正是造物对造物主的这种爱。

尽管流溢说最初源自新柏拉图主义,但是伊本·西那摒弃了新柏拉图主义观念的某些特征。比如,他并没有把物质视为精神实在的苍白流溢物;相反,他认为物质是事物的永恒基础,就像亚里士多德所理解的那样。作为虔诚的穆斯林,伊本·西那认可正统的教义,不过他力图把较为大众化的宗教真理概念转换为哲学术语。然而,伊本·西那的造物概念是自然主义的。因此,他认为神并非通过神启的或奇迹的介入进行统治,而是藉由自己所创造的自然的必然秩序进行统治。不过,由于世界是按照必然法则运行的,因此自由意志不会存在,也不可能存在。人的行动不是自由的。尽管如此,伊本·西那却又主张人的灵魂是不朽的。

伊本·鲁世德(Ibn Rushd),他在拉丁世界的名称是"阿威罗伊"(Averroës,1126—1198),来自被穆斯林入侵后在西班牙发展起来的伊斯兰教共同体(8世纪早期)。类似于伊本·西那,伊本·鲁世德也在许多学术领域闻名遐迩,其中包括医学和律法。尽管他人生绝大多数时候颇为幸运,却被抨击为异端而死于流亡途中。伊本·鲁世德的许多哲学著作是对亚里士多德的注疏,当然,其中大部分是对其前辈的解释的批判以及他自己的哲学观点的论述。他极其推崇亚里士多德，甚至评论道："我认为他（亚里士多德）是自然设计出来表明人之绝对完美的标准和典范。"①

伊本·鲁世德的目标是使亚里士多德的哲学摆脱新柏拉图主义解释的羁绊。比如，伊本·鲁世德抨击造物是神圣的太一的流溢物这个观点。他认为，造物是永恒的。此外，根据他的说法，神并非超然于世外，而是积极牵扯在世界之中，并对具体的造物了如指掌。通过拒斥新柏拉图主义的框架，伊本·鲁世德给出了比他的所有逍遥派前辈都更加自然主义的解读。

不过，类似于伊本·西那，伊本·鲁世德接受了灵魂不朽这个传统的伊斯兰教学说。然而，他认为人在死亡的时候，灵魂会加入宇宙的主动理智。（尽管他拒斥了新柏拉图主义者的流溢说这个核心观念，新柏拉图主义的宇宙的主动理智观念仍是他理论的重要组成部分。）因此，不朽不是个体灵魂的继续存在。同样，伊本·鲁世德也拒斥了自由意志观念。

伊本·鲁世德不仅为理性辩护，而且对经文问题表达了自己的不同意见，认为古兰经本身鼓励理智的思索。尽管他自己并没有努力协调理性与启示，但他认为这两者是相容的。相反，伊本·鲁世德主张真理以不同的程度存在。古兰经为所有不同种类的个人提供了真理，但它是以不同的方式向不同性格的人提供真理。或许，对于普通人而言，经文字面意思就已经足够，但是，那些受过教育的人会要求有说服力的论证。极为聪明的人，恐怕需要理性的证明。这种观点被称作"双重真理"学说。

伊本·鲁世德运用这种双重真理，对波斯人伽扎里（al-Ghazali，1058—1111）进行了抨击，后者对哲学本身提出了严格的批评，并且试图为较为神秘的认识方式辩护。伊本·鲁世德认为哲学话语并不适合于所有人，不过他坚持认为，秘传的真理应该只传给那些得到恰当启发的人。他说，伽扎里错误地认为深刻的真理完全可以通过经验以未受教育的非批判形式得到呈现或理解。

---

① Ibn Rushd, "Commentary on Aristotle' De anima," 引自 David Knowles, *The Evolution of Medieval Thought* (London: Longman, 1962), p. 200.

犹太人的流散、辩证法和犹太教中的神秘主义

从耶路撒冷圣殿的毁坏和大量以色列犹太人的流亡开始，大部分犹太人生活在巴勒斯坦之外。这个数字在圣殿第二次被毁坏之后又急剧上升。这次流散使犹太人彼此相隔遥远。即使如此，他们仍通过对共同律法的忠诚而团结起来。

犹太教的决定性基础包括：经文作为确定宗教真理的核心地位，以及适当的生活方式。希伯来圣经是基本的犹太教经文。大约编辑于公元前200年的《密西拿》，出自对犹太律法的口传解释传统，它由对《圣经》的拉比教义反思组成。密西拿以及许多世纪以来对《密西拿》的反思，共同构成了《塔木德》（意思是"教学"或"研究"），后者主要是《圣经》解释和经文的实际应用。它有两个版本，一个完成于4世纪的巴勒斯坦，另一个完成于5世纪末的巴比伦。不过，只有后者被传统的犹太人认可为确立犹太教律法和仪式的基本文献。《塔木德》也包括道德训诫、寓言和故事，它们以不那么正式的形式呈现出犹太教伦理学的教义。

作为哲学，《塔木德》最具启发的方面是这部作品本身的性质。与许多宗教著作或经文不同，它不是唯一的权威评注或解释。它也完全不是非个人性的，书中包含以往读者的不可抹去的"印记"。《塔木德》是古希腊人所谓的"辩证法"或交谈这种技艺的范例。每个解释或评注依次都有相应的评注，因此，塔木德有些像是许多代学生写有旁注的教科书。尽管神的律法是绝对的，但关于它的解释则是可质疑和修正的。在这个意义上，塔木德或许代表了辩证法哲学的典范，这是基于自身、从唯一的共同基础出发发展起来的哲学。

然而，作为法律文献，《塔木德》呈现为封闭系统，建基于把经文教义应用于当前的法律问题以及由这些法律问题而来的推断之上。因此，较为世俗的哲学思想传统潮流，对《塔木德》的学术研究几乎没有影响。几个世纪以来，《塔木德》成了犹太学术的核心关注。从3世纪前后开始，它常常呈现为米德拉什，由对经文的方法论解释构成，竭力揭示经文更为细微的意思和意蕴。这样的解释直到中世纪都非常普遍。

不过，后来被称为神学的主要著作，既不是《圣经》，也不是《密

西拿》和《塔木德》。在犹太教中，甚至上帝之名都是神圣而不可言说的。因此，探究上帝及其言行方式的内在本性问题，很难认为是适当的。

当犹太历史与希腊哲学相互结合，这样的问题就开始提了出来。正如我们所见，斐洛关心的就是论证希腊思想热衷的理性与犹太教的真理相容。但是，这样的思辨在很大程度上是由犹太人接触了国外信仰激发的，而不是出于内在犹太教体系自身的关注。从整体而言，犹太思想关注的是，在犹太民族不断变化的环境中，律法如何应用于生活。

类似于其他宗教传统，犹太教发展出了某种神秘主义。犹太教的神秘主义强调秘传教义的重要性，它只能或者只应该传授给有资格的个人。经文可以在诸多不同层次上加以理解，其中某些较高层次的解释只能为那些得到了恰当训练和启发的人理解，这是犹太教神秘主义的前提（同样也是基督教和伊斯兰教的前提）。犹太教的神秘主义者常常关注的是经文里可见的"内在教义"。

他们也利用秘法（卡巴拉），后者包括中世纪期间才开始出现的神秘的文本传统。"卡巴拉"的字面意思就是"传统"。长期以来，《光明篇》（成书于13世纪）是卡巴拉的主要著作，而且今天仍是某些犹太教共同体的核心文本（比如哈西德教派）。表面来看，题目的意思是"光辉之书"，它指的是显现于万物之中的上帝的光辉。《光明篇》强调重生、流亡和救赎，并且认为犹太民族的历史是整个人类和宇宙进程的象征。

卡巴拉思想形成了某种对律法的解释，它根据的十种流溢的理论（被称作 sefiroth）。根据这种解释，上帝被视为所有存在者的最终来源。对于上帝作为存在者的来源，人们不可能有任何说辞，但是，上帝自身显现在流溢物和神圣的属性之中，它们的活力和相互关联反映在造物之中。

类似于流溢物，生命是上帝之存在的启示，也是与上帝同在的启示。大部分卡巴拉思想关注流溢物与创造的世界及其特征之间的明确关系。特别是，卡巴拉主义者相信，一个层次上的活动对另一个层次的活动会有影响。全体实在相互之间紧密相联，这个信念也使得卡巴拉主义者在对事件进行解释时，似乎认为地球具有超自然的意义。人类事件因其内在意义而受到审视；类似于经文，造物也被"解读"为内在意义的来源。

卡巴拉思想特别关注神圣的语言，它与神圣的能力密切相连。神圣的语言以《希伯来圣经》中的词语和字母呈现在人类面前。这就是经文具有多重意义的方式。除了字面意思，经文可以根据隐藏的层面加以解读，在这个层面，词语和字母就具有集中的能量，充满不可充分传达出来的意思。卡巴拉主义者关注这些编织在经文词语中的细微层面的意思。在解释经文语言的过程中，他们提出了"数字命理学"，其中词语被设想为数字（基于对希伯来字母表的辅音的数字运用）。具有同样数字"重量"的词语被认为彼此之间存在重要关系，而且对律法词语的冥想会揭示出秘密的意思，最终，揭示出"无穷无尽的神圣之光"。

上帝之名与最强的力量相互联系。在传统的犹太教中，上帝之名甚至不可言及，而只能间接称作"YHWH"（希伯来语表示上帝的四个字母，音译即耶和华）。然而，某些卡巴拉主义者把整个律法描述成对上帝之名的复杂陈述，他们所理解的"上帝之名"，包含了规定存在的整个神圣律法。

由于《托拉》（Torah）代表着神圣的律法，因此卡巴拉主义者认为它与上帝合一，而且在某种意义上，也是永恒的。如果这样，关于《古兰经》在伊斯兰教中的地位的争论，在犹太教神学中也有其对应。律法被视为活生生的机体，而不只是古书。它与活生生的上帝在其中得以揭示的身体关系紧密。因此，律法被描述成"生命之树"，也被某些卡巴拉主义者理解为显现上帝的整个流溢物复合体。

这样的神秘主义传统，盛行于彼此隔离的犹太社区。比如，由伊斯雷尔·本·阿列泽尔（Israel ben Aliezer，1700—1760）发起的东欧哈西德教派运动，就盛行于犹太人地区。实际上，这个运动强调外在事件的内在意义以及上帝呈现在万物之中，它可能是信徒身处残酷政治环境下获得慰藉的来源。但是，在整个犹太人的流散过程中，有些犹太思想家感兴趣的是，他们的宗教信仰与所遭遇的较为世俗的哲学传统相互融合。

从历史来看，最重要的犹太思想家是摩西·迈蒙尼德（Moses Maimonides，1135—1204）。迈蒙尼德是出生于西班牙的犹太人，他在13岁那年被迫逃离科尔多瓦。最终，他定居埃及，在那里，他既是拉比也是医生。迈蒙尼德的伟大贡献是编辑了《密西拿》并对其加以系统化，这部关于希伯来经文的拉比教义反思已经经历了好些个世纪。他有时也被视为逍遥派的成员。

由于阿拉伯语是中世纪的学术语言，甚至伊斯兰教传统之外的某些学者，也用阿拉伯语撰写他们的哲学著作，迈蒙尼德就是这样的学者。像他那个时代的绝大多数阿拉伯哲学家和波斯哲学家，迈蒙尼德以亚里士多德的哲学为基础，而亚里士多德对他的影响体现在最著名的作品《迷途指津》(*Guide for the Perplexed*)之中。在这本著作中，迈蒙尼德试图调和宗教与理性。他主张，哲学应该服从启示，但是，理性也可以用来维护通过启示而认识的某些真理。

特别是，迈蒙尼德主张，科学知识不应导致对宗教的摒弃。他还有特别有趣的观点：上帝"从虚无中"创造世界与亚里士多德所认为世界向来存在，这二者并不矛盾。迈蒙尼德论证道，上帝在某个时间点创造世界的观念，只是我们受时间限定的环境的投射而已。上帝的存在并不受我们经验到的时间轴限制。因此，上帝的创造是其永恒本性的组成部分，上帝一直就是造物主，他凭藉一己之力从虚无中创造了宇宙，这些观念是说得通的。这个观念与新柏拉图主义的构想有些相像，根据后者，世界是通过直接且必然出自上帝自己本性的流溢物创造出来的。

迈蒙尼德也接受了当时盛行的阿拉伯—新柏拉图主义的主动理智概念，这种主动理智使知识对于人类而言是可能的，不过，个人理智仅仅是被动的。类似于伊本·鲁世德，迈蒙尼德否定个人灵魂的不朽，但相信超个人的主动理智是不朽的。人类知识的每次收获，都成了我们共同理智的组成部分，因此，即使我们自己（作为个人）在死后不再存在，我们的知识也会继续在人类中存在。

与他的某些阿拉伯前辈不同，迈蒙尼德坚持认为，人类具有自由意志。作为犹太传统的组成部分，他对伦理学有持之以恒的特别兴趣。根据迈蒙尼德的说法，道德的善是最重要的人类抱负，因此也是哲学的终极目标。一个世纪之后，托马斯·阿奎那在迈蒙尼德的著作中找到了许多与基督教教义相容的内容，并将许多迈蒙尼德的观念吸收进了自己的神学体系之中。

迈蒙尼德试图调和犹太教信仰与非犹太教的哲学传统，这种努力代表了处理整个流散时期令犹太人关切的基本问题的路径，这个基本问题是：犹太人应如何协调与相邻的非犹太文化的关系？正统的犹太人对于这个问题的回答是，坚持对传统规则和仪式的忠诚，不只在节日和主日如此，而且在日常生活的细节中也这样来规范自己。现代保守的犹太人容许犹太律法在现代环境下较为灵活的运用；但是，他们强调遵守仪式、维持真正的犹太教传统的重要性。

在过去的几个世纪，改革派犹太教提出了第三种处理这个问题的路径。改革派犹太教在很大程度上是同化主义，拒绝这个传统的大部分外在规范，而采用周围社会的世俗生活方式。较为保守的犹太教群体倾向认为，改革派犹太教根本就没有什么犹太性；但是，改革派犹太人倾向于认为，他们的路径是犹太人的存在方式，借此他们仍使自身与传统相互联系，并确保它们在过去社会中被禁止时的地位。

思考上帝：安瑟尔谟、阿伯拉尔、阿奎那和经院哲学

不过，让我们回到中世纪，这个时期被认为是基督教思想的时代。恰如"逍遥派"常常被用来指称中世纪的伊斯兰教哲学传统，经院哲学通常是用来指称大约在1050至1350年之间的西方基督教所践行的中世纪思想。较为特殊的是，它指的是盛行于这个时期的西方"学派"中的哲学思辨方法，这个方法的基础是亚里士多德的逻辑学，它在探究的过程中利用了辩证法。经院派著作的这种典型样式，体现在这个时期的绝大多数哲学著作之中，它包括了系列问题，在任何情形下都包含论证和结论。除了共享这种基本方法，经院派学者还共享以下承诺：以天主教信仰为基本前提，相信人类理性可以用来扩展由启示得到的真理。他们的理性观受到了奥古斯丁以下信念的影响：经文所揭示，上帝赋予了人类理性能力，使得人们能够认识真理。

早期经院哲学最值得注意的人物是安瑟尔谟（Anselme，1033—1109）。安瑟尔谟承认奥古斯丁是他思想的来源，但他并不认可奥古斯丁对柏拉图的形式或新柏拉图主义的流溢的热情。安瑟尔谟的哲学事业就是探究信仰的神秘。他绝对相信基督教教义关于上帝、三位一体、道成肉身、复活和自由意志的真理。尽管如此，他仍利用理性对它们进行更充分的认识。他的格言是"信仰寻求理解"。他同时也

确信，个人除非接受信仰的神秘，否则就无法理解。他的最著名的原理是"信仰，才能理解"（Credo ut intelligam）。

因此，安瑟尔谟倾注了大量的情感和理智去处理这个主题。作为经院学者，安瑟尔谟在他的探究中利用了辩证法以及各种辩论。他确信，至少有些由启示所断言的真理也可以通过严格的逻辑论证加以证明。理性也可以确立那些真理的合理性甚至必然性。安瑟尔谟最著名的论证是（后来康德所说的）上帝存在的本体论证明。"本体论"证明指的是表明某物的概念本身必然包含了它的存在。（我们前面已经提到，伊本·西那也运用了这类证明。）尽管传统上人们认为安瑟尔谟的证明是为上帝存在辩护的"方式"，但是，安瑟尔谟完全没有想把他的证明当作说服非信徒的手段。他只是坚持主张，这个证明可以让那些已经信仰的人更清楚上帝的本性。

在他的本体论证明中，安瑟尔谟表明，上帝的定义本身就包含了他的存在。根据安瑟尔谟的说法，上帝是"可设想的无与伦比的伟大之物"。甚至那些并不相信上帝的人，也明白"上帝"一词所指的意思。上帝就其定义而言，是可设想的最完美的存在。我们从这个概念可以得出，上帝必定存在。如果上帝只是可能性，只是没有指示物的美好观念，上帝就不是可设想的最完美的存在。因为，人们还可以设想某种更加完美的存在，即不仅观念上极为完美，而且还现实地存在的东西。因此，只要个人接受了上帝是可设想的最完美的存在这个概念，就在逻辑上承认了上帝的存在。

阿伯拉尔（Peter Abelard，1079—1144?）是经院哲学时期杰出的逻辑学家。他是辩证法大师，才华横溢且不太谦逊，他把逻辑学非正统地应用于神学，由此遭致教会两次谴责。他坚决认为，希腊人在他们的形而上学中已经很接近基督教了，而且，类似于他的某些基督教前辈，阿伯拉尔认为，罪更多是关于恶的意图问题，而不是碰巧与上帝的律法相冲突的恶的行动问题。由于他特别强调意图，阿伯拉尔认为伦理学的核心是选择和自由意志，而不是合法性原则。

不过，在历史上，阿伯拉尔之所以广为人知，可能还是因为他与他学生爱洛伊斯（Héloise）的爱情。这位久负盛名的学者在成为少女爱洛伊斯的家庭教师后不久，两人陷入了爱河。爱洛伊斯试图说服阿伯拉尔，为了他教授神学的辉煌生涯，他们不应结婚。然而，他们终究秘密举行了婚礼，可惜，爱洛伊斯的舅舅和监护人发现了他们的私情，据说他以为爱洛伊斯报仇的名义派人追杀阿伯拉尔。他们逮住阿伯拉尔后阉割了他。阿伯拉尔后来劝说自己的妻子进入修道院，那时他自己已经成为了修士。他们之间的通信，可以说是爱情史上最动人的情书之一。

然而，作为哲学家，阿伯拉尔的主要兴趣是逻辑学，或者更确切地说，是我们今天所谓的语言哲学。类似于今天的许多哲学家，他相信神学和哲学的绝大多数混乱是语言混乱、语词意思含混的结果。他的哲学声誉在于他的唯名论。他首先认为，语词只是名称，即能指。语词指明事物或"表示"事物（所意指的事物是它们的"所指"）。但是，什么样的语词才是名称呢？——因为事实上并不是所有的语词都指示实体。特别是，阿伯拉尔注意到了争议颇多的"共相问题"，这个问题可以回溯到柏拉图和亚里士多德，涉及种（即没有固定范围的个体群组或类型——比如"猫"）、属（它是普遍的，因为许多不同的物体都可以拥有同样的属性——比如，红色）以及形式（比如"三角形"）的语词。这些语词是否事实上指称真实的实体，即猫之为猫、红这种颜色以及完美三角形（柏拉图的三角形形式）的本质。

有些逻辑学家被称为实在论者，他们认为存在上述的特殊实体。另外某些逻辑学家被称作概念论者，他们认为共相只存在于心灵之中。与之相比，阿伯拉尔所持的是激进的观点，认为除了殊相，什么也不存在。他否认共相的存在，拒斥实在论者的观点，后者认为，事物具有使这些事物是其所是的本质。他认为，并没有柏拉图式的猫的形式或本质，只有许许多多具体的猫。没有红这种颜色，只有数不清的红色事物。没有柏拉图式的三角形形式，只有各种不同的三角形。

阿伯拉尔进而主张，某个事物之所以是其所是，乃是因为它的所有属性。正如亚里士多德主张的，事物的属性无法分为本质属性和偶然属性，因而对于事物而言，没有哪个具体的属性比其他属性更本质。阿伯拉尔承认，事物之间的相似性可能特别有用，但这样的相似性并不是因为它们共同分有形式或普遍范畴的结果。语词诱骗我们用共相思考，但共相并不是真实的。它们只是我们在使用语言时假定的结构。

阿伯拉尔将他对语词与实体的严格区分应用于对经文的解释。他认为，宗教权威之间的明显冲突，可以通过看看他们是否以不同的方式使用同样的语词加以解决。阿伯拉尔是首位在现代意义上使用"神学"这个词的人，它指的是对宗教神秘的理性探究。（在阿伯拉尔之前，"神学"指的是接近宗教的独一无二的神秘方式。）理性和启示之争已经延续千年，阿伯拉尔为理性用于启示辩护，认为信仰若得不到理性的辩护就只是意见。由于他相信理性提供了对于宗教真理的洞见，他坚持认为古希腊人在促进基督教教义方面取得了令人钦佩的成就，甚至在某种程度上窥见了三位一体的性质。

托马斯·阿奎那（Thomas Aquinas，1225—1274）是经院哲学的集大成者。他是道明会的牧师，被天主教会视为教会中最重要的博士之一。他最为重要、最具影响的哲学著作是卷帙浩繁的《驳异大全》（*Summa Contra Gentiles*）和他（未完成）的《神学大全》（*Summa Theologica*）。《神学大全》是为教士新人撰写的关于神学的系统陈述，但是它也是对天主教哲学的明确概括。《驳异大全》针对的目标是他在某些阿拉伯哲学家那里看到的自然主义倾向。不过，在某种意义上，他的著作承认了自然主义者的某些前提。托马斯的目标是要表明，基督教信仰基于理性，以及律法就其本性而言是理性的。

托马斯是大阿尔伯特的学生，后者试图让他的同时代人了解希腊人、阿拉伯人和犹太人的思想。托马斯延续了这方面的努力。他是集大成者，吸收了许多思想家的著作，包括迈蒙尼德和伊本·西那。他孜孜以求地表明，理性和哲学探究与基督教的信仰并不矛盾。他主张，理性与启示各自都有自己的领域。理性是获得关于自然世界真理的适当工具。启示关切的是超自然世界，而自然世界不是实在的全部。而且，自然世界的真正位置只有参照超自然世界才能为人所认识。

托马斯特别受到亚里士多德的影响，类似于许多同时代人，认为亚里士多德的重要性理所当然，以至于他在提及亚里士多德时只是简单地称之为"哲学家"。尽管亚里士多德的逻辑学著作的拉丁文译本已经早已出现，但是，某些神学家和教宗权威仍反对新近出现的亚里士多德的形而上学著作和自然哲学著作的译本。特别是，他们反对亚里士多德的如下观点：世界是永恒的，它独立于上帝而持续存在。更主要的是，他们认为亚里士多德的自然主义观点不适当，因为他笔下的"神"被设想为某种抽象的自然现象（第一推动者），而不是具有人格的、精神的存在。亚里士多德与柏拉图的不同也被认为是神学上的差异，因为中世纪的基督徒长期以来认为，柏拉图以许多不同的方式"预示"了基督教的观念。

理性与启示之间的区分，使托马斯可以明确亚里士多德哲学在基督教世界观中的独特位置。亚里士多德的哲学只关注理性和自然世界。托马斯相信，在这个领域中，亚里士多德的哲学充分地阐明了真理。托马斯对亚里士多德哲学的认可，最大影响就是，他使在基督教思想内部较为尊重自然世界以及关于自然世界的人类知识开辟了空间。这与早期基督教思想中较多的柏拉图影子形成了鲜明对照，后者把自然世界与真实、神圣的形式世界加以比较，强调自然世界的非实在性。

托马斯不仅把自然世界呈现为真实可知的；而且，他还认为自然世界是上帝法则的反映。上帝赋予他的造物以特定的本性，而创造也包括各种不同本性的事物在特定秩序下的相互关系。因此，人们通过理性认识到日常经验世界的可知结构，进而获得关于上帝之心灵的洞见。在科学仍完全处于守势之际，托马斯的论述是对科学研究的极大促进。

托马斯认为上帝的法则贯穿于自然世界，由此宣称整个形而上学（关注全部存在）直接指向上帝的知识。托马斯相信，理性只要沉思自然世界就会导向这个方向。托马斯基于理性对偶然存在者的分析，提供了自己关于上帝存在的著名证明（易言之，存在者要么依赖不同于自身的某物而存在，要么依靠自身而存在）。总的来说，他的论证是宇宙论证明，从事实存在推出最终解释。比如，偶然存在者的运动因果性依赖于其他推动它的事物。类似于亚里士多德，托马斯认为无限倒退是不可理解的，因此他相信，这个认识会使人们去寻求第一推动者。根据托马斯的说法，这个人们认为必须存在的第一推动者，就是上帝。在他关于上帝存在的五个证明中，托马斯都有类似的步骤，认为自然世界中偶然存在的事物依赖于超越了它们的某个事物，这个事物就是上帝。

由于理性引导人类的心灵朝向超自然之物，因此，理性与启示在托马斯的体系中就不是截然对立的。实际上，他相信，我们可以通过精神实在在物质世界中的显现来认识它们。尽管如此，他仍强调理性作为洞察神圣领域的模式的局限性。思考是意象性的，心灵产生的意象源自对世界的感官经验。因此，在我们试图设想上帝之际，我们若根据的是完全不适当的时间意象和空间意象，我们就搞错了。哲学可以有助于神学，但我们再次要注意，哲学主要是帮助我们去理解上帝不是什么，而不是去理解上帝是什么。人类要充分感受到超自然的、天国的上帝，启示必不可少。恩典帮助个体的意志指向这个目标，而对于这个目标，理智只有模糊的意识。

就科学和日常理性而言，托马斯是经验主义者，在这个意义上，他认为人类主要是通过感官知觉来认识自然世界的。[①] 托马斯否认观念是天生的观点，不过，他同时也否定感官知觉具有心灵的被动性。他与奥古斯丁和伊本·西那的主要差别涉及如下观点：他们认为，心灵不过是神圣的光照从外部提供的观念和形式的被动接受者。[②] 而托马斯主张，人类心灵本身就是主动的。上帝并没有给心灵提供外部的光照。相反，上帝赋予了心灵内在的活动原则和本性。在这个方面，心灵类似于其余的造物。上帝赋予他所创造的每类事物以本性，即它自己的自然力量。因此，根据上帝所赋予的原则，心灵并不是被动的，而是主动的。

主动的本性这个观念激发了托马斯哲学中很多观念。比如，依靠人类心灵的本性，人类知识是可能的，它主动分析感官提供的意象，探寻确定它们的本性或本质。因此，人类的道德既不是简单的自由问题，也不是自然决定论的问题。相反，它依赖于上帝赋予人类的特殊本性。道德主要依赖的不是起伏多变的人类算计、情感和欲望，而是自然法，它早已注入我们并且可以通过理性发现的道德原则。

[①] 不过，托马斯的经验主义不像后来休谟的经验主义那么激进。休谟怀疑因果关系，宣称我们的经验无法保证一个事件导致另一个事件的发生。在休谟看来，我们经验到的只是连续性，而不是原因。与之相比，托马斯则认为因果概念有其基础，主张心灵通过其经验感受认识到这个概念。

[②] 托马斯的哲学虽然在天主教神学中成了主流，但他的某些观点仍充满争议。关于奥古斯丁主义者对托马斯哲学的接受的论述，见 Paul Vignaux, *Philosophy in the Middle Ages: An Introduction*, trans. E. C. Hall (New York: Meridian Books, 1959), p. 130ff.

晚期经院哲学：邓斯·司各脱和奥卡姆的威廉

14世纪出现了大量的正义，或许，社会瓦解的早期标志在随后的世纪里变得日益明显。然而，最好抓住了晚期经院哲学之命运的，或许是它对语言和逻辑的特别强调，以及对阿奎自信地加以总结的自然理性之确定性的日益怀疑。这些论证常常很费解，文本的可靠性也常常非常成问题，有大量对逻辑的艰难探索，以及对前辈和对手的论证几近迷恋的关注。然而，晚期经院哲学清楚显现的是宗教思想的令人困惑的复杂性，奥古斯丁和阿奎那已经呈现的理性与信仰的合作，又遭遇了新的令人不安的障碍。因此，人们有时说，哲学与宗教长期以来的联姻在这个时期开始破碎，当然，人们最好还是把这种破碎视为缓慢的分离，而不是突然的断裂。

邓斯·司各脱（Duns Scotus，1266？—1308）和奥卡姆的威廉（William of Ockham，1285—1349？）都是英国方济会的修士（分别是苏格兰和英格兰），他们是晚期经院哲学的核心人物，而且两人都与道明会的托马斯·阿奎那有分歧。不过，他们与阿奎那相同，也试图把基督教与亚里士多德相互融合。在这两人中，司各脱较为保守，他延续了上帝存在"证明"的传统，以安瑟尔谟的方式从无限完美的上帝观念出发推出上帝存在。不过，在司各脱看来极为重要的是，这个著名的论证并没有被构想为纯粹的语言问题或定义问题。司各脱与阿奎那背道而驰，拒斥自然理性与神的知识之间的顺畅联系。在早期经院学者中，司各脱强调论证，认为论证是信仰的根本基础。

司各脱精深的形而上学分析和语言分析细节，不是我们这本书的讨论范围。事实上，正是由于司各脱，"经院哲学"这个术语才被用来指称迷宫般的精妙学术，成了现代早期学者的笑柄，因为他们对这类逻辑细节没有耐心。但是，简而言之，司各脱牵涉的争论，与自柏拉图以来（包括柏拉图之前）都在进行的争论类似，追问属、种、形式和"共相"离开具体个别事物是否存在。司各脱拒斥阿奎那的如下观念：具体事物的个体同一性仅仅依赖它的"质料"，尽管它与其他无限多的同类事物共有形式。根据司各脱的说法，事物的个体同一性也是形式的组成部分。司各脱区分了他所谓的事物的"共同本性"（它的"本质"或"什么"）与事物的"个体差异"。

除了古代的一与多问题，较为现代的同一与差异问题在司各脱迂回曲折的道路上有了首次重要的露面。正如他的波斯同行，他利用本质与存在之间的差异，对上帝与人的心灵之间的关系提出了系统说明。根据司各脱的说法，接受唯一的真理即上帝的存在是不够的。理性需要关于真理等级的知识，它始于第一原则及其后果。

但是，在信仰与理性之间的永恒争论中，司各脱并不是完全忠于"理性"。他从自己复杂的思考中得出的最富戏剧性的结论，就是有必要重新强调信仰。实际上，他显然强调，人类最重要的特征不是智慧，而是爱。正如他之前的奥古斯丁（以及之后的笛卡尔），司各脱沉迷于心灵、激情和自我的研究。因此，司各脱对意志的本性，尤其是上帝的意志，特别感兴趣。

在哲学中，情形常常是，强调意志之重要性的理论（"唯意志论"）过分夸大意志与理性之间的距离，从而倾向于非理性主义。然而，司各脱尽管把意志与理性区分开来，但也把它与欲望进行了区分。我们的行动并不完全由我们的理性决定，但也不是完全由我们的欲望所决定。这个看法有时被称作司各脱的"反理性主义"，但是，它不应被当作对理性的抨击。同样，司各脱强调与上帝的理性相对的上帝意志，应该被理解为是对托马斯如下的亚里士多德式论点的拒斥，即上帝通过纯粹的思想创造世界。司各脱强调上帝的爱，而不是知识。司各脱质疑知识的首要性，就此而言，他似乎是经院哲学中日益滋长的怀疑主义运动的部分。不过，他自己不是怀疑主义者。事实上，他在宗教问题上经常抨击怀疑主义。

司各脱常常被视为实在论者，他相信人类心灵能够通过殊相理解真正的本质、共相（在我们已经论述过的意义上，他与阿伯拉尔的唯名论形成对照）。事实上，他在哲学史中的地位极为微妙。然而，奥卡姆的威廉更接近唯名论。他是反实在论者，不认可共相的存在，而且，他类似于阿伯拉尔，拒绝从语言中语词的多样性推断出陌生对象（比如本质和共相）的多样性。他说，"如无必要，勿增实体。"特别是，没有必须接受殊相所共有但与它们不同的共相的存在。因为，只存在殊相，即个别事物。（这场争论的"经院"性质并没有抑制其拥护者的热情。罗素（Bertrand Russell）曾用揶揄的口吻问到，"每个人都是唯名论者，即使实在论是真的又怎样呢，或者反之亦然，这个世界还会有什么差别吗？"当然，这些争论在中世纪基督教思想家中产生了极大兴趣，我们可以根据这些争论的宗教意涵来理解它们。尽管如此，罗素这位无神论者也参与了进来。

奥卡姆是相当激进的经验主义者，他显然预示了后来英国的经验主义，后者在很大程度上受惠于他。奥卡姆大规模改造了托马斯的哲学，他有时也被称为首位"现代人"（当然他自己并没有这样宣称）。他抛弃了神学，以及亚里士多德的"目的因"概念。他还以其经济原则闻名，即著名的奥卡姆剃刀。他主张，如果可以有简洁的解释，就不应去追求更复杂的解释。对于奥卡姆而言，少胜于多。

类似于司各脱，奥卡姆也关注意志的本性，尤其是上帝的意志。此外，他也强调上帝的意志而不是上帝的理性，他坚持认为，无论多么不可思议的事情（只要逻辑上不矛盾），上帝都能做到。因此，他申论道，哪怕自然法已经设定，上帝的权力也是绝对的，因为上帝可以让世界成为其他样子。因此，自然法是偶然的（就事物实际所是的样子而言），但上帝的意志过去和现在都是完全自由的。对于人类道德而言，这个极为抽象的概念有重要意涵，因为道德正是基于自然法。自然（包括我们的本性）可以完全不同；因此，自然并不是我们道德义务的终极基础。神法，而不是人的自然（像在亚里士多德那里那样），构成我们的绝对义务。

奥卡姆的剃刀最终剃掉了许多哲学胡须。但是，接下来经院哲学走向衰落，奥卡姆的原则难以为继，尽管它在现代科学中又变得很重要。

追寻本质：炼丹术士

晚期经院哲学力图融合极为不同的传统。炼丹术就是一种异乎寻常的融合尝试，这种对人与宇宙层面的实在之间可能关系的研究和探索，在很多文化中都有。炼丹术的终极目标是改变人的境况，要么让人获得永生，要么让人进入更高的精神层面，至少要提升人的现实幸福。

比如，在古代中国，自公元前 4 世纪以来，道家就开始试图通过使用药物来达到永生。印度出现的文本证据表明，炼丹术与神秘的渴望有关（后来的西方践行者也是如此）。① 阿拉伯和希腊的炼丹术士特别感兴趣的是从劣质材料中提炼出金子，不幸的是，这种有限的目标常常与炼丹术有关。

甚至仅仅在实际的层面上，炼丹术也为化学的发展提供了动力甚至基础。实际上，类似于占星学与天文学的情形，化学与炼丹术之间从来就没有明确的界限，炼丹术促进了大量重要的化学发现和药理学发现。在炼丹术士对材料进行实验的副产品中（这些材料我们现在称之为"化学制剂"，他们称之为"精神"），蒸馏的目的是为了提纯人的本质。炼丹术士的意图可能没有实现，但他们产生了令人愉快的实际结果，这就是eau de vie（生命之水），即我们现在喝的"鸡尾酒"。

在西方，炼丹术传统的根源可以追随到名为《翠玉录》（*Emerald Tablet*）的阿拉伯文本，它被认为出自赫尔墨斯·特里斯莫吉斯特斯（Hermes Trismegistus）。②（"Trismegistus"的意思是"三倍伟大"。）这个文本最初就是对不同实在层次之间相通的肯定："如其在上，如其在下。"炼丹术文本的术语，既可以作字面解释，也可以作象征解释。提炼金子被描述为"伟大的活动"；这种能引起快速变形的实体，被称作"哲人石"。尽管基督教的宗教权威最终明白炼丹术是威胁，但教会本身由于让修士致力于抄写炼丹术文本，实际上也助长了西方的炼丹术传统。比如，托马斯的老师大阿尔伯特，就很认真对待炼丹术，科学家布鲁诺（Giordano Bruno，1548—1600）和牛顿也是如此。

西方传统中最重要的炼丹术士是斐奇诺（Marsilio Ficino，1433—1499），他是佛罗伦萨的牧师。斐奇诺把归为特里斯莫吉斯特斯的作品以及柏拉图的某些著作翻译成拉丁语，他还由此提出综合两者以及

---

① 在18世纪，西方的炼丹术"践行者"主要关注精神的转变。在20世纪，荣格（Carl Jung）注意到炼丹术与梦的形象之间的关联，并且在那些关注灵魂的人中间激起了对炼丹术文本的兴趣，认为这些文本可以让我们洞见人类的集体无意识。（关于荣格心理学理论的深入论述，见第四部分的相关章节："战壕中的查拉图斯特拉：理性的局限"。）

② 这个文本出现在篇幅更长的著作《创造的秘密》（*The Book of the Secret of Creation*），它被认为出自生活于1世纪的蒂亚纳的阿波罗尼乌斯（Apollonius of Tyana）。保存下来最早版本是6世纪或7世纪的版本。

普罗提诺的观念的世界观。斐奇诺把创造乃是上帝的流溢这个新柏拉图主义观念与炼丹术的宇宙论结合起来，后者认为宇宙是能够相互影响的等级层次。因此，斐奇诺对占星学非常认真。斐奇诺把人类置于宇宙等级层次的中心，并把它当作其人文主义观点的基础，即人具有一种特殊的甚至是宇宙的尊严。

斐奇诺塑造的理想生活概念，模型源自柏拉图的观念，尤其是《会饮》中苏格拉底的讲辞。他宣称，我们的目标就是上升到更高的真理层次，最终瞥见上帝。沉思是达到这个目标的手段；与此同时，沉思还保证了正确的道德观点。正如柏拉图曾讲过的，沉思开始就把自身引向最美之物。爱是对美的自然反应。上帝爱这个他所创造的美丽世界；上帝的造物在遇到美时，也会被爱所触动。特别是，爱他人有助于我们上升，因为当我们对他人之善和美报之以爱时，我们根本上爱的是上帝。斐奇诺的友爱或柏拉图式的爱的理论表明，我们通过与他人交流经验到与上帝的交流。因此，甚至最世俗层面的人类关系，也反映了终极关系。

斐奇诺特别强调艺术在唤醒人的灵魂向更高层次的美提升中的作用。在斐奇诺看来，艺术不像柏拉图所讲的那样，会分散我们对于更高实在的注意力。相反，它会帮助我们认识到我们周围事物的形式特征，但这已然是我们走向更高层次真理的重要步骤。斐奇诺强调新柏拉图主义者对古代文本的寓意解读，这对文艺复兴时期的艺术家产生了强烈影响。

浮士德（Johann Faust，1480—1540）是炼丹术历史上极其可疑的人物。他的名字总是与德国魔法师的故事相互联系，他为了知识和权力，把自己的灵魂出卖给恶魔。历史上的这个人物是否确实订了这类契约，这没有人知道，但是，据说他精通巫术、占星学和炼丹术，还有鸡奸行为。他的出名是因为一本书，这本书尽管在他死后多年才得以出版，但仍归在他的名下。这本低级下流的《浮士德书》（*Faustbuch*，1587），讲的是中世纪的智者和魔法师的故事，其中包括名为梅菲斯托菲勒斯（Mephistopheles）的恶魔的故事。马洛（Christopher Marlowe）、歌德（Johann Wolfgang von Goethe）、柏辽兹（Hector Berlioz）、李斯特（Franz Liszt）、和托马斯·曼（Thomas Mann）都曾在他们的艺术作品中运用浮士德及其与魔鬼的契约这个传说。悲观主义史学家斯宾格勒（Oswald Spengler，1880—1936）也认为，浮士德的故事抓住了现代西方的历史本质，他觉得西方处于"衰落"之中，他之所以得出这个观点，主要是因为他看到西方人实际上为了追求知识和权力，宁愿牺牲任何德性。

帕拉塞尔苏斯（Paracelsus，1493—1541）的主要兴趣是医学。他游历十年，从学于阿拉伯和欧洲的炼丹术大师。他把所学运用于医学的理论化之中。帕拉塞尔苏斯最具争议的主张是，自然自身会"自然"痊愈（这个论题在我们当代顺应自然的疗养方法中又重新出现）。帕拉塞尔苏斯对炼丹术的兴趣，源自他的以下信念：自然充满力量，可以用来造福人类，只要人类能够明白如何开发它们。因此，帕拉塞尔苏斯抨击以下观点：疾病是对罪的惩罚。他认为，疾病本身是"自然的"，并且提倡用化学方法（以及它自身的力量）加以治疗。

帕拉塞尔苏斯反对许多医疗技术，认为它们有碍于自然治愈，而且，他还发公告要求全社区的人来聆听自己关于医学的演讲，这使他在当时精英主义的医疗建制中不受欢迎。他的医术也招致了人们的妒忌，他过于恃才傲物导致了声名恶化。（"帕拉塞尔苏斯"是他给自己取的名字，意思是"胜过塞尔苏斯"（Celsus），后者是1世纪时期声誉卓著的罗马医生。）帕拉塞尔苏斯写了本很有影响的外科著作，即《外科大全》（*The Great Surgery Book*，1536），直到20世纪，他对梅毒的临床表现及其最有效的治疗方式的描述，都是最好的。帕拉塞尔苏斯常常被拿来与他的同时代人马丁·路德相比，并被人们惊恐地称作"造反者"。宗教权威对他向来非常警惕，并且监视他的活动。他在人们的怀疑中死去；但是，即使不在哲学领域，至少在药学的发展中，他在身后仍然继续发挥着影响。

西方之外的哲学综合

这几种传统如何加以综合，并不是这个时期西方独有的特征。在中国，跨越好几个世纪的新儒家运动，试图把道家和佛教思想的某些方面融入儒家。这场运动最著名的人物是朱熹（1130—1200），他生活的时期仅仅比托马斯早一个世纪。朱熹整合了儒家的社会和谐、道家的自然以及佛教的开悟。尽管如此，朱熹根本上仍然属于儒家。他所说的"道学"仍是儒家圣人的概念，因为他所谓的修身仍然是以人类社会为背景的践行，而非像道教徒和某些佛教徒那样，脱离人类社会。朱熹批评佛教徒糅合心灵与自然，进而把自然视为"空无"的做法。

道家对朱熹的影响，体现在他的有机自然观之中，根据这种观点，万物彼此相连。每个事物和每个人都有自己的本性（理，它是万物都共有的类型），也有其特别重要的物理方面（气）。理和气相互依赖，但逻辑上彼此不同。朱熹可能不赞同柏拉图的如下说法：我们的灵魂只是偶然居于我们的身体之中。同时，包括所有理的太极存在于万物之中。当代哲学家冯友兰对朱熹理解的太极与柏拉图笔下的善的理念做了比较。太极是万物彼此相连的基础，万物在根本上共享相同的原则。

太极也是人能够悟道的基础。我们身体的本性遮蔽了内在于我们的太极，悟道的目标就是洞见太极。朱熹认为这种认识是仁的本质。恶之所以发生，是因为人类受到自私欲望的触动，但是，只要洞见到太极，就能克服这种自私。人越变得富有同情心，就会越有道德，因为他抓住了自己与其他所有人和事物的统一力量。

根据朱熹的观点，圣人是真正幸福的人，他在任何环境中都能感到自在、发现价值，因为每种处境都同样可以认识太极。因此，以这个目的为导向的个人培养，需要通过对"身边事物"的专注和反思来达到。通过对我们周边事物和事件的反思，我们获得对它们的本性即理的洞见。这种自我培养是渐进的过程。尽管如此，这种培养仍然是最终悟道和成圣的前提条件。（朱熹强调循序渐进，反对其他某些新儒家强调的"顿悟"。但是，他也主张，逐渐培养的过程为人跨过门槛把洞见扩展到整体即太极的瞬间铺好了道路。）

与此同时，在12世纪的波斯，苏赫瓦迪（al-Suhrawardi）正在提出自己对伊斯兰教、新柏拉图主义和琐罗亚斯德教这些传统的综合。苏赫瓦迪讲授"光照智慧"，这种学说把存在的等级等同于光明的等级：根据苏赫瓦迪关于流溢链的观点，所有存在者都存在于一条光谱上。更高级的光明包括所有低级的光明，而每种低级的光明都会因为爱而导向更高级的光明。神是最高级的光明，它赋予所有其他事物以光明，而其他所有存在者则在爱的驱动下走向神，走向造物主。

大约在相同时期，禅宗通过综合传统的日本宗教和佛教，开辟出佛教的新时代。禅宗最初从中国引入日本。佛教在8世纪成了日本的国教，但实际上它与日本土生土长的多神宗教神道教共存。而且，佛教徒努力把神道教的诸神（包括日本皇室家族的神圣祖先的后裔、伟大历史人物的神灵、宗族的祖先、自然神灵、地方性的神灵以及自然力量）解释为佛陀的道成肉身，由此促成了这个融合，或者可以说，来自中国的菩萨禅（中国称之为佛教禅）在日益发展的日本封建社会时期（镰仓时期，1192—1333）变得与武士阶层有同等权力。

禅宗的相对简单对武士很有吸引力，它不同于早期在日本盛行的佛教，后者强调学识、善工和禁欲。禅宗不强调这些，并且宣扬每个人都能开悟（Satori），只要能打破日常逻辑思考的寻常模式。禅宗主张冥想是达到这个目的的手段。传统的做法是公案，它可能是某个词或问题，通常令人感到困惑，像谜题，比如"一个巴掌拍会有什么声音？"寻常的思维习惯根本无法应对这样的问题，因此需要冥想来颠覆寻常的思维习惯。

我们只要把禅宗的简单性和普遍性与几个世纪之前的清少纳言（Sei Shonagon，966或967—1013）的著作所体现出来的禁欲主义和精英主义加以比较，就能看到禅宗所呈现的创新意识。清少纳言的日记，即《枕草子》（*Pillow Book*）是日本文学中最重要的作品之一。在10世纪的最后十年，清少纳言是皇后身边的侍女。当时正处平安王朝，平安王朝特别特别引人注目的是其审美修养，在这方面，皇后也是整个国家审美修养不可分割的组成部分。清少纳言的日记随意记录了她对日常事物的印象，对它们的概括（常采取的是适当原则）以及各种不同的审美范畴（比如"失去了力量的事物""唤起过往美好记忆的事物""肮脏的事物"和"优雅的事物"）。

神道教对自然和美好仪式的节奏感的情调，体现在清少纳言的日记中，它描述了许多神道教节日的庆典。① 清少纳言的《枕草子》尽

---

① 神道教有极为复杂的仪式和神话，但它不是很教条的宗教。它长久以来都与日本的儒教、佛教和平共存。在现代，神道教被塑造为国教，用以加强民族主义情感。第二次世界大战后，神道教不再是国教，但是，它仍是某种统合性的宗教现象，它的神庙和节日仍为日本人所喜爱。

管完全不是系统的哲学著作，但是，它反映了重视和反思美的哲学洞见，以及颂扬皇室家族、鄙视下层阶级成员和智识低劣的人的政治精英主义。人们还可以在《枕草子》中发现某种对待男人的原初女性主义姿态，清少纳言显然觉得自己与男人平等，甚至还包含某种好胜之心。

或许，早期最伟大的禅宗佛教徒是道元（1200—1253），他坚持主张禅宗属于哲学训练。他被视为日本曹洞宗的祖师。道元设想身体与心灵是统一体，提倡特殊的冥想姿势，即坐禅。正如道元所描述的，这种练习的目的是要让心灵进入前反思或"无思"的状态。通过清空心灵通常所具有的范畴和概念，人就能感受到佛教的以下洞见：无物在其"自身"中成其所是。事物之所以是其所是，只因为它处于与其他所有事物的关系之中。根据道元的说法，只要个人获得这种洞见，就能明白万物皆"虚无"，即"万物皆空"。所有存在者都有"佛性"，在这种佛性中，万物都能达到佛陀的"开悟"境界。

禅宗不同教派都试图唤起潜藏于个人心中的洞见，它们之间的差别只在于使用方法不同。比如，曹洞宗强调通过坐禅使心灵平和，与之相比，临济宗强调日常生活中的"顿悟"直觉和冥想。尽管它们对平静和自发性的强调程度各有不同，但它们有共同的目标，即开悟，这是惟有在日常思想范畴缄默无声时才会出现的状态。

宗教综合的过程，哲学意义大于观念和视角的融合。不同宗教只要彼此在信念和仪式层面上融合，人们就会对彼此有更多的理解和包容。确实，尽管人们可能会因更新、更宽广的宗教视角融合而哀叹"纯粹"和"原初"宗教观念的丧失，但他可能不会抱怨因此而来的冲突和宗派仇恨的减少。但是，宗教哲学的方向绝不意味走上了综合之路，走向了相互理解。相反，至少西方将要经历自古代以来最重大的宗教分裂，这是比"大分裂"更严重的分裂。

宗教改革：路德及其追随者

促使东西方基督教教会之间分裂的因素，可能更多的是政治与文化张力，而非哲学歧见。但是，后来的宗教改革这种更具创伤性的基督教内部分裂，情形并非如此。宗教改革的重要性在很大程度上取决于观察者的视角。某些人仍然把它视为不幸的家庭纷争、宗教统一体的不必要的分裂,以及失去控制的误解或抗议。另外某些人则把它视为庞大、集权、贪婪和傲慢的机构的不可避免的自我毁灭。绝大多数新教徒认为宗教改革是在基督教内部致力于道德改革的运动。它反映了同时期其他重要的哲学运动和社会运动,尤其是人文主义(它拒斥中世纪世界观中极端的超自然主义)和民族主义(它在文化和历史范围内规定和巩固大宗教团体所扮演的角色)。

宗教改革始于马丁·路德(Martin Luther,1483—1546,奥古斯丁派的修士),他于1517年10月31日把"九十五条论纲"张贴在威登堡教堂的大门之上。这个举动在路德与教会当局之间导致了一系列不断加剧的冲突。教会命令他放弃被视为异端的观点,而他却再三拒绝放弃。最后,他被革除教籍,而他在被逐出罗马天主教会之后,马上就在自己所辩护的原则基础上建立了新的基督教会。

路德最直接的哲学关切就是西方传统的永恒问题,即罪与救赎的问题。自圣保罗以来,基督教最引人注目的特征就是救赎。然而,个人不清楚如何确定自己是否得到救赎。路德确信,天主教会已经腐败不堪,它如今甚至通过售卖赎罪券来操控信徒的疑虑和恐惧。路德的九十五条论纲,具体针对的就是这种做法。

教会向具体的个人保证,有时通过某些特定的祈祷或仪式,但更经常的做法是给神父金钱,才能得到免除罪恶的赎罪券。根据教会的说法,赎罪券可以使人更快进入天堂,它们取消了人的罪恶。(甚至对于较为善良的个人,可供选择的还有死后在炼狱中待段时间,为自己的罪恶受罚,与地狱不同,炼狱的情境有限,但也很难说是舒适之地。)赎罪券还可以用来取消已故亲人的罪恶。最终,发放赎罪券的做法沦落为敲诈,令教士变得富有,从而更激发教士的贪婪和野心。人们担心自己和所爱之人是否得到救赎,这种担心实际上成了资金的可观来源。路德认为这种做法是腐败,从教义上来看也是荒谬的。赎罪观念假定,人的行动(无论是默诵特定的祷辞还是进行施舍)对自己是否得到救赎有影响。在路德看来,这种观念无异于宣称,人可以贿赂上帝或购买救赎。

路德依据奥古斯丁的哲学,强调人类的罪性。如果让人类自行发展,处于堕落状态的人类不会选择善。根据路德的说法,人类天生被肉体的欲望与精神的渴望撕扯。此外，作为有罪之人，他们完全应该受到上帝惩罚。上帝会公正地惩罚他们。与中世纪的天主教神学相比，路德甚至更强调罪的严肃性和上帝惩罚的主权。根据路德的说法，基督具有人形就是为了把人类的罪担在自己身上，基督之死就是为人类赎罪。

中世纪将上帝视为最高存在，强调他作为绝对实体的永恒地位。许多经院哲学家强调上帝的神圣理智，以及对自然世界的理性设计。与之相比，路德（类似于中世纪思想家邓斯·司各脱和奥卡姆的威廉）强调上帝的意志。在路德看来，上帝本质上是意志的存在。因此，路德引用《旧约》强调上帝之怒。根据路德的说法，人也是意志的存在，个人是单一的意志统一体。尽管如此，人具有两面性：有形的"肉体"和"精神"，前者是我们在自然中会朽坏，后者按照上帝的形象创造，超越了自然。我们体验到自己的超越性，但是，我们作为有形的肉体，也想表达自己的意志，反抗上帝的意志。路德认为罪就是对我们自己有限性的否定，对自爱的误入歧途的表达，对上帝意志的违逆。罪是败坏了的自我崇拜。

路德描述的肉体与精神之间的战争，在绝望中达到顶峰。路德主张，上帝的律法与其说是指引，不如说是击碎罪人骄傲的"铁锤"或"铁砧"，愈益巩固了绝望。然而，绝望只是手段。当罪人在绝望中崩溃，上帝就能在那罪人的内心产生救赎。恩典在绝望之际到来，"它是比否定更深的深渊，但在它之上，有着深刻的神秘肯定。"因此，尽管有上帝之怒，上帝之爱仍会出现并且占据主导地位，他自由地选择宽恕人类，给予人类恩典。只要个人经由上帝的救赎而与上帝和解，他就获得了上帝的恩典。

路德对得救的说明，正如他对赎罪券的抨击，人类行动的作用以及谋取得救的努力在他那里有过明确的提示：人的事功和"善功"在得救上没有作用。路德否定了中世纪人的德性与上帝的救赎有关的中世纪观点。人无法"挣得"救赎。根据路德的说法，人应只专注于信仰。"信仰就是有益的"和"信仰就是幸福"，是路德思想最基本的准则。

尽管路德认为善功对于得救而言既无必要，也不足以确保得救，但他仍希望基督徒去行善。道德行为和善行必然会随信仰而来。道德行为虽然不能保证人与上帝的关系，但是，融合在信仰中的与上帝之间的关系却能保证个人行为道德。路德相信，上帝直接通过信仰影响人的灵魂，为人提供力量克服罪恶，使人过有德的生活。基督徒有爱他人、服务他人的义务。这种义务的完成，并不是得救的条件，但却是个人得救的标志。路德主张，通过爱他人，基督徒展示了对上帝的爱。《新约》中提到的"爱邻人"特别重要，因为邻人是上帝在现世的代表。在有信仰的人那里，爱邻人和服务邻人自发"从内心"流露出来，而不是出于得救的外在欲望。

路德声称唯有信仰是得救的正当理由，这个主张不只驳斥了售卖赎罪券的做法。他还驳斥了整个神秘主义传统（这在基督教和伊斯兰教中都有），即精神实践会使个体与上帝合一。路德认为，上帝与人类之间的鸿沟是绝对的。对于人类而言，与上帝合一是不适当的目标。人只能做到与上帝沟通。但是，这种关系也由上帝主宰，无法通过人的主动获得。

路德也反对经院哲学，反对在宗教问题上对理性论证的强调。他不是亚里士多德的拥护者，尤其怀疑托马斯·阿奎那的理性主义。他论证道，在人类的堕落状态中，人的所有能力都已然败坏，包括理性。路德认为，理性常常是傲慢的，它试图向自身说明信仰的真理，而后者在理性的洞察能力之外。信仰的理性辩护不是真正的宗教。真正的信仰要求体验，而非证明。此外，每个人都可以获得这种体验。

路德坚持认为信仰是得救唯一需要的东西，这也等于否定了天主教的圣礼教义。圣礼即神父或主教主持的仪式，他们认为自己有权力把恩典赋予领受人。天主教教义不仅认为圣礼是领受恩典的有效手段；而且它也主张，圣礼是得救的基本要素。路德否定了天主教教义的这两个特征。他否认个人只要借助仪式就能自动地得到恩典；他坚持认为，领受者要有正确的内在品性来接受恩典。在这里，奥古斯丁对"内在"的强调，再次走到了宗教哲学的前台。尽管路德认可圣礼在表达和加强信仰上的价值，但他仍然否定它们对于得救的必要性。唯有信仰才是得救所必需的。

同样，路德拒斥了天主教圣礼教义的另一个特征，即神父在忏悔中的作用。天主教认为神父是上帝与个人之间具有基本作用的中介。比如，在忏悔中，神父被认为是上帝的使者，能够赦免信徒忏悔的罪行。路德拒斥神父是上帝的使者、能够豁免或阻碍得救的观念。个体灵魂的地位在人与上帝之间，神父与此无关。因此，除了受洗和圣餐，他拒斥其他任何圣礼，尽管他有时似乎也关心忏悔的作用。

根据路德的观点，那些有信仰的人尽管有罪，但受到福佑，确保他们与上帝有正确的关系，并且确信上帝会拯救他们。根据天主教的教义，以为自己会得救是冒失之罪；但路德认为，有信仰的人能够且应该相信上帝的仁慈。不过，他并不认为基督徒应该自以为是、得意洋洋，相反，基督徒应该始终保持谦卑和悔改的姿态。路德也认为，唯有上帝能够充分掌握个人的动机。因此，基督徒不能相信自己的德性。相反，他应如履薄冰地维持与上帝的良好关系。这意味着少关注外在仪式，少依赖于神父和教会，少强调圣礼，少关注外部事物。与罗马天主教华丽的教堂和圣仪相比，路德号召精简礼拜仪式。

路德强调得救的普遍可获得性，主张教士应该摆脱天主教中已经僵化的教会等级制度。他既否认这种等级制度的必要性，又否认其权威性。教皇和大公会议也会在宗教问题上犯错，个人无需教士也能理解上帝的言辞。根据路德的说法，每个帮助他人的基督徒都与上帝和谐一致，扮演使徒继承人的角色，在宗教问题上，最终的权威是经文，而非教士。因此，基督教共同体，而非作为机构的教会，才有助于培养个人与上帝的关系。

路德拒斥神父、修道院的"宗教生活"是比平信徒的"宗教生活""更高级"的宗教生活形式。他也否认婚姻干扰宗教的天主教观点。他谴责天主教要求教士独身的主张；他自己就结婚了（妻子以前是修女）。他维护所有基督徒的"各种希望"，极力主张基督徒尊重上帝号召个人选择的生活方式。

与路德不同，法国的宗教改革家加尔文（John Calvin，1509—1564）强调制度化教会和神学体系的重要性。加尔文宗在1530年前后成为重要的宗教改革力量。那时，由于宗教改革与天主教的分裂，导致新教义不断涌现，而且随着对"内在"的重新强调，出现了某种野蛮的个人主义。作为对这种宗教无序和哲学无序的回应，加尔文认为有必要建立新教机构，以便为区分宗教真理与异端提供清晰明确的基础。加尔文的巨著《基督教要义》（*The Institutes of the Christian Religion*）大篇幅关注基督教会的组织结构，他认为教会是上帝认可的拯救途径。

在强调人类的罪性上，加尔文甚至比路德走得更远。他认为，人类因原罪而败坏，甚至新生的婴儿也足以下地狱。实际上，加尔文认为，除了用以表明上帝的恩典，人类完全也不重要。根据加尔文的说法，上帝是全能的，他以绝对的必然性统治世界。

加尔文对上帝意志之核心性的信念，提示了他对得救的理解，以及他自己对恶的问题的回答。根据加尔文的观点，即使罪人抵抗上帝的意志，他们也无法脱离上帝的意志行动。因此，在某种意义上，上帝想要他们的罪性。加尔文用他的前定学说阐明了上帝与罪的这种悖论关系。为了说明为何是这些人而不是其他人能够听到上帝的声音，加尔文论证道，上帝早就拣选和预定了哪些人会得救，哪些人将受到永罚。但是，甚至会得救的较少部分人，作为罪人，也不值得拯救。上帝只不过选择了宽恕他们。他的宽恕是给予拣选者的礼物，而这些拣选者早已被永恒地计划好了。

加尔文认为，所有人的真正天职就是认识上帝。他比路德更同情经院哲学家的理性论证和方法，他的前定学说本身就是对上帝权威进行推理的结果。但是，加尔文认为经院哲学家对上帝本性的推理方式是不恰当的。上帝的本性离我们很远，远远超出了我们的理解能力。我们能够且应该关心的是上帝与我们的关系，而且这种关系在《圣经》中很明显。因此，上帝的知识源于对经文的认识和遵从。在所有宗教问题上，《圣经》仍然是权威的唯一基础。加尔文拒斥微妙的寓意解释，坚持采用上帝之言的表面意思。

尽管《圣经》是上帝拯救拣选者的关键手段，但是加尔文也强调教会作为上帝恩典的工具的重要性。路德否定基督教共同体严格要求教会作为其可见的形体，尽管他看到了某些组织作为传播福音的手段的价值。相反，加尔文认为教会是基督的可见身体（这是天主教徒也认可的观点，只是他们心中有不同的教会）。再次，机构与象征之间的关系成了宗教内部的关键哲学问题。

在许多方面，加尔文用天主教神学熟悉的术语描述教会的功能。然而，他认为拣选是教会成员的关键基础。因此，无论教士在促进灵修上可能扮演什么样的角色，他们都无法确定自己辅助的那些人是否是教会的真正成员，因为他们无法确定谁是拣选者、谁不是拣选者。实际上，个人自身也不清楚自己是否是拣选者。

加尔文并不认为这里存在问题。如同路德，他也相信，被选定的基督徒应该要有确信。如果人觉得自己与基督有交情，体验到对信仰的内在召唤，他就能确信自己是拣选者。加尔文追随奥古斯丁，认为人不应专注于判断他人，而应关注自己的精神信仰与安宁。尽管如此，人仍然必须承认难以认定自己是否被拣选，因此人们必然倾向于相互比较。

马克斯·韦伯认为，拣选论导致了"新教伦理"的发展。从加尔文的观点来看，个人可以被拯救的唯一外在证据是他的行为。因此，尽管新教不强调人的事功和善功，但许多新教徒几近迷恋工作，因为工作如今被视为得到福佑的标志。根据韦伯的说法，现代资本主义就是这些劳作的结果。

加尔文坚持认为较为地方性的基督教共同体应服从更大的教会。尽管如此，基督教仍继续在分裂。在英国，亨利八世与罗马教会断绝关系，宣称自己是英国教会的领袖，表明自己在宗教事务上具有民族（和个人）主权。英国的进一步分裂则是由清教徒造成的，他们要求在基督教内部进行道德改革，认为英国的教会仍然太像天主教，同样有太多的道德败坏。其他教派则不赞同新发展的新教教会。重浸派、教友派和门诺派教徒形成其他某些教派，他们重新强调宗教体验的个人性。重浸派教徒也拒斥婴儿洗礼的做法（天主教徒、路德派和加尔文派），认为这种仪式经文上没有，也没有人情味。其他某些团体则拒斥信奉国教，强调地方教会的宗教自由。"五旬节派"和其他"灵修"团体组织的礼拜，认为圣灵的内在之光可以在个体灵魂内起作用。

反宗教改革运动、伊拉斯谟和莫尔

由于宗教改革，天主教会受到抨击和破坏。从此以后，影响力和重要性越来越小。教皇和他的主教们并不是吓坏了的旁观者，眼睁睁看着他们的教会四分五裂。相反，他们充满了复仇之心，积极予以回击。

在宗教改革之前，教会已经开始了反对异端的激进运动，最著名的是西班牙宗教法庭的审判。仅仅在路德发起反抗几年之后，教会就支持依纳爵·罗耀拉（Ignatius Loyola）创建耶稣会。由于坚持理性在宗教问题上具有不可削弱的权力,"耶稣会士"中出现了好几代训练有素,甚至很强大的哲学思想家。在西班牙,苏亚雷斯(Francisco Suárez, 1548—1617)撰写了全面、系统的经院派形而上学纲要,包括对犹太教、伊斯兰教和文艺复兴运动思想家的论述。苏亚雷斯在很大程度上坚持了托马斯·阿奎那的哲学观点,但是他也有自己原创思想。特别是,他继承融合了众多中世纪思想家的思想,他们强调意志在律法基础中的作用。尽管苏亚雷斯赞同阿奎那,认为自然法与理性命令不矛盾,但他强调上帝权威在所有问题上的重要性。人类理性处于自己该有的位置之上。

从哲学上来看,反宗教改革导致经院哲学得以延续,不过,如今它表现激进,处于斗争的前沿。自智术师以来,这个时期的论辩和论证在哲学中比任何时代都更具有核心地位,但同时也更处于危机关头。在接下来的六代人中,天主教徒与新教徒之间的战争撕裂了欧洲,现代哲学作为极具侵略性、对抗性的学科出现,或许可以追溯到那段苦难岁月。

在宗教改革和反宗教改革这两极之间,我们很容易忽视许多具有理性的哲学家,他们身陷混乱的时代,却拒绝为时代愚行和暴行辩护。这个时代有两个思想家最为著名,他们不仅才华横溢,更是哲学家可以且应该具有的理想形象的最佳典范,堪比苏格拉底。

第一个是荷兰人文主义者伊拉斯谟(Desiderius Erasmus, 1466?—1536),他是虔诚且坦率的宗教改革家,与教会不和但拒不加入宗教改革运动。伊拉斯谟坚持认为,普通人也可以理解经文(因此应把经文翻译为普通用语),他自己是第一批严肃的《圣经》学者之一,为后来几代学者具体而微地探究《圣经》的形成开辟了道路。伊拉斯谟也是机智诙谐的社会批评者,自然招致了强有力的批评,也赢得了永久的钦佩。

第二个是他的好友托马斯·莫尔爵士(Sir Thomas More, 1478—1535),他曾在臭名昭著的亨利八世治下担任过英格兰大臣。亨利八世为了离婚然后迎娶当时的情人,要与罗马教会决裂,莫尔对此坚决抵制,结果被斩首。然而,他也留下了智慧探寻者应有的形象,堪称令人推崇的哲学家典范。

伊拉斯谟尽管厌恶单调乏味的经院哲学,但他仍是杰出的经院学者之一。首先，他是人文主义者、教会精神的辩护者，不过，在适当的时候他也是教会做法的严厉批评者。正如马丁·路德，他批评售卖赎罪券以及教士不得体的其他商业行为。他还拒斥教皇无错论的说法，而且，在路德的早期生涯，伊拉斯谟对他的改革热情评价甚高。然而，与路德不同的是，他不想冒分裂教会的危险。在1524年，他展开了对路德的批评，他们之间的往来信件针锋相对。伊拉斯谟拒斥新教严苛的预定论，而且与路德为普通人的解释能力辩护不同，他对粗野无知并没什么兴趣。

伊拉斯谟自己是神父，但他激烈地批评同行的无知。他虽然反对经院哲学，但他自己却是热情的学者。他编辑了《新约》的第一个希腊语本和新的拉丁文译本，这成了后来几乎所有《新约》研究者的基础。不过，伊拉斯谟尽管拒斥路德和宗教改革，要求保持教会的统一性，但他仍被许多天主教徒斥责为路德孵化的"蛋"。

伊拉斯谟是具有世界视野的学者，他曾到处旅行，在牛津大学、剑桥大学待过，也到过巴黎、弗莱堡、都灵和伦敦。他的人文主义与其说是某种学说，不如说是他谦虚品格的反映，也跟他在欧洲主要城市有过广泛体验密切相关。他最为经久不衰和受人喜爱的作品，有些辛辣，却不失风趣，尽显幽默和人性。这部著作就是《愚人颂》(*In Praise of Folly*, 1549)，自述性标题极为准确。据说，他只用了一周就写完了这本书。它在中世纪晚期成了最受欢迎的哲学著作。

用他自己的话说，这本书最鲜明的特征是"讽刺辛辣"，但下笔时充满同情，也很风趣。《愚人颂》以"愚人"的口吻叙述，可以想见，这本书最常针对的目标是自夸。伊拉斯谟也用愚人称呼"愚蠢的哲学家"、富人、权势者、教皇、医生、赌徒、圣人、作家、好战分子、神学家、基督徒，以及其他各种人。他批评斯多葛派，说他们试图从高贵生活中删掉情感，把他们教义的拥护者变成了"大理石雕像"。他讥讽柏拉图的"理想国"，认为它同样无法忍受，而且苏格拉底本人就成了阿里斯托芬的讽刺对象。伊拉斯谟向我们保证，哲人王绝对是最糟糕的统治者。伊拉斯谟也没有放过自己，他以及他的"希腊癖者"同行也受到了类似讥讽。

《愚人颂》的要点容易在嬉闹、讽刺之中遭到忽视，有意不加说明的斥责目标既是为智慧德性的辩护，又是对它的约束、限制。他说，唯有上帝拥有智慧，在这方面，他明确赞同苏格拉底的说法。但是，人类生活中还有许多有价值的东西，这实际上就是人类生活本身，它们要归于愚蠢，而不是智慧。如果人们真的具有预见结果和未来的智慧，谁还会结婚、生子、搞政治、恋爱、做哲学家呢？他援引索福克勒斯的说法，论证某种完全反哲学的观点，即"最幸福的生活是一无所知的生活"。尽管如此，伊拉斯谟的著作是最好的哲学，它极其动人、有趣、深刻，堪称自由、谦卑、正直和幽默的苏格拉底式哲学的典范。

类似于伊拉斯谟，托马斯·莫尔爵士是极其虔诚又极为独立的思想家。众所周知，他把个人信仰和正直视为高于世俗忠诚和自我利益。他成长于成功的商业家族，他自己也做生意，还有过令人羡慕的政治生涯。正如伊拉斯谟，莫尔既是虔诚的天主教徒，也是人文主义者，而且，他对于教会之名遭到随意滥用感到震惊。但是在英国，他遭遇了完全不同于撕裂欧洲大陆的问题。无论人们如何设想路德及其宗教改革，都不会怀疑他抨击教会的理由是出于宗教的和精神的。然而，亨利八世意欲断绝与教会的关系，却完全不是出于宗教和精神理由。亨利八世只是想与他的妻子凯瑟琳离婚，然后迎娶安妮·博林（Anne Boleyn），但是莫尔，这个长期以来为亨利八世提供明智建议的人，拒不接受国王的计划。尽管遭受亨利的威胁和短暂入狱（莫尔自称很享受），但他仍拒不屈服，最后，亨利八世处死了他。伊拉斯谟曾在伦敦期间与莫尔待过一段时间（并在那里撰写了他的《愚人颂》），他称莫尔是"公正的人"，我们这个世纪讲述莫尔生平的某部著名戏剧也以此命名，后来的同名电影还获得过奥斯卡最佳电影。1935年，莫尔被封为圣徒。

莫尔的经典著作是《乌托邦》（*Utopia*, 1515），它就像柏拉图的《理想国》，提供了理想社会的详细蓝图。莫尔杜撰了utopia这个词，乌托邦有双重含义，一是"不存在的地方"（u-topia），一是"好地方"（eu-topia）。值得注意的是，莫尔心中的乌托邦是没有宗教信仰的共产主义社会，完全由理性统治。正如后来的许多社会哲学家，莫尔在理性生活与纯粹的利己主义之间进行了鲜明对照，他认为后者可以追溯到人类原初本性的缺陷。在《乌托邦》的背景下，莫尔还讨论了如今依然可以作为话题的某些问题，比如女权、安乐死、堕胎、结婚和离婚。

莫尔与伊拉斯谟共同努力统一基督教,并开启了基督教学者吸收希腊经典的智慧之门。但是,更普遍也更为重要的是,他们共同赋予了宗教争端以人情味,这些宗教争端在现代世界常常充满暴力。在接下来的两个世纪中,宗教在欧洲人的生活中丧失了它的支配性的地位。在向现代较为世俗的人文主义转变过程中,伊拉斯谟和莫尔是最为激动人心的范例。

亚里士多德之后:培根、霍布斯、马基雅维利和文艺复兴

在理性层面出现的宗教改革和反宗教改革,已经被文艺复兴及其对个体的强调所改变。文艺复兴或"新生"并非像它的某些较为激进的拥护者所认为的那样,是"重新开始"的时代,但它无疑是充满活力、热情和实验的时代。特别是,这个时期重新发现或者至少可以说重新强调了古希腊和罗马的经典、文献。文艺复兴的口号是"人文主义",这是自 12 世纪以来就已经发展出来的强调个人尊严的概念。18 世纪的法国历史学家儒勒·米什莱(Jules Michelet)评论道,文艺复兴的突出特征是"世界的发现和人的发现"。然而,这种对新生和发现的强调,意味着对文艺复兴之前整个千年的无视,人们完全可以追问,这种对古老书籍和作品的新兴趣是否真的能证明抹黑中世纪的正当性(中世纪也因此被称作黑暗时期)。

在此之前,瘟疫(黑死病)毁灭了欧洲的三分之一人口,英法之间百年战争杀死的人口也不相上下,随着这些灾难逐渐远去,在当时的历史背景下,我们可以理解当时人们感到的快乐。文艺复兴时期的人文主义可以视为对这段艰难岁月的反弹和解脱。封建主义差不多已经完全崩溃,欧洲盛行着新的重商主义和探索精神。当时精致、有教养的城市阶层的世俗新理想逐渐兴起。不过,正如当时和如今的福音派辩论家指责的那样,人文主义本质上是世俗的或无神的。在许多方面,文艺复兴仍具有中世纪的特点,有时还具有神秘主义的特点,重要的是要记住,个人尊严的重新强调是在基督教的怀抱和犹太—基督

教传统中滋生出来的。

没有任何明显的分界线能够把中世纪与现代区分开来，文艺复兴也无法完全归入其中任何时期。教科书为了方便起见，把这个分割线定在1500年，但是，文艺复兴的转型至少横跨14世纪中期直至1600年。人们也确实围绕如何对这个时期的哲学人物加以归类，进行了毫无意义的争论。文艺复兴首先是场文学艺术运动。它最有价值的产品是"人文学科"，它们是每个有教养的公民都会期待的学科。

不过，人文学科也包括对科学的尊重，当然，这是由技术和数学的发展所促发的科学。因此，文艺复兴也可以根据当时的哥白尼革命来定义，哥白尼革命指的是：我们宇宙的中心是太阳而不是地球。与更大的神学教条相比，科学知识的追求长期以来处于较低的附属性位置，而如今却迅速攀升，与教会形成了持久甚至残酷的对抗。1600年，布鲁诺（Giordano Bruno）作为异端被烧死在火刑柱上，之后不久，伽利略又被迫公开放弃他所认同的哥白尼的观点。（直到1992年，这个观点才为天主教会正式接受！）

然而，科学与宗教之间向来存在冲突，但不宜过分夸大。正如自然被视为上帝的"手工作品"（这是源自古希伯来人的观念，并得到托马斯·阿奎那的辩护），科学作为理解上帝之奇迹的方式，也被视为理解启示的方式。在很多情形下，只要不与教义发生冲突，教会还是乐意容忍科学的。无论如何，尽管有对卢克莱修的再发现（以及对他的热情），但科学尚还没有提出纯粹机械论、无神论的宇宙观。

确实，文艺复兴是向古典和古典哲学的回归，但是，它也表现为对古代最光辉灿烂的人物即伟大的哲学家亚里士多德的全面抨击。在文艺复兴时期，亚里士多德既是人们的核心关注点，也是最成问题的人物。一方面，文艺复兴"哲学发现"的整个气质，以及所用的基本语汇和洞见，无疑完全是亚里士多德式的。另一方面，"异教徒"亚里士多德几乎消失不见，而且绝大多数保留下来的东西都被嵌入经院哲学的教条之中，或者通过圣托马斯·阿奎那融入基督教教会的教义之中，或者通过伊本·鲁世德融入伊斯兰教的教义之中。某些有理解力的个人能够区分真正的亚里士多德与经院学者笔下的亚里士多德，但是，文艺复兴时期思想家基本都明确反对亚里士多德。可以想见，与这种反应相伴随的是对柏拉图的戏剧性的再发现和辩护，他的作品当时被广泛地翻译为拉丁文。

就科学而言，亚里士多德几乎支配了所有学科长达 15 个世纪，不妨举几个例子，比如物理学、宇宙学、生物学和心理学。公元前 4 世纪看起来像常识的理论和假设，由于未经检测，仍在 15、16 世纪占据支配地位。伽利略做了个简单但很著名的实验，他用两个体积不同的石头从比萨斜塔上抛下，检测它们各自的加速度，结果表明它们各自的加速度相同，与亚里士多德的预测相反。这似乎突显了新科学家们对亚里士多德不以为然的蔑视。很久以前由亚里士多德定义并规定的"常识"，不再为人们简单接受。比如，亚里士多德（如同他的绝大多数同时代人）相信后来所谓的托勒密式宇宙观，认为地球是宇宙的中心。更重要的是，常识信念受到严重质疑，然而充满反讽的是，文艺复兴这个新兴的人文主义论坛，部分是建立在如下令人震惊的启示之上：人类以及他们所占据的星球不再是宇宙的中心。

亚里士多德也支配着政治学领域，亚里士多德颂赞逐渐消失的希腊城邦，认为这仍然是理想的共同体组织形式，在很久之后这些社会会成为现实或变得可能。（不幸的是，亚里士多德对奴隶制的维护仍得到广泛的认可。）然而，就积极的方面而言，类似于苏格拉底和柏拉图的政治学，亚里士多德的政治学的核心主张也是，国家、政府和权威的主要目的是培养有道德的人。政治与德性、政治才能与道德规范携手并进。文艺复兴受人诟病、令人震惊的重要特征就是拒斥了这个高贵的观点。政治即便不是完全的"肮脏交易"，最多也不过是某种妥协，它代表了人性中最糟糕的一面。

简而言之，就文艺复兴是新生而言，它常常拒斥的与其说是教会或基督教，不如说是亚里士多德。至于文艺复兴时期亚里士多德最杰出的批评者，我们这里只提及三位：培根（Francis Bacon，1561—1626）、霍布斯（Thomas Hobbes，1588—1679）以及比他们几乎早一个世纪的马基雅维利（Niccolò Machiavelli，1469—1527）。他们三人全都是亚里士多德的反对者，尽管他们也在很大程度上受惠于亚里士多德（哪怕他们并不承认）。培根通常被认为是现代科学传统的奠基人，这也意味着他与亚里士多德的决裂，他坚持我们要以纯粹经验的实验方法"重新开始"。霍布斯具有双重意义，一方面作为培根的朋友和同事，他也是新科学的开拓者，彻底批判亚里士多德神学宇宙观，另一方面，他是现代政治理论最具影响力的建构者之一，激烈反对亚里士多德的"自然人"的社会性观点。

我们至少还应该提到马基雅维利这个众所周知的名字，他在文艺复兴时期混乱、腐败的意大利为现代政治奠定了基础。他那本臭名昭著的《君主论》（The Prince）明显在说，政治中毫无道德可言。在《兵法》（Art of War）这本书中，他认为战争是国家之间关系的常态，需要持续的准备和战略，而不能只是对突发事件的应对，临时匆忙召来未经训练的军队。实际上，亚里士多德把政治等同于伦理，马基雅维利、霍布斯与这种做法的决裂，要比培根科学反抗重要得多。

培根本人并不是科学家，也就是说，他并不像哥白尼、伽利略、开普勒和牛顿那样，因其理论或发现而闻名。相反，他的贡献在于对科学和一般知识的理论化。特别是，他提出了对伽利略影响很大的实验方法。正是培根阐述了后来成为教科书标准的"科学方法"，这包括仔细观察和可控、有条不紊的实验。科学方法对于古代人认为已经得到回答的所有问题，提供了新的开端。

但是，正如亚里士多德，培根依然相信理性高于经验，他对亚里士多德影响（即15个世纪以来对他的理论的毫无批判地接受）持续抨击不应掩盖如下这个事实：培根是亚里士多德的再传弟子，而不是他的对手。针对过去的教条，培根试图对"为了知识"而追求知识正名。这不应该像我们今天经常看到的那样，被误解成在为不顾结果的探究辩护。培根明确持相反的立场，即认为知识是有用的。实际上，他有个说法众所周知："知识就是力量！"他也认为科学是人类对自然终极支配，如《创世记》中许诺的那样，而且，作为对上帝作品的研究，科学也就像对上帝之言的研究那样是启示的合法来源。

培根坚持认为，只要使用正确的方法，每个人都能发现真理，由此提出了相对于科学的平等主义立场。科学不是天才的专属领域。这后来成了极为重要的政治主张。但这并不意味着培根只是在为"常识"辩护。他哲学中最有力的方面是对人性中各种"偶像"的批判，正是它们阻碍或扭曲了正确的科学探究。这些各种各样的偏见和错误观念，是我们的长辈告诉我们且从未遭受过质疑的东西。人类信念有其惰性或保守性，要让人们抛弃某种已然确立、舒适但却错误的信念，这非常困难。一厢情愿的思考常常侵蚀谨慎的知觉和"真正的经验"。还存在以下这种危险：我们的感官并非总是值得信赖，这是培根和古代人共有的观点，也是其继承者笛卡尔具有的观点。最后但同样重要的是，培根抨击了亚里士多德的"目的因"这种目的性或目的论解释。自然如其所是地显现，并不是因为对象和事件有其目的，而是因为它们有质料或"动力"因，遵循自然的"形式"或规律。这种对亚里士多德目的因的抨击，可能是培根对亚里士多德有时不公平的抨击中最具破坏性和持久印象的方面。

作为形而上学家而不是科学家，霍布斯提出了关于世界的纯粹唯物论、机械论模型，世界只是"运动的物质"。这或许是从德谟克利特和古代的原子论者以来最不具人性、最为苍白的宇宙论描述，但是，这种极端的做法总是有其反对力量。霍布斯也许相信机械论的宇宙观，但它不是无神论的观点。他大半生的精力都在为并不排除神学的宇宙论辩护（实际上，他最著名的作品《利维坦》基本都在做这件事）。

不过，霍布斯的闻名在于其对"自然状态"下人类生活的尖刻看法，即所谓的自然状态，即社会形成"之前"的状态。他在《利维坦》这部著作的前几页就告诉我们说，自私是支配性原则，人们完全不知道什么是正义。因此，生活就是"一切人反对一切人的战争"，它"孤独、贫困、卑污、残忍和短寿"。在这种危险、相互争斗的背景下，人们为了彼此的安全和利益，相互之间共同形成"社会契约"。他们把某些适度的权力交给"主权者"，那个统治他们的国王，所依据的不是神圣的权利，而是共同的同意。由于同意，人类进而受到正义观念的保护。正义本身是契约社会的产物，而不是它的前提。

霍布斯到底是把他的自然状态模型看成一个表面上的假设，还是把它当作引入极端新颖的社会观的思想实验，这是仍在持续的争论。人们通常认为，后面这种说法更有意义。霍布斯自己在他后期的某些著作中表明，人性绝非他在自然状态中所描述的那样不堪。不过，政治哲学的未来将被社会契约的观念统治（这个观点甚至可以追溯到古希腊）。洛克和卢梭，甚至康德，都在为各种形式的社会契约辩护，当然，它之所以能够成为支配性的政治观念（以"宪法"的形式），乃是接下来这个世纪种种革命的结果。

在"地理大发现"之前：非洲和美洲

当时，欧洲因派系冲突而撕裂，大国多多少少都陷于连续不断的相互战争之中，欧洲人开始向外转向"新"世界，迫切要求剥削、开拓看似无限的土地上的资源。他们也关心如何使新世界中的土著皈依的问题，在他们看来，这些人完全听不到福音。但实际上，新世界有极其丰富的宗教传统和大量宏伟壮观的城市与文明，完全可与古埃及的奇迹相提并论。

西班牙在1492年创建宗教裁判所时，哥伦布正好"发现"美洲，这可以说是不那么令人愉快的巧合。很快，西班牙神父也加入了征服者的行列，试图在获得这些美妙的"新"帝国战利品的同时俘获灵魂。在法国的天主教徒与新教徒（或"胡格诺教徒"）相互厮杀之际，法国的探险家和传教士正扬帆来到圣劳伦斯河、中国沿海，并穿过南太平洋。同样，西班牙人、葡萄牙人、荷兰人和某些斯堪的纳维亚人也在进行他们各自的探险之旅。当英国教会与罗马决裂进而分裂为十多个小教派，实际上它们都开始劝人改宗，把教士派往世界各地。

他们在宗教皈依、贸易和资源来源等方面的争夺展开国际性竞争，很快就成了全球性的现象。西班牙人和葡萄牙人把中美洲和南美洲变成了殖民地。英格兰人在弗吉尼亚和马萨诸塞建立了殖民据点。荷兰人攫取了加勒比海的某些地区和印度尼西亚的数百个岛屿。法国人则占据加拿大东部和路易斯安那。实际上，所有这些国家都进入过从中国到非洲东海岸的地区。

在非洲，殖民主义发生了极为恶劣的转变。随着基督教的兴起，以及同样重要的封建制度的确立，奴隶制在欧洲已经减少，因为封建农奴束缚在庄园上，奴隶就不再是必要的了。然而，由于农奴制的结束，以及后来的工业革命和西印度大量种植园的殖民化，奴隶制的需求又开始增加。① 由于这种想法，哥伦布从美洲带回了五百个印第安人。（伊莎贝拉女王值得赞扬之处就在于，她把这些印第安人遣送回了他们的家乡。）不过，非洲成了奴隶的主要来源地。首先，英格兰人和

---

① 比如，直到1828年，纽约市仍合法地实行奴隶制，那时离美国内战还不到四十年。

葡萄牙人在16世纪初就建立了系统的奴隶贸易。有证据表明，非洲内部早就存在某种奴隶贸易，这似乎是自古以来遍及整个世界的事情。但是，新殖民体系把奴隶制变成了产业（而不是战争的副产品），绑架而来的非洲土著成了欧洲大陆最有价值的资源。

当然，殖民主义并不是新现象。古代的腓尼基人殖民过地中海地区和北非的许多地区，古希腊人殖民过小亚细亚，并且在亚历山大的领导下曾试图殖民半个亚洲。罗马人则发明了"帝国主义"观念，而且，罗马帝国把罗马文化和制度的统治范围扩张到所知世界的大部分地区，从野蛮的不列颠群岛到被冲突肆虐的巴勒斯坦地区。不过，新殖民主义与16、17世纪的帝国主义似乎有无限可开拓和扩展空间。

这个"发现时代"的主要目标是贸易，但是，人们也不能忽略冒险精神、宗教热情和国家荣誉。欧洲人所到之处，不仅传播他们的宗教，还传播自己的文化和政治体制。（他们也给他们带去了致命的疾病。）在通常对"地理大发现"和政府的颂赞中，人们常常忽视了如下这个基本事实：这些新发现的大陆已经有数百万的人类居住，而且其中许多人已经创建了伟大的文明。在欧洲仍然处于动荡不安的时候，与从未属于欧洲文化和宗教的人民遭遇，至少促使欧洲人对自己帝国主义的殖民态度有所反思。法国哲学家蒙田（Michel de Montaigne）曾说过令整代法国人愤慨的话，他说：与富有、败坏和不幸福的欧洲基督徒相比，海外还存在完整的、快乐的文明，比如新发现的美洲。没错，蒙田承认那些土地上的居民是"食人者"，但是他同时也指出，那里的人仍然过着美好的生活，没有欧洲人的奢靡、背叛以及《圣经》的教条。

几个世纪以来，新社会的发现，特别是南太平洋上波尼利西亚群岛的发现，促使了许多这样的哲学思辨。幸福、"无知"的部落社会过着与自然和谐相处的生活，这种观念显然对于遭受战争肆虐的欧洲人有极大吸引力，流传甚广的性自由传闻（更不用说同类相食）激发了日益受到压抑的欧洲大陆基督徒的想象。当然，几乎没有几个欧洲人对于海洋另一边的生活有充分的认识，哲学以及数不清的流行读物提到的绝大多数情形，基本都是幻想。然而事实是，从大西洋、撒哈拉沙漠以南的非洲到整个太平洋地区的全部文明，在欧洲人知道它们之前早已存在。

这些文明是什么样的呢？古希腊人和罗马人已经对埃及和西亚有大量的了解，我们在论述《出埃及记》、斐洛、奥古斯丁以及阿拉伯人时也有所表述，西方三大宗教的发展涉及北非的部分地区。确实，希罗多德、修昔底德和后来的历史学家的报道并不总是值得信赖。而且，无论是《希伯来圣经》还是福音书，都没有关于这些传统的准确记录。但是，各种文献和其他书写描述表明，学者们多多少少拼凑了关于亚洲和北非文明中人类生活样式和信仰情形的图景。

相比之下，绝大多数研究非洲和美洲文化的历史学家面临的问题是，这些文化几乎没有留下成文的文献，即使有也很零星。在某些情形中，它们常常连同文明本身都毁灭消失了。比如，墨西哥的阿兹特克人显然在1100年左右托尔特克人的文明瓦解之后，在尤卡坦半岛获得了支配地位，他们有被称作饱学之士（tlamatinime）的兴盛的哲学流派。但是，留给我们的只有关于他们教义的只言片语，而且，这很大程度上是因为西班牙征服者有意焚烧了绝多数记录了阿兹特克人历史的插图书籍。

更成问题的是文化，它们的文献传统完全是口传的。这些文化只要被殖民征服者消灭或压制，相应的传统通常也就遭到毁灭。（我们可能想知道：如果荷马伟大的口述作品《伊利亚特》和《奥德赛》从未被写成文字，仍是靠记忆代代相传，我们还能听到它们吗？）因此，文化若没有成文传统，就缺乏文献传统和哲学传统，这种假设是完全没有根据的。不过，在绝大多数情形下，我们没办法知道这些传统是什么样子。

通过民间故事和神话传说保留下来的东西，可能是也可能不是数百年前灾难性的入侵之前的那些文化的准确反映。只是，这些故事传说如何与哲学反思、评论和批判相互结合，比如像我们在犹太、希腊和印度传统发现的那样，我们几乎无从得知。但是，我们完全有理由确信，遍布非洲和美洲的数千个文明，绝大多数都有自己关于世界及其起源、关于自身及其在自然和人们之中的位置的独特描述。

对于学者和哲学史家而言，成文记录的缺乏还产生了其他非常麻烦的问题，即如何确定并证实某种文化的历史。成文记录哪怕不准确，也能引人从不同的来源进行遐想和推测。比如，《旧约》中关于亚伯拉罕和摩西的历史内容本身对历史学家没有什么帮助；当时，通过对苏美尔、巴比伦和埃及历史的相互参考，我们可能形成准确的年代顺序。我们来看以下这个熟悉的例子，尽管我们缺乏任何泰勒斯写下的作品，但是通过其他哲学家和历史学家的作品，我们能够确定历史上确有其人。但是，若完全缺乏文献，我们甚至难以知道某个文明到底存在了多久，哲学家和历史学家有时候会为了掩饰这个问题把它们称作"非历史"的文化。

正如通常的历史那样，哲学史倾向于反映变化，若没有关于变化的记录，也就没有历史的证据。1519年，费尔南多·科尔特斯（Hernando Cortés）带领西班牙人进入特诺奇提兰的首都，在此之前，阿兹特克人的文明到底存在了多长时间？中非雨林地区的古代城市到底有多古老？纳瓦霍人、霍皮人、奥吉布瓦人、阿帕奇人、赛米诺而人、易洛魁人以及成百上千的其他印第安人部落，在欧洲殖民地以及后来美国的西进运动之前，它们居住于"新"世界到底有多长时间？我们知道，北美数千年前就有人居住，尽管人类起源于非洲还是亚洲尚未定论，但十分清楚的是，非洲从数万年前起就已经有人居住。这些非洲和美洲文化看似缺乏历史这个事实，反映了成文记录的缺乏以及稳定而不是变化规定着历史，这个情形至少直到殖民入侵才有所改变。① 这似乎应该是这个社会的的贬损性特征，它只能通过如下文化为自己辩护：这种文化迷恋于变化观念，无论这种变化是进步还是退步，甘愿随时相信其他文化最糟糕的部分。

尽管如此，我们关于这些不同世界文化的认识仍日益变得丰富和迷人。在这里，我们将只用某些普遍观点来描述这种不断增长的意识。当然，关于非洲，确实有成百上千种不同文化和语言，但是，前殖民时期的非洲哲学，绝大多数可以用如下两个观念来加以描述，即部落主义和与自然合一。

部落主义只在家庭和共同体的背景下确立个体的身份以及个人的重要性。对于我们中那些抛弃了家庭和共同体情感、专注于极端个人

---

① 值得注意的是，直到最近，比如《大不列颠百科全书》的"非洲历史"词条，仍几乎全是对19世纪欧洲（主要是英国）冒险家和传教士的内陆探险的说明。这不是说仍然存在不为人知的土著人的历史等待人们去发现，而是说他们好像从未存在过。

主义的当代西方人而言，这种观念很刺耳，但值得思考。但是，对于推崇这种哲学的人们而言（既包括美洲和南太平洋地区的许多部落社会，也包括中国的儒家文化），孤立的个体，没有具体存在和亲属的无形关系所规定的个体，实际上会被理解为死人。

  传统的非洲部落倾向认为，人格是某种在时间中通过成为某个共同体的成员而获得的东西。成为人本身就是很大的成就。生与死并不标志人的开端和终结。新生的婴儿还不算是个人，而活在其后代子孙记忆中的死者，尽管身体已然消亡，但仍是个人。在绝大多数部落共同体中，仪式对于获得完全的共同体成员身份至关关键。同样，在人的一生中，仪式和庆典使个人生活与共同体保持同样的节奏。

  甚至，特定的时间观念也与部落身份紧密相关。比如，约翰·穆龙吉（John Murungi）指出，梅鲁族就认为时间的开端就是部落的起源，他们用神话的形式把这个时间描述为部落穿过水域、摆脱布瓦之囚、迁移到如今的居住地的时刻。穆龙吉也注意到，非洲部落显然认为各个部落都有自己独立的起源。他们从未试图把各个部落的故事融合为全面的历史叙事，相反，他们各自只关注自己部落的萨迦（传奇故事）。

  西方观念认为，每个人都有个体性、原子式的灵魂，这对于绝大多数传统非洲人的思想是非常陌生的。在某些部落中，比如约鲁巴人（如今绝大部分在尼日利亚）和卢格巴拉人（如今绝大部分在乌干达）的部落，人是由多元的精神因素构成，人格的共同基础就体现在这种概念之中，对于人的生活而言，每种精神因素都至为根本。此外，在约鲁巴人的部落中，祖先的灵魂还能回到他们自己的子孙后代那里，有时还是多次返回。直到现在，约鲁巴人仍然不相信存在孤立的个体灵魂，他们甚至认为，他们的直接后代是其父母灵魂的肉身化产物，哪怕他们的父母仍然在世。

  由于这种身份感，非洲部落的成员显然强调祖先崇拜，祖先被认为是精神世界中活生生的居民，而且能够帮助自己活着的后代子孙。这种举动在现代的个人主义者看来，可能会被视为非常"原始"。但是，正确的质疑方式或许恰好相反：当某个社会与其过往不再有亲密感和联系时，它丧失了多少东西？当然不用说，部落主义有其消极面——特别是如今仍肆虐非洲的部落战争（而且，在世界的其他许多地方，种族仍被视为个人身份的基本要素）。但是，如果考虑到殖民时期摧毁欧洲的自相残杀的宗教战争，谁还能站在道德优越的位置去批判别人的残酷野蛮呢？

至于非洲人对自然的态度（这也适用于北美和南太平洋地区的许多部落），我们只需指出，西方人如今刚刚开始理解的这种哲学观点，许多地方的人已经接受数千年了。根据这种观点，人类并没有如《创世记》所承诺、弗朗西斯·培根重申的那样，处于"支配"其他生命和万物的位置。确实，西方宗教也强调人类是指定的地球管家，但是，随着城市的扩建和人口的增长，社会需要侵蚀了生态情感。今天，浪漫化的部落价值与实践需要的结合，让我们承认自己是地球的组成部分；我们依赖于地球，地球也依赖于我们。我们有生态责任，我们周遭的世界（自然）不只是资源或风景而已。

非洲的部落社会通常信奉万物有灵论，这种信仰认为自然的所有实体都具有灵魂，它们常常被认为是不再被个人记得的祖先之灵。在绝大多数传统的非洲人看来，自然充满了生命的力量。精灵居于其间，人类能在某种程度上与之互动，利用它们或把它们引向别处。不过，精灵被认为是有力量的，因为他们比人类更直接地与神明交流。他们能出现在人们面前，并对人有或好或坏的影响。人类与自然紧密相连，非洲人的这个信念是如下传统信念的组成部分：自然本质上是精神的。

美洲的印第安部落同样强调人类对自然的依赖。根据他们的观点，自然是相互联系的领域，其中每个实体都有自己的能量，并与其他事物的能量互动。在许多部落中，这种相互联系包括明显相距遥远的行动和事件之间存在的广泛因果关系。近来的哲学家注意到土著美洲人生态世界观与正在兴起的生态意识之间的类似性，当代许多思想家认为，这是唯一可能让我们摆脱自我毁灭的自然观。

有趣的是，美洲印第安人中的狩猎部落承认，他们对为他们提供食物的生物有所亏欠。在他们看来，杀害其他生物并不是我们的权利，而是必需，因此我们因心怀感激和敬意。做祷告和感谢猎物，可能会让绝大多数超市购物者感到奇怪，但是，意识到某种生物因其他生物的利益而遭到杀戮这个事实，可以说是人性的底线。同样，希伯来的饮食教规也被视为敬意和感激的表达，当某个人杀死了动物，就有义务表达敬意和感激。[①] 感恩节要求对所捕获动物进行祈祷，这也反映了绝大多数美洲印第安人传统共有的另一个特征，即把日常生活神圣化的倾向。

自然具有神圣的力量，在提出这种生态世界观方面，中美洲和南美洲土著的观点与他们北边的邻居的观点相似。前殖民时期的南美社会有复杂精致的信念体系，堪比西方的古代文明，它们的毁灭是人类历史上的重大悲剧。欧洲人认为玛雅文明、印加文明和阿兹特克文明是邪恶的代表，从未试图去理解它们。事实上，这些古代的美洲人发展出了系统的宇宙论，以及某种与他们的宗教信仰相关的科学世界观。（玛雅人早在1世纪就发展出了运用零概念的数学。）这些美洲文明的哲学并没有古希腊哲学和欧洲哲学的那种深奥和抽象。简而言之，它并未远离日常生活。

美索美洲（即包括墨西哥和中美洲的地区）哲学的核心，是某种具有三重时间（即日常、神话和神圣）的实在观。这种信念与新柏拉图主义和阿拉伯人的流溢说相像，但绝不抽象。神话和神圣层面的实在对于普通人类经验有切实的影响，而且它们发挥影响的时间是可预测的。这种信念促使他们更加详细地专注于日历创建和天文观察。不同的实在秩序之间的平衡实在太脆弱，人类不得不承担起维持宇宙秩序的责任。

从哲学的角度来看，玛雅人和阿兹特克人相信宇宙的统一性和对立面的相反相成（这个观点与某些前苏格拉底哲学家的信念相似）。正如古代的印度，他们也信仰男女合一的神，认为生死是连续的循环，而不是从开端到终结的过程。正如更北边的美洲部落，美索美洲人非常严肃地认为自己对地球负有责任。他们相信，宇宙本身的持续存在

[①] 当然，这种饮食限制还存在政治和医学两种解释。从政治上来说，饮食规则用以区分不同的人群，通常用以区分"正直的人"与"不正直的人"、"洁净的人"与"不洁的人"。关于这些问题的精到概述，见 Mary Douglas, *Purity and Danger: An Analysis of Concepts of Pollution and Taboo* (New York: Praeger, 1970). 如今，人们还用"健康意识"来证成自己的这种自我正直。当然，从医学上来看，可能向来就有很好理由进行这样的禁止。但是，如果把所有这些规则和习俗还原为医学上的误解，这就会错失这里的关键内涵。

依赖于人的行动和仪式，特别是依赖于人自我牺牲的意愿。

这些信念相互综合，显示出古代阿兹特克人最为人知也最为恐怖的仪式（大规模的血腥人祭）背后的逻辑。同样，玛雅人的国王和王后也会定时刺破自己的身体，流出足够多的血，以此获得宗教幻觉。他们认为这种适度的牺牲是对诸神的回报，因为正是后者牺牲自己创造了世界。阿兹特克人完全不考虑牺牲的适度性，他们会在杀死俘虏的同时大批地杀死自己社会最优秀的年轻人。据说，在面对西班牙入侵者时，阿兹特克战士消失迅速的原因是，他们为了似乎与之作对的诸神牺牲了太多优秀的青年战士。

正如泰勒斯和古巴比伦人认为世界本质上由水构成，玛雅人和阿兹特克人相信世界本质上由血构成，并且认为血是基本的生命力。克兰狄能（Inga Clendinnen）在她那本卓越的《阿兹特克帝国》（Aztecs）中编排了这种血腥祭仪的复杂传说，让我们看到它如何与某种强有力哲学完全相互组合，只是我们会被所涉及的活动感到不安。（我们可以对以下两种恐怖做出对照和比较：一种是出于宗教目的用燧石制成的小刀大规模杀死个人，一种是出于纯粹意识形态的或领土的动机用长距离导弹杀死看不见的公民。）

正如阿芝特克人和玛雅人，拉丁美洲的印加人相信，为了确保地球的持续安宁，向诸神献祭是必要的。不过，印加人有创新意识，为了确保安宁，他们不仅求助诸神，也学着靠自己的技能。他们发展农业，并在多样文化中创造了某种集体意识。他们成功地组织和维持由许多种族构成的庞大帝国。他们成功的秘密在于，把农业方法教给他们所征服的部落，要求被征服部落每年上交一定百分比的收成作为回报。印加人还要求所征服的部落把太阳神"印地"作为主要的崇拜对象。这两个要求共同很好地发挥了作用。作为太阳神，印地（Indi）被认为既是人类命运的指导者，也是农作物的养料之源。因此，被征服的文化不仅享有印加人的基本技能，而且分享着他们的核心信念。

在很大程度上，我们省略了大量其他非洲哲学和美洲哲学以及它们之间细微的差异，但是，我们并不试图在这么短的篇幅中写出真正的全球哲学史。我们的意图是保持某种谦逊。我们在其中受到训练的哲学和技巧，只是世界上可见的极其多样、风格各异的哲学之一而已，还有许多不同于我们自己的其他智慧种类。

我们的叙述即将进入现代，在宗教改革与反宗教改革、文艺复兴和"新科学"的发展之后的那段骚动不安、日新月异的岁月里，欧洲哲学又重新启程。在现代开端之际，欧洲的大都市迅速发展，随着欧洲文明扩张到全球，逐渐占据广泛的殖民地，随着欧洲内部日益血腥的国内斗争，既是出于无限的傲慢，也是出于激烈的自我质疑，要求新哲学的出现。

第三部分

在科学与宗教之间：现代哲学与启蒙运动

科学、宗教与现代性的意义

"现代"这个词有令人瞩目的漫长历史，它意味着争端、傲慢、反叛的开始，以及拒斥（甚至毁灭）过往的姿态。阿尔喀比亚德那代希腊人反对阻挡他们的老一辈（较为民主的）政治家，曾毫不羞耻地称自己为"现代人"。中世纪的阿拉伯人反对与自己相区别的古代人，也曾宣称自己是"现代人"。在文艺复兴期间，那些重现发现古典的人也称自己是"现代人"，以此反对深陷中世纪的人。在经院哲学时代结束之际，奥卡姆的威廉因拒斥早期经院哲学教条而被称作"现代人"，在18世纪，许多民族主义者因为自己的革命行动而自称为"现代人"。年轻的浪漫主义者特别强调自己是"现代人"，以此反对那些仍深陷古典之人。直到最近，几乎每种新时尚、每套新观念、每种新发明、每种新设备都被贴上"现代"的标签，它不仅意味着"最新"，还意味着最好。

今天，现代主义者在修辞上已经被"后现代主义者"战胜，但这是尚在发生的故事。关键是，现代哲学这个名称就让人觉得是战争宣言。它不是纯然的描述，也不只是指称某个"时期"。特别是，"现代哲学"这个标题就是对此前一千年处于主导地位的中世纪（如今被称为黑暗时期）的抨击和拒斥。它是对支配那个时期以及规定其观念的教会的抨击。它是对权威观念本身的抨击，正如我们看到的那样，权威在此前数个世纪已经有极大争议。

出于简单明了和高中历史课本写作方便的考虑，"现代"通常被认为始于1500年左右，前后可能会相差十余年。这是可以理解的。在这个随意确立的日子前大约十年，克里斯托弗·哥伦布（Christopher Columbus）已经驾船到了所谓的"新世界"，这个事件不仅改变了地理学，而且永久性地改变了世界政治。仅仅十年之后，马丁·路德在威登堡教堂的大门上张贴了他的"九十五条论纲"，发动了宗教改革，这在欧洲掀起了一场延续几个世纪的剧变，改变了基督教的性质，最终改变了人性的概念。宗教改革带来的不仅是对中世纪哲学的拒斥，还有"新教伦理"的确立和现代资本主义的开端。作为文艺复兴的结果，已经出现过古代哲学的复兴。当时，柏拉图和亚里士多德这些哲学家的著作再次被束之高阁，静静地躺在图书馆，它们曾得到奥古斯丁和阿奎那等人的充分引用。特别是，亚里士多德被新科学家诋毁，他们认为他的权威学说是自由探究和知识追求的绊脚石。现代西方哲学，正如古希腊哲学，常被认为始于旧宇宙论的崩溃和新科学的兴起。

事实上，1500年左右的欧洲和欧洲哲学舞台上的帷幕并非骤然拉开。我们所勾画的那些改变是逐渐、慢慢地发生的，从中世纪晚期经由文艺复兴直到18、19世纪。比如，人文主义常常被认为是现代主义的标志，而且站在基督教的对立面，但是，人文主义在12世纪形成于基督教思想内部，并形成一条延续到18世纪的发展路线（即使并非总是那么顺畅）。决定性的现代哲学家勒内·笛卡尔（René Descartes），也沉浸在中世纪（经院）哲学之中，而最具先锋性的存在主义者索伦·克尔凯郭尔（Søren Kierkegaard，1813—1855），也坚持认为他真正想要的是"回到路德所逃离的修道院"。实际上，基督教的形象和隐喻在现代科学世界也都仍然非常盛行，这格外引人注目。

正如我们所指出的，现代哲学与古希腊哲学非常类似，都始于科学的兴起，但是我们发现，希腊哲学的成功绝非只是基于科学的兴起，当然，这也不是说在文艺复兴之前的一千年没有科学思想。的确，科学一直都是次要的，是神学的附庸，所有关于自然的理论都需要在宗教法庭前证明自己的正当性。在16世纪，哥白尼让许多人相信地球不是宇宙的中心，但是一个世纪之后，伽利略仍因宣扬这个学说而受到教会审查。从15世纪到18世纪，科学与宗教之间的对抗是常见的现象。然而，这种对抗只发生在世界的某个部分，从英格兰和斯堪的纳维亚到德国和南意大利。而同时期的印度、非洲和中国没有出现科学的繁荣，东欧（尽管哥白尼是波兰人）和伟大的中美洲文明也没有出现科学的繁荣。中东和中国已经显示出它们在科学和技术方面的超凡实力。随着伊斯兰教的兴盛，生产力迅速发展，阿拉伯人在此期间也取得了科学技术的大发展，因此，阿拉伯世界被视为当时学术和创新的中心。但是，在当今的这些社会，"现代性"则意味着"西方的入侵"，是对他们传统文化的威胁。

无论 20 世纪那些推崇科学的哲学家如何欢欣鼓舞和洋洋自得，我们都不应过分强调现代科学在现代哲学史上的胜利。不可否认，15 至 18 世纪之间的科学取得极大进步，这对于早期现代哲学家——比如培根、霍布斯和笛卡尔——而言有很大启发。但是，除了科学，这个世界还发生了许多其他事情，很多因素也影响着哲学的发展。它们并非全都明显具有哲学特性。例如，货币的广泛使用鼓励了投机（不只是哲学投机）行为的产生，并导致重商主义的扩张、大城市的发展和新社会哲学的需要。恐惧和憎恨也是哲学活动的有力动机。16、17 世纪除了是亚里士多德以来科学史上最激动人心的时代，也是历史上最血腥最残酷的时期，即使在几乎延续了上千年的宗教战争之后，也是如此。或许，最糟糕的时期是所谓的三十年战争，它从 1618 年持续到 1648 年，伤亡人数堪比 14 世纪的黑死病造成的灾难。无论我们期望现代哲学是什么或做什么，也无论它与科学的关系是什么，它首先必须对世界的恐怖状态以及永无止境的宗教争端、偏执和骚乱有所回应。①

那么，什么是现代哲学？什么是现代主义？我们可以概括它的某些基本特征。不过，我们得承认，即使把范围限制在欧洲地区，也还有许多例外和变种，而且会被人指责为头脑简单并引起争议。科学确实与现代性有关，但它更多的是作为现代性的结果而不是基础或原因。科学仅仅是对客观性进行重新强调的表现。由于充满希望和信心，文艺复兴晚期的哲学家开始相信，真正的知识是可以认识的，不仅本身有价值，而且可以用作政治工具。"知识就是力量"，弗朗西斯·培根这样宣称，而博学多闻的现代主义者对此非常看重。

---

① 比如，17 世纪的社会哲学家格劳秀斯在他的论战争法的论文《战争与和平法》（*De Jure Belli*）的开头抱怨道："我发现，整个基督教世界缺乏对战争的限制，每个民族都会引以为耻……就像为了与自然法一致，公然放纵一切罪行的发生。"引自 Robert L. Holmes, *On War and Morality*, Princeton, N. J.: Princeton University Press, 1989, p. 153. 这里所论观点显然受惠于 Stephen Toulmin，他在其著作中详细地论证了这个观点，见 *Cosmopolis*, New York: Macmillan, 1990。

极其悖谬的是，这种客观性的来源竟然存在于人的主观性。因此，现代的基础包含明显的矛盾：我们通过"内省"认识"外部"世界。不过，我们也不难看出这种对主观性和客观性两方面都强调的优点。新哲学家通过坚持主观性，可以忽视或无视教会的既有权威和神定的政治领袖。这种对主观性的重新强调，也为引人注目的平等主义开辟了道路：如今我们每个人都可以确定真理。但是，与此同时，我们用理性和经验的正确方法所确定的真理，不仅对于我们自身是真的，对于世界也是真的，而且这种真是客观的真，甚至是绝对的真。

现代哲学诞生于以下悖论，出自主观性的客观性、知识的傲慢伴随着对先哲的批判性反省。这既与对远东旧世界的征服有关，也与对"新世界"的"发现"和殖民有关。毫无疑问，受到称颂的主观性显然是欧洲人的主观性。然而，它所宣称的客观性却是全球性的。因此，现代哲学的故事讲述的不只是科学的兴起、理性的神化，以及知识的成功追求。它也是权力和政治的故事。从三十年战争的血腥暴力到尼采和后现代主义者的纯粹语言暴力，可以讲成史诗故事，尽管有传统的现代哲学史家的巧妙掩饰，但这完全不是美丽的故事。

蒙田：第一位现代哲学家？

我们追寻现代哲学的起源，会面临类似于确定古代"第一位哲学家"的学术困境（但并不因此而无足轻重）。这不只是纯粹的年代学问题，只要查看日期、看看谁最先拥有某些观念，我们就可以确定年代。真正的问题是，这些观念是什么？如何提出？在何种背景或场合提出？古巴比伦占星家比古希腊人早好几个世纪，他们算是哲学家吗？赫西俄德和荷马比泰勒斯早好几个世纪，他们算哲学家吗？古希腊的科学家应该算作最早的哲学家吗？现代哲学更是如此，人们可以争论某个人物对开启现代哲学的功绩。（当然，我们的便利在于可以获得他们的著作。）我们应把马丁·路德视作第一人吗？算了吧，他甚至极少被视作候选人。哥伦布呢？（根本不可能。）哥白尼或伽利略又怎样呢？

科学与哲学在最早的古希腊哲学家那里很难区分，但近代则没有这种困难。哥白尼、伽利略和牛顿是科学家，不是哲学家（尽管牛顿花了大半生精力在撰写神学作品）。霍布斯和培根无疑是哲学家，不过历史学家倾向认为最好应把他们归在文艺复兴时期，而不是现代。不过，他们的同时代人，勒内·笛卡尔（1596—1650），几乎得到普遍认可。几乎每个人都倾向同意，笛卡尔是"现代哲学之父"。

这里的原因值得探究。回过头来看，他提出了恰当的问题，这些问题是每个被称作哲学家（以及后来的哲学教授）务必回答的问题。笛卡尔很明显主张同时转向主观性和运用逻辑方法（即"数学方法"），这种方法能为通向客观性做论证。从此之后，几乎每个哲学家都采用这种方法，至少运用过这种方法。他作为哲学家，大量时间都用于沉思他自己的方法、设计理性的法则，怀疑最明显之物并对之进行证明。犬儒派可能会说，怀疑最明显之物，然后对之进行证明（或否证），这种狡猾的唯我论几乎是每个伟大哲学家的最热衷的消遣。实际上，当我们在对科学主导的现代哲学进行回顾性研究，笛卡尔的形象极为显耀，以至现代哲学的原初关注和原初动机都受到遮蔽。[①] 因此，冒着令人反感的危险，我们稍后再对这位伟大的哲学方法论者进行论述，而是把注意力转向比他更早的人物——米歇尔·德·蒙田（1533—1592），他常常被哲学史家完全忽略。

蒙田不是科学家和数学家，而是道德家。他撰写"随笔"，而非方法论论文。他沉思的是人的愚行，而非他们的知识。正如他的荷兰人前辈伊拉斯谟，蒙田怀疑人类是否能够发现真理；即使碰巧发现真理，蒙田也怀疑人类是否能够认识它；人类似乎没有能力理解正义，此外，更重要的是，人类没有能力行正义。他是古代怀疑论者的继承人，既怀疑理性，也不相信感官。他强调自然观念，认为它深深内在于我们之中，并构成人的品格，这也是古代人赞同的观点。

哲学和一般的教育，目的在于照亮和启发我们自己的自然本性。

---

① 现代概念的标准典型例子出自哲学家安东尼·傅卢（Antony Flew）："哲学史分期向来且不可避免是人为的。不过，最少任意性的区分是，现代哲学作为古代哲学和中世纪哲学的对立面，始于笛卡尔（1596—1650）；更确切地说，始于 1637 年《谈谈方法》（Discourse on the Method）的出版。这个简洁、卓越的宣言在所有方面都预示了即将来临之物。"见 An Introduction to Western Philosophy, London: Thames and Hudson, 1971, p.277.

蒙田发现，经院哲学的理智训练毫无意义，而且有可能损害品格。不过，神启确实值得接受，而且它也是沟通上帝与我们无辜的动物本性之间的桥梁。人类社会，尤其是哲学，虚荣在其中极为盛行。（让－雅克·卢梭无疑会被蒙田深深打动。）

蒙田在1580年的全欧旅行确证了他自己的看法，即不同地方的人类习俗和观念极为不同；它们的变化可能与环境和时代"相关"。他的旅行尽管限于瑞士、德国和意大利，但是这次对"人性"的有限接触，足以让他得出上述观点。因此，蒙田与笛卡尔完全不同，笛卡尔只寻求绝对、不变的真理，它们不会也不能因地区或时代不同而有所不同。蒙田着迷的却是人类之间的差异以及人类行为和信念的偶然性（有时也会因此感到震惊）。易言之，笛卡尔追寻必然、永恒、非人性。人们可以很容易描绘可怜的蒙田，他与笛卡尔之间的区别，就像普罗泰戈拉与机智的苏格拉底。

蒙田是一位悲观主义者，但生活的哲学世界却在不顾一切地保持乐观，这个世界承诺科学和数学，揭示绝对真理。或许知识就是力量，但是正如苏格拉底所表明的，承认自己无知才可以说是智慧。拒绝承认绝对知识，或许显得谦卑，但能够导向另一种德性，它在动荡的时代尤为重要。这种德性就是宽容。整个现代都非常缺乏宽容，不过，世界主义者的看法恰好相反。

蒙田追求的是发展出生活哲学的古代艺术。不幸的是，这不是当时哲学的精神方向。这位在法国文化史上极为重要的文学天才，被弃置一旁，未能进入英语世界的哲学史。（人们可以推测，当今的文学批评者对哲学尤其是笛卡尔主义的毁灭性抨击，完全可以理解为对这种无视蒙田的"报复"。）

笛卡尔和新科学

这位公认的现代西方哲学的开创者，是从经院哲学的耶稣会传统中走出来的哲学家，也是颇有成就的科学家和数学家。笛卡尔哲学的基本主题规定了哲学的大部分内容。这些主题包括对数学和几何学的运用、对方法论的强调、哲学与科学的联系、对"常识"的怀疑、对理智谦卑的主张（"怀疑的方法"）、对确定性的寻求，以及他对通过数学和几何学证明可以发现确定性的信心。当然，笛卡尔是杰出的数学家，也正是他，把数学和几何学现实地相互结合，形成了一门独立的学科——解析几何，这才使物理学中的巨大进步成为可能。不过，人们完全可以质疑他对把数学运用于哲学的信仰，以及他为接下来的几个世纪所确立的狭隘的哲学典范。

为了理解笛卡尔哲学，我们有必要先弄清他三个方面的写作背景。第一，他受过宗教教育，当时的天主教会仍处于权威地位。因此，笛卡尔无论具有怎样的革命性，他进行的革命也是在宗教权威的氛围中展开的。第二，"新科学"的兴起。笛卡尔还是小孩时，就已听说伽利略用最新的工具望远镜发现了木星的卫星。这个发现很自然引发出各种问题，比如知识的性质、现象的可靠性、我们未知世界的程度，以及我们用以检验和扩展知识的方法。这种新科学既提出了关于理性相对感官的可靠性的老问题，也引发出新的激动人心的问题，比如我们的认识能达到何种程度。尽管我们在这里不关心笛卡尔对科学的贡献，但新科学（及其与宗教权威的潜在冲突）产生的激情，也必须被视为笛卡尔进行沉思的框架的组成部分。

笛卡尔所处的第三个方面的背景，常常为人所忽视。尽管他的著作表面上以冷静的口吻谈论方法论问题，但他深受欧洲正在发生的宗教骚乱影响。针对这个现实，蒙田提倡宽容。而笛卡尔则提倡理性。平和有力的理性证明，成为正在撕裂国家的战争、血腥的宗教争端提供了受人欢迎的替代方案。

笛卡尔最重要的论点在今天几乎已成公理，但在当时教会权威以及他自己宗教教育的背景下，实际上极为激进。这就是他对理性自主——我们独立思考的能力——之重要性的强调。然而，他心里的这种独立思考，与通常所谓的常识截然相对。他语带反讽地解释道，常识是"世界上分配最均匀的东西，因为我们每个人都确信自己具有丰富的常识，甚至那些在其他方面极难满足的人，通常也不会在这方面要求更多"（我们要注意的是，这句话借自蒙田）。[①] 常识就是这样——习以为常，常常毫无意义。"仅仅有好的心灵是不够的"，笛卡尔写道，

[①] 我们要感谢安东尼·傅卢在其"导论"中指出了这一点，op. cit., p. 277.

"还要知道如何很好地运用它。"

因此，笛卡尔的哲学始于如下要求，即我们每个人自己确定所相信的真理，这意味着通过运用数学方法建立真理的确定性。为了达到这个目的，他发明了激进的方法，即怀疑方法，他借此怀疑自己的所有信念，在它们可以证明为正当的之前，要像早期怀疑论者那样把它们悬置起来。笛卡尔提醒我们，他自己常常被别人欺骗或误导，因此坚持悬置自己对他人权威的信任。他发现，他有时会被自己的感官愚弄（比如，木棍在水中看起来是弯曲的），因此，他主张对感官获得的所有知识都保持怀疑。事实上，他甚至提出，既然他有时确信自己在梦中获得过某些经验，那就无法确定自己现在不是在做梦。他是否一直在做梦，迷失在自己心灵的深渊，却误以为在自己之外还存在一个世界？简言之，他的所有经验是否都是错误的？甚至在最基本、最不可辩驳的知识上，比如基本的算术真理，都出现了错误？

笛卡尔在其最著名的著作《第一哲学沉思集》（这是数百万学生的标准哲学导论）中，对这些问题做了极富吸引力的探究。正如他在较早的著作《谈谈方法》（1637）中所做的，笛卡尔在《第一哲学沉思集》的写作风格也取自蒙田，采取的是亲切、温和的私人谈话方式。蒙田邀请我们进入他的个人思想，笛卡尔则邀请我们加入他的研究。于是，他慢慢地、体贴入微地要求我们分享他的一系列怀疑。

然而，即使笛卡尔的风格取自蒙田，但他要实现的意图和得出的结论却截然不同。蒙田意图让我们反省自己，以他为镜，认识到我们自己的无知，由此变得谦卑和人性化。笛卡尔坚持把我们的怀疑推到极端，甚至推到荒谬的地步，再从此出发让我们获得不可置疑的真理。蒙田拉着我们的手，与我们分享他的思想。笛卡尔则让我们承受严格的学术争辩，每前进一步都要花大力气进行审查和辩护。蒙田以怀疑论者的形象出现。笛卡尔则宣称自己战胜了怀疑论。他断言自己从未搞错，实际上，他甚至从未有过真正的怀疑。

在《第一哲学沉思集》中，笛卡尔开篇便要求我们跟他共同围坐火炉旁，他就是这样穿着睡衣舒适地进行研究的。他平静地要求我们考虑如下事实，有些非常"混乱"的人，他们竟疯狂地认为自己是国王，或者认为自己的脑袋是玻璃做成的南瓜。然后，他注意到，在自己的梦中，偶尔也会有同样不可思议的想法，他常常梦见自己坐在火炉旁学习，但实际上却躺在床上睡觉。他此刻真是在睡觉吗？他又是如何知道的？随后，笛卡尔为我们提供了一些保证。甚至在梦中，也有某些事情是确定的。尤其是算术和数学。"二加二等于四"在梦中与醒着时一样确定是真的。一切皆可疑。

于是，笛卡尔提出，假设上帝欺骗他，以至于他永远发现不了真理。又或者，由于上帝必然是善的，而且是"真理的基础"，那就让我们假设有一个同样的"邪恶精灵"，他有"至高的权力和理性，总是故意欺骗我。"这个邪恶的存在者热衷于把各种错误的信念注入我们的心灵。笛卡尔又提出，假设自己错误地相信自己有一个身体，相信有一个"外部世界"，甚至相信有一个上帝。那么，一个人是如何把自己所认识的东西与只是相信的东西区分开来，把真的东西与假的东西区分开来？正是从这个空无一物的出发点开始，笛卡尔再次着手重建自己对知识的信心，这种知识始于这样一种基本知识，即自己现在不是在做梦，真的有一个世界"在那儿"。

笛卡尔运用数学方法，即演绎法，开始对这些基本真理的证明，根据这一方法，每一个原理必须源自在先的原理，或从在先的原理"推导"出来，而在先的原理又已经基于其他原理或前提确立。最终，所有的原理都必须源自一套基本的定义和公理——也就是说，这些基本的原理完全阐明了所使用术语的含义，或者说，它们是"自明的"，因而显然是真实的。因此，笛卡尔宏伟的演绎的关键，是作为前提而无可置疑的公理。最后表明，这个公理就是他的著名主张（出自他的《谈谈方法》），即"我思故我在"。

这个主张可能看起来像是论证，但它其实是一个启示，是一种自我确证，即我在自己存在这件事上不会搞错。[1] 即使我是被邪恶精灵愚弄了，那为了愚弄我也必须存在。即使我怀疑自己的存在，那为了

---

[1] 《第一哲学沉思集》写道"如下命题：每次说'我在'或在心灵中设想'我在'时，它都必然是真的。"（Mediation II, trans. Laurence J. Lafleur [Indianapolis: Bobbs-Merrill, 1960], p. 24)。如果笛卡尔的断言被视为论证，它实际上由两个主张构成，第一个是"我思"，它是自明的；第二个是"我在"，它从第一个主张而来，根据这个假设，"如果我思考，我就存在。"笛卡尔的前提有时被简单地称作"我思"。

怀疑我也必须存在，如此等等。笛卡尔只有拥有他的前提，他的公理，他就能进而用经院学者的方式证明上帝的存在。（"我们心中的上帝观念不是以上帝本身作为原因，这是不可能的。"[①]）反过来，上帝的存在可以用来确证外部世界的存在。如果笛卡尔能够确定上帝的存在，而且上帝不是骗子，他就能确信自己"清楚明白"设想的一切都必定是真的。邪恶精灵被打败了。

对于这些论证，对于太过简单的"清楚明白的观念"这个说法，对于思考要求思考者的假设，对于上帝存在的论证，对于笛卡尔宣称邪恶精灵被打败的自信，人们提出了许多反驳理由。人们也可以质疑，笛卡尔是否真的像他最初宣称的那样，进行严格、彻底地怀疑。他似乎从未怀疑自己使用语言的含义，也从不认为他自己所用的语言可能误导他。他也不怀疑自己用以进行逻辑演绎的推理规则。人们还可以说，他也没有怀疑理性本身的可靠性，或者说，即使他思考了这个问题，也是为了证明理性的可靠性而假设理性的可靠性，这就是臭名昭著的"笛卡尔循环"（Cartesian Circle）。[②]

尽管如此，笛卡尔仍为哲学研究确立了基本规则，即确定性和免于怀疑。理性本身必须有效，但不能认为理所当然。因此，笛卡尔的"清楚明白的观念"是基本思想。所谓清楚明白的观念，就是个人不得不信以为真的观念。易言之，它不可置疑、无法驳斥。这些观念最明显地体现在数学和几何学的简单命题中："二加二等于四。""两点之间最短的距离是直线。""三角形有三条边。"（我们应该注意，"理性的自然之光"与清楚明白的观念中的视觉隐喻。）

我们可以看到，我们自己存在的观念与上帝存在的观念相同，这是清楚明白的观念。不过，以下问题依然存在：难道不会是某个邪恶的欺骗者诱使人具有或看似具有清楚明白的观念？换言之，我们能够完全相信自己，难道我们不会仍然搞错了吗？或许，具体来说，我们

[①] 上帝存在的"宇宙论"论证，构成了第三沉思的大部分内容。"存在论"证明则出现在第五沉思之中。

[②] "Cartesian"源自"笛卡尔"的拉丁文写法，它的历史非常漫长，现在应用于所有与笛卡尔有关的文献。

会有意犯错。但是，我们会事事皆错吗？我们的感官证据要求世界存在，甚至这样的自然倾向也是错的吗？世界存在，这就是清楚明白的观念，我们无法对它进行合理的怀疑。

还是说，所有这些无非都是鲁莽呢？怀疑方法本身会不会就是错误，只要采用就难免陷入僵局呢？或许，我们需要整套不可置疑的前提作为知识的"基础"，这个观念本身就是不合理、不可能的。或许，正如蒙田所说，所有知识最多只是可能、合理和有效。或许，根本就没有这样的"基础"以及由此建立起来的知识大厦，只有多重交织的网络。人们可能会像蒙田和怀疑论者那样主张，我们的知识永远不会是确定的（除非在极其微不足道的事情上或特殊的环境下）。① 或许，我们应该警惕：把数学确立为知识的典范，无论是对于笛卡尔及其追随者，还是对于古希腊人而言，都有非常大的危险。

然而，关于笛卡尔，其开创性和重要性方面与其说是他对确定性的主张，不如说是他用以处理古代怀疑论问题的方式。他运用的许多论证，都是经院哲学的熟悉手法，比如安瑟尔谟的"存在论证明"和阿奎那的"宇宙论证明"。但是，笛卡尔对后来所谓的"主体性"的强调，在哲学史上具有真正的革命意义，这就是个人自己的思想和经验就像既定教义和其他权威（包括《圣经》）那样具有权威性。尽管由此得出的结论并不令人激动。笛卡尔最终证明了上帝的存在、维持了自己的信仰，他还确信自己确立了对每个人而言显而易见的东西，即周遭世界的存在。但是，他对主体性的强调，以及他运用数学方法证明理所当然之物的做法，为接下来两个世纪哲学上的诸多进步提供了基础。

主体性是哲学中经常以不同的方式使用的观念，如今在我们看来，它不再是个洞见，更多是个问题。但是，当它应用于笛卡尔，我们可能注意到它包括某些重要特征。最重要的是，它提升了内在、内省的地位，强调心灵是包括思想的内在领域（应当宽泛地理解为包括所有

---

① 这些微不足道的事情包括纯粹定义问题，比如"狗是动物。"特殊环境则是那些与逻辑和学术相关的情境。然而，这些特殊环境也是充满争议的，而且有很多。比如，神启（蒙田认为它是某种可接受的确定性）会被认为属于这样的"特殊环境"吗？

"心灵"之物——情感、感受、欲望以及各种观念)。在最早的希腊哲学家那里,这种内在性观念并不明显,但是,随着毕达哥拉斯和苏格拉底对灵魂观念的强调,以及早期基督教的出现,它日益变得合理,最后在奥古斯丁那里达到顶峰。不过,这种"内在"领域仍然十分有限。在笛卡尔之前,它在整个中世纪得到了进一步发展,自那以后有了更多发展。当然,佛教甚至在毕达哥拉斯和苏格拉底之前就发展出了这种内在性。在佛教的八正道中,就有正念和正定。此外,开悟就是这种"内在"转变的结果。

对于笛卡尔而言,主体性观念等同于内在性观念。不幸的是,这不是它的唯一内涵。主体性第二种内涵指称纯粹意见、个人信念,而非客观知识。当然,在这个意义上,这个观念可以回溯到古代人。(柏拉图常常在真正的知识与纯粹的意见之间加以区分,哪怕这些意见被证明为正确的。)第三,主体性也可以用来指称个人经验(这种经验可以设想"存在于"心灵之中),这意味着某种特定的视角及其局限。当然,对于笛卡尔来说,这种观念将超越这个视角及其局限。第四,主体性只是指称某种具体的立场,即文学中所谓的"第一人称立场。"这种含义可能被认为只是某种体裁设计(即,撰写的是"沉思"而非论文),但是,它与前三种含义相互交织,复杂难分。

最后,我们要指出,主体性还有一种含义,它不能应用于笛卡尔,这就是作为情绪、情感因而是偏见、成见的主体性观念。确实,人们可以把这些偏见视为刚才提到的"局限",但是,在笛卡尔的叙述中,几乎从未有过对情感的信任,甚至没有提到情感(显然包括宗教信仰)在知识中的作用问题。[1] 然而,无论还有别的什么意思,笛卡尔的主体性都是强有力的个人主义,是对个人权威和自主的辩护。[2] 这种革命可能(而且必然)还不彻底,但是在笛卡尔那里,它为哲学提供了

---

[1] 不过,人们可能会认为,某些清楚明白的观念,比如对于上帝的信仰,它们之所以是"不可置疑的",恰恰是因为情感涉及这些观念。当然,笛卡尔并没有无视这些情感。他撰写了论述情感的经典作品,即《灵魂的激情》(*The Passions of the Soul*, 1645—1646),他把情感分析为"动物精神的搅动",以此将之明显与理性分离开来。

[2] 个人观念大约可以追溯到12世纪左右。

向前发展的最重要动力。哲学的权威如今不是圣人,也不是经文,而是哲学家个人的心灵。

笛卡尔在这个过程中提出的第二个但显然也很重要的问题,关涉的是现实中的"我"这类存在者,即"我思故我在"。笛卡尔在审察这个著名的前提时,他发现自己不得不对"我"的不同方面加以区分,一方面是自明的、不可置疑的,另一方面则并非如此。他得出结论,就其证明而言,他只是"思考者",或者思考的实体,而身体(以及依附于"他的"身体的东西)则是可怀疑的。这就引发了与古代亚里士多德和经院哲学的实体学说有关的问题。个体是实体即完全的存在者,还是诸多实体的结合?

笛卡尔对于这个问题没有给出明确答案。他说,人实际上是两种不同实体的结合,即心灵和身体。然而,根据定义,既然实体是完全独立的东西,那就出现了心灵与身体如何相互作用的问题。根据笛卡尔的说法,人对于自己的心灵和身体都具有清楚明白的观念,分别为思考的东西和"广延"或自然的东西。但是,笛卡尔认为,人不是仅仅像飞行员在飞船中那样居住在身体中。这两个实体之间的联结是什么呢?思想显然是与物质对象极为不同的东西。如果人们(像笛卡尔那样)假设,思想与大脑有关,大脑是这两个实体之间的联结,那么大脑以某种方式引发思想,或者说,大脑是思想的基础,这样的观念就变得更神秘了。心灵与身体是两个独立的实体,这被称为"笛卡尔的二元论",至今仍困扰着哲学家。①

人们常常指责,笛卡尔犯了极为愚蠢的错误,武断地将心灵与身体表述为两种不同的"实体",然后发现自己不知道如何再把两者结合起来,我们不应轻易地做这样的假设。心灵与身体的二元论是几个世纪以来思想发展的结果,是科学发展和新发现的对个人自主尊重的结果。心灵与身体的区分为科学提供了发展空间,它关涉的是物理世界,与宗教或道德关切并行不悖,后者关注于人类心灵、人类自由以及人类"超越"物质实在的能力,等等。这个区分也为宗教和人类自由与责任提供了发展空间,从而不受科学威胁。如果说,从亚里士多

---

① 这里没有涉及技术性的实体观念。人们完全可以用当代的神经学和生理学术语来重述这个问题。

德到阿奎那的世界在很大程度上由"自然法"规定,无论这套自然法是由上帝还是由自然提供,那么,现代的新世界不得不兼顾两套系统,一套关涉身体,一套关涉心灵(一套为事实,一套为价值)。从笛卡尔到萨特,把这两者结合起来远没有使两者保持安全的距离重要。

斯宾诺莎、莱布尼茨、帕斯卡尔和牛顿

笛卡尔在形而上学和认识论方面的论点规定了"现代"哲学的主要内容,涉及上帝的性质和存在、实体观念、知识的证成。这种对形而上学和认识论的强调也支配了晚近时期的哲学研究方式。有些哲学家追随笛卡尔并对他的哲学做出回应,因而被其中某些论题吸引,特别是荷兰人斯宾诺莎(Baruch Spinoza, 1632—1677)和德国人莱布尼茨(Gottfried Wilhelm von Leibniz, 1646—1716)。他们两人都追随笛卡尔对理性的探寻,进入充满想象的形而上学领域。通过对笛卡尔的亚里士多德式实体概念的改造,斯宾诺莎和莱布尼茨对于世界的真实样子,得出了截然不同的结论。

根据斯宾诺莎的说法,既然实体就其本性而言是完全独立的,这就只能有一个实体。这个实体就是上帝。因此,上帝与宇宙合一,所谓造物主与造物、"上帝"与"自然"之间的区分,不过是幻象。这种观点就是泛神论。所有个体,包括我们自己,实际上都是唯一实体的变形。[①]实体的本质就是属性,但是,属性无限多,包括我们所说的心灵和身体。

然而,根据莱布尼茨的说法,同样的前提(实体就其本性而言是完全独立的)却导向了以下结论,即世界由无数的简单实体构成。这

[①] 在此前一个世纪的波斯,穆拉·萨德拉(Mulla Sadra,约1571—1640)同样把自然描述为统一所有存在者的连续体。他主张,万物的运动是自然的本质,因此,自然内在处于流动之中。正如斯宾诺莎,穆拉·萨德拉也把这种对自然的说明与伦理观联系起来。他说,所有存在者天生就有完善自身的欲求,这种欲求为所有存在者指明了方向,包括我们人类。结果就是整个自然有序、联系地统一起来。

些简单的实体被称作单子，每个单子都是独立的，彼此互不依赖。根据这个观点，上帝就是超级单子，是所有单子的造物主。每个单子就像是小小的自我或灵魂。它从自己的角度知觉世界，包括世界与其他单子之间的相互作用。然而，没有任何单子可以与其他单子有现实的相互作用。实际上，莱布尼茨认为，单子必定"没有窗户"。单子的"知觉"并不是通常意义上的知觉，而是在与上帝确立的"前定和谐"中与其他单子相互联系的内在状态。

斯宾诺莎和莱布尼茨的这些形而上学思想，难免让人觉得像是卡通漫画，确实有些荒谬。或许，如果形而上学问题脱离人类切身关切，情形就会如此。但事实是，斯宾诺莎和莱布尼茨是充满激情的人，深深受到人类问题的触动。他们对"实体"的形而上学改造，是探究迫切需要解决的难题的工具，如果我们对他们有所理解，我们必定就会冲出笛卡尔设定的狭隘争论，走向更宽广的新人文主义。

随着我们对这些哲学家和这个时期的描述的展开，我们不禁要问，其他那些哲学家的情形又是如何呢？这些哲学家的数量不在少数，他们并不关心日益深奥的形而上学结构，而只探寻古代的那种关于生活的哲学问题。斯宾诺莎的同时代人帕斯卡尔（Blaise Pascal，1623—1662）是其中的典型。他像之前的蒙田，断然拒斥学者对理性的自信，坚持认为"心有其理，理性不可知。"然而，由于他没有自己的形而上学，因而常常不被视作哲学家，或许他的某个著名的论证除外，但这个论证也是作为谜题而非深刻的难题出现的。因此，它主要引起了博弈论者和神学家的注意。

这个论证就是著名的帕斯卡尔"赌注"，根据这个赌注，相信上帝比不信上帝要理性得多，因为如果上帝确实存在，就会有巨大的"回报"，如果上帝不存在，那也没什么损失。（然而，要是上帝存在而又不相信呢……）帕斯卡尔贬低理性在信仰问题上的作用，因此，他对这个论证有多认真，学者们存在大量争议，不过，它并不代表他本人的哲学方法或信仰。[①] 尽管如此，由于在《思想录》中呈现的极具

[①] 哈姆林（D. W. Hamlyn）的评论就是不理会帕斯卡尔的典型例子："帕斯卡尔并不是重要的哲学家，尽管他以某种方式对哲学有所贡献。" *The Pelican History of Western Philosophy* (New York: Penguin, 1987).

个性的宗教思想,在数学和科学方面开创性的探索,帕斯卡尔堪称17世纪的思想巨擘。

帕斯卡尔是位天才,首先是一位天才儿童,十来岁就发表了突破性的数学成果,然后也是位梦想家,发明了计算器,它是我们今天的计算机的先驱。他还是一流的科学家和无与伦比的哲学—宗教作家。1646年,帕斯卡尔还只是二十出头,他就已经参与到严苛的波罗雅尔运动,成了冉森派教徒,与世界保持距离。1654年,他在一次深刻的宗教体验中完成了皈依,哲学从此在他那里黯然失色。他坚定地拒斥经院哲学,转而"学习"神学。

他死后出版的《思想录》揭示了他极具个性的宗教思想,以及他对当时典型的理性主义的拒斥。他尽管撰写了极为优秀的关于数学基础方面的论文,但他认识到,其他那些与人密切相关的论述常常为哲学家所忽视(当然,伊拉斯谟、蒙田以及那个时代的其他人文主义者除外)。他思考厌倦、空虚和人的苦难。他讽刺试图通过理性论证来证明情感真理的做法(这可能是对《思想录》中那个著名的帕斯卡尔"赌注"更为深刻的解释)。

正如蒙田,他把个人启示当作最重要洞见的基础。因此,根据帕斯卡尔的说法,哲学成了错乱,很可能正是因为这个原因,哲学家在很大程度上忽视了他的作品,或者把他仅仅当作"纯粹宗教"的思想家(当然,他也是杰出的科学家—数学家)。尽管如此,帕斯卡尔仍然现代最具影响力的哲学家之一,尽管他自己对此有所保留,但他完全配得上这样的评价。

或许,这样的冷落,责任在于哲学史家,他们像绝大多数会计师那样喜欢简洁反对混乱。因此,历史是种发明。三位哲学家,他们由于信仰人类理性而相互联合,共同关注在理解亚里士多德的实体观念上遭遇的困境,由此构成了理性主义传统。笛卡尔、斯宾诺莎和莱布尼茨是理性主义者。其他哲学家也符合这种描述,但是若把他们包括在内就会有损于这个简洁的三位一体。

这种简洁更加令人满意的是,这三位理性主义者完全与其他三位哲学家,即所谓的经验主义者对应,他们分别是洛克、贝克莱和休谟。简而言之,经验主义认为所有知识源于经验。其他哲学家也符合这个描述,但是他们再次出于简洁的考虑而被排除在外。这三位经验主义者,第一位来自英格兰,第二位来自爱尔兰,第三位来自苏格兰,因此,洛克、贝克莱和休谟可以统称为"英国经验主义者"。三位理性主义者,一位来自法国、一位来自荷兰、一位来自德国,因此,笛卡尔、斯宾诺莎和莱布尼茨被统称为"大陆理性主义者"。这种会计师的梦想对我们理解现代哲学的损害有多大,这个很难说清楚。它不仅过分简化了17世纪和18世纪早期复杂的观念图景,而且造成了以下这种印象,似乎这些哲学家只是沿着专门的哲学思考的有限维度彼此呼应而已。这种做法完全漏掉了极具启发性的人文主义者,比如蒙田、帕斯卡尔和卢梭等思想家。

我们在后面会讨论经验主义者,我们首先要指出的是,理性主义与经验主义的区分几乎没什么意义。不过,还是让我们先回到斯宾诺莎和莱布尼茨吧。如果我们不把这两位哲学家仅仅当作论述实体的形而上学家,这两位杰出人物所呈现出来的形象就与绝大多数哲学评论的描述截然不同。

斯宾诺莎是思想自由的犹太人,他的怀疑论对他的犹太教同胞并没有吸引力。因此,他被革除教籍,并且实际上被他所在的共同体驱逐。他过着不幸的隐居生活,靠磨制光学镜片为生。(后来因过量吸入玻璃粉而死亡。)斯宾诺莎的主要著作名为《伦理学》(*Ethics*),这个标题常常让读者误以为是生活哲学,结果发现是系列辛辣讽刺的散文,以几何学的方式展开论证,有公理、定理、推论以及许多"证讫"。[①]

然而,现象会有欺骗性。笛卡尔在其惬意的沉思背景下引入他的逻辑证明,邀请读者们进入他的研究和思想,但是,笛卡尔的哲学绝不会让人感到亲近,让个人深受启示。相反,斯宾诺莎则用最形式化、令人敬畏的演绎风格掩饰自己的苦恼和提出的哲学方案。这本书如他的标题所示,讲的是生活哲学,是关于更好生活的真诚建议,是消除孤独和孤寂的方案,是对生命苦难和挫折的回答。从历史来看,它与斯多葛学派的文本类似,完全属于克吕西普、爱比克泰德和马可·奥勒留的传统。

无疑,斯宾诺莎在其对几何学—数学方法看似不当的运用中,试图贯彻笛卡尔的方法。此外,《伦理学》前两卷实际上试图突显如下

---

① Q. E. D. 是"Quod est demonstratum"的缩写,指的是证明完毕。

结论，即只有一个具有无限多属性的实体。确实，从纯粹技术的意义上来看，这种做法解决了令人困扰的心—身问题（因为心灵和身体不再是两个不同的实体，而是同一个实体的两个不同方面）。然而，斯宾诺莎关于实体的主张有许多更为重要意涵，不能仅仅用形而上学术语来理解。

首先，从斯宾诺莎的观点来看，不同个体之间不存在根本的差别。我们全都是相同实体的组成部分，这个实体就是上帝。也就是说，我们与他人相互隔绝、彼此对立的感觉是幻象，它也意味着我们与上帝存在距离的感觉是错误的。这种颇具启发性的观点在 18、19 世纪之交很有影响，因为那时的基督教哲学家也力图克服人与人之间的"疏离感"，以及令人疏远的超越的上帝概念，即"在我们之外"的上帝。（哲学最早阶段的神秘主义者，常常也持有这种观点，只是他们通常没有相应的逻辑论证。）① 此外，既然唯一实体永远都会存在，我们自己的不朽也就是确定的。

斯宾诺莎广泛运用亚里士多德的原因观念，以及特别的"自因"（causa sui）观念，亚里士多德把这个观念用于上帝。经院哲学家曾在宇宙论证明中运用过这个观念，不出所料，斯宾诺莎再现了这个证明（以及存在论证明）。不过，斯宾诺莎还有别的想法，这就是为通常所谓的决定论辩护。决定论认为，从给定的原因出发，必然能推出某种结果。然而，斯宾诺莎的决定论并不特别关注科学，相反，它关注的东西在我们看来可能与命运相关。根据斯宾诺莎的观点，我们身上无论发生什么事，都是必然的。倘若宇宙就是上帝，我们就可以确信，我们身上发生的一切都有一个原因。

无疑，这个观点具有很大的启发性，但这还只是开端。为斯宾诺莎的伦理法则设置的舞台已经搭好。他认为我们个人与上帝以及他人合一，认为我们的生命为必然性所规定。斯宾诺莎试图用数学方法证明这些观点，然而他认为生活的细节取决于我们采用的哲学观点。生活的细节可以最好地概括为情感问题。

---

① 印度神秘主义是这个概述的例外。正如我们已经看到的那样，诸如龙树这样的印度神秘主义者，为了确立神秘主义的地位，就很好地运用了逻辑和论证的工具。

因此,《伦理学》的后三卷,占整本书的过半篇幅,主要致力于对情感的研究。许多评论者只是匆匆略过,因为这些篇幅对于在第二卷结尾已经确立的形而上学框架无所扩展。但是,如果我们把斯宾诺莎解读为非常哲学的人,而不是把他当作专门的形而上学行家,他关于情感的论述就会是他生活哲学的基本要素。

早期的斯多葛学派也专注于情感。他们说,情感是判断,不过是错误的判断,基于对我们自己和世界的错误理解。我们完全有理由认为,斯宾诺莎会认同这个观点。他写到,情感是"混乱的观念",心灵以此证实自己的力量,通过身体影响我们的欲望。我们欲求所不能拥有的东西,或者,我们欲求我们已然拥有的东西(但我们不知道拥有)。斯宾诺莎的观点告诉我们,欲求我们无法确定拥有的东西是毫无意义的,而且,我们欲求的大多数东西(与他人联合、与上帝合一)我们实际上早已具有。我们的绝大多数情感都是基于欲望尤其是身体欲望的思想,而且,就我们是情感和欲望的奴隶而言,我们是被动的,无法控制自己。在这里,"控制"意味着对自己态度的最终控制,而正确的态度就是接受或顺从。

不过,与古代的斯多葛学派不同,斯宾诺莎并没有为了达到"不动心"而完全拒斥情感。恰恰相反,他向我们保证,与接受态度相伴随的情感是幸福,是比任何情感都更宜人的情感,包括因身体欲望的满足而来的短暂情感。我们获得的力量感,我们对他人的控制感,不在于反叛,而在于对上帝的理智之爱这种哲学洞见。

批评者可能会指出,"上帝等于自然"这种构想很难说是正统的有神论,实际上,在随后的一个半世纪,斯宾诺莎的著作遭禁,他自己也被判定为无神论者。批评者也可能会说,如果他的决定论是对的,那么选择接受斯宾诺莎的观点根本就不是选择。人们必然赞同他的观点——要么不赞同。然而,纠缠于这些问题会完全错过斯宾诺莎的洞见和美妙之处。忘掉他的"实体"形而上学。斯宾诺莎让我们与上帝同在,彼此相联。

莱布尼茨也思考生命以及如何生活的问题,但是,与斯宾诺莎的孤苦生活相比,他可以说是富人。莱布尼茨认识所有名人,包括欧洲的王公、伟大的天才。他甚至见过斯宾诺莎。他发明了微积分(与牛顿同时发现)。他是科学家、律师、历史学家、政治家、学者、逻辑学家、语言学家和神学家。他整个一生发表过的著作，只有本论神学的书。）

哲学之于莱布尼茨，是始终不渝的爱好，终其一生都在致力于哲学讨论和通信。或者出于谨慎，或者由于无所谓，他很少发表什么，而且发表的那部分，很多内容也遭到误解。从哲学的观点来看，莱布尼茨主要被当作逻辑学家和形而上学家。莱布尼茨思想中较为感人的地方，是他对于世界的乐观看法，当然，他的这种观点必须置于17世纪肆虐欧洲的恐怖战争和宗教争端的背景下来看待。

莱布尼茨颇为有名的主张是创建普遍语言、普遍逻辑，所有问题借此都可以通过不流血的理性计算加以解决。他为之辩护的哲学基本原理，他自己称之为"充足理由律"，正如斯宾诺莎，他也认为所有发生的事情都有其理由。既然所有理由都是上帝的理由，上帝规定了宇宙（通过创造单子及其知觉），我们就能够确信这些理由是好的理由，甚至是最好的理由。

这也是莱布尼茨最有名的论点之一，但是，它的广为人知或许是因为它被伏尔泰在《老实人》中加以嘲笑。这个论点宣称，在无限可能的不同世界中，上帝选择了最好的那个世界，即所有可能世界中的最好世界。莱布尼茨的逻辑或许值得商榷，但他的想法无疑很有启发意义。在动荡的年代，相信无论发生什么事情背后都有其理由，无疑会让人感到安慰。这也是对古代的恶的问题的另一种经典回答。我们之所以把某种情形视为恶，只是因为我们有限的洞见，因为我们未能理解所有的可能性。如果我们在自己这个极为犬儒的世纪末难以理解莱布尼茨充满希望的信念，我们也不应否定理解它对于那些相信这种观点的人的力量，也不应把这些人的见识简化为纯粹的逻辑难题。

如果不提及近代最伟大的物理学家—科学家艾萨克·牛顿爵士（Sir Isaac Newton，1643—1727），我们甚至无法开始对近代哲学的叙述。牛顿的物理学并不在我们这本书的讨论范围，他生命最后几年关切的神学也不是这里的讨论主题。但是，牛顿对现代科学的印象以及他作为世界的典范，无疑是18世纪不可或缺的组成部分，因此，若没有对其重要性的理解，就不可能有对当时哲学的论述。此外，牛顿的唯物机械物理学理论与他虔诚的精神性基督教之间的张力，如今也开始让所有欧洲人感到苦恼。

在 17 世纪晚期之前，科学偶尔会是宗教权威的烦恼，但从未有人觉得它会成为宗教的巨大威胁。宗教的危险（通常被认为）来自内部，比如一个教派与另一个教派在某个不起眼的神学观点上彼此争论不休（常常还会涉及某块重要的领土或某些重要的政治利益）。然而，科学有其自身的逻辑，它不再只是烦恼和矛盾之源。科学世界观与既有的宗教权威正面交锋，不再是大卫大战歌莉娅。在许多敏感又好奇的人物那里，这两者之间显然的冲突是不可承受的重负。牛顿就是这样的人。

科学争论溢出了科学的边界，注入了更大的哲学世界。这场争论所涉及的杰出人物不止牛顿和莱布尼茨，争论的主题是时间和空间的本性。牛顿的物理学理论关注物体的运动以及彼此的相互作用，它预设了能让各种运动和相互作用发生的舞台。这个舞台就是空间，它被视为无限的虚空，在那里，各种物体（从行星到小石子）都有它们的位置。时间则无始无终，从遥远的过去通向无限的未来。无论根据人们愿意应用的任何时间来衡量，事件都会在时间中发生。

莱布尼茨则没有这样的观点。空间不是独立存在，时间也不是。这些主张出自于他的形而上学：单子作为精神实体不存在于任何空间之中，时间对于单子的知觉来说是内在的，而非外在的。然而，与莱布尼茨的形而上学完全不同，"绝对"的空间观引发出荒谬的问题，即"什么是空间？"因此，同样，人们可以问："时间始于何时？"或者说，如果时间没有起点（或终点），人们就可以追问："时间在哪个维度上可以不断向后（或向前）？"鉴于充足理由律，人们还可以追问："上帝为何在这里而不是在别处创造这个宇宙？"根据莱布尼茨的说法，所有这些问题都是毫无意义的，但这些无意义的问题揭示了某种深刻的概念问题。在莱布尼茨看来，空间和时间完全是"相对的"，分别相对于物体和事件。空间是共存，时间是有序的连续性。就知识的性质和宇宙的性质而言，这些主张所表达的含义，将于 18 世纪末更为明显地呈现在伊曼努尔·康德的哲学之中。

启蒙运动、殖民主义与东方的衰落

随着科学的兴起及其对教会权威的逐步胜利，欧洲开始拥抱理性这种新信仰。所谓的启蒙运动，首先出现在英国，随之产生牛顿的科学成就以及 17 纪末"光荣革命"这场迅速且相对而言不流血的政治变革。后来，启蒙运动由伏尔泰这些造访过英国的年轻知识分子带到法国，进而在 1789 年的法国大革命中达到顶峰。它进而再向南向东扩展，进入西班牙、意大利和德国。在这些地方，启蒙运动遇到了巨大的反对力量，主要来自教会以及较为传统的思维方式。

启蒙运动本身并不是反宗教的，事实上，它的某些最重要的参与者是宗教人士。但是，由于紧跟笛卡尔和新科学的步伐，启蒙哲学家们非常相信他们自己的理性能力，相信自己的经验和思想自主，而这必定导致与教会及其更具权威的教义（启蒙哲学家们称之为"迷信"）的对抗。为了消除过去长时间以来充满血腥的教派斗争，启蒙哲学家主张取消民族边界，忽视派别差异，做"世界主义者"，即世界公民。他们的真理将是普遍真理，这种真理不是强加给他人的，而是人们自己独立发现的。

很多法国哲学家都是无神论者和唯物主义者，他们认为在理性的万物秩序中并没有上帝的位置。不过，所有的启蒙哲学家确实都认同、相信理性。他们认为，通过理性，他们不仅可以经由科学探知自然的基本秘密，而且可以在大地上建立现实的乐园，这个社会将不再有悲惨和不义：

哲学家悲叹，错误、罪行、不义仍肆虐大地，连自己都是受害者，不过有种看法使他颇感慰藉：人类摆脱它的束缚，从命运的帝国和进步的敌人手中解放出来，迈着坚实的步伐，走向真理、德性和幸福！①

这种新的乐观主义和繁荣，也有它的黑暗面。让启蒙运动得以可能的那种富足，来自于他人的艰辛劳作。与亚里士多德笔下的古希腊贵族政体没有什么不同，欧洲文化的精英分子的立场都建立在奴隶剥削基础之上。甚至约翰·洛克这位自然权利的伟大辩护者，也拥有奴隶。

---

① 孔多塞的《人类精神进步史表纲要》（*Sketch for a Historical Picture of the Progress of the Human Mind*）写于法国大革命，当时他正因于牢房等待处决。

欧洲人对非洲的入侵大约始于 1415 年，当时葡萄牙人在非洲大陆寻求香料和黄金。他们还带着传教士，强行让那里的新灵魂皈依上帝。然而，在 15 世纪晚期，葡萄牙人开始抓捕非洲人，把他们当作奴隶贩卖。到了 16 世纪初，葡萄牙人控制了先前由非洲人、亚洲人以及中东的贸易商把持的亚洲贸易路线。

其他国家纷纷效仿葡萄牙，入侵非欧洲土地，他们认为，这些地方都是"无主的"，可以随意占领的。西班牙人没有反对教谕赋予葡萄牙人在东方国家做香料贸易的专属权，但是，他们从哥伦布的探险开始，通过向西进发，开拓了同样的市场。哥伦布尽管没有到达亚洲这个预想的目的地，但是，这并没有阻挡西班牙对新的财富来源的寻求。他们 16 世纪早期在美洲发现了黄金和白银，这促使他们征服了阿兹特克人和玛雅人。与西班牙征服者共同到来的传教士，敦促受害者抛弃自己原有的文化，认同基督教。几乎没有经过多少时间，这种对国外大陆的"发现"和探索就被合理化，征服被粉饰为拯救"异教徒"的灵魂。

最初那批殖民者的主要兴趣在于从美洲"殖民地"攫取稀有金属和原材料，但是，这些物品的稳定供应需要依赖新世界的开矿和农业技术的发展。殖民者不满足于强迫美洲俘虏为他们劳动，因而开辟了贩卖非洲奴隶的新市场。最终，英国人、荷兰人和法国人都仿照西班牙人和葡萄牙人，通过征服和建立殖民地寻求财富。到了 16 世纪晚期，欧洲的超级大国彼此觊觎，妄图控制各自的殖民事业，这导致了持续三个世纪的准世界大战。

在 17 世纪 60 年代，荷兰控制了亚洲的香料贸易，荷兰也成为了黄金、白银和奴隶贸易的中枢。整个 18 世纪，英国人和法国人在北美殖民，一方面把侵略的魔爪伸向土著美洲人的领地，另一方面扩展非洲奴隶市场。法国人在 18 世界还入侵了北非和印度。不过，在 18 世纪 60 年达，英国人把法国人从印度驱逐了出去。由于 18 世纪晚期的美国革命，英国人丧失了他们在美洲的殖民地，但是他们的扩张仍在继续，最终控制澳大利亚、新西兰和大量的太平洋岛屿，将它们变成英国殖民地。

与此同时，世界上还有些没受到殖民剥削的地区（比如中国、日本和中东），它们与西方隔离开来。因此，他们变得愈加神秘莫测。

他们被浪漫化，成了异国智慧、享乐、灵性的象征。他们引发了后来萨义德（Edward Said）所谓的"东方主义"。①孟德斯鸠（Montesquieu，1689—1755）的《波斯人信札》（*Persian Letters*）就传达了这种对待国外地区的态度。但是，正如许多浪漫故事，这种浪漫的态度最终变得充满恶意，对他者的描述越来越少精神性。这种态度后来成了西方所谓的"普遍主义"的标志。这里，我们兹举黑格尔为例，他在《历史哲学》（*Philosophy of History*，出版于 1820 年）中对中国社会做了如下错误的描述："它的显著特色就是，凡属于精神的东西，都离它们很远，包括实践和理论上不受束缚的道德、情感、内在宗教、科学和所谓的艺术……我们服从是因为我们受到规定，得到内部裁决认定，而在那些地方，法律被视为理所当然、绝对有效的，并不会想到还有任何主观关联。"

当然，东方的"黯淡"可以用月亮来比喻，月亮并非被某物吞噬，而只是暂时受到遮蔽未能被人看见。中东和亚洲的大部分地区都处于这样的位置：欧洲人既不再能看见它们，对此也不关心。他们自己的成见，也保不住了。"世界主义"意味着人性的统一性和普遍性，当然，这种人性以欧洲人为根据。

洛克、休谟和经验主义

在英国和世界哲学史上，约翰·洛克（1632—1704）对笛卡尔盲目相信理性做了批判性的回应。他认为，我们应该相信经验、相信我们通过自己的感官认识世界的能力，而不是相信抽象的理性和思辨。（年轻的伏尔泰从英国带回巴黎的，正是洛克的哲学。）英国经久不衰的经验主义传统始于洛克，他摒弃了从柏拉图以来西方长期存在的对感觉的不信任态度。洛克认为，"所有知识都来自感觉经验"，而且这不久就为爱尔兰主教贝克莱和苏格兰哲学家休谟所继承。

洛克是医生和实干家，他没有什么时间去研究经院哲学传统的那

---

① 萨义德对这种现象的论述，见 *Orientalism* (New York: Random House, 1978)。

些"晦涩术语"和乏味论证。他还是政治家。1683年，他因卷入英国政治而被迫流亡荷兰，在那里，他得到了奥兰治的威廉和玛丽的友好接待，他们不久之后继承了英格兰的王位（即在1688年"未流血的"革命之后）。随后，他写了两篇论政府的论文，它们可以说是自柏拉图《理想国》以来这方面最具影响力的论文。不过，与柏拉图的《理想国》不同，洛克笔下的新政治世界为自然权利（尤其是财产权）观念所主宰。

洛克的经验主义基于如下这条通用原则：所有知识都始于经验。他宣称，这是"常识"，以此反对经院哲学家的晦涩和理性主义者的复杂体系，如笛卡尔、斯宾诺莎和莱布尼茨。尽管如此，洛克却接受了笛卡尔的核心内涵，即心灵与身体之间的区分，因此，他认为知识首先关注的是对心灵的省察。我们审查（或"反省"）自己的观念，由此推出世界真正的样子。理性主义者认为，心灵有极为复杂的结构，与此相反，洛克认为心灵是块"白板"，我们的生活经验会在上面留下痕迹。理性主义者主张，人有许多与生俱来或"固有"的观念。相反，洛克认为，心灵更像是空屋子，惟有通过来自外部的光亮来照明。

洛克主张，经验给予我们感觉，我们的理智从这些感觉衍生出各种新的、较为复杂的观念。我们的所有知识，都是源自感觉以及我们关于心灵作用于这些感觉的方式的反思。不过，洛克至少在两个关键方面让他的经验主义有所退让。第一，他向自己所抨击的形而上学家让步，接受了如下观念：除了经验，我们还有必要谈论物自身。因此，他接受了古老的亚里士多德式实体观念。人们可能会认为，根据他自己的方法，洛克应该得出这样的结论，即我们意识到的以及我们能够认识的一切，只能是事物的可感属性或"性质"。至于属性"背后"的事物，则永远无法被感觉和经验到。但倘若如此，就给我们留下了以下问题：我们似乎根本无法认识事物，而只能得到感觉，即我们假定为事物之属性的东西。洛克的结论如下：我们之所以推断存在着物自身、实体，是因为我们无法想象存在这样的属性，它可以不是某物的属性。

洛克的经验主义的第二个妥协是，他区分了两种不同的属性或性质：一种是我们感知到的内在于物体本身中的性质，比如形状或质量；一种是在我们自己身上感知的性质，即事物作用于我们的效果，比如颜色。

洛克是知觉心理学的先驱,他也对我们理解视觉器官以及光对眼睛的作用做出了重大贡献。因此,他断言我们所"看见"的颜色,实际上是光以某种方式刺激我们眼睛和心灵的结果。

这些第二性的质(与形状和质量这些主要性质不同)应该是"在我们之中",而不是"在我们之外"、在世界之中。不过,如果人们认真对待洛克的论点,就会断言它们应当运用于所有性质,甚至运用于实体本身,因为所有这些概念都可以得到证明。人们完全可以论证道,我们经验的所有事物,都处于心灵之中、在我们之中,因而既无必要也无理由去谈论"在我们之外"的世界。

贝克莱主教(1685—1753)正是从洛克自己对纯粹经验方法的强调中,得出了这个令人不安的结论。贝克莱认为,在我们心灵中的世界之外,并不存在实体世界。这个世界实际上由观念构成——后来,这种立场被称作唯心主义(观念论)。作为教会的权威,贝克莱认为这个观点把上帝置于了哲学的核心。我们可能也注意到,这种上帝中心的世界观(上帝周围环绕着无数有限的心灵)在精神上(即使不说在"方法"上)与莱布尼茨的"单子论"非常相似。

洛克也是宗教人士,但是,在他的知识论哲学中,上帝可以说更像是凭空想出来的,因为在我们的经验中,哪里有表明我们关于感官之外世界的宏大信仰的正当理由呢?因此,为了维护自己的上帝信仰,洛克转而依赖传统的经院哲学论证——比如,依赖于没有什么从虚无中产生的论证,既然我们存在,那我们就能确定上帝即我们的造物主的存在。然而,贝克莱确证上帝存在的方式有所不同,它与莱布尼茨的方式类似,但也与严格的经验主义原则相容。

如果没有一个"外部"世界作为我们感觉的原因,那么,我们关于世界的感觉和观念又是从何而来?贝克莱主张,必定是上帝提供了这些感觉和观念。他认为,"存在就是被感知",但是所有存在的事物因此都必须时时为上帝所感知。(正是由于贝克莱的哲学,有人机智地设计了这样一种情景,"如果有棵树在树林中倒下了……")

或许,最值得注意的是这样一个事实,尽管贝克莱的哲学否定世界的物质性存在,但它坚持认为洛克的主张仅仅是"常识"。(在哲学上,诉诸常识常常会沦为荒谬。)英国的约翰逊博士(Doctor Johnson)认为，贝克莱的观念论根本不是常识，他边踢着石头边向朋友评论说："这样我就驳斥了他。"当然，这不是反驳，但是混乱的常识和哲学废话再次变得令人难以容忍。这些都是以下两个方面割裂导致的令人不安的结果：一方面是心灵和经验，另一方面是身体和物理世界。

大卫·休谟（1711—1776）彻底公开了这些结果。休谟的哲学是彻底的怀疑论，自古以来罕有匹敌。实际上，休谟认为自己是异教徒，而且他确实在这方面有这样的称呼，比如在巴黎，他被视为启蒙运动的欢呼者，在爱丁堡，他因无神论没能获得大学教职。他的绝大多数同行完全在新科学与旧宗教纵横交错的世界中成长，但是休谟自己在年轻的时候就专注于经典。他渴望像牛顿那样，提出了无所不包的心灵理论，但是，在这个科学面向的背后，隐藏着极为有害的抱负。

休谟是最杰出的启蒙运动提倡者之一，理性既可以理解为科学方法，也可以理解为更为宽泛意义上的合理性，但他认为理性越界了。他认为，理性不能提供保证，也无法给出证明。悖谬的是，休谟的怀疑论是可靠的、自我审视的启蒙运动思想最理所当然的结果。休谟认为，即便是最好的思想，也无法做到启蒙运动思想家认为可以做到的事情。

作为有着自己风格的异教徒，休谟倾向于自然主义，认为理性无法做到的事情，自然会为我们做到。如果理性不能保证我们拥有知识，自然就会给我们提供良好的感官，让我们在世界上行走。如果理性不能保证我们具有道德，我们的人性自然就会给我们提供充分的情感，让我们彼此行为合宜。如果理性不能确证信仰上帝以及与之相伴的宗教偏见，它就会极大危害到宗教。如果经院哲学的大部头著作不能成功为这些信仰提供合理的论证或良好的证据，我们"就应该把它们投入火中"，休谟的这种说法激怒了神学家。幸运的是，他没有对其他不可证明的信仰发表如此尖刻的评论，比如我们对世界存在的信仰和我们对道德重要性的信仰。

休谟的怀疑论根据的许多学说，都是形成于迄今已持续上百年的关于知识的争论。首先，休谟公开承认自己是经验主义者。他再三说到，所有知识都必须来自经验。其次，他接受心身二元论，以及它所涉及的经验与世界的区分。再次，他赞同两种可接受的论证之间特有的区分，一种是基于事实的论证，一种是纯演绎性质的论证。休谟指责宗教论证，因为它们不属于这两种论证。

然而，我们最基本的信念，即知识的前提，却无法通过这种两分测试。我们对于"外部"世界（以及把世界结合起来的因果性）的信念能够通过经验确立吗？不能，因为这至少是不可设想的，正如笛卡尔在一个世纪前的论证，我们可能只是在做梦而已。相反，正如贝克莱仅仅在若干年前的论证，世界只是观念的世界，至少这种情形是可设想的。那么，我们对于"外部"世界（因果关系）的信念可以通过演绎确立吗？如果可以，应该从什么前提出发？

休谟断言，我们的所有知识建基其上的最基本信念，无法通过理性确立。同样，在道德领域，休谟也投以怀疑的目光，并且断言："我宁愿毁灭半个世界也不愿刺痛我的小手指，这种做法也不违反理性。"理性既不能证成我的行为，也无法促使我的行为。然而，我们的情感却可以做到这点，而且也是这样做的。我们每个人生来就有自然的同情能力和对效用的自然关注，正是基于这种能力和关注，我们构建了自己关于正义和社会的观念。

同样，关于审美价值，我们也有对美做出情感反应的自然能力。休谟主张，"趣味无争论"，不过他也认为最好的艺术作品能经得起时间的检验，激起人们"持久的赞美"，超越其产生的时代在观赏者心中激起的审美情感。我们在这里注意到，休谟有些保守，传统诉求取代了启蒙运动对理性的诉求。毕竟，理性有其局限。于是，与亚里士多德类似，休谟在此申论个人品格的重要性，包括良好的教养、培养德性、尊重传统。理性可能有局限，但是，我们经由社会传统培育起来的情感和自然常识有其力量和德性，只是在现代哲学过度科学化的氛围中长期受到忽略而已。

经验主义者因其对经验的强调，在从19世纪流传至今的图式化版本中令人印象深刻。他们反对"理性主义者"，反对理性主义者的以下确信：理性会给我们提供关于世界的绝对正确、非同寻常的知识。理性主义者相信存在"自然"观念（即我们"与生俱来"的观念）。但经验主义者否认存在这样的观念。①

---

① 关于这个问题，莱布尼茨和洛克这两位同时代人在他们的通信中有重要的意见交流。

但最令人好奇的是，这场常常被认为规定了现代西方哲学的争论，从哲学的发展历程以及启蒙运动的时代热情来看，是极其有限的。此外，哪怕对科学（尤其是15、16世纪的科学）只有有限的接触，也可以明显感到，任何科学假设都需要数学和事实两方面的知识，他们为何还要如此费神地去争论这两者哪个更重要呢？（特别是，培根强调了科学研究的经验方面和数学方面。）

一方面，理性主义与经验主义之间的斗争像是家庭争吵，两个关系紧密的理性官能（作为推理的理性与作为通过经验进行证实的理性）在自然观念问题上彼此相争。但是另一方面，没有人会怀疑心灵生来就有某种用以获取知识和经验的能力或"官能"。真正的问题仅仅在于，何种具体的能力是天生的，而这无疑要依赖于大量的实验和观察，而不是哲学家的抽象论证。[①]

然而，争论的真正力量关涉的不只是天赋观念问题以及某些基础性信念得以证成的方法。理性主义者和经验主义者通过把注意力放在这个具体问题上，共同设法消除那些未经思考、荒谬可笑的教条和迷信。他们公开抨击那些有碍于进步、导致偏执的陈旧的政治结构和经济结构。无论是经验主义者还是理性主义者，他们都论证人类普遍的理性能力，藉此对抗地区性的偏见和相互之间的敌意，这些偏见曾使数百万人丧生，至今仍撕裂着欧洲并使欧洲人彼此敌对。现代哲学不是扩大的关于存在论、认识论和形而上学的争论。它是对人文主义与合理性的辩护，是取代恐怖大屠杀的充满生机的对话。

他们的真正目标是理性。启蒙运动与其说是对知识性质的探究，不如说是对知识和探究的辩护。启蒙运动最为杰出的德国捍卫者康德

[①] 这场争论持续至今。若干年前，麻省理工学院的语言学家—哲学家诺姆·乔姆斯基（Noam Chomsky）和哈佛大学的哲学家纳尔逊·古德曼（Nelson Goodman）展开了热烈的争论，主题是人脑中有没有"自然"的语言（语法）能力，如果有，具体是哪些。一方面，如果不是已经有了适当的结构（或规则），那么儿童是如何这么快地学会说话，并变得那样地多才多艺？另一方面，尽管有那么多语言，但是儿童实际能够学会的语言取决于所处的语言环境。因此，乔姆斯基提出了"普遍语法"的观念，即适用于所有自然语言的与生俱来的模板。

写道："要敢于运用自己的理智！"在这场世界主义的运动范围内，理性与经验之间的争论，其实是技术性的策略，用以转移人们的注意力。

哲学家们就社会性质尤其是人权进行的这场争论，绝不是学院性的。洛克关于政府的两篇论文，奠定了基本权利的内容，其中包括表达自由、宗教宽容和拥有私人财产的自由，后者是先后发生在英国殖民地和法国的两场革命的焦点。洛克的自然权利理论特别有影响力，因为它不把所有权、相互宽容和自由看成在先的人们之间的同意即"社会契约"的产物，相反，它认为这些权利先于所有同意。比如，个人对某部分财产具有权利，是因为他(或她)"在其中加进了自己的劳动"。包括宪法和财产法的契约的目的就是保障这些权利。但是，这些权利本质上就属于我们。它们"不可剥夺"。它们甚至也不可放弃(或出卖)。(但是，如我们提到的那样，尽管有这样的原则，洛克自己仍拥有奴隶。因此他就设立了哲学伪善的常见标准，这种哲学伪善在之后诞生的美国日益明显。)

个人拥有财产，不是因为法律或习俗，而是由于"自然权利"，这种观念为后来的资本主义提供了坚实基础，当然，这里需要指出，洛克绝没有为过度无节制的攫取进行辩护。世俗社会对成功的强调，新教革命已经提供了使之合法化的"新教伦理"。许多哲学家，不仅洛克，而且还有霍布斯和后来的休谟、卢梭以及康德，都论证作为"社会契约"的社会概念，进而摧毁了传统权威（比如统治者的"神圣权利"），转而强调个人意志和自治。新世界新发现的财富为历史上最伟大的经济革命提供了动力。但是，如同所有革命，它也是由哲学观念触发和推动的。

亚当·斯密、道德情感和新教伦理

新出现的重商主义改变了文艺复兴以来欧洲的面貌，但是，它仍然没有得到规定。旧的封建秩序因自我封闭的义务和交换体系已经消失，新出现的商业社会是日益开放的社会，它以货币作为交换媒介，这种方式不仅极大地改变了经济的性质，而且改变了社会的性质。随着国际贸易成了大量财富的来源,很多民族国家日益转向新近受到尊敬的由银行家和商人组成的"中产阶级"。随着国库财富的增多,英国、法国和西班牙的国王和女王能够提供更多的船只、武器,资助更多的探险,占据更多的殖民地,而这反过来又意味着获得更多的财富和权力。

甚至长期以来对商业行为尤其是"高利贷"(获取暴利的借贷)充满敌意的教会,也转变了立场,转而认可新出现的商业意识,加尔文宗教改革甚至鼓励这种行为。但是,这种以国家为基础的贸易体系即重商主义,本身也只是新经济秩序发展的某个阶段。通过制造和贸易获得巨大财富的,不只是国家,还有个人。这种在英国工业革命中已经充分展开的新经济秩序,需要相应的哲学作为基础。

特别是,加尔文和洛克已经激发了本质上属于商业新世界的思维,但是,利润仍被广泛地视为非道德的,是完全利己的产物(后苏联的俄罗斯仍这样认为)。为了形成对金钱、财富的新态度,为了使财产合法化,经济上的利己也需要新的辩护。只要国家的财富由国库中的金钱决定,个人的抱负就仍处于守势。只要商业仍由行会精神决定,即确保质量但尽可能避免竞争,个人的主动性和产业合作就会受阻。

亚当·斯密(Adam Smith,1723—1790)是大卫·休谟最好的朋友、最亲密的同事,或许,他之所以极少甚至毫不关注那些构成明确的"休谟"论题,原因就在于此:比如,休谟对于知识问题及其怀疑论的迷恋;休谟那种发展出整套牛顿式普遍的心灵理论的抱负;以及休谟对于逻辑和经验的集中关注(后来发展成了"逻辑经验主义"这种蔑视一切的哲学)。斯密与休谟同样热爱历史和文学,并且关注如今我们会称之为"自由"社会性质的保守性,这种社会具有明确(即使充满争议)的"私有财产"制度。最重要的是,斯密与他的朋友休谟类似,深刻意识到伦理学和人性的极端重要性。尽管如此,斯密的名声在于他是自由企业制度之父,他至今仍在某些公司中受到崇拜。1776年,斯密出版了他的那本资本主义"圣经",即《国民财富的性质和原因的研究》(*Inquiry into the Nature and Causes of the Wealth of Nations*)。它是现代经济学的开端,我们可以称之为自由市场体系的哲学。

在《国富论》中,斯密首次重新定义了"国民财富"的含义。它不是指国王国库中的金钱数量。它指的是国家整体的繁荣、公民的幸福。此外，利己可以用如下巧妙的方式加以辩护。假设整个社会需要某种新的器械，比如说需要某种工具，用某些新发明的和已经盛行的商品来满足人们的需求。面对这样的要求，发明者和制造商就会想尽办法为市场提供合适的产品。他们这样做不是受利他主义的推动，而是受利己主义的驱动。最早这样做的人会因此挣很多钱，同时也为社会做出了巨大贡献。

但是，假设现在市场上有很多这样的产品，有些比其他质量好，有些比其他便宜。消费者从他们的自我利益出发，会倾向于购买物美价廉的商品，这样的话，那些能够生产质优价廉的产品的生产者就会因此而变得富有，从而实际上把那些既无质量又无效率的生产者淘汰出市场，或者更好地迫使他们提升质量、提高效率。总的来说，每个人的状况都因此变得更好。因此，供求规律确保物美价廉的产品会有最丰厚的回报，并使消费者和制造者的整个利益得到优化。这是简单的观念，也是简洁、根本的观念。利己可以服务于公共善。

不过，这并不意味着如今利己应被当作德性，而且，亚当·斯密那里没有任何支持20世纪80年代那种"贪婪即善"思想的东西。然而，人们还是能够轻易地设想到，在经历了两千年批判金钱之恶和贪婪之罪以后，18世纪晚期的公民们听说利己有其好处，而且不只是对个人有好处，而且是对所有人有好处，这种感觉无异于憋坏了的人突然呼吸到了新鲜空气。

"市场魔力"的关键是消费者，正是消费者"至高无上"的商业需要驱动着整个系统；而且，劳动的专门化把商品生产分割为不同的步骤，协调全部劳动力，极大地提升了效率。对于这个体制的运行而言必要的是，迄今为止一直控制或实际上调控着每笔主要商业交易的政府不应再进行干涉。"放任"才是今天适当的语言。这也意味着，行会以及行会似的公司不再垄断整个产业。如今，企业是"自由的"。

由于《国富论》，斯密广泛地被人当作商业个人主义、自私权力和自私德性、逐利之快乐以及商业社会之奇迹的经典辩护者，但这样的观点主要来自那些并未读过他的著作的人。事实上，在撰写《国富论》前几年，斯密还写了另一部书，它是从道德情感的角度对人性的说明。如同休谟，斯密关注的较为温和的人类感情，即那些触动男女、使他们在社会中共同生活的动机。他把亚里士多德的理想当作自己的出发点，认为伦理学的基本要素是品格的发展，以及那些使我们共同和谐生活的社会情感的培养。

在他的《道德情感论》（*The Theory of the Moral Sentiments*）这部著作中，斯密写道：

> 无论人被认为有多么自私，他的本性中显然有某种秉性，使他关心他人的际遇，视他人之幸福为自己的必需，尽管除了目睹他人的幸福所感到的快乐，他不会有任何收获。这种秉性就是怜悯或同情，即看到他人的悲惨境遇时产生的情感……哪怕是最大的恶棍、社会法律最冷酷的破坏者，也不会完全没有这种秉性。

因此，斯密和休谟抨击霍布斯以及他人的"自私"理论，主张同情这种典范性道德情感的自然性。通常，同情意味着"可怜"某人。不过，斯密是在"情感的一致"或我们所谓"同感"的意义上使用这个词。因此可以说，同情实际上不是某种情感，而是理解他人情感的媒介，即"对任何激情的同感"。这是想象活动，它使得人可以"设身处地"理解其他人的感情。因此，尽管《国富论》的论题大受欢迎，但是人们本质上并不自私或自利，相反，人们本质上是社会生物，也会为了他人的利益而行动。惟有在这样的社会中，才能有良好的资本主义体制。

在此之前好些年，休谟就已经提出了某种同情理论和正义理论，对斯密有很大影响。休谟认为，同情是普遍的情感，足以克服利己，至少在绝大多数情形中是如此。实际上，休谟认为同情是某种仁慈，是对同胞公民的感情，是对他们幸福的关切。不过，根据斯密和休谟的看法，同情常常受到自私的抵抗和压制，因此，它还需要正义感。斯密把这种正义感视为对伤害同胞的自然厌恶。休谟则认为这是"人为"德性，是我们为了彼此的幸福构建的德性。尽管如此，作为彼此有利的约定性"计划"，它的益处使其与道德情感密切相关。对于我们每个人关于普遍善的感觉而言，还有什么比"为人类的幸福感到喜悦、对他们的悲惨感到厌恶"更基本的情感呢？

伏尔泰、卢梭和革命

法国启蒙运动最著名、最有影响力的两个哲学家，常常为标准的西方哲学史所遗漏，他们也是 18 世纪两次最重要的事件的精神导师。这种遗漏很能说明问题。美国革命和法国革命（分别发生在 1776 年和 1789 年）都极为重要和复杂，它们至少部分是观念的革命，这些突变不仅是糟糕的政府导致，也是正义和非正义的观念，或者是关于社会和人的本性的观念导致。

卢梭和伏尔泰都是有自己风格的启蒙哲学家，但是两人都对形而上学和认识论没有兴趣。他们的注意力限于不怎么抽象的实际问题，比如政治和教育。因此，他们对所处的骚动不安的时代有巨大影响。

伏尔泰（Voltaire，1694—1778）推崇英国的启蒙运动，尤其是洛克的政治哲学。他把这两个方面都带回了法国，并用它们抨击法国政府和天主教会。伏尔泰的风格极其鲜明，并没有写作多数哲学家笔下的那种哲学著作，他更喜欢用檄文、政论、评论以及各种想象故事来表达自己。

首先，伏尔泰为理性和个人自主辩护，并以扎破当时形而上学和神学热气球为乐。在这方面，他为休谟这个小他许多的晚辈创造了条件，也把中产阶级（更准确的表述是资产阶级）发动起来进行改革，这就为法国革命准备好了舞台。

让-雅克·卢梭（Jean-Jacques Rousseau，1712—1778）是更加精致、复杂的思想家，与他同时代的老辈学者不同，他并不回避关于人性和社会的宏大理论。他在早期论文中曾质疑"文明"的好处，并为某种富足的、非霍布斯的自然状态中的满意生活辩护，由此声名鹊起，让古板、自鸣得意的欧洲贵族感到震惊。在《爱弥儿》和《社会契约论》这类著作中，他阐述了人性"本善"的理论以及人类社会的观念，他认为，我们之所以共同生活并不是因为相互的不安全（如霍布斯所认为的那样），而是因为我们认识到自己"更高"的道德本性。自然状态并非如霍布斯所说的"卑污、残酷和短寿"。卢梭向我们保证，前社会状态下的人类基本上是幸福、满足的，他们对其他人"漠不关心"，更不用说同情。他认为，孩子应该"自然"地进行教育，在他们各自性情的基础上，按照自己的方式和节奏，发展出这种更高的道德感。他们不应被束缚在那些"不自然"的社会道德观念之中。作为"公民"和社会"公意"的参与者,我们自由地把法律加在自己身上,甚至在社会背景下,我们也仍像在自然状态中那样独立自主。但是,如果有人拒不参与,卢梭认为有必要"迫使他自由"。

自然状态下的人或许是幸福的,但是,在那里无法培养和践行人的德性。因此,卢梭觉得,既保持我们自然的独立感,又让我们彼此承诺制定和遵守社会法则,这两者之间并无矛盾。尽管如此,我们最初进入社会既非自愿,也不快乐。从人类在自然状态下的独立和满足来看,这是堕落。正如我们所知,社会的开端是场灾难,是不幸的开始。有人用栅栏把财产围起来,然后宣布"这是我的!"在卢梭看来,人类历史上没有比这更大的罪了。私有财产确立之后,人类生活中就充斥着连绵不绝的不平等和不公。

在这种对私有财产的谴责中,卢梭反对最多的是洛克,在欧洲思想与美国思想的斗争中,他们两位也常常以对抗的形象出现。在美国,这块已然由律师、农场主和商人组成的土地上,洛克无疑会胜出。在法国,至少有段时间,卢梭也能立得住。不过,在这两次革命中,启蒙运动的假设都是自然权利和独立自主的现实性和重要性。我们可以在社会中享有这些权利和独立自主,但不必因社会契约而牺牲掉自然的幸福。

当然,社会契约并不是真实的历史事件。它是哲学虚构、隐喻,把社会看成同意的个人自愿聚集的方式。因此,社会契约的条款所规定的是以下这样的理想社会:人们在此自愿把法律加诸自身。我们都是自治的,而且就像是在自然状态中那样,我们仍然是自由和自主的。因此,个人自主这个西方的核心观念可以与国家的合法性相容,而人性的自然之善观念取代了古老的"人类原罪"观念。美国革命和法国革命就这样发生了。

在美国,托马斯·杰斐逊(Thomas Jefferson,1743—1826)采用了大量的欧洲观念,尤其是洛克和苏格兰启蒙运动的观念。作为美国独立宣言的主要撰写人,他很高兴把自明的真理观念包括进来,它们对于那些能够看到它们的人而言是自明的。它们包括:道德情感理论家对同胞情感和品格发展的强调;自然权利观念,其中包括生命、自由和"追求幸福"的权利。由于杰斐逊,政治哲学家的新发明"人民"

成了政治的核心主题。自立成了主要的公民德性，政府的责任在于确保每个人享受充分的教育、拥有足够的财产，以便培养自立的公民德性。因此，教育不是特权，而是个人权利和政治必需品。宗教自由也不再只是相互宽容的问题，也是权利和社会安宁的问题。政府不再是神圣特权或纯粹力量的问题，而是个人民合法性的问题。

独立宣言不只是对反抗英国殖民统治的证明，它也是启蒙原则的精致运用。革命不只是在表达"无代表不纳税"，美国人甚至对于"有代表的纳税"也没有多大热情。它是对全新的政府形式的洞见，后来某位美国总统简洁有力地将之总结为"民有、民治、民享"。

独立战争后起草的《宪法》和《权利法案》，或许是社会契约第一个真实范例——它不是虚构、隐喻，而是实际的同意，是"人民"或他们的代表经过艰辛的谈判实际签署的协议。《宪法》实际上"确立"了政府以及权力分配的规则。《权利法案》由《宪法》的前十个修正案构成，它明确规定（联邦）政府不得干涉公民的生活。这些观念可能并不新鲜，但是，它们的实行确实是新事物，是世界的典范。

那么，美国的独立战争是"革命"吗？如果革命的意思是把事物颠倒过来，它不是革命。它只是赶走了已然远离且对他们那个麻烦的新世界领地不怎么理会的政府，而且过程也没有造成多大创伤。英国正陷入与其邻国的百年战争之中，美国这场战争只是其中之一而已。因此，美国的独立战争不过是国际战争的某个场景，而法国、荷兰和西班牙则利用了幅员辽阔的英帝国的这次骚乱。

它并没有出现剧烈的权力转换。发起革命的人已经提前成了领导人，并且在革命之后保留了已然确立的政府。人们可以发现，在七年战争期间，生活在美国殖民地的人对这场战争毫不在意，许多人确实如此。在大多数美国商人、农场主和家庭看来，殖民统治、反抗与独立之间的差异只是细枝末节的问题。

相比之下，法国的权力转换（从贵族转到资产阶级或"中产阶级"）变成了风暴。生活的每个方面、国家的每个角落都受到严重的影响，承诺的东西受到诱惑、威胁和撕裂。世界各地的保守派都感到惊恐。创建的国民大会代表了所有阶级，其中包括"第三等级"，[①] 它承诺

---

① 前两个等级分别是贵族和教士，第三等级实际上包括其他所有人。

用协作取代尖锐的阶级分化，但不久就失败了。

这场革命始于权利宣言，它包括生命权和抵抗压迫的权利。托马斯·杰斐逊作为美国大使访问巴黎时，曾预测君主政体会逐步改善，从而建立真正有代表性的政府。

然而，第三等级本身就是个阶级大杂烩，有新兴的日益富裕、日以强势的资产阶级，也有工人、农民、小店主，还有被称作无套裤汉的城镇农民，以及长期失业的穷人，街头流氓和罪犯。最初，他们轻易取得了成功，并攻陷巴士底狱这座很少使用的古代监狱，当然更多是象征意义，然而不久之后，这个同盟的破裂就变得极为明显。

到了1792年，这场革命发生了急剧的转变。"人民"的代表煽动当地起义，使整个国家陷入血雨腥风之中。马克西米连·罗伯斯庇尔（Maximilien Robespierre）和让-保罗·马拉（Jean-Paul Marat）这两个卢梭的死忠，把他们导师的"公意"观念贯彻到民众身上，结果似乎只是发动了历史复仇。国王、王后相继被送上断头台。最后，"恐怖"要了卢梭派创建者自己的命。

在英国，托马斯·卡莱尔（Thomas Carlyle）写道，法国革命的极端暴力"直到耗尽一切"才算结束。只是在它结束之际，国家也变成了废墟。君主政体基本完蛋了。许多旧贵族逃亡他国。1795年的法国，国内已处于无政府状态的边缘，外部受到邻国的入侵，这时出现了年轻的科西嘉上校，他的名字叫拿破仑·波拿巴。进入1800年，启蒙运动及其理想正要翻开它的新篇章。

伊曼努尔·康德：拯救科学

让我们回到德国，启蒙运动受到某些质疑，人们（从安全的距离）对法国革命感到惊骇。恰当地来看，启蒙运动与其说普遍或世界主义的哲学，不如说是伦敦和巴黎的支配性观念的投射，带有思想帝国主义的色彩。巴黎发生的革命，不是哲学的胜利，而是混乱的爆发。革命的成果还要再过十多年，才严重地影响了德国人。

尽管如此，四分五裂的德意志联邦有进行防卫的权利。长期以来，他们的语言和文化被认为是野蛮的、劣等的。艺术主要是舶来品。本土的天才常常被忽视。甚至普鲁士国王主要说的也是法语！在德国，诞生于科学和普遍理性的理想，通常只具有次要地位。

不过，启蒙运动在德国仍有它的哲学提倡者。比如，莱布尼茨不仅是启蒙运动新精神的积极拥护者，也是这种精神的典范。他专心于新科学，是新数学和新理性的先驱、是最崇高的世界主义者。他还花了大量时间在欧洲旅行，与各国的学者频繁通信。

当然，德国启蒙运动最大的哲学提倡者是伊曼努尔·康德（Immanuel Kant，1724—1804），他是莱布尼茨的再传弟子（康德的老师是克里斯蒂安·沃尔夫［Christian Wolff］，沃尔夫是莱布尼茨的学生），也是牛顿物理学和卢梭新奇的社会、教育理论的热情追随者。不同于他的绝大多数同胞，他也是法国革命的热情支持者，甚至在恐怖肆虐的时期，他仍然热情不减。但是，使他深刻地介入启蒙运动方案的是其他截然不同的革命，这始于其与大卫·休谟的怀疑论的相遇。

休谟的怀疑论把康德从"独断论的迷梦"（即对莱布尼茨形而上学的非批判接受）中唤醒。相应地，康德回答了休谟那令人困扰的怀疑论，从而把启蒙运动从其无休止的质疑中解救了出来。

不过，康德在认可理性的力量的同时，也承认理性的局限，他在哲学上的巅峰之作主要是针对理性和判断力的三大"批判"。从较为有限的视角来看，我们可以说，康德提供的理论既是理性主义与经验主义的综合，也是各自发展的极致，与此同时，它拒斥了以下这个基本观念：我们关于真实世界的知识要么源自经验，要么源自理性。如此说来，康德的哲学兴趣有限，不过是新的思想技师，只关注哲学家同行的激烈争论。

康德的天赋体现在宏大得多的问题上，致力于他概括为"上帝、自由和不朽"的伟大观念。从更为历史的角度来说，康德标志着从中世纪以来变得日益尖锐的宗教与科学之争的明确结合。

启蒙运动通常更多是无神论者的共有观点，比如休谟把宗教斥为幼稚的迷信。伏尔泰曾扬言说"我已经听够了十二个人创建基督教的故事。我更愿意告诉大家，一个人就可以摧毁它。"还有法国人霍尔巴赫男爵（Baron'd Holbach），他像早前的德谟克利特那样，主张世界只由物质构成，根本没有上帝的位置。不过康德是虔诚的基督徒、虔信的路德会教友，有不可撼动的信仰。他也是牛顿的新物理学的坚定信徒。这两者如何调合呢？

当然，牛顿自己在生命最后的几十年里也试图回答同样的问题，不过对于康德而言，答案显而易见。他宣称，人们必须"限制知识，为信仰留下余地"，这在很大程度上与笛卡尔已然确立的做法类似，即把科学领域与信仰和自由领域区分开来。他坦言，"有两样东西令我充满敬畏，那就是头顶的星空和心中的道德律。"康德哲学的基本做法，就是区分星空和道德律，进而寻求它们之中（以及其上）的理性。

即便如此，科学与宗教都没有局限在各自不同的范围之内。科学的基本原则是"普遍必然的"，即所谓"先天的"，这是休谟以其怀疑论加以质疑的对象。外部世界的存在，连同因果关系和科学的解释框架，都是不可怀疑的。同时，上帝的领域以及人类灵魂的不朽，连同人类自由和道德义务，不会因科学而大打折扣。类似于我们经验世界中的现象，因果关系和科学的物质世界也有其位置。不过，上帝、自由、不朽以及道德都有各自的位置，也就是说，有它们自己"可理解"的世界，这个世界完全独立于经验，即便如此，它也同样由理性统治。

理性这个启蒙运动的口号，实际上也是康德极为理性的哲学的主角。针对休谟所做的工作，科学也将被理性证成。道德将被证明是由具有普遍义务的道德律构成。甚至信仰这种常常被视为非理性（或者至少是在理性之外）的典型的东西，也将被视为理性、可证成的信念。

首先，康德的策略是区分经验领域与超经验的领域，后者通常被称作"形而上学"。他认为，形而上学的问题似乎是不可解决的，因为知识的界限就是经验的界限，而形而上学就其本性而言是超越经验的。其中某些问题，特别是那些与上帝、自由和不朽有关的重要问题，是可以回答的，但不是当作知识问题来回答。它们是理性的问题，而且是实践理性的问题，即"道德公设"的问题。它们与科学真理不同。（我们待会再回到这些问题。）

因此，康德曾把经验世界、知识世界与超经验的形而上学问题区分开来，进而探究这两个领域的性质。在科学方面，他将证明外部世界以及因果关系和科学的解释框架的存在。在道德方面，他将确立道德律的普遍义务，或他所谓的"绝对命令"及其公设、人类自由和对所有理性宗教的基本信念。

知识问题和科学的基础在那本为许多哲学家视为最伟大的哲学著

作之中得到表述，这本著作就是康德首版于1781年的《纯粹理性批判》（*Critique of Pure Reason*）。在现象领域和我们所知的世界内，经验预设了感性（或"直观"）和知性，后者是我们在想象力的帮助下整理、组织感觉的"能力"，这样这些感觉才能是关于某物的经验。

根据康德的说法，我们"构成"了自己经验的对象，通过直观把这些对象置于空间、时间以及与其他对象的因果关系之中。康德有个著名的说法：若没有知性概念，直观就是盲目的。但他又说，若没有感觉，我们的概念就是空洞的。经验总是知性应用于感觉，我们所知的世界就是其结果。

然而，我们的有些概念并不是来自经验（即并非"经验的"），而是先于经验。它们是先天的。它们是固有结构的组成部分，或者，你也可以说它们是人类心灵的基本法则。这些法则被称之为"范畴"。比如，实体范畴就是支配所有人类经验的法则，它要求我们以经验物质对象的方式来组织感觉。

这是康德对洛克的回答，更普遍地说，这是他对理性主义者和经验主义者双方的回答。实体不是从属性中推论出来的。它是我们藉以经验事物及其属性最初的组织原则。针对他的那些陷于争论的同行，他提出对他们的主张加以综合：我们所有的知识都始于经验（并且是以感觉作为基础），但是，我们经验的基本范畴不是从经验中习得的，相反，它们是作为先天的组织法则赋予经验的。

这也是对休谟怀疑论的回应。外部世界不是从我们的经验中推出的结论，相反，作为我们思考和感知的基本范畴，它是我们经验之构成的基本要素。因果性也不是源自我们的经验或从我们的经验中推出来的，而是作为感知的基本法则强加于经验的。

并非所有最基本的或先天的心灵结构都是概念或范畴。也有先天的"直观形式"，它们是所有经验都必须具有的前提。具体而言，这些前提就是空间和时间。若不在三维空间和一维时间的范围内，我们绝不可能具有经验。这是康德对莱布尼茨与牛顿关于空间的绝对性与相对性之争的回答。如果你说空间是所有经验不可逃避的框架，像世界本身那样真实，空间就是"绝对的"。然而，如果你说空间根本上是我们自己的主观性的产物，是我们看待世界的方式，而不是世界本身的属性，空间就是"相对的"。

空间和时间作为先天的直观性，这个发现使康德对数学的本性持更为激进的看法，像数学这样的学科，它的必然性曾让古希腊人深信不疑，现代哲学家也多多少少理所当然地认为它们构成了"理性的真理"。根据康德的说法，数学命题和几何学命题之所以必然为真，源于它们实际上分别是对先天的时间结构和空间结构的形式描述。

不必说，康德的新"观念论"是我们关于世界之知识的激进观点。① 不过，康德并没有走得太远，以至于认为我们实际上创造了自己的世界（这是后康德的某些浪漫主义者欣然认可的论点）。康德主张，我们无论如何都无法推断或证明"外在于"我们的世界的性质。我们获得的只是基本的法则，因此，那个世界的基本性质，以及那个世界可能并不像我们经验的那样，这类怀疑观念（甚或纯粹的哲学怀疑）都不再有意义。当然，我们会弄错细节。我们会看错、说错、算错、理解错，但是关于那些基本法则，那些笛卡尔在方法上加以怀疑但并不成功、休谟认为超出了理性力量的法则，我们不会搞错。

但是，如果我们组织或"构成"了我们的世界，难道我们不能随心所欲地去构成吗？难道我们不能选择以四维、五维甚至任一维度的空间去感知世界吗？难道我们不能让时间倒流吗？难道我们不能选择把世界视为莱布尼茨式的单子或贝克莱式的非实体观念吗？康德的回答都是坚定的"不能！"我们无法选择用以构成我们经验的基本质料的感觉，也无法选择替代三维空间和不可逆的一维时间的方案。没有不同的范畴，也没有组织、解释和"构成"我们经验的不同方式。形成我们心灵的基本结构或法则的范畴是普遍、必然的。没有选择，没有替代方案。为了证明这个问题，康德为我们提供了让人却步的"范畴的先验演绎"，它不仅表明范畴是所有经验的必要前提，而且表明并不存在任何其他有关世界的观点。这无疑是极不寻常的结合，它把激进的反思与常识和科学世界观的传统认同相互融合。

尽管如此，论证不能到此为止。迄今为止仍对康德的观点默不作

---

① 贝克莱主教也称自己的观点为"观念论"，具体而言是"主观观念论"。为了把自己的观点与贝克莱的观点区别开来，康德称自己的观点为"先验观念论"，认为"外部世界"尽管是根据心灵的普遍必然的法则构成，但它确实是真实的。

声的上帝又是什么呢？上帝不是通过感觉认识世界，当然，他也不受有限的知性法则。上帝直接认识世界（他无需感官和概念作为中介）。他认识事物本身，而不是现象，也不是根据我们有限的经验法则。此外，世界本身的观念仍然作为有限的概念存在于我们自己的思想之中。毕竟，如果我们可以自信地谈论由我们经验构成的世界，那么，至少可以甚或不可避免地提出如下有意义的问题："除了我们经验的特性，世界能是什么样子？"

此外，倘若我们无法选择自己的感觉，即那些给予我们的东西（比如"材料"），是什么在我们那里引起这些感觉呢？是对象本身吗（像洛克所主张的那样）？是上帝吗（如贝克莱和莱布尼茨所主张的那样）？但是要注意，因果性观念在此并不适用。它作为范畴，支配了我们经验之内的所有关系。在我们的经验与世界本身之间，即在我们的经验之外，它并不适用。尽管如此，"世界本身是什么样子？"这个恼人的问题依旧存在。

此外，康德的自我概念也存在疑问。他否认世界在我们的经验之外，不过他也否认世界的对象在我们的经验之中，即"在我们之中"。它们就其作为对象的本性而言，在自我之外。那么，什么是自我？首先，自我是一种活动，或者一系列活动，由此把范畴强加于所接受的感觉之上，进而理解世界。自我（self）不是物，不是"灵魂"，甚至也不是"心灵"，而是先验的自我（ego），它的活动内在于所有经验之中，并且可以在所有经验中认识这些活动，尽管自我本身永远无法经验到[①]。它就是笛卡尔所谓的"思考的东西"，不过他随后就错误地把它当作"自我"本身。

不过，还有较为普通的自我概念，比如人格，比如有身体有情绪的理智，有特性、朋友、历史、文化和环境。这是康德所谓的经验自我。它就像世界上的所有其他事物，都可以通过经验认识。但是，除了先验的自我和经验的自我，还有我们可能笨拙地称之为"自我本身"的东西。这就是作为行动者行动的自我，这个自我进行思虑和去行动，这个自我是道德的或不道德的、是有责任的或不负责任的，这个自我

---

① 在这里，"先验"这个重要的术语意味着它在所有可能的经验中都是基本要素。

处于实践世界的中心。

重要的是要明白，康德的世界本身（和自我本身）观念不只是反思后的观念，也不是他连贯的哲学中的摇摆不定的问题（他的某些后继者就这么认为）。它有着至为重要的作用。如果科学和知识只局限于现象世界，那么，在现象世界之外，即在世界本身那里，就有自由的空间和上帝的位置。这些都是康德在其第二批判即《实践理性批判》（*The Critique of Practical Reason*）中论述的主题，而把这前两个批判联系起来的则是他的第三批判，即《判断力批判》（*Critique of Judgment*）。

康德的道德哲学和第三批判

康德认同常识，认为除了我们经验之物，世界和我们的自我也有实在。他把这种实在描述为"本体"，从而与"现象世界"即我们所经验的世界相对。他也称这种实在是超出了我们经验的"物自身"，并且用单数形式提醒我们，我们完全无法直接遭遇它，因而无法分析其构成要素。通过对本体世界与现象世界之间区分的阐述，康德确立我们知识的绝对界限。我们只能认识我们的经验世界。对于在我们经验之外的世界，即"自身"存在的实在，我们没有任何知识。

然而，我们已然看到，康德确实提及了我们经验之外的实在。他为何不觉得这是矛盾呢？要回答这个问题，我们必须回到康德区分经验自我与实践自我或"理性"自我以及他们的"两个世界"问题。这个问题就是，在服从自然规律的世界中，我们如何具有道德自由。

这个问题在最初几个世纪中变得日益紧迫。科学似乎日益能够预测和控制自然世界之内的事件。这个发展让许多人想知道，对于人类行为是否也可以有同样的控制。毕竟，人类也是自然世界的一个部分。人能够像许多新机器那样被控制吗？为了避免这个决定论的幽灵，笛卡尔及其前辈明确区分自我与自然。不过，仍然有某些启蒙哲学家热情地拥抱决定论，拥抱"人是机器"这个类比。

当康德宣称我们的经验世界普遍必然受到因果关系的建构，他自己也强化了对决定论的关切。既然人类行为发生在现象世界之中，它似乎也要服从因果律。但是，如果人的行为是被引起的，它似乎就是被决定的——因而不是自由的。然而，如果我们无法在自己的行为中实现自由，我们就似乎无法对自己的行为负责，也没有能力做出道德选择。

康德在他的第二大批判即《实践理性批判》中表述了这个问题。他主张，我们既是现象世界的组成部分，又能够做出自由的道德选择。他宣称，我们同时具有本体的存在和现象的存在，由此解决了这些主张之间明显的矛盾。作为自然世界的组成部分，作为经验自我，我们每个人都受因果关系的影响。这些影响显现为欲望、情绪、却乏和情感，康德把它们统称为"倾向"。倾向"自然"地导致行动。如果个人欲求食物（在上顿饭过后的某个时间）而且所欲求的食物就在他眼前，他就会倾向于吃掉它。

不过，并非所有行为都由倾向驱动。人们具有意志能力。他们有"意志力"，这种意志就是自由。它不是现象世界的组成部分。每个人都有其本体的存在，即理性的自我，它不受现象原因的决定。理性自我有能力抵抗倾向。因此，我们甚至在欲求食物时也可以选择不吃，比如，所说的食物在别人的盘子里，或者有毒，或者在绝食罢工的时候。

由于我们的本体存在，我们就不只是自然力量的消极受动者。我们可以根据自己的法则规范自己的行为，这个法则是我们的理性为自己所构建的，即道德法则。按照康德的说法，当根据道德法则行动时，我们就展示了我们的自由。相反，当我们只是遵循自然的因果指令时，我们是不自由的。

康德确信，由于我们自身内部都有同样的理性能力，所以我们能在道德上获得同样的结论。总而言之，理性告诉我们，如果我们不想别人在相似情境下做出同样的行为，我们就应该抵制自己身上的类似倾向。因此，我们不应取走他人盘子里的食物，除非我们认为这对于所有人都是可接受的行为原则。道德原则容许人们对其进行非个人的普遍化。此外，道德要求我们尊重他人的理性，即他们基本的人性，或我们有时所说的他人的尊严。易言之，道德类似于知识，有先天的一面，有一套先于任何具体情境的考量。

康德阐述了道德法则的基础，他令人印象深刻地称之为"绝对命令",可应用于全部人类行为的命令。(事实上,他设定了许多这样的公式,不过他认为,这些公式本质上相同,指向同样的道德结论。)根据最著名的表述,绝对命令断言:一个人只应根据这样一条准则(或原则)行动,他愿意这条准则成为普遍的法则。

康德还有另一个对于绝对命令的阐述,他把道德法则概述如下:一个人永远要这样行动,把人性(无论是自己身上的人性,还是他人那里的人性)当作目的本身而不是当作纯粹的手段。易言之,为了达到自己的目的而把他人当作纯粹的工具,永远是错的。因为这样做就是对人的"利用",就是对个人尊严的无视。尊严的源头是,他或她能够根据理性和道德的指令自由行动。

康德的伦理学说由于强调人类自由,因而不是从宗教角度解释道德。事实上,康德坚持认为,道德必须要有自己的正当性,而不能依赖于宗教资源或认可。因此,尽管康德自己非常虔诚,但他的道德理论与世俗或无神论的观念相同。然而,康德想同时为自由和信仰留下余地。那么,宗教信仰如何与康德的道德理论相应呢?

根据康德的说法,人们或许无需信仰就能承认道德法则,但是,对于我们理性地服从道德法则而言,信仰是必要的。这正是康德的英雄卢梭所谓的"世界的道德观"。如果没有信仰,我们的不公经验就必定会让我们感到沮丧,从而远离道德。我们看到,作恶者享福,为善者受苦。为了坚持我们对道德的忠诚,我们必须相信,道德行为最终会与幸福相容。这不只是"一厢情愿的想法"。它像道德本身那样,必须是理性的信念。

这些考量使我们去"设定"上帝的存在、人类灵魂的不朽和来世。这让我们相信道德的善与幸福最终会彼此相属,而且这不是"奖赏",它是出于理性的必然性。我们对于这些"实践理性的公设"不具有知识,因为它们关涉的是我们经验之外的世界,尽管如此,规定着道德法则的实践理性需要这些观念。这些信念当然不是知识,但它们是理性的。理性而不是知识,将我们引向宗教信仰。

康德在他的第三批判《批判力批判》中,以截然不同的方式探究了我们的心灵能力与自然世界之间的关系。在那里,他查考了审美经验的性质,尤其是我们关于美的经验。一方面,没有任何方式去裁断趣味上的争辩,因为趣味似乎完全是"主观的"。另一方面,我们通常又期望他人赞同自己在趣味方面的判断，比如某个人认为某物是美的，他就会期望他人也认为它是美的。

康德宣称，美的经验是普遍主观的，由此协调两者之间的关系。作为个人经验，它是主观经验，由想象力和知性的"自由游戏"引发。在追求知识的过程中，想象力把感觉材料整合起来，而知性则根据概念对这些对象加以解释。知性不仅让我们看到事物，而且使我们认为它是一类事物。然而，在审美经验中，想象力与知性协作，但不是像通常那样为的是给对象明确归类，而是与这个对象"游戏"，在瞬间呈现出它的各个面向。这种活动内在地令人愉悦，同时也是深刻的。它并不像我们大多数的活动那样有进一步的目的，而只是为了它自身。我们完全可以正当地宣称，我们的审美经验是普遍的，因为每个人都可以这样来运用自己的认知能力。

除了美的鉴赏，康德还考察了其他模式的审美经验。特别是，他分析了崇高，那种过于宏伟或太有活力以至于人的能力无法充分理解的对象的审美诉求，比如夜空中的无数繁星或尼亚加拉大瀑布的全貌。康德认为，我们在这些情形中的愉悦感在于我们承认，理性只能通过构想无限性或总体性来掌握这些顽强的"对象"，即使我们的想象力都不足以包括其壮观景象。这样，我们进一步获得了作为理性存在者的尊严，但与此同时，我们也体验到自己在自然图景中的微不足道。因此，我们被壮丽的图景"淹没"，意识到我们无法理解的无限。

康德告诉我们，美根本上是"道德的象征"。由于承诺了进行"自由游戏"的必要立场，我们必须"公正无私"。易言之，我们必须无视所具有的的实际动机或倾向，不受自己的欲望干扰地去沉思对象。（个人不应想去吃静物画中的水果。）因此，在某种意义上，我们对美的对象所持的立场，类似于我们在正确尊重他人的尊严时对待他人的立场。

在更大的意义上，美也是德性的象征。美促使我们相信，自然与我们自己都是更大设计的组成部分。美的对象的秩序感不可转化为公式或方案（这就是为何康德坚持认为天才是艺术创造性的基本要素的原因所在）。这种更大设计的观念，这种对目的论[①]的信念（根据这

---

① "目的论"观念可以追溯到亚里士多德，他同样论述了更大的目的论的宇宙图景。

种观点，现象世界的每个方面从更大的目的来看都有其位置），把我们的思想引向超感性的实在。最终，康德相信，自然的有序性和自然与我们能力的和谐，指引我们走向深刻的宗教观，让我们觉得世界并不限于从知识或自由来理解，甚至不限于在信仰这个词的日常意义上来理解。这是某种宇宙的和谐感，但它不是对亚里士多德及其基督教阐释者的追忆，而是开启了对19世纪某些最激动人心的哲学观的向往。

黑格尔：历史的发现

黑格尔（1770—1831）十九岁时，法国革命爆发，他的家乡斯图加特离受法国革命影响的地方距离并不太远，穿过边界就能到达。像德国的许多年轻人那样，他追慕启蒙运动，对于法国革命有着谨慎的热情。世界在发生改变。世界正变成"现代"。1806年，黑格尔正处于哲学的上升期并完成了他的首部著作，拿破仑则处于权力的顶峰，承诺要统一整个欧洲，开启国际主义新时代。事实上，拿破仑最伟大的战役发生在耶拿小镇，这也正是黑格尔当时任教的地方。黑格尔实际上见过获胜后的拿破仑，并且在后来写下了"马背上的世界历史"这句话。

在哲学上，黑格尔非常推崇康德，并且仿效康德。但是，他的哲学意义远远超出了康德所唤起的种种学术争论。黑格尔概括了他那个时代的痛苦和快乐。他宣告了新世界的诞生，它既体现在国际政治中，也体现在哲学中。如今，世界精神（Weltgeist）将要进入新时代，哲学也将完成它的最后目标，即对历史和人性无所不包的理解。

通常，人们认为黑格尔为哲学事业增加了新维度，即哲学的历史。确实，哲学家提及前辈时要么宽容要么严厉，但是，真正的哲学史观念，即哲学作为进步、系统的事业的观念，则是激动人心的观念，这个时代业已到来。黑格尔的哲学试图超越各种区分和敌对阵营的自我意识，而这些区分和敌对在过去的两千五百年里一直规定着哲学的发展。黑格尔坚持认为，所有这些区分都可以在更大的世界精神背景下来理解，它们都只是地方性的混战和纷争，而不是明确的差异。世俗主义与一神论、科学与精神、理性与激情、个人与共同体，所有这些都能找到自己的位置。它们作为概念在特定的背景下是有用的，相互之间的冲突也是有益的。

黑格尔哲学的结论，尽管有时是用"绝对"这样傲慢的字眼表述，但同时也暗示了令人愉快的哲学谦逊，即意识到我们全都是某种远远大于我们自身的事物的组成部分。我们个人对于知识和真理的贡献永远不会是决定性的，而永远只能是部分的、中介的和片面的。

追随康德的德国哲学家全都称自己为"观念论者"，这首先表明他们忠于康德，其次表明他们同意康德以下观点：世界由我们构成并由理性规定。但是，康德关于世界的构成的论点到底是什么，它又如何符合他的整个哲学观，这是仍在争论的问题。在18世纪的最后那些年，当时康德还活着，并且很活跃，就已经有好几十位年轻的哲学家为谁是康德的真正继承者而争论不休。其中最重要的无疑当属费希特（Johann Fichte，1762—1814）和谢林（Friedrich Schelling，1775—1854）。他们都在康德的影响下试图"完成康德的体系"，并因此声名远播。

"体系"观念来自康德，他渴望提供统一、无所不包的哲学"科学"。根据费希特、谢林以及其他极其推崇康德的哲学家的说法，康德并没有成功。他留给我们的是破碎的哲学。无论多么绝妙，它都没能展现人类经验的统一性。特别是，他在知识观念与道理理论之间留下了巨大的深渊，如同把人的心灵劈成了两半。

此外，康德的物自身概念实际上是他哲学的核心，却被这些后康德主义者共同认为是疏忽、错误、瑕疵，有害于整个批判事业。比如，事物之为自身而不是现象的观念（即不能为我们所经验的东西），为怀疑论者的诘难留下了空间，他们提出如下质疑："我们怎么知道自己确实认识了某物呢？"因此，黑格尔在他的哲学中不赞成怀疑论的可理解性，反对任何有别于我们所认识的事物的物自身概念，反对把人类经验划分为不可通约的独立领域。

费希特因其对法国革命怀有极端、轻率的同情而名声大震，后来，他被指控为无神论者（他自己激烈地予以否认），并由此引来大量的流言蜚语。即使如此，他仍然成了德国民族主义首位伟大的代言人。不过，从哲学上来看，他着手协调康德哲学内部彼此纷争的思想，并把它们综合为统一的体系。

可以想见，康德会反驳上述说法，他认为自己的哲学已经很完备统一，无需这些热心的后辈学人来帮他完成。但是，费希特挑出第一批判中的科学性的哲学与第二批判中的道德哲学，然后宣称，人实际上必须进行选择。费希特认为，科学的世界观是庸俗的、"教条的"，因而不是他所推荐的选择。而道德观，或他热情推崇的"观念论"，则是好得多的选择。费希特还说过："你是什么样的人，就会选择什么样的哲学。"

通过发挥引用第一批判，费希特主张，我们把世界构建为道德舞台，在这个舞台上，我们展示自己的勇气和德性。这个世界确实是我们的范畴的产物，但是，如果我们认为，知识是这些范畴的首要关切对象，我们就错了。相反，行动才是首要关切的对象。行动是我们的自由，我们"设定"这个世界，为的是在其中确证自身。

毫无疑问，这是对康德的值得注意的解释。当然，康德完全拒斥了这样的解释。年轻的谢林倒是推崇这种解释，不过也认为它存在局限。特别是，费希特的哲学不仅遗漏科学，而且遗漏了自然。它只是行动，而不是实体。因此，谢林提出自己的哲学来"完成"康德的哲学，强调自然的重要性，尤其是我们用以构成和理解自然的各种概念的重要性。

如同费希特，谢林进一步推进了康德的"构成"观念，这实际上是他的全部哲学的核心所在。他的推进远远超出了旧的观念论者愿意看到的情形。在谢林看来，我们实际上创造了我们的世界，但较为合理和复杂的是，我们并不是作为个人创造世界的。相反，我们共同作为统一的"意志"或"精神"，创造了世界。谢林慎重地把这个统一的造物主等同于上帝。（浪漫派哲学家喜欢这种说法，并把谢林当作他们的哲学拥护者。）

"完成康德的体系"，这个观念支配了世纪之交的哲学。黑格尔的第一篇专业论文发表在谢林主编的杂志上，根据康德的哲学比较了费希特的体系与谢林的体系。黑格尔年轻时在神学院受的教育，但他似乎没有什么宗教热情。黑格尔最早的哲学论文在某种程度上是对基督教的歪曲和亵渎，其中有篇题为"耶稣的生平"的文章，把耶稣描述为普通人，堪称偏执的道德说教者，他的"登山宝训"赞成的是康德的绝对命令。

不幸的是，青年黑格尔似乎也没有什么哲学天赋。黑格尔在他的朋友谢林已然蜚声全世界，才开始严肃的哲学写作。此外，他最好的观念也是直接取自他的另一个大学同学，即荷尔德林（Friedrich Hölderlin）。确实，人们有时认为，黑格尔哲学无非是在把荷尔德林的灵性诗歌翻译为晦涩的德国哲学语言。

黑格尔早期（未发表）的文章，不仅亵渎神明，而且通俗易读。文章风格明快、具体，充满反讽。值得注意的是，完全没有晦涩的术语。易言之，他在那时并没有试着去模仿康德和新的学院派风格。但是，模仿康德正是通向哲学成功的道路，但不是模仿他的天才，甚至也不是模仿他的观念，而是模仿他那沉闷有时甚至折磨人的风格。大约在1800年，黑格尔决定重返大学，于是他采用了这种晦涩的风格，并因此变得有名。正是由于康德，哲学成了一门学科。

1807年，黑格尔出版了他的第一部著作《精神现象学》（The Phenomenology of Spirit），很多人认为这是他最伟大的著作。它描述了宏大的概念之旅，将我们从人类意识最初级的概念带向最复杂、无所不包的概念。这场冒险旅行的公开目的是达到真理，即"绝对"的真理。但这里的"绝对"并不是指"最终、完成"，而"真理"也不是指"事实"。黑格尔所追寻的是无所不包的洞见，它不仅包括各种关于知识性质的哲学理论，而且包括宗教、伦理学、艺术和历史的内容。

《精神现象学》的核心关注是"精神"的性质，这种精神包括我们所有人和整个自然的宇宙灵魂。确实，《精神现象学》唯一"绝对"的结论就是这种无所不包的精神。这并不意味着所有分歧都已解决、所有争论都已停止、所有问题都已得到回答。而是说，无论这些分歧有多么困难、争论有多么尖刻以及问题有多么难以回答，我们都身处同一个世界。拿破仑想要统一世界，黑格尔确实做到了，当然，这种统一只是在理论上的统一，尽管如此，无所不包的意识观念是完成这种统一的第一步。

《精神现象学》的第一部分，关注的是困扰着从笛卡尔到康德的现代哲学的知识问题。实际上，黑格尔说"受够了"。他认可康德的理论，以此来拒斥怀疑论。他指责道，对知识问题的过分专注，导致了对人类历史、文化、艺术、伦理学、宗教和幸福的忽视。他拒斥甚至在康德那里也存在的对于知识的非时间处理，以及永恒的范畴概念。

黑格尔认为，知识不断在发展。如同亚里士多德，他用来作为范例的是生物学和有机体，而不是物理学和数学。意识也不是永恒的，它同样也不只是我们获得关于世界的知识的先验视角。意识生长着，发展出新的概念和范畴。它发现自己被撕裂为不同的"意识形式"，进而学着对它们加以协调，或者，无论如何要去超越它们。总而言之，意识和知识是动态的。它们是辩证法（见第一部分）。它们的发展途径是对抗和冲突，而不是纯粹的观察和知性。

《精神现象学》的开篇，黑格尔考察了"常识"的知识观念，他称之为"感觉的确定性"。它是我们简单地感知事物的理论。这是常识的观点，事物在那里，我们能够看见、听见、触摸。我们通过自己的感官认识它们，而且确定它们存在。如果提升到哲学理论的层面，我们只是认识自己所经验的东西，它先于所有描述或知性。我们的经验是直接的、无中介的。

黑格尔表明，这种知识概念是完全不够的，需要更加全面、更加复杂的概念（或"意识形式"）来取代。这种概念能够理解如下事实：我们所有的知识事实上都经过概念过滤，并且已然部分地被感官所规定。因此，在几个简单的步骤之后，黑格尔通过许多理论的变形（我们可以从中认识到莱布尼茨和某些经验主义者的主要洞见），把我们从"幼稚的实在论"带向了康德的第一批判，知识在此呈现为知性的中介形式。

但这还不够。知识本身就是不充分的。黑格尔认为，要是我们有不同的对立范畴。又或者，借用康德的核心论题来说，要是我们能够在我们所知的世界与世界本身之间做出可理解的区分。如果像黑格尔满怀恶意地认为的那样，真实世界（即世界本身）恰恰是由我们经验世界的属性相反的属性构成，也就是说，黑是白、善是恶，等等。我们如何可能认识任何提法呢？康德如何能够为这种行动概念辩护呢？它在这个世界中只是意志，在其他世界中却的确改变了事物。黑格尔由此得出结论："两个世界"的观念毫无意义。

同样，两种不同的现象视角、两套不同的范畴或两种对立的理论又是如何可能的呢，比如莱布尼茨的世界观与牛顿的世界观？黑格尔对此的回应极富时代感，可以理解为是对实践的诉求。康德的第一批判融入了第二批判，知识问题本身就直面生活的兴趣和欲望的指令。

他提出，理论之间的选择是实践的，而不只是基于理论。

正是在这里，意识发展成了自我意识，《精神现象学》突然转向了"自我确定性"。正如论述"感觉确定性"那章内容，这章也是从常识、独断的自我概念开始，这方面的例子是笛卡尔的格言"我思故我在"。黑格尔进而表明，笛卡尔的自我没有任何确定性。用现代的术语来说，黑格尔要论证的是，自我乃是社会构建的，通过社会中的人际互动创造出来。正如此前的章节那样，黑格尔把我们从幼稚的观点带向更为复杂成熟的哲学观点。在欲望带来的迷惑之中，自我更加对自身感到困惑，以至绝望，最终走向了"绝对"的自我肯定。

自我问题激发了《精神现象学》中最为著名也最为人瞩目的章节，即关于"主人与奴隶"的比喻。用最醒目最简单的话来说，在这个比喻中，"自我意识"狭路相逢，为相互承认而斗争。在这场（几乎总是）致命的战斗中，总有一方获胜，一方失败，一方成为主人，一方成为奴隶。每一方都得到了承认，并通过他人的眼光确定自己的身份。

黑格尔试图向我们表明，自我的发展并不是通过内省，而是通过相互承认。这就是说，自我本质上是社会的，而不只是心理学的或认识论的。此外，对于许多哲学家（比如霍布斯和卢梭）在其"自然状态"假设中预设的人际关系，黑格尔也想要表明其性质。这个共同假设如下：人类最初是个体，后来经由相互同意才成为社会成员。黑格尔认为，这个假设毫无意义，因为个体只有在人际关系的背景之中才开始呈现。人们的基本欲求和需要，不只是安全和物质享受，还有得到承认。所有其他的人性观都会漏掉人类生存的复杂性。

整个《精神现象学》，黑格尔都在向我们展示意识形式的转化，在不断持续的"辩证法"中把我们从一种观点或态度导向另一种观点或态度。从主人—奴隶比喻这个不幸的结论出发（它表明主人和奴隶都是悲惨的），我们将领略各种为了应付或规避生活苦难的哲学策略（斯多葛主义、怀疑论、禁欲主义和某些形式的基督教）。当我们最终来到"精神"，它只是《精神现象学》（极为漫长）的高潮的开始，我们开始明白，我们不仅通过承认和所扮演的角色相互定义，而且在观念上共同定义了我们自身。我们在作为道德共同体的"我们感"中做到了这点，我们在自己的世界概念以及通过宗教而来的"我们感"中做到了这点。最终，我们都是唯一的"精神"，并且认识到这个至为重要的真理是黑格尔哲学的"绝对"目的。从政治上来说，我们可以把辩证法的目的理解为自由，它不只是免于限制的自由，也是成为我们自己的自由，我们自己指的不仅是指个人，而且还有其他更多的意涵。

尽管如此，《精神现象学》的辩证法经由冲突和对抗继续进行。我们周期性地遇见矛盾，偶尔还会陷入死局。比如，悲剧展现的就是两种意识形式彼此矛盾所造成的不可解决的冲突。黑格尔最喜欢用的例子是索福克勒斯的悲剧《安提戈涅》，在这部悲剧中，安提戈涅埋葬兄长的义务和对神圣家庭法的遵循，与国王的命令和不容许这样做的公民社会发生了冲突。这部悲剧的结局表现了和解与综合，但这对于安提戈涅无济于事，因为她已经死了。辩证法要大于纯粹的个体，它需要受害者。

法国革命就是陷入死局的例子，黑格尔藉此表明不受控制的"消极"自由如何只能以自我毁灭告终。而且，正是对这种过度个体性的反动，黑格尔随后转入更具"共同体"的精神，并从中发展出了他自己的政治哲学。

黑格尔本来把他的《精神现象学》视为更宏大的哲学体系的"导论"。《精神现象学》被用来确立绝对知识的出发点，藉此就可以阐述体系本身，即康德开始的那项工作的"完成"。实际上，黑格尔甚至把他所颂赞的新时代奉为"历史的终结"，即长期发展的普遍自我承认的终结。他余下的整个学术生涯，全副精力都集中于这项任务。《精神现象学》只是这个哲学体系的导论，这个体系在《逻辑学体系》(System of Logic)中继续发展，不过，这种逻辑学不是形式逻辑、数学逻辑，而是关系体系、基本哲学概念（比如"存在""生成""无"）的"演绎"，以及对概念在知识中的角色和相互作用的广泛讨论。

特别是，黑格尔所关注的基本概念或"范畴"，正是康德所论述的知识的先天基础。不同的是，康德当作严格有序、明确清晰的范畴加以辩护的东西，黑格尔关注的却是它们的"流动性"和相互规定性。概念总是有语境的。它们的含义取决于它们的对立面和衬托物。概念要得到真正的理解，只能基于经验。只要脱离语境而只有纯粹的形式，概念根本就没有任何意义。

黑格尔的《逻辑学体系》尽管表面晦涩，但它在许多方面拥护的只是常识观念,这个体系依赖于语境,对立面相互依赖并总是要受到严格审查的体系。比如,"主观的"与"客观的"之间尖锐的、受到质疑的区分,必须要理解为语境的、相互转换的对立面。实际上,这部著作的主旨最终表明的是现代哲学运动的这种流动性,以至于强调把纯粹的主观经验与客观实在和知识区分开来,在这个世纪显然是当代物理学著作所熟悉的观点。

康德花了很大篇幅表明客观实在如何经由主观构成,但是,他仍未能触动主客二分。在黑格尔最晦涩的哲学著作中,他想要向我们表明,我们在何种程度上经验到客观实在,但这些都只是在以诸多不同的方式构想客观实在,而这些不同的方式可以加以对照、比较,然后结合为统一、无所不包的思想体系。

晚年黑格尔已经是德国最负盛名的哲学家和柏林大学的知名教授,他仍通过讲演来扩展和完成自己的体系概念。他追随谢林(当时已是他的对手),提出了自然哲学。他对其逻辑学进行了简化,并补充了全面的哲学史,实际上发明了我们今天所知的这门学科。黑格尔进而提出了他的"精神哲学",包括从心理学和新的人类学科(作为"主观精神")到政治学和宗教学(分别为"客观精神"和"绝对精神")的所有内容。

或许,黑格尔对于现代社会观念最为重要也最具争议的贡献,是他从属于国家的个体观。他针对的靶子可以回溯到霍布斯和启蒙运动的整个社会和政治思想,但是,他的观点并不像人们有时所说的那样,是极权主义或独裁主义的观点。黑格尔不应与后来某些哲学家相互混淆(比如墨索里尼,他们把这个观念弄得极为混乱、臭名昭著)。黑格尔的观点是,我们的个体观念是特定社会的产物,他把这种类型的社会称之为"市民社会"。(值得注意的是,黑格尔是英国政治经济学家尤其是亚当·斯密的忠实读者。)他的观点并不是说个体毫无价值,而是说,个体的重要性依赖于他或她所生活的社会背景。

黑格尔的政治学可以追溯到世纪之交他在耶拿最早的那些演讲,当时,拿破仑正驰骋欧洲,在四分五裂的德国各邦国挑起革命。他的政治学和社会理论在他的《精神现象学》中已有所提示,后来在1821年呈现在他那本简明扼要的《法哲学原理》(*Philosophy of Right*)之中,它写于拿破仑战败后的第六年,即写于欧洲历史上被称作"反动时期"

的那段稳定但压抑的日子的开端之时。不必说，黑格尔的观点受到了这段动荡历史的影响，但是他后期的政治观点不只如此。他早年的《精神现象学》完全是解放之书，是"新世界诞生"的宣言，是预期拿破仑革命成功的"醉酒狂欢"。与之相比，《法哲学原理》以哲学的"灰色"和密涅瓦（智慧女神的罗马名称）的猫头鹰在黄昏起飞的描述开始，暗示哲学只是对所发生之事的描述。

黑格尔尽管强调流动性以及历史和观念的动态性，但是他最后的体系却成了沉闷静止的概念，因而导致了新的剧变、新的更具动态性的辩证法，以及新的对观念的倒转。在黑格尔于 1831 年因霍乱暴毙之后不久，一群具有革命性的青年黑格尔派在费尔巴哈（Ludwig Feuerbach）的领导下转向了哲学。这群人包括一位年轻的浪漫主义诗人，他就是卡尔·马克思（Karl Marx）。

哲学和诗歌：理性主义和浪漫主义

在进入 19 世纪之际，哲学似乎完全专注于几个大问题，它们始于对人类知识的可能性的探究，终于对"绝对者"的寻求和最终获得。不过，在这个干瘪的宇宙框架下，发生了许多富有生机的争论，这些争论不仅出现在（叔本华所说的）"急躁的哲学教授"之间，而且出现在当时最具天赋的诗人和先知之间。他们都想成为新生德国的诗人。德语的诗人（Dichter）指的不只是语词大师、行吟诗人和韵律诗人。他（或她）还是智者，确切地说是圣贤，是时代精神的代言人。因此，竞争不仅出现在急躁的哲学教授之间，也发生在哲学家与诗人之间，即理性和绝对的代言人与灵魂的阐释者之间。柏拉图与诗人的古老争论在德国复活了，只是这次，处于守势的是哲学家。诗人充满"现代"气息、富有侵略性，认为真理既不是通过理性的演绎也不是经由科学的探究发现的，而是通过纯粹的灵感，在个人天赋的帮助下取得。

因此，这场针对理性客观性的硬仗，实际上因现代对激情和天才的崇拜的妥协，这场畸形但激情四射的运动，我们今天通常称之为浪漫主义。启蒙运动从来没有像盛行于英国和法国那样主导德国。相反，与康德的理性主义哲学并驾齐驱的是哈曼（Johann Harmann）的神秘主义。如果说德国人向西看到了启蒙运动，唤醒他们的也不是休谟，而是卢梭，后者对自然独立性和迷人的多愁善感有着令人迷醉的幻想。

德国精神新生的拥护者不是康德，而是名叫赫尔德（Johann Herder，1744—1803）的诗人。他也是哲学家（我们应当小心，不要掉入过分夸大哲学与诗歌之间差异的陷阱）。不过，他是气质截然不同的哲学家。康德和启蒙运动宣称"世界主义"和普遍性；然而赫尔德甚至在年轻时，就认为这种哲学让其感到"无家可归"。在他看来，部分也是由于他，德国文化尤其是德国观念有权在世界舞台上占居一席之地。

与康德和启蒙运动的理性战士不同，赫尔德强调情感和直接体验。正是通过情感，我们才与世界融合为一，我们才认识到自己的"生命力"；而且，正是由于意识，最重要的是，由于语言，我们才在追寻客观性和知识的深思熟虑中撕裂原初的统一。这本身并不是坏事，而且，我们应常常警惕自己不要过分夸大那些公认极为不同的思想家之间的差异。赫尔德认为，我们的反思、概念化能力，以及使意识与世界区分的能力，让我们成为上帝首先"释放出来"的生命。然而，反思的生活是有限的生活。情感的生活，诗歌所引起的狂飙，是成为完整的人、与世界合一（而是对世界有所认识）的必要因素。

最后，不同于康德和启蒙运动寻求普遍必然的永恒真理，赫尔德（在黑格尔之前）宣称相信历史。在这方面，赫尔德是另一位被忽视的天才即意大利人维科（Giambattista Vico，1668—1774）的德国化身，他正好在维科去世的那年出生。赫尔德和维科都反对当时的整个哲学倾向，认为它忽视了历史和文化，把真理看成永恒不变的实在。

维科严厉抨击了笛卡尔及其理性主义和演绎方法。如同赫尔德，他理解生活中非理性的重要性，而且强调宗教信仰和服从的作用，反对把哲学反思作为社会生活的基本要素。赫尔德和维科都是技术的早期反对者，或者，他们至少对机器的全面胜利感到不安。如同卢梭，他们对颂赞科学和技术有助于改善人类生活的启蒙观念表示质疑。

维科年轻时受到他的同乡马基雅维利的著作激发，认识到如下这个糟糕但显然的事实：人类生活倾向于被纷争、冲突和变化而不是理性所规定。因此，维科论述了演化的历史观，认为社会发展阶段就像个人的成长阶段。但是如同个人那样，社会也会腐败、衰退和死亡。

赫尔德也运用了这个类比，不过包括了更多的德国观念论。他同样用理性来对抗历史，同样主张"更高的统一性"。这成了典型的浪漫主义形象，从纷争和冲突中产生统一，从特殊中形成普遍，从日常生活的复杂和混乱中显现出上帝和绝对者。

黑格尔对理性胜利的说明，使他也转入了浪漫主义的阵营。他的说明是"激情的逻辑"，如后来的黑格尔主义者（美国哲学家约西亚·罗伊斯[Josiah Royce]）宣称的那样。它并不是"演绎"，而是颂赞人心变迁，颂赞观念和不同意识形式的辩证法，它们尽管迂回曲折，却都通向终极的理性统一体。

不过，黑格尔拒不承认自己受惠于浪漫主义者，也不认为自己对于浪漫主义者的重要性。（谢林才是浪漫主义，他们曾经是朋友，后来成了对手。）他对启蒙运动和浪漫主义都做了批驳，认为它们"有局限""太片面"。不过，同时代的许多伟大思想家都这样认为。如果说回顾历史的好处在于给予我们真相，在此它能让我们理解德国观念论与浪漫主义的根本相似性：我们发现，它们的手足之争本身就是共同联合形成现代主义的标志。

无论是理性主义者还是浪漫主义者，他们都把自己的观念回溯到康德。康德对诗歌的品味倾向于五行打油诗，对音乐品味则限于周日午后的军队音乐会。不过，浪漫主义者为之激动不已的康德，不是受到休谟唤起的那个康德，也不是接受挑战为牛顿物理学辩护的那个康德，也不是论述绝对命令和道德法则的普遍性的那个康德。而是写作第三批判即《判断力批判》的那个康德，他对审美判断和宇宙目的性的关切令他们深深着迷。

康德以下观点让德国浪漫主义青年诗人的想象力和傲慢念念不忘：世界的目的只能在艺术而不是科学中找到，真正的灵感出现在天才的自发刺激而不是井然有序的理性之中。"天才在规则之外"，不只是充满激情的年轻的现代主义诗人这样认为。这个观念不可避免的结果，就是产生了大量糟糕的诗歌。

这个时代无可争议的诗人当属歌德（Johann Wolfgang von Goethe，1749—1832），他不仅是这个时代最有影响的代言人，而且仍然代表着德国的精神及其最好的自我形象。他也跨越分隔敌对阵营的鸿沟，使创造敏锐性和广受赞誉的智慧传播开来。在早期著作中，他常常流露出理性、严格和明细的古典理念,认为浪漫主义是"病态的"。但是,在他后期最伟大的作品《浮士德》中,展示了伟大的浪漫主义天才的所有特征。歌德尽管也读过康德,但他坦承自己对于哲学毫无耐心。不过,他对康德的第三批判印象深刻,而且,歌德的观念至少像伟大哲学家的观念那样,对德国的思想同样有着重要影响。

歌德最好的朋友和文学同辈席勒(Friedrich Schiller, 1759—1805),不仅阅读而且精通康德,如同黑格尔(与他近乎同时代),他认为自己是在"纠正"他所认为的康德哲学的不足。在他的《审美教育书简》(*Letters on Aesthetic Education*)中,席勒极其严肃地考察了康德对道德重要性的强调,以及康德在第三批判中对美的颂赞,进而认为通向道德品格之路不是实践理性的抽象法则,而是艺术和美学。正如歌德,席勒仍然身处浪漫主义争论之中。尽管如此,他们对于在19世纪的前半叶活跃的那代哲理诗人仍具有深刻的影响,当然,这种影响是混乱的。年轻的浪漫主义者真正缺乏的,是真正的浪漫主义哲学家,他应具有康德的天才,但又能裁剪世界使其适应他们宇宙的悲情。如果他还有自嘲的幽默感,就不会造成什么伤害。

叔本华:浪漫主义的西方邂逅东方

这位哲学家就是叔本华(Arthur Schopenhauer, 1788—1860)。叔本华因其悲观主义及其乖戾的风格广为人知。他对黑格尔极为反感,以至于他在相同大学里,坚持把课程安排在黑格尔讲课的相同时间。可是由于黑格尔非常受欢迎,叔本华的课堂听者寥寥无几,于是,他的教师生涯也就这样草草结束了。幸运的是,他的富有足以使其自立,因此能够全身心专注于著书立说,在这些著作中,他经常提及"江湖骗术",并在脚注中清楚地加以说明,指的就是黑格尔的学说。

叔本华最为看不起的是黑格尔的乐观主义,以及他关于人类进步的观点。相反,叔本华认为绝大多数人绝大多数时候是完全受蒙骗的,而且这自有人类这个种族以来就没什么改变。作为康德的伟大崇拜者,叔本华运用康德关于本体领域与现象领域的区分来说明人类无知的根源。我们作为自然世界的组成部分,受我们的倾向驱动。我们把自己看作因果系统中的组成部分，因而与事物处于因果关系之中，因此，我们忙于大量的现实方案、计划和欲望。

不过，根据叔本华的观点，现象世界是个虚幻的世界。就我们认为是现象世界的组成部分而言，我们忽视了作为这个现象世界之基础的深刻实在，即本体实在、物自身。到此为止，这里的解释仍未脱离康德（当然，康德并不认为现象世界是"虚幻的"）。如果有经验和倾向的世界，就会有世界本身，这就是意志。当然，在康德看来，意志本质上是理性的，并且预设了自由。不过，作为本体的存在，意志既无法被经验，也无法被认识。至此，叔本华背离康德，既否认意志的理性，同时又宣称我们能够经验到作为意志的物自身。

在叔本华看来，这个意志并不为人类行动者所特有，而且并不是每个行动者都有自己的意志。意志只有一个，它是万物的基础。现象世界中的所有存在者都以自身的方式显现意志：比如，显现为自然力量、本能，或者在我们身上显现为理智的意愿。每种情形都表达了同样的内部实在，然而无论哪种情形它都不会满足。叔本华的意志本质上是无目的的，因此，它无法得到满足。比如，动物出生了，它就拼命想要存活下来。它求偶、繁衍，最后死去。它的后代亦复如是，而且这个循环代代相传。所有这些的要旨何在？我们作为理性的生命有什么不同吗？

通常，我们不会认为自己与自然世界的其他事物共享相同的无目的的实在。我们以为，自己的生命有意义。我们幻想，自己的欲望通过行动可以理性地得到满足。事实上，它们从未得到满足。只要某个具体的欲望得到满足，我们就会走向下个欲望，直到我们感到厌烦（并因此感到不满）。我们的基本性质是任性的。没有什么情境的改变、没有什么暂时的满足可以平息我们无止尽的渴望。因此，叔本华把实在（一种毫无目的、永不满足的实在）的这种意志性，视为广为人知的悲观主义的基础。

叔本华认同佛教的四谛说，主张众生皆苦。（叔本华可能是首位广泛吸收亚洲古代学说的伟大哲学家。）痛苦皆由欲望造成，我们可以像佛教徒教导的那样，通过"禁欲"来减轻痛苦。根据叔本华的说法，我们最常见的权宜之计是审美经验。叔本华不仅借用了康德的形而上学框架，也运用了康德的美学框架，因而他认为审美经验包括"无利害"的立场。尽管我们常常是欲望的奴隶，总是费尽周折地去获得我们认为自己想要的东西，但是我们可以在审美沉思中忘却自己的欲望。它可以让我们"从欲望的奴役中摆脱出来获得安息。"

叔本华认为，艺术天才完全有能力采取这种无利害的沉思立场，并把它传达给他人。在审美经验中，观照者和对象都发生了转变，在某种意义上，他们都摆脱了作为现象世界因果关系网内的殊相这个角色。观察者成了"知识的普遍主体"，完全脱离了日常的个人关切。相应地，对象成了普遍原型的显现，根据叔本华的说法，这是"柏拉图式的理念"。

然而，审美经验只不过是从自私自利的欲望幻觉中暂时摆脱出来的假象而已。最糟糕的是，我们的利己主义产生出幻觉，认为他人是独立的而且是对立的存在者，与我们争抢渴望的满足。事实上，他们与我们类似，都是同样的基本实在的显现。我们只是想象他们与我们分离，因此我们想象能够以他们为代价来推进我们自己意志的目标。结果是，我们的欲望使我们相互伤害。最终，这等于伤害我们自己。那个邪恶地用自己的意志去抵抗他人的苦难的人也不例外。（叔本华说，恶人的面容揭示了他们内心的痛苦。）尽管如此，只要我们局限于现象的视角，我们就会把自己的意志与他人的意志对立起来，从而增加人类经验的痛苦总量。

为了指出拯救之路，叔本华又回到了佛教的洞见。如果消除痛苦的关键方式是消除欲望，顺从就是逃避人类悲惨境况的唯一方式，这要求完全不再欲求任何东西。所有存在者都是相同统一体的组成部分，如果以他人为代价，我们根本无法获得任何好处，这个伦理洞见促使人们顺从。尤其是圣人，他们断绝意志，因为他们明白，通过欲望的满足不能获得任何东西。他们采用禁欲的生活方式，过着自我否定的生活，甚至完全抽掉自己去意愿的身体倾向。从现象世界的观点来看，这些个人似乎选择了虚无的生活，但是，从他们自己的角度来看，他们选择的是"极乐"的生活。佛教因此传到了德国。

批评家们很快指出，叔本华尽管这样说，自己却不是清苦的人。罗素不无揶揄地指出，叔本华喜好美酒、佳肴和女人。事实上，他个人极为任性，脾气极其糟糕，他曾在发怒时把老妇推下楼梯，结果只好出钱照顾她的余生。然而，这是我们碰到的极端例子。哲学家与其哲学有关系，但是这种关系并非总是如此简单或令人欣慰。

叔本华在西方哲学开创了新方向，即认真对待非西方的哲学，希望由此达成某种融合，从而提供比单靠西方传统自身所能提供的更多智慧。更直接地说，叔本华对西方思想有巨大影响。浪漫主义者极为认真地把他对艺术和审美经验的强调当作拯救模式（尽管是暂时的），在其晚年，叔本华成了浪漫主义运动的哲学宠儿。尼采和弗洛伊德提出的哲学观点和心理学观点，都是建立在叔本华的前提之上，即人类根本上是意志的存在者，尽管他们常常对此毫不知情。维特根斯坦（Ludwig Wittgenstein）在其《逻辑哲学论》中对世界的"图像"理论的阐明，也深受叔本华的形而上学的影响。

叔本华保持哲学家的古老角色，他是非学院化的人性批评者、充满想象力也很尖刻的空想家，以及有趣的怪人。他自己也敏锐地注意到，他已然偏离了哲学的道路，这条道路如今已被后康德主义的德国观念论"骗子"占据。不过，在这种情形下，他仍像此前那样毫无禁忌地为新的哲学家类型开辟了道路。

黑格尔之后：克尔凯郭尔、费尔巴哈与马克思

叔本华不是黑格尔仅有的哲学对手。克尔凯郭尔（Søren Kierkegaard，1813—1855）也是黑格尔的哲学对手。克尔凯郭尔在哥本哈根出生和长大，在那里，康德和黑格尔的理性主义影响在路德教会中有着绝对的支配地位，相应地，它也支配着丹麦人的全部生活。除了年轻时在德国短暂逗留，克尔凯郭尔的人生都在丹麦度过，与两个伟大的德国哲学家的理性主义影响斗争，终生都在做苏格拉底式的牛虻，叮咬沾沾自喜的路德派资产阶级。

与康德对宗教信仰概念加以理性的合理重构不同，克尔凯郭尔主张，信仰就其本性而言是非理性的，是激情而不是可证明的信念。黑格尔的整体主义把人类、自然和上帝综合成为单一"精神"，与此不同，克尔凯郭尔强调"个人"的首要性和上帝深刻的"他者性"。世俗的路德派教徒像往常那样行事，认为去教会是每周仪式的组成部分。与此不同，克尔凯郭尔宣扬鲜明、激情、孤独和非世俗的宗教，这种

宗教至少在气质上"回到了路德从中逃离的修道院"。克尔凯郭尔坚持认为，他自己的人生使命是某种苏格拉底式的使命，即重新定义"成为基督徒意味着什么。"

在定义这种新的宗教观念的过程中，克尔凯郭尔对本已陈腐的"生存"概念做出了较为惊人的解释，并且针对当时在哥本哈根盛行的理性主义哲学，强调激情、自由选择和自我确定的重要性。根据克尔凯郭尔的说法，生存不只是"在那儿"，而且是充满激情地生活、选择自己的生存以及坚持某种特定的生活方式。这实际上是"存在主义"、"生存哲学"的开端。他说，这样的生存极其罕见，因为绝大多数人只是无名"公众"的成员，在那里，顺从与"合理"是规则，激情和承诺则是例外。在他的《结论性的非科学附言》（*Concluding Unscientific Postscript*）中，克尔凯郭尔对骑着野马驰骋的生存与躺在运草马车中睡觉的"所谓生存"做了比较。

克尔凯郭尔自己选择的是基督徒的生活方式，他常常语带讽刺甚至挖苦地把它与"基督教世界"大打折扣的信念和社会关怀区别开来。按照克尔凯郭尔的理解，作为或称为基督徒，必须充满激情做出承诺，在面对宗教主张的"客观不确定性"时要有"信仰的飞跃"。个人无法认识或证明上帝的存在，他必须充满激情地选择相信上帝的存在。

克尔凯郭尔哲学的核心是他对个人以及与之相关的"主观真理"观念的强调。他抨击的主要目标包括黑格尔的哲学和丹麦的路德派教会，这两者都强调理性和集体精神的重要性。与之相对，克尔凯郭尔竭力主张，要注意个体的人及其具体是生死抉择。因此，他批判黑格尔及其宏大的历史观和无所不包的"精神"概念，认为他是完全无视"生存的伦理个人"的"抽象思想家"。

黑格尔阐述了某种"辩证法"，它规定了历史和人类思想的进程，并解决了其中充斥的各种张力和冲突，但是，克尔凯郭尔强调的是个人具体选择的重要性，比如个人是否应该结婚，这个决定在他自己的人生中持续发挥着重要作用。黑格尔在其辩证法提出的是克尔凯郭尔所谓的"既……又……"哲学，是关于协调与综合的哲学，但是，克尔凯郭尔自己竭力主张的是"或此或彼"的哲学，这是"生存辩证法"，强调选择和个人责任，而不是整体的合理性。

"主观真理"则针对如下观念：所有选择都有其理性或"客观"

的解决方案。比如，在选择宗教生活这件事上，克尔凯郭尔坚持认为并不存在这样做的终极的合理理由，而只有个人的动机，出于个人的必要性和激情的承诺。同样，选择成为伦理的存在者，即选择按照实践理性的法则行动，这本身是不理性的选择。主观真理观念并不像它看起来那样，指的是只适用于"我"的真理。相反，它是面对客观上未知之物的解决方案，比如，上帝的存在或康德对幸福始终不变的关切，克尔凯郭尔认为，未知之物的存在并没有充分的论证或证据。

克尔凯郭尔强调激情的信仰、献身而不是理性，强调个人而不是他所谓的"基督教群氓"，这不仅是对宗教现代化的深刻反动，而且同样深刻且颇具前瞻性地强调了情感的根本重要性、不确定的不可避免性以及生活中非理性但充满激情的个人选择的地位。他那著名的"信仰的飞跃"也适用于日常生活行为。人不会自动或自然地按照道德来生活，也不会受道德法则束缚，哪怕这个道德法则如同康德所认为的那样，是"实践理性的命令"。人必须选择伦理的生活方式，这又是"信仰的飞跃"，而且，这个选择决不是可以得到理性的证成或保障的。理性的考虑发生在道德领域之内，而不是选择伦理的生活方式之前。

当然，人可以选择享乐生活、满足欲望的生活以及艺术熏陶的生活，但是，这种"审美"生活并非如绝大多数哲学家所以为的那样，是自然的事态。它也是选择，不过克尔凯郭尔警告说，这是危险的选择。年轻时，克尔凯郭尔（和他的好友安徒生［Hans Christian Anderson］）也跃进了这种极其放纵的生活，但过得并不幸福，他对于这个选择所产生的罪恶和恶习有过极为忠实的描述。即便是极为成功的《唐璜》，也会让人感到疲惫和绝望。（莫扎特的唐·乔瓦尼［Don Giovanni］是克尔凯郭尔最爱的音乐。）审美生活尽管有其明显的吸引力，但是它也有其危险、固有的不满和令人陷入"疲惫"的危险。实际上，伦理的生活方式也是如此，因为只要人类的不义行为和不道德行为还存在，个人道德上越敏感、越有责任感，他就不可避免地会越绝望。

我们应该用什么来回应失望和绝望的双重威胁呢？根据克尔凯郭尔的说法，首先，重要的是要强调伦理生活的选择和审美生活的选择都没有问题。作为最早的存在主义者，克尔凯郭尔应该既不会赞同也不会谴责，而会坚持认为"这是你的选择，你要承担后果"。哲学家所能做的，只是描述，以此来劝说、哄骗、引诱读者。他并没有资格宣称某种生活方式的正确或错误、理性或不理性。（作为对康德和黑格尔的反动，克尔凯郭尔倔强地认为，自己根本不是哲学家，而是"诗人"。）

不过，还有第三种选择，超越审美生活和伦理生活带来的失望和最终绝望。当然，这种生活就是宗教生活，克尔凯郭尔所谓的宗教生活，似乎指的只是自己极为特殊的基督教概念。这是信仰的最终飞跃，因为与诸多哲学家和神学家做出的保证相反，它没有任何证明，也没有任何关于上帝的知识。个人要么相信，要么不相信。但是只要个人选择了相信，他就要相信自己一直密切、不可抗拒地面对全知全能的个人存在者。比相信什么更重要的是如何去相信，这就是"恐惧和颤栗"的激情。不同于哲学史上诸多的从容考量，与对理性和合理性的颂赞相对，克尔凯郭尔颂赞的是焦虑和生活的激情、未知的"飞跃"以及非理性。

让我们回到德国，哲学在这里开始发生了另一个激烈的转向，但情形往往是这样，它恰好转向了相反的方向，或者用那个时代最喜爱的比喻来说，再次把自己颠倒了过来。不同于启蒙运动时期法国和英国时常粗俗的唯物主义，德国哲学家实际上全都成了某种观念论者或浪漫主义者。当霍布斯主义者和牛顿主义者以及法国的物理学家谈论运动的物质，德国人强调的是灵性。（当然，法国和英国的绝大多数哲学家，包括牛顿和霍布斯，也强调灵性和宗教的重要性，但是这些哲学家的本性中始终包含庸俗的"另一面"。）

在 19 世纪中叶，哲学中似乎没有其他方向替代观念论。世界由观念构成，无论它是幻象（叔本华）还是先验客观（康德）甚或绝对（黑格尔），而粗俗的唯物主义则被摒弃和嘲笑，他们被认为是英国人、法国人庸俗和精神贫乏的证明。

但是，有个名叫费尔巴哈的反传统之士深入到了德国的哲学世界，他最初因写了本激烈批判基督教的小册子而臭名昭著。费尔巴哈的那种务实的唯物主义可以概括为他的著名宣言（这句俏皮话声名狼藉）："人之所是即其所食"（Der Mensch ist was er isst）。观念构成的世界也是如此。哲学家的正餐吃的是什么，更普遍地说，个人实际上如何与世界打交道，规定了他的生活。观念不过是伴随之物。

黑格尔 1831 年去世之后，他的哲学与费尔巴哈激进的唯物主义，共同为新一代政治上反叛的学生们提供了灵感,他们从费尔巴哈对黑格尔的"辩证法"的解释中看到了理解历史和政治冲突的方式。在这些年轻的黑格尔派唯物主义者中,最著名的当属卡尔·马克思(Karl Marx,1818—1883),他起初是浪漫主义诗人和好辩的记者,可是,随后他就把黑格尔的观念辩证法转变成了关于经济力量的学说。生产力取代了世界精神的位置。相互斗争的社会经济阶级取代了相互对抗的观念的位置。

马克思告诉我们,历史充满了阶级斗争,即"有产者"与"无产者"之间的斗争。古代世界的主奴关系和封建时代的庄园主及其农奴之间的关系,尤其如此。在现代的工业化时代,它成了业主或"企业家"与工人、资产阶级与无产阶级之间的冲突。但是,正如黑格尔所说,思考或生活方式的失败在于其自身的内在矛盾,马克思认为,资本主义的生活方式也会因其自身的内在矛盾而崩溃,因为它使少数极富有的产业家与多数被剥削的疲于奔命的工人彼此斗争。

马克思的乌托邦构想最终成了世界上最有力量的意识形态,甚至在20世纪90年代共产主义出现了世界性的崩溃之后依然存在。无论人们如何用亚当·斯密所论述的自由企业制度来比照马克思的梦想(人们不应低估这两种学说有时存在的类似性,比如,对人的劳动的内在价值的关切,以及共有的对垄断者的蔑视),世俗的经济世界和更具活力的唯物主义观念显然找到了它们返回哲学的道路。

密尔、达尔文与尼采:消费主义、进化和权力

拿破仑在1815年滑铁卢战役中失败,随后遭到终身流放。同样,在19世纪中叶喧嚣但反动的这些年里,黑格尔年轻时的那种乐观主义也破灭了。实际上,从1815年到19世纪中叶这些年,常常被历史学家称作"反动"时期,正是这个时期压抑的氛围中,黑格尔的哲学变得日益谨慎和保守,而克尔凯郭尔开始反抗"当代"的沉闷乏味,马克思及其同志集中精力抨击那个时代的政治—经济结构。在19世纪中叶,欧洲各地出现了许多徒劳无功的革命,但是,那些看似没什么破坏性、却有着重大影响的革命也正在悄然发生。

在英国，工业革命已经进入了新世纪。商业繁荣，消费主义这股当时经济世界中的微小力量，正在改变世界。个人需要兴起，这自然要求某种新哲学，这是以个人幸福最大化为根本目的的哲学。功利主义就是这种哲学，它的根源在前一个世纪（工业革命开始之际），但它的登场靠的是其最雄辩的代言人密尔（John Stuart Mill, 1806—1873）的哲学。

休谟哲学也带有功利主义的色彩。（无论如何，他认为所有伦理的基础在于"效用"。）边沁（Jeremy Bentham, 1748—1832）则是最早给功利主义命名且对其进行充分阐述的人，而约翰·密尔的父亲詹姆士·密尔（James Mill, 1773—1836）也是功利主义较为热情的拥护者。不过，约翰·密尔对功利主义做了最杰出的辩护、最吸引人的表述，从而成为功利主义的规范表述。

边沁认为，效用的基本原则是快乐最大化和痛苦最小化，而且，他以此为基础建议对英国的刑罚制度进行重大改革。（惩罚罪犯所造成痛苦或苦难程度，应超过犯罪带来的回报。据此，惩罚的唯一目的是制止犯罪，而不是"报复"。）

这种理论显然强调的是数量，为此，密尔补充了快乐的质量问题，因而强调诗歌和哲学的重要性，然而，从纯粹享乐的角度来看，泥地摔跤和保龄球给那些从未体验过微妙享受的人带来的快乐要大得多。但是，功利主义完美地抓住了消费革命的心态。因此，它几乎没受任何阻力就在法国传播开来。当然，它也传到了美国，并且在那里最受欢迎。在德国，它依然被认为极其庸俗，不过那时德国的工业革命几乎还没有开始。（尼采有句极为尖刻的名言："人活着不是为了快乐，只有英国人才这么做。"）

密尔通过把他的功利主义与他早年对"自由企业"哲学的优点相互结合，还论述了某种强有力的权利学说。他的观点是传统上所谓的"自由主义"[①]的经典表述，而这个立场显然继承的是约翰·洛克。

[①] "自由主义"已然是我们的政治语汇中滥用最多因而最无用处的术语。特别是，近来美国政治中所用的这个词，差不多就是"挥霍无度和头脑迷糊"的意思，这完全与该词的古典含义完全相反。自由主义的古典含义倒是与我们今天所谓的"保守主义"思想颇有共同之处。

密尔后来与社会主义走得更近，但终其一生，他都是个人自由的热情拥护者。他认为，保护他人的自由是限制个人自由的唯一理由。在个人自由中，言论自由至为重要。如同历史上的许多哲学家，密尔认为真理只有通过公开讨论和论证才能呈现出来。没有人能保证对他人的审查是正当的，因为审查的观点有可能是正确的，这进而表明任何形式的审查都是不合理的。然而，个人自由可以通过诉诸个性和自我实现进一步得到确证。没有自由，人就无法实现自己的天赋和获取自己的幸福。（在晚年，当他不再有早年的那种自由市场热情之后，密尔认为经济安全是同样基本的自由条件。）

密尔的哲学也具有革命性，或者更确切地说，是英国早年的知识论革命更为激进的延续。他革新了英国的经验主义（尽管他没有这样称呼自己的学说），特别是对德国观念论无所不在的影响进行了批判，比如他的伦理学。实际上，他非常彻底地强调所有知识源于经验，甚至说数学也不是先天的（如康德所主张的那样）、存在于外部的理念领域（柏拉图所认为的那样），而是经验问题，是从我们的计算、构形等经验中高度概括化和抽象化的结果。

密尔的经验主义及时采用了科学中更新的动力。心理学向来是哲学的组成部分（就其曾声名显赫而言），现如今也正大踏步地成为"经验科学"。社会学和人类学也正日益被确立为社会科学。物理学则向前跳跃了好几大步（甚至某些著名的物理学家宣称，到19世纪末，所有的物理学问题都将得到解决，或不久就会得到解决）。

然而，所谓的"物理学"正发生着剧烈的变化，它未来令人震惊的情形超出了任何人的想象（或许凡尔纳[Jules Verne]和威尔斯[H. G. Wells]除外）。这个变化不再强调传统的物质观念，它自古希腊以来就被定义为"唯物主义"，而是强调能量（比如，电磁场和重力场的发现和量化），这不仅在物理学中而且在其他所有知识领域中，打开了新的可能性。

这种全新的经验主义对生物学这个领域有着惊人的影响，一直以来，生物学领域虽有大量的观察数据，却鲜有理论。当然，自亚里士多德以来（之前是出于实践的理由），就已经在搜集、注意和区分看似无限的动物种类和植物种类之间的属性、相互作用和差异。生物分类上存在长期争论（"鲸鱼是鱼吗？"），当然，当时也在持续发现着陌生的、新的、值得注意的物种。但是，作为一门学科，生物学在很大程度上仍是描述性的，而不是理论性的。

为什么有那么多物种，它们是如何很好地适应环境的，这些问题偶尔会被并不寻常的思辨性博物学家或神学家探究。但是，对于绝大多数人而言，《创世记》提供的传统答案，即"因为上帝那样创造了它们"，已经完全足够。不过，在19世纪中叶，华莱士（Alfred Russel Wallace，1823—1913）和达尔文（Charles Darwin，1809—1882）这两位（竞争激烈的）博物学家，提出了改变自然这个概念的理论，无疑，这让圣经学家大为震动。

这个理论就是进化论，它认为，物种在数千万年或数亿年中随机地出现在地球上。它们的生存、繁殖或消失，完全取决于各自适应环境的能力。当然，这个论断的关键在于，它认为人类也是进化而来的。有些人非常介意说自己的祖先是某类猩猩进化而来，认为这是对人类的冒犯。也有人认为，物种的出现是源于机遇，而不是上帝创造，这是对上帝的亵渎。但是，即便是那些完全接受人类进化观念的人，比如达尔问自己，也面临重大问题。人类仍在进化吗？如果是，会进化成什么样子？我们真的是某种过渡的中间存在，处于"低级"动物与某种更高级、更强大或比我们更有适应力的生物之间吗？

在19世纪走向终结之际，这些问题有了最令人震惊、最具煽动性的回答。德国哲学家尼采（Friedrich Nietzsche，1844—1900），撰写了引人注目的作品，声称要追寻名为查拉图斯特拉的人物的教育功绩（他有意以波斯先知查拉图斯特拉或琐罗亚斯德为名，后者宣扬的是关于宇宙善恶力量的学说）。在《查拉图斯特拉如是说》（*Thus Spake Zarathustra*）中，尼采有难以置信的说法，认为人不过是猿猴与超人（Übermensch）之间的桥梁。于是，"人性"的未来成了问题。

此外，还是在这本书中，尼采又戏谑地引入了名为"末人"的角色，这是进化导致的可怕（或可笑）的可能"结局"。末人是最后的资产阶级、满足的功利主义者，是彻底的电视迷。末人说"我们已经找到了幸福"，他们这样说的时候还带着满足的神情挤眉弄眼。尼采警告道，这也是我们的可能性。我们继续安于舒适、减少危险、无视神秘未知之物、湮灭创造性，直到我们在世界中感到安全，最后我们变成"像跳蚤那样的不可根除之物。"或者，我们可能会努力成为某种超越"人性的太人性的"东西，渴望成为超人。然而，要理解何为超人，我们就必须重审整个西方历史，看看我们是谁，又是如何成为了我们现在这个样子。

由于他强调必须回溯历史来理解我们之所是和我们之能是，尼采反思的就不只是达尔文，还有黑格尔、维科和赫尔德。为了追溯西方思想的发展历程，他回溯到早期基督教、古希腊哲学家苏格拉底，以及更早的荷马和前苏格拉底的戏剧家。尼采接受的是古典语文学家的教育，因此，他是在与犹太—基督教相冲突的背景下看待西方人的希腊遗产。他完全拒斥从整个基督教历史中发展出来的对这两方面的"综合"。

比如，尼采对于这两种传统面对人类苦难的不同方式感到震撼。犹太—基督教传统以罪来解释不幸（用尼采的话说，这是"谴责受害者"的方式），而古希腊人则认为，深重的苦难是人类生活根本上的悲剧性的标志。尼采的首部著作《悲剧的诞生》（*The Birth of Tragedy*）认为，雅典的悲剧艺术是古希腊人在极端脆弱的处境下关于生命意义的深刻思考的产物。尼采认为，悲剧源于对不可避免的苦难的坚决承认、美化甚至理想化。

在《悲剧的诞生》中，尼采推测古希腊的悲剧观反映了两个不同的视角，雅典人把这两个视角与阿波罗神和狄奥尼索斯神联系起来。狄奥尼索斯是主管酒、性和狂欢的神，代表着充满活力的流动存在、对命运的接受、混乱的创造力。从这个视角来看，个体是可有可无的，但是，个体作为这种狂野、急速展开的生活的组成部分，会感到深深的满足。实际上，从狄奥尼索斯的视角来看，个体存在只是幻象；我们的真正实在是我们对生活整体的参与。

与之相对，阿波罗是太阳神，反映的是雅典人对美和秩序的迷恋。从阿波罗的视角来看，个体存在是不可置疑的真实，人类的脆弱性也是货真价实的恐怖。不过，阿波罗的视角使这种实在显得美丽，从而使我们暂时忘记自己的脆弱，完全爱上自己在世界上的有限生命。

尼采认为，雅典悲剧的卓越之处在于，它同时唤醒了观众的两种视角。尽管表面上悲剧提醒观众注意人类存在毫无意义的恐怖，但是它也提供了应对它们的手段。古希腊悲剧还从古希腊宗教那里寻找材料，在经验上加强这种洞见，并且认为，我们能够惊异于生活内在的美，我们的真实存在并不是自己的个体生活，而是我们对生活和历史戏剧的参与。

关于恶的问题，尼采极其喜爱的是悲剧的解决方案，而不是犹太—基督教的罪与得救的解决方案。甚至相比于他的哲学英雄叔本华的那种悲观主义以及现代科学的乐观主义（它无视悲剧，声称所有与我们相关的问题都可以通过技术加以纠正），他仍然偏爱悲剧的方式。尼采盛赞古希腊人的伦理观，因为它强调面对命运时的卓越和高贵，与此相反，他认为阴郁的犹太—基督教过于迷恋罪和罪感。

尼采认为，柏拉图和亚里士多德那里仍有古代观点的残余，但是他们已经"衰微"了。他所推崇的古希腊人是前苏格拉底的剧作家和他们所描述的战斗英雄。尼采认为，苏格拉底所论述的理性理想过于强劲，已经变成了压制我们的自然冲动的"暴君"。亚里士多德论述德性，但是它们与荷马笔下的英雄身上的那些宿命般的德性，联系极其微弱。

在提到这些早期的古希腊人时，尼采想像"他们懂得如何生活"。因为他们有"道德"，这种道德是基于关于本能的自我肯定，而不是自我贬低和弃绝。他已经受够了传统对"心灵的宁静"和不动心的强调，我们的理想应该是积极和充满创造力的理想。在尼采那里，关于能量的新物理学进入他的视野，这不仅体现在他那洋溢着能量（权力）的写作风格，而且也体现在他的人性观念之中。

类似于叔本华，尼采认为人类和自然中的其他存在者相同，本质上都是有意志的，不过尼采更进一步，认为我们（以及所有的自然生物）都有"权力意志"，在欲望的驱动下不断扩张自己的生命力和权力。尼采补充说，生存是第二位的。不同于叔本华在生活意义上的悲观主义，尼采强调，生命力本身就是生活的意义，哲学应该肯定生命，而不应拒斥或"顺从"生命。

古代雅典人的道德是英雄主义和主人的道德，与此相反，基督教的道德则把平淡无奇的平庸之辈树立为道德模范。最糟糕的是，基督教的道德世界观鼓励人们把来世看得比今生更重要。基督教的道德观不但不鼓励人们进行世俗意义上的自我改善，反而强调放弃这些"自私"的关切。根据基督教的观点，那些在生活中无所作为但免于"罪行"的人可以上天堂，而富有创造性的人却可能因其不随"大流"被视为"不道德"。尼采抗议说，这是倒退，会导致（已经导致）人种的衰退。

尼采认为，犹太—基督教（和康德）伦理学的诸多禁令都是"拉平"的做法，有助于弱者和平庸之辈，从而使天才和强者陷入不利之境。因此，尼采提出了超越"善恶"、超越自己和他人的行为作出道德判断的倾向的观点，强调更具创造性的心理学和自然主义观点。

尼采终结了通向超验世界的漫长旅途。他用侮辱性的言辞否定这个世界的观念，不认为现象背后还有实在，不同于（好于）这个世界的另一个世界。尼采对"来世"的抨击有着明显的靶子，这就是犹太—基督教，它认为在纷繁场景背后有全能、仁慈的上帝。因此，他呼吁人们把能量重新放回到此世的生活之中。基督教的世界观认为人类生活不过是通向来世的道路，并且颂赞时间之外的"永恒"世界，认为它比此世更为重要，尼采为了对抗这种观点，提倡恢复古代的永恒轮回观，这种观点认为，时间循环地重复自身。如果我们认真对待这个永恒轮回形象，想象自己的生命会再三轮回，以同样的方式，有同样的欢笑、同样的痛苦、同样的成功、同样的失败，那么，原本只是纯粹"瞬间"的东西，就会突然变成巨大的重负。生命，此生的生命，就是一切。

尼采的矛头越过基督教指向柏拉图，柏拉图是另一个世界比现实世界更为重要这个观点的提倡者。实际上，尼采的抨击实际上针对的是整个西方哲学传统。他有时甚至拒斥"真理"观念，认为我们当作真实观念的只是证明为有用的观念，有时还可能是错误的观念。他还论述了某种"透视主义"的观念，认为我们的全部"真理"都与我们的特殊视角有关，这些视角具有历史、个人性，是我们无法逃脱的偶然。

为了反对同时代的哲学家和社会思想家，尼采鼓励我们首先要重新强调我们所过的生活的活力，远离那些看似超然的真理和伪善、平等的道德。他认为，哲学思想应该永远从属于我们要生活得好的努力，而不是相反。

美国早期哲学

在欧洲，"新世界"（如今是"旧世界"）是大量哲学思辨的主题。

伟大的德国诗人用诗歌概括了这种幻象："你拥有的世界，要好于我们这个旧世界。"康德也充满激情地审视着美国。黑格尔尽管宣称"历史终结"于欧洲，坚持认为哲学家不应预测未来（这与他那些赫赫有名的学生相反），却也预示世界精神的下一个舞台在大西洋。不过在大西洋，美国哲学的精神很大程度上仍紧贴着欧洲。最显然的是，美国最早发展起来的哲学流派是黑格尔主义，他的活动地点是位于美国中心的密苏里州的圣路易斯。在哈佛大学和其他地方，主导的哲学形式都是来自德国和英国。甚至在今天，从纽约到加利福尼亚，最时髦的哲学仍常常是法国的舶来品，这些土生土长的观念只停留在学术杂志上。

早期的殖民者更担心的不是实在的终极性质。最早的定居者常常身处险境，因而直接的现实情形是他们不得不面对的当务之急。因此，美国哲学常常有种严肃的实践或"实用"特性。19世纪，随着产业和城市在美国发展壮大，哲学家起身反抗，赞颂本国自然界较为崇高的方面。相比之下，到了20世纪，美国哲学几乎全都迷恋科学。在欧洲过去的十几个世纪里，人们很容易找到前后相续的哲学主题，它们或相互交织或彼此对抗。在美国，哲学却从未有自己明确的主题，激情总是不断落在不同的主题之上。

新世界（尤其是新英格兰）的哲学史，多半始于宗教争端和分离主义运动。许多早期的定居者都是为了寻求宗教自由和宗教宽容才离开欧洲，但是，只要他们找到了栖息地，常常就变得不那么宽容了。新英格兰早期的历史，就是宗教排外和流放的历史，更别说还有时而发生的对异端和女巫的审判。这种宗教狂热，与新美国的气质大有关系。罗马的天主教会已经存在上千年，而新英格兰的某些教会似乎只存在了几个月。

在美国，早期哲学活动的目标在于牢固确立和巩固宗教运动。美国文学的首部作品就是力图巩固清教教义。威格尔斯沃思（Michael Wigglesworth）的《最后的审判日》（1662）是首民谣风格的长诗，在一年内卖出一千八百部，这种情形表明，美国公众已然非常渴求世界末日的启示。爱德华兹（Jonathan Edwards，1703—1758）是新英格兰的牧师，他的布道同样是为了加强宗教学说。爱德华兹唤醒了许多殖民者，让他们回到他所谓的新教的基本教义，即我们"生来堕落"，只能在上帝的恩典中得到拯救。爱德华兹认为，拯救首先涉及体验、对上帝荣耀的直观、神圣的"光明"。有了对至高无上的上帝的洞见，所有关于上帝的作为、公正和预定的担忧就都一扫而尽。

如同绝大多数新英格兰思想家，爱德华兹在构想自己的哲学时，依赖于英国传统。他认为，理性和经验都将证实基督教的教义。具体而言，爱德华兹遵循约翰·洛克的思想，认为上帝通过自然揭示了自身，并通过我们的感官给予我们知识。然而，更为重要的是，上帝给了信仰者额外的感官，借此看见上帝的荣耀，即保证我们得救的"知识"。

爱德华兹促进了大觉醒运动的兴起，这是在1740至1742年席卷美国殖民地的宗教复兴运动。大觉醒运动的独特之处在于其寻求皈依的方式：唤起强烈的情感。尽管爱德华兹自己受到采用戏剧性策略的传教士同行及其卑躬屈膝的信徒厌恶，但他仍力图通过自己的布道使自己的听众"折服"。（大觉醒运动的重大结果就是，美国新教中浸信会运动的发展，它强调皈依的实验性和耶稣基督在基督徒生活中的个人角色。）

宗教哲学尽管在殖民地的早年岁月中占据统治地位，但是，公民社会的建立为政治哲学和社会哲学提供了极为不同（而且并非总是相容）的关切。建立新国家，创建市镇并且最终创建城市，发展环境优雅并且生机勃勃的种植园，以及赚钱，使他们不可能过上古希腊人、欧洲人以及东方哲学家所过的那种闲暇、耽于反思的生活。甚至在城市和种植园建立起来、赚了钱之后，哲学这门学科对于忙碌的商人和精力充沛的农场主而言仍没有什么吸引力，他们投入到"蛮荒"之中，播撒着被后来的作家称之为伟大的美利坚帝国的种子。尽管如此，还是有些富有哲学天赋的思想家，他们大部分是律师和商人。其中就有托马斯·杰斐逊（Thomas Jefferson，1743—1826），《独立宣言》的主要起草者，和本杰明·富兰克林（Benjamin Franklin，1706—1790），他在启蒙运动的革命观念中找到了某种意识形态（或者更确切地说是整套复杂的意识形态），以此建立了新国家。

美国成了理想之地。无论如何，它是以宪法为基础建立起来的国家的首个和最佳的现代范例。到18世纪中叶，启蒙运动在美国东部各州已经很稳固。在费城，美国人宣称"人人生而平等，造物主赋予他们若干不可剥夺的权利,包括生命权、自由权和追求幸福的权利"（没有提到财产权)。《独立宣言》和美国《宪法》有共同的前提,即政府是经由被统治者的同意、通过契约形成的,只要它们不再反映人民的意志,就可以被取缔。到18世纪末,这些原则已得到实践。但是,洛克哲学最具革命性的地方是他对这个新国家的规定,即坚定不移地主张基本的"不可剥夺"的权利,这些内容在宪法修正案中得以规定和增强。没有哪个社会像美国这样正式并最终做出如下保障:政府要尊重个人权利,比如言论自由、信仰自由和基本的司法权。

不过,美国的政治哲学从未脱离早期宗教思想家所激发的对情感的颂扬。因此,政治哲学或许从未像美国人所主张的那样充满激情(尽管也不总是富有理性),政治狂热在此似乎取代了欧洲的宗教战争。实际上,美国社会充斥着在各个领域都巧舌如簧的政治煽动者,而且他们几乎都有先验的预设。尽管如此,那些规定了欧洲哲学大部分内容的学术论争和认识论争议,对于这个新世界的新意识形态而言几乎毫无吸引力。因此,过去被视为哲学的东西在很大程度上遭到忽视,如果谁还沉迷于古老的学术论争和认识论争议,他就只能进入大学的象牙塔。但也正因如此,美国哲学在学术殿堂中保有了安全的位置,只是由于外部的反智主义,在有教养的公众那里,漠视哲学日益成了惯例。

不过,在学院之外,仍有许多伟大的原创性的美国哲学家。重要的是,他们通常并不认为自己是哲学家;当然,他们也没有在传统的哲学史上被视为哲学家。爱德华兹认为自己是上帝的仆人;惠特曼(Walt Whitman)是伟大的美国诗人;还有各种奇才和为受压迫者包括妇女发声的人。同时,还有某些政治家,国事繁忙之际也留下了仓促的哲学思考,比如总统杰斐逊和林肯,以及某些杰出的失败者,包括汉密尔顿(Alexander Hamilton)和麦卡锡(Eugene McCarthy)。

美国政治家的哲学观念,实际上从未出于纯粹的理论兴趣。公共哲学非常"实际",对日常生活和当下的政治有切实的影响。其中有些观念,是新国家幸福安宁的持久障碍。比如,殖民者对英国人征税的怨恨,并没有因英国人的离去而消失。有些美国哲学家提出了精致复杂的论证来反对所有征税,而且这种论证容易影响公众的意识。有些新观念是危险的。这些实际的观念中最有害的是"天命论"观念,这是记者杜撰的词,后来盛行于美国政治家中间。天命论这种观念认为，美洲大陆因其开放的空间，不仅可用于欧洲殖民扩张，而且是命定的。这种学说实际上是对掠夺大陆和镇压原住民的哲学合理化。

在仍以自身是"新的"作为辩护理由的国家中，某些伟大的哲学家来自受压迫的少数族裔，这毫不奇怪。我们丧失了大量丰富的美洲土著印第安人哲学的口头传统，不过，我们拥有虽未受重视但极为动人的非裔美国哲学经典，它们清晰地记录了反抗的呼声和关于人性与不公的制度的深邃思考，这些在美国的繁荣中受苦最为深重的人，却没有包括在《权利法案》之中。

道格拉斯（Frederick Douglass，1817—1895）曾是奴隶，后来成了废奴运动的重要演说家。再后来，他又成了为奴隶和妇女争取公民权的改革者。有人因道格拉斯的雄辩天赋否认他曾经是奴隶，为此，他在撰写的自传《道格拉斯的生平和时代》（*The Life and Times of Frederick Douglass*，1845；1882 修订）中作了说明，平息了这个谣传。这本书是对美国生活及其最可鄙的奴隶制最大胆、最尖锐的反思。道格拉斯简练优雅的演说激发的道德情感，后来在 1860—1865 年的美国内战中喷涌而出。

杜波依斯（W. E. B. Du Bois，1868—1963）被亨利·詹姆斯（据说他走遍全世界没有看到任何黑色面孔）视为整个世纪值得注意的作家。[①] 杜波依斯的名著《黑人的灵魂》（*The Soul of Black Folk*，1903）对美国黑人身份感的复杂特征做了分析。杜波依斯认为，非裔美国人具有双重灵魂，一重是美国，一重是黑人。最初，杜波依斯相信可以通过智识上的努力来消除种族主义，后来他发现，政治行动主义也是必要的。他拒斥渐进主义的策略，即只要情形在改善，可以暂时接受歧视。杜波依斯是后来所谓的"黑人自豪"运动的早期发言人。他还论述了某种泛非洲主义观念，认为非洲血统的人应该视自己为同盟，要有独特的政治关切。

道格拉斯和杜波依斯共同推动了美国黑人的民权运动。作为现实

[①] 詹姆斯在《美国游记》（*The American Scene*，1907）中作出这个评论。杜波依斯著作广泛，包括《黑人的灵魂》和《黎明前的黑暗：关于种族概念的自传》（*Dusk of Dawn: An Essay Toward an Autobiography of a Race Concept*，1940）。

的政治，人们很难想到美国的更为重要的哲学运动（或许，妇女运动是例外，它有着同样的理念和关切）。在它们之后，我们可以追溯到后来的某些著作，比如马丁·路德·金（Martin Luther King，1929—1968）的作品，他主张某种完全一体化社会的观念，以及马尔科姆·艾克斯（Malcom X，1925—1965），他的著作风格极为独特。不过，我们现在说的时间有些靠后了，因为尽管有19世纪的社会压力和政治压力，但政治绝不是哲学的唯一关注所在。

在欧洲人到来之前很久，环境而不是欧洲人的"自然"，一直是美洲人关切的永恒主题。土著美洲人的哲学是彻头彻尾的关于我们周遭世界及其幸福、危险和奇迹的哲学。某些新近到来的欧洲人也提出了自己的哲学体系，它们把自然当作精神实体的来源，而不是视为对欧洲帝国主义的诉求。随着美国变得日益工业化和城市化，浪漫主义开始复苏，它拒斥舒适安逸和消费主义，提倡简朴的生活。而且，随着美国城市变得日益庞大和问题重重，这种幻象多次出现在美国普通民众的想法中。

亨利·大卫·梭罗（Henry David Thoreau，1817—1862）是最著名的生态主义隐士。众所周知，梭罗隐居在马萨诸塞州瓦尔登湖旁的相当安逸舒适的地方（这个地方属于他的朋友爱默生）。梭罗是个没有固定职业的无政府主义者，他推崇个人与自然交往的简朴生活，认为这种生活远胜于同时代的许多人所向往的那种充斥商业冒险的都市生活。他为后来成了国家意识形态（当然，与其他意识形态处于竞争之中）的东西定了调，拒斥生活和"文明"，回归自然和"自然之道"。

梭罗对过度铺张的文明社会的厌恶，使他提倡针对不公正法律的不合作策略，通过和平的方式促成重要的社会改革。他的论文"公民不服从"有着持久的影响力；它鼓舞了甘地和马丁·路德·金等人分别展开反对帝国主义和种族压迫的斗争。

梭罗虽然是古怪的人，但他意识到自己是更大的哲学运动的组成部分，这场运动就是盛行于1836年至1860年新英格兰超验主义。伟大的新英格兰"超验主义者"是康德和黑格尔直接的哲学后代。（爱默生的博士论文写的是康德。梭罗研究黑格尔，崇拜卡莱尔。）超验主义把源自启蒙运动和欧洲浪漫主义的观念，与推进社会改革（废除奴隶制和促进妇女选举权）的进步观念相互结合。超验主义者是乐天派,深信人类固有的善良天性,对其可能性充满希冀。他们也是东方式的神秘主义者,强调人与自然合一,并认为直观洞见优于逻辑推理。

除了梭罗,最著名的超验主义者当属爱默生(Ralph Waldo Emerson,1803—1882)。他的散文不仅对美国的实用主义者有根本影响,还是美国文学的经典。此外,他还深刻地影响了尼采。爱默生强调自然作为精神实体之来源的重要性。他追随黑格尔,也认为人类由某种"超灵"相互联系,它给予我们直观的道德指引。爱默生推广并促进了自主作为最高的德性。他认为,相信自我的直观,是获得生活完满的最好基础。

爱默生最初是一神会(新教教派,没有正式的信条,强调宗教的统一性)的牧师。不过,爱默生最后辞去了牧师之职,因为他开始对宗教机构的价值表示怀疑。他断言,有组织的宗教是人类没能获得更直接的宗教体验的表征。这些体验是可以获得的,尤其是在沉思自然之际。正是从他的宗教感受力出发,他提出了世俗人文主义,这是有时会被当代福音派信徒痛斥的哲学。但是,正如人文主义的起源有其基督教会背景,世俗人文主义同样基于宗教感受力。它关注此世人类的幸福,反对只关心来世拯救的宗派。

很显然,超验主义者既受到德国观念论者的影响,又受到欧洲浪漫主义者的影响。不过,这种在思想上对欧洲的依赖,无疑困扰着随后整个世纪的美国知识分子。这些美国人非常明确拒斥有欧洲烙印的思想,为自己的原创性和新颖性感到自豪。因此,他们觉得需要真正的美国哲学。

真正的美国哲学,必定是与欧洲的学院派和形而上学反思截然不同的东西。它要有讲求实际、头脑冷静的美国式思考风格,这种美国经验的反映。这种哲学发展成了反形而上学的实用主义。这场运动涉及的杰出人物有詹姆士(William James)和杜威(John Dewey)。实用主义哲学是美国发展出来的精神的实践投射,最初,它是欧洲定居者努力在异乡创建新生活时应付挑战的必然要求。因此,美国实用主义是受如下信念的激发:理论是否有价值的最终准则,在于它对现实的效用。实用主义与传统的形而上学不同,人们实际上可以动手做事情,甚至改变世界。

实用主义者的实用现实路径诉诸美国精神。因此,它是从欧洲支配的 19 世纪向常常所谓的"美国世纪"过渡的观念转型。我们可能注意到，当我们开展这种转型时，尽管欧洲各国之间长期存在古老的杀戮，但是 20 世纪的欧洲却开始了长达八十五年的相对和平稳定时期。当然，这种宁静不久就打破了，不过实用主义哲学在全球陷入战争和革命的年代里，仍继续培育着美国人的乐观主义精神。

实用主义从 19 世纪末横跨 20 世纪。因此，我们会把它的大部分历史放在第四部分，在那里，实用主义与欧洲哲学和心理学中新的、更具科学色彩的潮流相互混合。不过，在 19 世纪的绝大多数时间中，美国是哲学的荒地。它有雄辩的演说家如诗人惠特曼，还有爱默生，他受到欧洲著名哲人尼采的推崇。但是，美国还没有产生出自己的哲学，西方哲学在世纪之交的巨大转变仍然发生在欧洲。

第四部分
20 世纪：从现代主义到后现代主义

拒斥观念论：百年战栗

尼采死于 1900 年 8 月。他在最后几年头脑还清醒，对新世纪做了可怕的预言。这个令人畏惧的新世纪将经历"上帝之死"的可怕现实、现代人堕落和失去信仰的痛苦、充满怨恨的畜群道德的惨烈后果，以及这个难以面对的真理，即根本就不存在"真理"。尼采预言，人们不会不顾一切追寻新神，只要失败，就会不顾一切追寻领袖。他还预示了对新神话的追寻，或者它的替代品，即意识形态。他预示会有史无前例的战争爆发。不幸的是，历史不久就证明他是正确的。

从历史来看，20 世纪可谓传统真理瓦解、极端恐怖出现的时代。当然，每个时代几乎都曾被这样描述过。17 世纪的宗教战争无疑是恐怖的。封建世界秩序的崩溃和中世纪晚期的各种瘟疫，看起来也是世界末日。宗教改革让天主教徒感到震惊，他们认为它像千年前的罗马崩溃，意味着稳定和文明的终结。工业化时代的到来、资本主义的成功以及民主运动和社会主义，必定也让 19 世纪中叶的许多人认为是无序取代了有序（类似于苏格拉底时代希腊的运动）。

尽管如此，这个世纪两次世界大战的恐怖暴力仍是前所未有的——部分因为战争的全球性，部分因为新技术。第一次世界大战出现了坦克、飞机、毒气和潜艇，战争的威胁从欧洲经由非洲扩展到东亚。令人感到恐怖、沮丧和徒劳的是，没有大的征战、没有决定性的战役。在这场战争里，小小的泥泞地带就能让成千上万的士兵丧生。这是一场消耗战，一场纯粹的毁灭战。

第二次世界大战因使用原子弹而改变了战争的概念。它不仅使冲突的界线深入地球的每座城镇，而且扩展到每座岛屿、每块冰川、每处沙漠。

同样，世纪之交出现的相对主义，比此前设想或以为的要更为精致复杂。它形成于尼采那引起争论的"透视主义"，不过，在新世纪之初，相对主义也出现在其他领域，包括年轻的阿尔伯特·爱因斯坦和他的同事开启的物理学新时代。的确，人们可以找到这些思想的先例。哲学家莱布尼茨反对牛顿，认为空间和时间并不是绝对的，而是"相对的"，只是关系问题。实际上，智者普罗泰戈拉反对苏格拉底，认为"人是万物的尺度"，也是相对主义的论点。不过，世纪之交出现的不确定性和混乱，与某些非常精致复杂的论点相互结合，使相对主义成为需要应对的论点，而不再是令人尴尬的怀疑态度。它成了整个世纪的核心关切。超验有时甚至以绝对的信心欢呼着上个世纪的到来，但观念论在此没有任何地位。

有些不确定性、混乱和关切，直接与政治相关。世界显然变得越来越小。交往和交通已经大大改善，以至世界开始成为人类动物园，充满相互敌视的民族国家和已然超负荷的人口，仅仅在几个世纪之前，相互隔绝的文明还未意识到彼此的存在。（世界人口在1850年是10亿，1900年是15亿，1990年超过了50亿。到2000年，预计将会超过60亿，到2050年人口是多少，这还是个未知数。）

人们需要更多的生存空间。他们需要更多的资源和新市场。从欧洲人的角度来看，可供开采的新殖民地和可供征服的新大陆，曾经看似广袤无垠，如今已然枯竭。为了非洲、亚洲的珍贵资源和不再"新"的世界，殖民者相互之间争战不休。在欧洲，他们相互猜忌地争夺弥足珍贵的有大量工业的小片土地，同时，东方的中国和日本孕育了新的抱负，在太平洋展示出引人瞩目的新能量。

尽管如此，帝国时代仍很快走到了尽头。民族主义是正当其时的意识形态，随着民族主义和小国的扩散，防卫性的联盟日益混杂，而且不断在转换。民族主义竞争和冲突最激烈、最狂暴的地方，是欧洲东南部如今众所周知的巴尔干半岛。正是在萨拉热窝，打响了致命的第一枪，开启了那场"终结所有战争的战争"，当然，这种说法是错的。

弗雷格、罗素和胡塞尔：算术、原子主义和现象学

哲学无论如何抽象，或自称"永恒"、"不合时宜"，它都决不会独立于时空，不受时空的影响。哲学可以预言、可以怀旧，也可以

只是面镜子，是对文化的反思。但更常见的情形是，它以理想化的抽象术语表达社会的理想和渴望。柏拉图的理想国是雅典的理想化模型，所谓理想化，就是用有争议的政治观点和哲学观点来看。绝大多数中世纪哲学，无论它们多么"学派气"或学院化，都是时代信仰的大胆表述。启蒙运动首先表达的是希望、乐观，是对人类向世界学习并创造确保和平繁荣的社会的理性能力的信仰。哲学的种种详情、认识论的严格、充满想象力的形而上学，全都必须在启蒙运动的那个充满信心的时代范围内理解。19世纪的观念论表达的，是新产生的全球观念。甚至尼采也认为，他是好事的预告者，尽管他还有各种警告。

同样，20世纪初的欧洲哲学尽管很学院化，有时还很乏味，非常学术化和技术化，那它也是时代的产物，或许还是时代的征兆，这意味着衰退或绝望。不过，所有这些在作品本身都不会很明显。确实，如果我们去描绘20世纪早期欧洲和英国最重要的著作，就会发现，明晰和丰富是其主要特征。它大胆、自信，充满反叛精神，甚至显得傲慢。它没有丝毫绝望、自我怀疑。实际上，它几乎从不谈论生活。

逻辑和数学是支配性的话题。这个世纪的主要目标是找到"算术"的基础，证明"二加二等于四"这类基本等式确实为真。这方面的三个主要人物分别是：弗雷格（Gottlob Frege，1848—1925），他是极其保守的德国数学家；罗素（Bertrand Russell，1872—1970），他是倾向自由主义的英国贵族，以及胡塞尔（Edmund Husserl，1859—1938），他是极为虔诚却又优柔寡断的捷克裔德国数学教授。

19世纪开始兴起对纯粹逻辑的研究兴趣，尽管它长久以来都是某些才华卓越、思维严格的哲学家极为感兴趣的主题。从亚里士多德开始（如同大多数学科主题），逻辑就受到人们的关注，例如：斯多葛学派的某些成员、最具创造性的某些阿拉伯哲学家、12世纪巴黎的彼得·阿伯拉尔、14世纪英国的邓斯·司各脱和奥卡姆，以及德国17世纪的莱布尼茨和18世纪的康德。古代中国和丰富的印度哲学文献中也有不同的逻辑概念。黑格尔也曾尝试阐述某种非形式（甚至反形式）的逻辑，但是，这至少在西方哲学中不是逻辑发展的方式。

在19世纪，英国的约翰·斯图亚特·密尔与某些德国哲学家和数学家，在强调科学的影响下，开始为以最简洁的逻辑形式描述日常语言提供纯形式的技巧。这些技巧的原型当然是数学，而且，数学与逻辑的结合是这个世纪最明确的成就，三个世纪之前笛卡尔对算术和几何的结合或许才能与之媲美。

弗雷格极大地激起了人们对逻辑及其与算术的关系的兴趣。他使逻辑超出了命题（"命题逻辑"）之间关系的研究，后者自亚里士多德以来就支配着逻辑领域。弗雷格创造了我们今天的哲学家所熟知并使用的"量化"逻辑（关注"全部""有些""没有"）。确实，回过头来看，我们很难想象这个看似简单的革新竟有如此大的转变作用，使几近消亡的学科得以复苏。无论如何，正如笛卡尔使近代哲学沿着认识论的道路前行，弗雷格引导当代哲学走向了逻辑学的道路。

我们先来看看这个发展的最初情形。年轻的罗素阅读了弗雷格的著作之后，就想要证明，基本的算术命题单靠逻辑就可以得到证明。（据说，他的这个兴趣受到 11 岁那年的经历影响，作为具有叛逆精神的天才，他被告知不能质疑算术表，而只能把它熟记。）他与有相同倾向的年长数学家怀特海（Alfred North Whitehead，1861—1947）合作。罗素与怀特海在 1903 年发表了《数学原理》（*Principles of Mathematics*），后来又扩展为令人望而却步的三卷本《数学原理》（*Principia of Mathematica*，出版于 1910—1913）。英美哲学的核心关注由此确立，发展到今天，以至于有些哲学家认为，惟有数理逻辑才算"真正"的哲学。

与此同时，胡塞尔在那些倾向很接近密尔的德国经验主义者的影响下，撰写了《算术哲学》（*Philosophy of Arithmetic*）。与罗素和怀特海不同，胡塞尔认为算术的基本命题并非基于逻辑（或者说，并非先天的），而是源自经验的抽象概括，这个观点很像早些年前密尔的理论。弗雷格对胡塞尔的这本著作进行了评论，并合理地驳斥了其中的核心论点。面对弗雷格的批评，胡塞尔完全改变了自己的想法，这对于哲学家而言极不寻常。随后，他在世纪之交发表了论证精微的《逻辑研究》（*Logical Investigation*）。在这本书中，他像罗素和怀特海那样，认为算术是先验科学。然而，他们之间的相似之处也到此为止，因为罗素和怀特海的分析基于逻辑，胡塞尔则针对必然真理或先验真理的性质，提出了全新的哲学探究方法。

人们可能会问，这跟哲学有什么关系？首先，数学的地位和性质是哲学最古老的话题之一，许多古希腊哲学家（最著名的是毕达哥拉斯）正是由于对数学的崇拜而从事哲学。现代哲学家把知识领域区分为逻辑真理与经验事实的，数学真理明显的明确性对他们来说也是极其困难的问题。

某些哲学家（比如洛克、莱布尼茨和休谟）认为，这种真理显然是自明和先天的，但问题是，这个抽象的命题体系如何才能与世界相关呢？某些哲学家（比如密尔和青年胡塞尔）提出了替代方案，认为算术命题是对经验的抽象概括，但是，如何说明这种表面的必然性呢？康德针对这个问题提出了最具独创性的理论，同时阐明了适用性和必然性。康德主张，数学既是经验的基础，也是先验的基础。然而，数学的地位对于任何无所不包的知识理论而言仍是一个挑战，而且，知识理论在许多哲学家看来，如今也是哲学的基础。

那些开启我们这个世纪的西方哲学的著作，比之前的著作更精致、更复杂，也更技术化。不过，即使如此，它们也不是完全对源自内心的哲学问题无动于衷，比如生活的意义问题、人的境况问题，以及世界需要和谐与理解的问题。莱布尼茨曾经说过，生活问题可以通过普遍计算加以解决，而青年的罗素是莱布尼茨分子，必定也相信这个说法，或者至少希望有类似的解决方案。

不过，如果我们在此深入研究弗雷格的复杂的逻辑，或者那些促使《数学原理》和《逻辑研究》产生的极其专业的主题，则是不明智的。大体而言，这两本著作处理的是这个充满焦虑的世界的难解问题。在新世纪的最初十年，欧洲发现自身走到了和平的尽头。在此之前的很长时间，只在1870—1871年发生过短暂但残酷的普法战争，但也正是通过这场战争，德国成为世界强国。德国知识分子（比如青年韦伯）抨击东欧堕落的贵族，某些大城市，尤其是维也纳，正陷于自我沉溺、自我憎恨的狂欢之中，哀叹美好时光的消逝。

不过，没有什么直接明显的大变动；正是在这种环境中，欧洲那些相互隔离的研究室急剧增加，某些极具独创性的思想工作正在进行。爱因斯坦在构想他的相对论，而且，量子学的前几个阶段也在进行中（尽管爱因斯坦本人反对量子学）。罗素和怀特海在改变哲学面貌，维也纳的勋伯格和韦伯恩以及法国的野兽派正进行艺术革命。古老的帝国仍统治自己的疆域，但是事实上，它们的统治权已经分化为数以千计的群体、集团和小圈子。它们的世界是由莱布尼茨式的单子组成的社会宇宙，国家无论大小，家庭无论贫富，都过着各自的生活，而散乱的知识分子和艺术家更是如此。

在哲学领域，哪怕是狭义上的哲学，发生的变化都要比逻辑和数学哲学所显示的具体成就更快、更深远。这些变化主要的两个缔造者是罗素和胡塞尔，但他们也只是新的哲学世界的开启者。事实上，他们不久就被自己最杰出的学生超越，把他们的工作带到了不同的方向。不过，他们自己的贡献即使不是划时代的，也是极为重要的。他们都写下了大量的著作。罗素发表了各种类型的哲学作品，还有反战和反布尔什维克的报刊文章、论爱和婚姻的短论、抨击基督教的论文以及论认识论和形而上学的著作。他平均每天写下的文字好几千，实在惊人。胡塞尔发表文章倒是又少又慢，不过写作的文字总量并不少，死后留下了大约五万页手稿，绝大多数至今仍未发表，除了少数几个专门的学者，别人都未曾见到过。

罗素和胡塞尔彼此之间并不认识，但有共同的对手，当然他们自己对此并不知道。这个敌人就是黑格尔，黑格尔至今也没有得到我们很好的理解，但他对英国和欧洲大陆的哲学有很强的影响力。罗素和胡塞尔各自对黑格尔哲学的反动，体现在不同方面。罗素反对的是黑格尔的观念论，即世界是由观念，而不是坚固的、科学的物质构成。罗素在某段著名的引文中评论道："摩尔带头反抗，我怀着解放的感觉追随其后……我们相信草是绿的，太阳与星星依然存在，哪怕没人知晓它们。曾经干瘪的逻辑世界如今变得丰富多彩。"因此，罗素的哲学是彻头彻尾的科学主义。正如他那位卓越的前辈休谟（休谟与他的逻辑英雄莱布尼茨不同），他是优秀的英国经验主义者，当然，罗素还是科学家和唯物主义者。

与罗素不同，胡塞尔反对的是黑格尔的辩证多元论。胡塞尔不认为世界是各种观点相互冲突的战场，人们会这样认为，源自哲学家未能使哲学科学化。胡塞尔也认为自己是科学家。不过，他同样也是观念论者，因为他认为世界由意识构成。他在此与罗素存在分歧。胡塞尔从未怀疑过物质世界的存在。（当然，黑格尔也没有。）正如他之前的笛卡尔和康德，甚至正如海峡对岸的罗素，胡塞尔只是主张意识是我们接近世界的途径，所有知识都源于经验，只是这种经验需要得到恰当的理解。

在罗素看来，这个主张是古典经验主义的基本论点。我们有由世界引起的感觉。通过反思这些感觉，我们可以理解世界。罗素理论中特别值得注意的，是与时代极为协调的理论的基本结构。正如他之前的休谟，罗素是毫不掩饰的原子论者。这就是说，他认为简单的语言即句子（或者更恰当地说，命题）指涉简单的经验（感觉）。简单的经验则由简单的实在即事实引起。正如他的逻辑学，罗素在他的知识论中也是极简主义者。他力图把世界以及我们关于世界的经验的复杂性，还原为最简单的"原子"单位。根据他促成的那个学派的看法，哲学应通过分析进行，对这些原子单位进行拆解，看看它们如何相互组合。（英国的黑格尔主义者总是认为万物相互联系，若不以整体为背景，部分也无法得到理解。）

因此，我们的语言也必须简化、改进、理想化。我们必须以形式逻辑来重新审视我们的语法，由此更准确地反映世界的结构。举个著名的、极具启发性的例子，罗素撰写过几篇论文分析"the"这个简单的英语冠词。问题是，在我们通常的用法中，"the"这个词似乎总是意味着指称某物。这个词在某种情形下并没有这样的指称。罗素所举的例子如下，"当今的法国国王是秃头。"（事实是，法国现在没有国王。）那么，这个句子是真还是假呢？很显然，这是无法用"真"或"假"来正确回答的问题。

当"the"无所指称时，讨论的句子就必须根据逻辑形式而不是普通的语法形式进行分析。逻辑形式表明，这个句子有三个而非一个原子句。（"有一个当今的法国国王，只有一个法国国王，而且他是秃头。"）这种存在论上的冷酷与令人眩晕的新逻辑工具相互结合，改变了整个英美哲学。这种逻辑上要求极简主义的倾向，如今仍然存在。实际上，对于许多专业的哲学家而言，这场游戏的内容并没有任何变化，变化的只是游戏的场所。这个游戏曾经的主要场所是剑桥（英国），如今转移到了剑桥（美国马萨诸塞州）、匹兹堡、芝加哥和伯克利。

罗素整个人生都堪称哲学家中的哲学家，是完美知识分子的典范。他与逻辑问题和认识论问题作斗争，力图完善他的理想语言，在大半个世纪中，他大约每隔十年对自己的思想进行一次革新。然而，可怕的战争使他不可能生活在如今他称之为"干瘪、琐屑"的抽象观念世界（或者如他的主要对手，黑格尔主义者布拉德雷（F. H. Bradely）所说的"苍白范畴的神秘芭蕾")。在战争期间，他曾因宣传和平主义而坐了几个月的牢，后来又为了维护祖国的荣誉而受到政府的中伤。他论述性与婚姻的作品，尽管如今看来非常温和，但在当时却招致极大反对，首先在英国，然后在纽约，公众感到受到侮辱，发出强烈抗议，他因此失去了纽约城市大学的教职。

到20世纪40年代，罗素的观念以及他处理哲学的方式，都已经过时。（哲学尽管自称是永恒的，但现实的哲学向来易变、赶时髦。）罗素的注意力转向了其他更世俗的问题——比如，他发现自己缺乏资金。他在1945年撰写了至今最为畅销的哲学史著作。他在1927年出版《为什么我不是基督徒》(*Why I Am Not a Christian*)，开始持续对基督教和组织化的宗教进行抨击，引发大量争议。他公开为后来所谓的"自由恋爱"辩护。尽管他事实上是负责任的性行为的公开支持者，他对婚前性行为的提倡以及对婚外情的非罪态度，仍激怒了伪善的公众。他向来是军国主义的直言不讳的坚决反对者，但他协助发动了反核武运动，并与让-保罗·萨特一起设立了"战争罪"法庭，藉此谴责美国对越南的军事干预。

他在生命行将结束之际，写下了笔调优雅、行文激昂的自传，令人信服地记录了他对政治的承诺、对哲学的爱以及我们或可委婉地称之为对爱情的爱。非常奇怪的是，当罗素的哲学盛行于世界之际，他的哲学同行统统弃他而去。多数哲学家都未能面对罗素最悲观的看法，即"世界是恐怖的"。在他死后，这些哲学家却又坚定地维护他，就像柏拉图维护苏格拉底，认为他是真理的殉道者和对抗无意义的战士。不过，他们通常喜爱他的逻辑极简主义，他那有益的英国式经验主义。或许，这也恰恰构成了他今天常常被忽视的原因。

相反，胡塞尔不是极简主义者。他的哲学充满新概念、新区分以及新的观看方式。胡塞尔也对逻辑极为热衷，但是，他不愿意只在表面意义上看待逻辑公理——无论这些公理多么显然。逻辑像算术那样必须加以解释。就此而言，他比罗素更激进（至少在"激进"的词源意义上来说是如此，在词源的意义上，"激进"[radical]指的是"本源"[roots]）。他自己也认为自己是激进主义者，即使从其他角度来看，他是十分保守的人。

从后者来看，胡塞尔坚决甚至非常教条地反对哲学中发生的所有变化。不只是尼采，很多其他德国哲学家都认为，哲学不能简化为单一视角，不能只给问题提供唯一答案，相反，哲学与人相关，或与我们这个特殊的物种相关，与我们个人的心理有关。胡塞尔不同于这种相对主义，他主张哲学是严格的科学。

胡塞尔《逻辑研究》的核心主题围绕反对心理主义而展开论证。心理主义认为，真理依赖于人类心灵的特性，我们的哲学可以还原为心理学。易言之，胡塞尔所反对的恰恰是他自己在关于算术哲学的第一部著作中所论证的观点。

但是，胡塞尔的哲学根本不是消极的。无论他被相对主义激怒到什么程度，他始终都在寻找能够发现和确保真理的方法。这种方法就是现象学。"现象"（phenomenon）这个词源自古希腊，意指"显现"（appearance）。康德曾用这个词指称我们的经验世界。胡塞尔也想用它表述类似的含义，但这里有个极为关键的事实，对他而言，它并没有隐含着显现与某种基础性的实在、现象与"本体"或"物自身"之间的对立。胡塞尔认为，只要我们假定（哪怕只是通过哲学怀疑这种看似无辜的过程）自己所经验的东西不是或可能不是真理，麻烦就开始了。

胡塞尔把现象学定义为对意识的本质结构的科学研究。通过对这些结构的描述，胡塞尔向我们承诺，我们能够发现哲学始终在寻求的确定性。为了做到这点，胡塞尔描述了某种方法，或者更确切地说，一系列不断得到修正的方法，这是种不寻常的现象学观点，把所有非本质的事物"放进括号"，由此理解意识借以认识世界的基本规则或构成过程。

胡塞尔现象学的核心学说是以下这个论点：意识是意向性的。也就是说，每个意识行为都指向某个对象，或者是物质对象，或者是"观念"对象，比如在数学领域。因此，现象学家能够区分并描述意识的意向行为和意识的意向对象的性质，它能够通过意识的内容加以确定。重要的是要注意，人们可以描述意识的内容，因此也可以描述意识的对象，而无需承诺意识对象的现实性或存在。因此，人们完全可以用描述窗外风景或小说情节的方式，来描述梦的内容。

现象学家感兴趣的是意识的内容，而不是自然世界之中的事物。因此，在《观念：纯粹现象学通论》（*Ideas: General Introduction to*

Pure Phenomenology, 1931）中，对自然的观点与现象学的观点做了区分。所谓自然的观点，就是我们普通的日常观点和自然科学立场，描述事物和事态。而现象学的观点，则是现象学家获得的特殊观点，关注的不是事物而是我们对于事物的意识。（这有时会因如下事实而产生混淆：胡塞尔强调现象学家关注的是"事物本身"，他所谓的"事物本身"指的是现象，或我们对于事物的意识观念，而不是自然对象。）

现象学的观点是通过系列现象学的"还原"达成的，通过还原，可以把我们经验中的某些方面排除在外。在一生中，胡塞尔阐述了的重心不断发生转移，不过其中有两个值得我们特别注意。第一个是《观念：纯粹现象学通论》中描述的"悬搁"（epoché），现象学家借此把所有真理或实在问题"放进括号"，而只描述意识的内容。（"悬搁"这个词借自早期的怀疑论者和笛卡尔。）第二个还原（或者一系列还原）消除了意识中纯粹经验的内容，而集中于其本质特征，即意识的含义。因此，胡塞尔认为，"直观"观念不同于日常的"经验"观念，而且比后者更专业。有些直观是本质直观，也就是说，这些直观揭示必然的真理，而不是自然世界的偶然性。这些就是现象学的本质。

在《观念》中，胡塞尔维护了强实在论的立场，即意识所感知的事物被认为不仅是意识的对象，而且是事物本身。十多年后，胡塞尔强调的内容发生了转变，从对象的意向性转向了意识的本性。随着他的哲学转向对自我及其本质结构的研究，他的现象学日益自觉地变成了笛卡尔式的。1931年，胡塞尔受邀到巴黎的索邦演讲，以这些讲稿为基础，他出版了《笛卡尔式的沉思》（Cartesian Meditations）。（《巴黎讲演》[The Paris Lectures]也在几年后出版。）他在这本书里宣称："单一具体的自我包括整个现实和潜在的意识生活"，而且"这种自我构成的现象学与作为整体（包括对象）的现象学一致。"这些陈述表明，在他后期哲学中有着强烈的观念论倾向。自我就是世界，或者，至少向我们呈现了世界。

在生命的晚年，由于国家社会主义加强了对德国的控制，世界再次陷入战争，胡塞尔再次经历了某种可预期的哲学转变，转向了实践，或者说转向了人们称之为人类知识的较为"存在主义"的维度。胡塞尔出版了《欧洲哲学的危机》（Crisis of European Philosophy，1937），其中针对猖獗的相对主义和非理性主义，提出欧洲文明陷入"危机"的警告（逻辑实证主义者于相同时期在维也纳也提出了同样的警告）。在那里，关注点转向"生活世界"和社会生存的性质，这些主题在他早期对算术哲学和个体意识性质的研究中几乎从未涉及。

胡塞尔严厉斥责的相对主义和"非理性主义"，也是他的现象学被当作解药所针对的思潮，不再具有思想上的自负。它们是社会中的积极力量。他认为，哲学能够拯救世界。正如我们将要看到的那样，这在 20 世纪 30 年代的恐怖岁月中，甚至在整个现代德国哲学史上，也不是罕见的观念。这些关注在胡塞尔之后的现象学家那里仍然隐约可见，尤其是马丁·海德格尔，他在此前十年就已经出版了《存在与时间》，以及法国人让-保罗·萨特，他当时正在酝酿他的现象学著作。

在我们继续推进之前，先给出以下说明：如今，人们在所谓的"分析"哲学与"大陆"哲学之间做了太多的对照，并设想了过多的冲突。人们可能注意到，这样的对比从最初就是错的。"分析"指的是方法（它主要是由于罗素的提倡而兴起），而"大陆"指的是地方（欧洲大陆）。撇开有些人在谈及"大陆"时仅仅指涉德国和法国不说，更值得注意的是，"分析哲学"包括大量截然不同、相互矛盾的方法论，从这章来看，显然甚至基本的对比都是错误的，并且具有误导性。"分析哲学"常常根据其对逻辑和语言的兴趣来定义，然而，正如我们所见，这种兴趣本身首先出现在德国（具体而言始于弗雷格），而且完全为胡塞尔所认同。但胡塞尔也是这个世纪"大陆哲学"运动的奠基人。

后面我们还会看到，这个世纪最杰出的哲学家之一，明显属于"分析"传统中的哲学家路德维希·维特根斯坦，也是从奥地利来到英国的，而且从未抛弃过他身后的"大陆"根源。事实上，尽管有许多缠绕纠结的哲学流派、方法和风格，但它们不会因英吉利海峡甚至一片海洋就轻易地区分开来。各种不同哲学方式之间和之内的发展（不仅在欧洲、英国以及美国，而且在整个世界），构成了哲学的历史和未来。

战壕中的查拉图斯特拉：理性的局限

1911 年，一位极其热情、极具才华、极端富有、来自维也纳的古老家族的年轻贵族，出现在剑桥大学罗素办公室的门前。这个年轻人就是维特根斯坦（Ludwig Wittgenstein，1889—1951），他是个无可争议的天才，罗素在遇见他之后不久就坦承，他把能教的都教给了这位年轻的逻辑学家。维特根斯坦掌握了这种新逻辑，接纳了他老师的极简主义、原子主义的世界观，并且在几年内改变了整个哲学的面貌，尽管这并不是他的意图。

在不到80页的简练著作中撂下"要说的都说完了"这句话，并在第一次世界大战的战壕中战斗之后，维特根斯坦告别了哲学。他去学校教书，为自己的姐姐设计了一座房屋，创作了几首曲子，然后就从人们的视野中消失了。但是，1929年，他又回到剑桥大学，重新思考他做过的工作，不仅与哲学的新逻辑形式和理想的科学语言的追寻作斗争，而且与整个人类思想史作斗争。他发现，自己与之斗争的痛苦也曾让斯多葛学派和他自己的前辈叔本华以及尼采苦恼，尽管这些主题从未出现于他在剑桥以及其他地方激起的哲学讨论之中。他接受了剑桥大学的哲学教授这个"荒谬的职业"。然而，他又觉得这是"活受罪"，因而他再次离开了学术界。

但这都是后话。维特根斯坦在20世纪20年代出现在剑桥大学之时，他所离开的维也纳正经历新世界成型过程中的严酷考验。维也纳比任何其他地方，都更明显展现出旧式贵族的堕落、中产阶级的焦虑，以及新生代艺术家、作家和批评家的愤怒。维特根斯坦自己就是这种旧式贵族的体现（尽管他放弃了自己的所有财产，因而与这个阶层不再有关系）。他也有这个时代所具有的焦虑（他有三个兄弟自杀，他比任何人都清楚地意识到旧道德秩序的崩溃）。他属于维也纳那个由艺术家、作家和批评家组成的圈子。阿诺德·勋伯格（Arnold Schoenberg）是他家的朋友。令人畏惧的激进记者卡尔·克劳斯（Karl Kraus）是他早年的伙伴，尽管相比之下，维特根斯坦自己的写作实际上交织着不可抑制的紧张。在维也纳，人们可以看到，许多小的政治阴谋不久就爆发为世界大战。在那里，人们还可以看到破坏欧洲安宁的病理。在我们探寻不幸的天才维特根斯坦的显著功绩之前，我们或许应该来检视他那个时代的神经病症，这是摧毁了欧洲人也摧折着他的病理。

人们会发现，在维也纳，好医生都在探究最可怕的诊断，选择自己能找到的最敏感的主题，即自我。弗洛伊德（Sigmund Freud,

1856—1939）通常不被视为哲学家，这当然是哲学的损失和耻辱。不管怎样，弗洛伊德的观念确立了20世纪人们反思心灵、人性、人的境况以及人的幸福前景的框架。我们通常并不知道也无法知道自我心灵中正在发生的事情，他的这个反启蒙观念成了几代哲学家和社会思想家的思想前提，或者至少构成了他们的问题意识。此外，心灵最终只是物质实体（即大脑），可以用神经学和物理学语言加以分析，他的这个启蒙观念仍在规定心理科学。因此，一切皆可解释，甚至包括微小的"失误"和"口误"、遗忘和梦，这是20世纪思想的基础假设。

一如既往，这些观念都可以在其前辈那里找到。"无意识"是好几代德国哲学家的论述主题，其中甚至包括理性主义者莱布尼茨和康德。某种形式的心身合一的观念，已经由斯宾诺莎论述过，甚至在他之前、自德谟克利特以来的很多唯物主义者也论述过。在某种意义上，一切皆可解释这个观念，只是充足理由律（每件事都有原因）的另一种用法。不过，弗洛伊德在世界急需解释的时代里，把这种哲学与前所未有的胆量相互结合。他把这种哲学经验与催眠术、自己的犹太出生和在诊所的时光联系起来。然后，由于他给出的是人们最不想要的解释，即人的行为就其本性而言是基于卑鄙、残忍、乱伦的动机，从而激怒了整个世界。人类本质上是好的，对于这个启蒙观念而言，以上说法实在太过分了。性欲无处不在，而且处处受到压抑。不幸是不可避免的，而文明本身正是它的原因所在。

作为医生，弗洛伊德的理论来自于他为神经紊乱症患者的治疗实践。他发现，有些病人的问题源于早前的、常常是婴儿期的创伤经验，由此他提出心理学理论，它基于对儿童时期成长的分析。婴儿的生活，始于快乐欲望。弗洛伊德称之为快乐原则。随着婴儿意识到外部世界并不总是能满足自己的欲望，他就认识到，若要得到所欲求的快乐，就需要与所身处的环境互动。这个发现就要求承认现实原则，它在实践中常常与快乐原则相冲突。

在成长过程中，儿童学着让快乐原则的要求服从现实原则。人们可以说这是"心理装置"，借此能够发展出某种内在的审查机制，把意识到的危险或不合适的欲望排除出去。弗洛伊德称这个过程为压抑。特别是，压抑影响我们的性欲，性欲就其本性而言，常常受到扭曲。

只要欲望受到压抑，就会被迫进入"无意识"，它仍然很活跃，只是没有被意识到。不过,在有神经紊乱症的个体那里,某些被压抑的欲望和记忆要求表达,尽管它们不被社会接受。既然审查机制拒斥了这些欲望和记忆,它们就只能被部分地感觉或记住,而且是以扭曲的形式被感觉或记忆,这就导致了反常行为和混乱的思想、冲动以及梦。在梦中,我们会"看见"自己不想看到的东西。此外,弗洛伊德认为,那些因歇斯底里而什么也看不见的人,确实会力图不去"看见"那些显现在意识领域的被压抑的欲望。

神经病的征兆就是以错乱的方式表达欲望,精神分析师的工作就是给这些错乱解码,通过发现那些驱动它们的受到压抑的欲望来找到神经问题的根源。为此,弗洛伊德提出了大量方法来揭示行为背后的深层观念,其中就包括释梦。弗洛伊德认为,梦以伪装的形式(显现的内容)呈现欲望,人们可以对梦进行解码,由此发现其隐藏的信息,即潜在的内容。在他看来,神经病征兆与梦类似,涉及的明显行为是对意识上不可接受的欲望的编码伪装。心灵哲学和符号哲学由此发生了巨变。

弗洛伊德的革命性在于,他把精神紊乱视为正常发展的偏离,它与我们所谓的"心理健康"并无根本不同。正是由于弗洛伊德,"常态"观念开始受到严重质疑,也正是因为弗洛伊德,"日常生活的精神病理学"观念才站稳脚跟。弗洛伊德认为,每个人在成长过程中都面临挑战性的障碍;在克服这些障碍方面,只是有些人比另一些人更幸运而已。

比如,男孩在4或5岁的时候要面对的心理障碍,弗洛伊德称之为俄狄浦斯情结。在数年对母亲的依恋之后,男孩会把父亲视为争夺母亲关爱的竞争者。弗洛伊德把这种情况以俄狄浦斯命名,俄狄浦斯是古希腊的悲剧人物,他(在不知情的情况下)杀父娶母。是否能很好地成长取决于这种情结的化解,即放弃对母亲的依恋,接受父亲的权威。有些人未能完全化解这种情结,结果成年之后,在与母亲之外的女性建立爱的关系或服从权威时会遇到重重困难。[1]

弗洛伊德晚期的著作有明显的黑暗面。在《文明及其不满》(*Civilization and Its Discontents*,1930)中,弗洛伊德主张,人要生

---

[1] 弗洛伊德的基本理论主要集中于男性成长,关于女性成长的讨论,则主要被视为男性现象的变种。

活在文明之中，只有通过压抑欲望、放弃诸多本能的愉悦，才能做到。不幸的是，我们越文明，我们就越要克制自己；我们越是压抑自己，我们就越有可能变得神经质。因此，文明的代价就是牺牲幸福。在《超越快乐原则》（*Beyond the Pleasure Principle*，1920）中，弗洛伊德也认为，除了快乐冲动（以及与之相关的"生命本能"，它在很大程度上是性本能），人还有死亡冲动，弗洛伊德称之为"死亡本能"。

弗洛伊德并不是在说，我们全都有自杀倾向。死亡本能本质上是能量守恒原则，寻求在机体内部使紧张关系最小化。但结果是，每种机体都指向死亡，即生命循环的终结，这种病态的思想也激发了其他德国思想家的思想。最后，弗洛伊德认为，我们的生命是由爱与死的宇宙原则引导。死亡或许终结了个体生命，但是爱却见证了生命在物种中延续。尽管如此，爱并不是弗洛伊德生活的那个维也纳所颂赞的浪漫。用弗洛伊德那些众人皆知的略带嘲讽的话来说，它是"肉欲，以及文明的严峻考验。"

弗洛伊德的理论也有其批评者的功劳。第一代中包括卡尔·荣格（Carl G. Jung，1875—1961）。荣格认为，弗洛伊德过分强调性作为神经质问题的基础的重要性。他还认为，弗洛伊德过于强调个人成长经历中精神创伤的重要性。荣格认为，至少有许多无意识的生活直接由物种共有的模式或原型所指引。根据荣格的说法，神经质行为的共同原因，就是个人没有意识到的原型模式的刺激，这是应对生活处境的典型方式。在这种情形下，个人无视情境的具体细节而"自发"行为，而这种方式从意识的立场来看是不适当的。荣格也对理想的心理健康加以理论化，他称之为"个性化"，认为成熟和稳定的立场应当是这样：人要学着接受自己的所有特点，无论是优点还是缺点，并把它们整合成个性化、独特的完满生活方式。（荣格阅读了不少尼采的作品。）

在德国，另一场运动以目前尚未得到充分理解的方式完成了弗洛伊德和维特根斯坦的工作。马克斯·韦伯（Max Weber，1864—1920）是社会学家（实际上，他开创了现在所说的社会学领域），但是，他也是座思想宝库，尤其是在哲学热衷的理性这个主题上。我们再次看到，人为的学科分割是哲学的损失。多少哲学是对某些社会结构未被认可的表达，而不是对真理的阐释？又有多少社会学是隐蔽的哲学？

年轻时，韦伯是德国民族主义和帝国主义的自由提倡者。年长后，作为受人尊重的学者，他勇敢地反对战争的帝国主义和德国的新右翼，并且谴责它们表现出来的潜在的仇恨观念。他在社会学中的重要地位很大程度与他提倡的严格方法有关，但是，他最具影响力的贡献在于对当代社会的分析，如果我们用较为弗洛伊德色彩的术语来说，就是对当代社会的诊断。

在这里，有两个论题特别让我们感兴趣。第一个是韦伯的以下著名论点：资本主义以及现代西方社会的结构是新教的产物。在《新教伦理与资本主义精神》（*Protestant Ethic and the Rise of Capitalism*）中，韦伯认为，加尔文主义严酷的基督教哲学，因其预定论的核心论点，使数百万人陷入难以消解的焦虑之中。人们无法明确知道自己是否属于"拣选"的那部分。因此，人们有必要去"证明"自己够资格，因而需要忘情工作但却过着禁欲的生活。当然，无论多大的成功都无法消除这种激发了充满活力的进取精神的焦虑，但是，在努力和禁欲生活之间，结果是大量的金钱即资本的积累。在永不会成功地减轻焦虑的过程中，资本被用来挣得更多的金钱。结果是更多的努力，更多的金钱，依此类推，最终导致永不满足的贪婪，这决定了我们当前的绝大部分经验。

人们很容易把这种诊断性论点与弗洛伊德的如下观点联系起来：文明本身必然会导致我们得不到幸福，我们感到焦虑是因为我们内心深处被压抑的欲望是人性不可缺少的组成部分。不过，与弗洛伊德不同的是，韦伯没那么轻易陷入从自己的经验和自己社会的结构中进行概括的陷阱。他发现，那些决定了"人类境况"的结构并不只是文明的产物，而是特定文明、特定信念和欲望的产物。

因此，韦伯对理性观念本身产生了兴趣。自古以来，哲学家都认为理性是上帝给予的礼物，这是极为惊人的能力。正因为理性，在地球上的所有生命中，唯有人能够超越自身的当下经验，关注遥远的未来，探索遥远的过去甚至瞥见天堂，更不用说数学和哲学的乐趣了。哲学家常常质疑理性的范围，比如，中世纪关于是理性接近上帝还是信仰接近上帝展开长期争论，现代"批判"理性并尝试为之划定范围（比如洛克、休谟和康德）。不过，韦伯承认，"理性"和"合法性"有许多不同的含义，而且当代生活中常常误以为的合法性，实际上是毫无价值、纯粹"工具性"的思维方式,缺乏人性和精神性。

总而言之,合法性所指的是官僚制。公正的政府政策(罗马人的发明,由拿破仑加以完善)成了加于自身的法律,对效率的强调(无论官僚制实际上可能多么缺乏效率)替代了那些事实上让生活富有意义和值得过的价值。正如韦伯从前的导师尼采在数十年前所说的那样,理性成了暴君。它不再承认自身的局限,也不再承认它应为之服务的价值。在晚年,韦伯成了新浪漫派。通过对尼采的运用,韦伯分析了"魅力型领袖"概念,即通过精神激励的方式统治的领导人,当然,与尼采相比,他更多把这种"魅力型领袖"置于较为传统的宗教背景之中。

现在,让我们重新回到维特根斯坦。在第一次世界大战期间,维特根斯坦离开剑桥大学到奥地利军中服役,而且无论作为士兵还是指挥官都很杰出。但与众不同的是,他周围的绝大多数士兵背包里放的是尼采的《查拉图斯特拉如是说》,而他自己的背包带的是自己的哲学手稿,只要有空,他就写下自己的所思所想。如同查拉图斯特拉,维特根斯坦的书就像从山上下来的先知,突然降临到相互冲突的人类身上,对他们的混淆进行惩罚,并试图一劳永逸地澄清他们的误解。这本书就是《逻辑哲学论》(*Tractatus Logico-Philosophicus*),当他年长的老师罗素最终在1921年安排出版后,立即成了公认的哲学经典。

《逻辑哲学论》很像尼采的某些著作,由一些精心排列的、编号的格言构成。但是,不同于尼采的那些向来自我质疑的著作,《逻辑哲学论》完全是断言,甚至是教条。它似乎首先是部逻辑学著作。它至少看起来是对科学合理性的坚决辩护。这本书的主旨是经典逻辑原子主义的宣言。逻辑原子主义是罗素对极简主义的简单句子的描绘,根据维特根斯坦的说法,它们"描绘"了极简主义的简单事实。他说,"世界是事实的总和。"其余部分则是对如下问题的回答:句子(或者更准确地说,命题)如何描绘世界。

但是,从哲学的角度来看,这本书最有趣的部分与理性之无能有关。在这里,显然受到过几代德国浪漫派的影响,也受到了叔本华和尼采的影响。理性试图去做却做不到的是对自身的探究。它无法为自己划定界限,或者说,它甚至无法描述自己的界限。它甚至无法描述自身。("我不在自己的世界之中。我是自己世界的边界。")人也无法说清楚这些界限之外的东西。人无法说"不可说之物"。在科学理性的界限之外，还存在所有的价值问题、紧迫的伦理学问题、上帝和宗教的本性问题。《逻辑哲学论》的结尾指向了这个方向："对于无法说的东西，我们必须保持沉默。"这并不是简单的同义反复，而是深刻的神秘主义，它悄悄地把我们指向哲学和理性的界限之外的多元经验。

维特根斯坦的这本著作的影响之一，就是激发了维也纳的哲学运动，它后来被称作"逻辑实证主义"。维也纳学派的逻辑实证主义者接受了《逻辑哲学论》的某些核心论点，不仅包括有关逻辑形式的核心论证，而且包括较有问题的关于不可说的最终陈述。随着这场运动的发展并向英美扩展，它似乎日益把哲学和生活最重要的方面斥为"无意义的"，包括伦理学、美学和宗教。根据这种乏味的观点，哲学就是逻辑，而且只是逻辑。但是，实证主义者自己所做的并不能这样粗俗地加以概括。（我们稍后会有更详细的论述。）当然，维特根斯坦从未认可这种观点。在他看来，伦理学、美学和宗教极为重要，以至于无法用科学的逻辑语言来把握。但是，维特根斯坦随后离开了哲学，当他十年之后回到哲学，他又有了完全不同的观念。

哲学的美国经验：实用主义

美国人对冲突的 20 世纪的哲学回应，仍延续了上个世纪的反形而上学精神，实用主义这种独属于美国的哲学就是这种精神的最佳诠释。早期的两个实用主义者皮尔士（Charles Sanders Peirce，1839—1914）和威廉·詹姆士（William James，1842—1910），后者是小说家亨利·詹姆士（Henry James）的兄弟。皮尔士的实用主义，本意是要纠正当时科学方法的笨拙粗陋。詹姆士使它变成了哲学。这种哲学的标志是对经验的重新强调，这是"彻底的经验主义"，与旧的经验主义完全不同。为此，詹姆士创造了"经验流"这个词。他还通过创建某种完全美国式的方法来联结新旧世界，这种方法在欧洲被称作"现象学"（经验的科学）。他对于弗洛伊德的观念也很同情。詹姆士在去世前夕，曾与弗洛伊德碰过面。

哈佛大学的哲学家皮尔士主要是逻辑学家，他因提出符号及其相互关系的理论而闻名于世，但这与他的实用主义关系不大。他提出实用主义，主要是基于他对科学的兴趣。通过对生物学家的自然主义描述的反思，皮尔士相信习惯实际上是每种动物存活下来的关键。因此，早期实用主义者对神经学和"反射弧"的密切关注，是威廉·詹姆士和约翰·杜威的焦点问题。

绝大多数动物通过本能获得习惯，但是，人类需要发展他们的习惯。特别是，人类需要获得信念，以此为行动提供（极为可靠的）前提。因此，皮尔士认为信念是人类习惯的表现。不过，根据皮尔士的观点，信念是暂时的、偶然的。它们可以依环境而改变，而且常常遭到改变。实际上，环境和我们自己的行动不断迫使我们改善自己的信念。信念不是"一劳永逸"的问题，除了数学和逻辑，那些声称"永恒"和具有先天证据的信念，可以说毫无实际用途。我们不断检验自己的信念，看看它们是否具有可靠性，那些未能通过检测的信念，则遭到抛弃。

皮尔士同样认为，科学术语只有在它们与实际的经验现实相互联系时才有意义。他为理论作为科学中的正当公设辩护，只要这些定义集中于可理解的结果即可（"可操作的定义"）。他坚决拒斥旧世界中非经验的哲学思辨风格，在这方面，他与哈佛大学哲学系的另一位成员威廉·詹姆士站在一起。

詹姆士是科学家，他的研究方向是如今所谓的哲学与心理学的交叉领域（常常是哲学与心理学之间的鸿沟）。他是首批对神经学这门新科学感兴趣的的美国人，他的两卷本《心理学》（*Psychology*），尽管已然过时，但仍是这个领域的经典著作。不过，除了对科学的兴趣，詹姆士主要关切的是日常生活的问题。正是通过他，实用主义才流行开来，使其走出哈佛大学的殿堂，进入美国思想生活的主流。（我们可能注意到，皮尔士不屑于詹姆士把实用主义大众化的做法，以至于为了使自己的工作与之区分开来，将之称为"实效主义"，他说："这个词很丑陋，我想别人不会用它。"）

詹姆士认为，我们的观念只有当它们具有"兑现价值"时，才是有用的，也就是说，只有当我们在自己的实际计划中运用它们时，它们才是有用的。所谓好的观念，就是有益于某事。不过，詹姆士尽管这样强调实用，但并没有忽视宗教或道德信念的重要性。实际上，他认为宗教经验是我们经验中不可缺少的方面。宗教经验比宗教教义重要得多。但是詹姆士也承认，道德信念和宗教信仰若能帮助我们驾驭生活并使生活具有意义,那么,它们也具有"兑现价值"。这个比喻的粗俗性在他的那些欧洲批评者那里也不鲜见。

正是在强调经验的背景下,我们能够理解詹姆士在美国哲学中的持久吸引力,或确切地说,在哲学之外的持久吸引力,因为他更经常被当作历史学家、新闻记者和文学批评家而不是哲学家。从新媒体的发明到"经验工业"(不只是娱乐业,还有各种替代冒险以及很安全的危险体验项目),"经验"似乎正是美国人的一切。在哲学中,这种对经验的强调被归为常识,实际的主张若在我们的经验中不起作用,无论它得到多么严密的论证或具有先天的说服力,都是不重要的。

这种对经验的强调在宗教中最为显著、也最具吸引力,各种各样的宗教经验规范着精神生活。从保守的恩典教派和南部的浸礼会到加利福尼亚大瑟尔的以瑟兰学院的古鲁,宗教常常被视为个人的主观经验,而不是复杂的神学教义。詹姆士(他毕竟是医生)认为宗教是某种治疗方式,用以治疗怀疑、抑郁和不安全感,并且把宗教规定为某种疗法,而不是教义。实用主义学说也带有多元主义色彩,它肯定了世界中不同经验和生活方式的正当性。美国社会由充满野心、冒险精神的移民构成,对于这个日益多元化的社会来说,这种哲学堪称完美。

奇怪的是,詹姆士最富激情的学生是西田几多郎(Kitarō Nishida,1870—1945),这位日本哲学家在自己的国家宣扬詹姆士对"纯粹经验"的推崇。毫无疑问,西田所说的"纯粹经验"不同于实用主义者的理解。根据西田的理解,纯粹经验类似于理想的坐禅经验,在这种经验中,直接就体验到了自然和万物的统一。西田坚持认为,纯粹经验无法通过第三人称的观点掌握,因此他把经验主体的前反思经验作为其理论的基础。西田的纯粹经验先于所有主体与客体的区分;在这种经验中,人同时遭遇自我与对象。在纯粹经验中,人超越了自己的个体性,(在思想上和感情上)遭遇某种真正普遍性之物,即终极实在。正是在这里,自我与宇宙合一。

尽管美国的实用主义始于皮尔士和詹姆士的反形而上学精神,但是,第二代实用主义者深受伟大的德国观念论者黑格尔的影响,从历史来看,这也是可理解的。为了对抗当时的虚无主义倾向,强调思想能够掌控最艰难的处境,罗伊斯(Josiah Royce,1855—1916)这位詹姆士的哈佛同事,把实用主义与黑格尔主义相互结合,论述了整体主义的绝对真理观念。詹姆士对待"真理"相当谨慎，有时认为真理指的是最有用的理论，有时又提出更为激进的看法，认为我们通过在具体情境中的有效运用而使之为真。相反，罗伊斯宣称，所有哲学家，包括实用主义者，都追求绝对真理，哪怕他们否认绝对真理的存在也是如此。罗伊斯认为，现代哲学的"精神"是地地道道的观念论，包括詹姆士对经验的强调和德国观念论者动态的超验领域。非常奇怪的是，詹姆士的实用主义与西田的禅宗的相遇，所基于的共同基础是黑格尔的"经验科学"。

很多美国人不大相信实用主义源自哲学家，而倾向于认为它源于美国人的易变和不愿固守在某个地方的特性。不过，罗伊斯对哲学的独特贡献，从某种程度上确实源自他的加州背景和视角。他在某本论自然状态的书中对这个背景大加称赞，时至今日，这本书仍然是对杂糅了唯物主义、灵性、世故和粗俗的奇怪混合的极佳分析，而正是这种奇怪混合规定了加州的精神。从这个视角来看，罗伊斯对经验和他所谓的"唯意志论"的双重强调就很合适了。罗伊斯的唯意志论与叔本华那里的唯意志论完全不同，因为后者强调非理性和悲观主义。相反，罗伊斯的唯意志论受到加州的乐观主义的影响，有种模糊但很强的目的感，以及抽象的黑格尔式的对较大共同体的"精神"认同感。确切地说，对于了解其背景的人而言，罗伊斯最重要但尚未得到理解的伦理学观念，就是诸如忠诚这种德性在人类生活的重要作用。不幸的是，这种德性在美国伦理学中遭到摒弃，不仅在公司中少见，更悲剧的是，也在家庭中缺席。

杜威（1859—1952）是20世纪实用主义的核心人物以及最著名的美国哲学家。杜威也受到黑格尔观点的动态性的影响，他在年轻时，还是福音派黑格尔主义者。尽管他远离黑格尔转向了罗伊斯所辩护的抽象观念论，杜威的全部哲学仍然是建立在动态统一的概念之上，这个概念正是承自黑格尔。他整个人生都反对那些夸大的二元论，包括心灵与身体、必然命题与偶然命题、原因与结果、世俗与超验，因为它们撕裂了而不是澄清了经验，而且在他看来，这使得哲学变得不可能。他是反还原论者，偏爱丰富的理论和观点，而不是极简主义的理论和观点（比如逻辑原子主义的理论和观点）。此外，他不断寻求某种功能性的理解，而不是静态的抽象分析，比如他追问道："这是如何运行的？""这是如何融合的？"。

与这种无所不包的态度相应，杜威试图引导实用主义离开对科学与逻辑的单向度强调（比如皮尔士）以及对主观经验的过度个人化强调（比如詹姆士）。特别是，杜威更感兴趣的是把哲学应用于国家所面临的大量日益明显和严重的社会问题。他坚持认为自己首先是民主哲学家，但这绝不是说他只是谈论民主的理论家。他的哲学的主要目标是让民主运转起来，这既是他明确的政治和社会理论的目标，也是其知识论和教育理论的目标。杜威对社会问题的关切，意味着实用主义的成熟，也使其成为基础广泛的行动主义。他不仅鼓动社会参与，而且践行社会参与，很多独特的美国制度都有他不可磨灭的印记。

杜威的实用主义名为工具主义，它认为观念是我们处理实际问题时的工具。杜威比其他所有实用主义者都更为强调实践，强调我们通过做事来学习做事的现实方式。因此，他的教育理论的首要观点是：儿童要通过做事而非倾听和阅读进行学习，当然，这个理论也因其"放任"而常常遭到嘲笑。对于那些把自己的人类知识观局限于纯粹的"旁观者"视角的哲学家，即那些只是观看、理解而不是参与到实践中的哲学家，包括他的实用主义同行罗伊斯，杜威有许多严厉的批评。因此，与传统的科学哲学强调方法和结果不同，杜威将他的观点扩展为对探究和学习的本性的探索。

杜威认为，对知识的寻求不应被视为对"真理"的抽象寻求。我们的探求之所以会开始，是因为我们感到矛盾，感到真实的不安，无论是出于具体的实践问题，还是更为复杂晦暗、我们有时称之为"好奇心"的情感。我们的处境提供了我们应该处理的问题。它们不是无中生有。学术探究应始终聚焦于纠正现实问题和改正真正的不足。据此，科学和伦理学在本质上有相同的目标，即改善经验状况。经验再次成了杜威的实用主义哲学的核心术语，它不仅被理解为动态概念，而且被理解为实践概念。经验不只是了解和理解。它要求参与、介入解决问题。

尽管如此，杜威的实用主义也不应像许多欧洲人所奚落的那样，被视为功利主义特别粗俗的美国版，只关注经验的"兑现价值"（詹姆士所使用的带有隐喻性质的短语）。为了强调这个问题，杜威出版了开创性的著作，主题是显然不切实际(而且十分文明)的艺术和美学。艺术和经验把工具主义的方法应用于对艺术对象的观看。杜威认为，审美经验帮助我们以自己觉得有意义的方式来建构我们的经验。它们以不同寻常的明晰性揭示每种经验的结构，克服紧张而形成令人满意的统一体。

哲学家常常对作为社会过程的教育有兴趣，但是，除了柏拉图和卢梭，实际上没有哪个哲学家像杜威那样如此强调教育。在他的所有著作中，杜威都强调灵活观点的重要性。他坚决拒斥当时僵化的课程结构，坚持认为它是学习的障碍，不会激励学习。他强调参与、解决问题、实践和经验，最重要的是令人愉悦的学习经验。

杜威也反对如下观念：学校是不同于成人社会的机构。首先，学校是孩子学习成为民主社会的公民的地方。因此，学校本身应该是民主的模型。学校，或许是过去文化和传统的宝库和媒介，但它必须朝向变化的未来。恰当地说，教育是终身的追求，涉及全身心地以有意义的方式来建构我们的经验。此外，人们可以把杜威的美国式乐观主义与一战前后折磨欧洲人的那种苦涩的犬儒主义和绝望做出比较。欧洲人悲叹自己悲剧性的毁灭。美国人则在瞩望激动人心的未来。

乔治·桑塔亚纳（George Santayana，1863—1952）是常年生活在美国的西班牙哲学家，他是罗伊斯的学生。如同杜威，他提出了融合黑格尔主义和实用主义的哲学，也强调经验。同样，他像杜威那样是反还原论者，尤其是反笛卡尔主义者，他还驳斥当时极为盛行的静态的还原论的哲学，尤其是在欧洲和美国日益变得有影响力的各种形式的原子论和经验主义。桑塔亚纳尤其厌恶学者对方法论的强调，无论是在欧洲（比如现象学）还是在英美的"分析"哲学，它都占据了哲学的大部分内容。相反，他坚持某种极为个人化和文学化的风格。在桑塔亚纳看来，哲学是极富人性的追求，富有人文主义内涵。

不过，桑塔亚纳在某种程度上反对杜威和他的老师罗伊斯的观点。他对民主充满敌意，完全反对美国的那种"进取"文化。他偏爱地中海。如同19世纪的许多德国人，他对古希腊有一种乡愁。因此，他在哈佛大学成了有着贵族气息的人物，据说，当他发现自己有笔不菲的财产可供继承之后，就走出了正在上课的教室，并辞去哈佛大学的教职。

桑塔亚纳的哲学像罗伊斯的黑格尔主义，强调动态的经验，或他们两人所谓的"超越"经验。但是，如同罗伊斯，桑塔亚纳的观点发生了转变，从认为个人可以突然直接地"直觉到"实在，转向了某种要求较为系统、理性的过程的观念。不过，对于桑塔亚纳而言，这种"先验主体性"绝不会是完全理性的，而且肯定无法得到哲学的"证明"。相反，人最终必须相信自己的自然感受，即自己的"动物信仰"，放弃那种可论证的确定性（但却会导致自我毁灭）的哲学追求。在他的代表作《精神领域》(*The Realm of Spirit*)中，桑塔亚纳写到：

> 在动物的灵魂中，激情一个个紧接着或争着表现自己，而那些无法集中精神则慌乱地相互冲撞，给那些为自身提供的精致论证留下了深刻印象；但是，如果灵魂变得完整和理性，那它的中心，即精神的器官，就占据主导位置，所有动人的激情开始得到比较和判断，而它们可能的问题就会被预知和不受重视。波浪不会停止，但如今它们打在了岩石上。随着内在安全而来的，是内在的明晰。

桑塔亚纳揭穿了形而上学的虚假面具，推崇某种充满热情（他会说是"卡斯蒂利亚式"，或更普遍地说，西班牙式）的自然主义，但他仍坚决维护宗教的重要地位。宗教为自然提供神话的或诗意的解释，尽管它们是不真实的，但对于赋予生活意义而言，却必不可少。它们帮助我们组织自己的经验，并从某种道德的视角来看待事物。宗教绝不是完美的，如同其他所有知识，宗教对确定性和"绝对知识"的追寻是严重的错误。尽管如此，人的宗教观就像他的文化观那样，是其身份的基本组成部分，不应以进步或实用为名加以摒弃或贬斥。因此，在某些最重要的哲学问题上，桑塔亚纳完全背离了他的实用主义同行的观点。

变化的实在：过程哲学

在与罗素合作完成了《数学原理》之后，怀特海转向了完全不同的方向。他从英国来到哈佛大学，同时也离开了他在《数学原理》这本书中展示的冷峻的形式化的哲学概念。实际上，他像维特根斯坦那样，开始怀疑迄今为止整个西方哲学的主旨。他后来强调，哲学的目的是对神秘主义的理性化，"用有限的语言来表达无限的宇宙"，获得

"对于不可言说的深刻之物的直接洞见"。这显然不是那个与罗素合写了《数学原理》的哲学家—数学家的语言或情绪。罗素后来也承认,对于怀特海的新哲学,他完全无法理解。

根据怀特海的新"过程"哲学,整个西方传统的哲学家所使用的模型和隐喻都是相同的东西。它们是静态的关于永恒的模型和隐喻。这些模型和隐喻自能通过对数学的逻辑基础的兴趣来得到强化,比如怀特海与罗素曾经共有的那种兴趣,或者最早的希腊哲学家对于无时间的算术和几何真理的迷恋。西方哲学是建立在"实体""本质"和"客体"这些范畴之上的。它的理想是永恒和逻辑必然性。

但是,怀特海看到了其他隐喻,它同样贯穿了整个西方哲学史的逆流,这就是关于变化、进步和过程的隐喻。人们可以在赫拉克利特那里找到这样的隐喻。人们甚至可以在亚里士多德那里找到这样的隐喻。人们还发现,它出现在现代世界,先是在黑格尔那里,然后在达尔文和尼采那里。(值得注意的是,罗素反对的英国"黑格尔主义者"错过或忽视了黑格尔哲学的这个特殊维度。实际上,他们中的某些人把"时间是不真实的"这个非常反黑格尔的观点当作黑格尔的主要观点。)

在那个世纪,意大利哲学家克罗齐(Benedetto Croce)是忠诚的黑格尔主义者,尤其在他晚年。然而,这种过程实在观的发展中最具影响力的人物,则是法国哲学家亨利·柏格森(Henri Bergson,1859—1941)。柏格森的哲学创造了绵延观念,即变化的实在。这里的关键不只是事物的属性在变化(蓝色的东西变红,年轻的事物变老),而是生命本身在变化。相反,概念是静态的、片面的。因此,只要我们想要分析什么,就会使所分析之物扭曲变形;我们看到一方面,却看不到另一面;我们把事物凝固在时间中,而未能理解事物的成长、发展和生命。分析是没有生命的,最多也就是随着系列连续的观点推进。但是,这必然无法令人满意,因为有无数的角度,无数的瞬间。

柏格森是罗素的逻辑原子主义及其分析方法的反对者,尽管他们没有展开过直接交锋。不过,不同于他的英国(和澳大利亚)同行,柏格森不只要修正分析方法以及哲学的语言概念。他坚持认为,在哲学中,我们应该完全驳斥分析和语言。他告诉我们,形而上学是摒弃符号的学科。因此,形而上学家身处艰难的位置,要表述不可表达之物。此外,柏格森不仅拒斥简单事实、简单事物、简单感觉这样的观念,而且拒斥哲学中的事实、事物和感觉观念。他的基本存在论是变化的存在论，不是这个事物或那种属性的变化，而是变化本身。

柏格森认为，替代分析的方案是"从内部抓住"，即通过直觉把握事物整体。在这里，他抛弃了黑格尔，而接近浪漫主义者，接受了他们那种不可表达却无所不包的直觉观念。通过直觉，我们看到事物的整体及其在时间中的样子。我们看到它们体现了对立面，并表明相互对立的观点的正当性。我们超越僵化的时刻，理解到生命、事物的生机。我们把自己的自我直觉为纯粹绵延，是最直接最重要的生命直觉。我们是"从过去通往未来的连续发展，越向前越丰富"。我们的欲望和行动并非瞬间完成，它们携带着我们的全部过去。（与之相比，我们的思想则更具选择性。）通过我们自身，我们认识到世界的真理。世界是绵延。世界是演化。"我们无限地扩展自身，进而超越自身。"我们所谓的"物质"无非是经验的重复。若询问变化、发展的是什么，这就偏离了主题。实际上，柏格森哲学的全部目标就是回避这些问题，这些问题因其具有的偏见而钟爱静态和实体。

或许，柏格森哲学较有魅力的特征是其坚定的乐观主义。就像他对演化的热情，他的乐观主义堪比同时代大受欢迎的德日进（Pierre Teilhard de Chardin，1881—1955）的哲学。德日进是位耶稣会神学家，他孜孜以求的是要证明进化论与基督教信仰相容。德日进认为，人性在不断向精神统一体（他把这个统一体描述为基督）进化。物种在这个演进过程中不断得到进化。德日进认为，在进化的后期阶段，最显著的变化与其说是机体的外形和生存能力，不如说是人的意识。

如果我们注意到柏格森的乐观主义出现的背景，即大战前后充满焦虑和恐怖的年代，他的这个态度就越发引人注目。确实，在那段恐怖年月里，柏格森论述了爱与自由的哲学，反对康德式的义务和律令道德，论述了开放动态的宗教，而不是维护某种封闭静止的宗教。这种乐观主义似乎与其相伴终生，1941年，即便已经垂垂老矣，他仍然顽固地与巴黎其他犹太人一道反抗纳粹的新秩序。（德国人当时为此追究了他的这种行为。）

与柏格森不同，怀特海始终保持自己对数学的热爱，保持他关于"永恒客体"的柏拉图主义，他对科学具有强烈兴趣，尤其是新物理学。不过，他对传统哲学的抨击并没有两样。他抱怨道，哲学范畴出自17

世纪的科学。它们集中于不活跃的物质对象；对于静态的"无绵延"的瞬间加以概念化；扭曲我们的经验。它们"无视时间"。如同柏格森，怀特海坚持认为哲学要采用整套新范畴。哲学不应集中于对象，而应关注事件，不应把它们设想为静态的刹那，而应视为现实化过程的诸多瞬间。[①] 怀特海不再关注毫无生气的对象，而集中于机体观念，集中于"事件，经由模式的生长"。机体不是机制。它在时间中运行。它的各方面都"充满生机"，而不是静态的。怀特海把古老的浪漫范畴引入了20世纪的哲学，这个范畴就是创生性。这还不只是说，哲学家应具有创造性、思辨性、想象力。自然本身就具有创造性、新奇性并且充满想象力。因此，哲学家要发明的不是理想语言，而是常新常变的语言、诗意的语言，由此把捉不断演化的实在模式。

乌纳穆诺、克罗齐和海德格尔：生命的悲剧感

第一次世界大战结束了。世界不再是原来的那个世界，但却什么也没有改变。德国丧失了珍贵的土地（不到十分之一），而在1917年加入盟军的美国成了世界一极。可是，世界大战并没有解决任何问题。旧的联盟还在，如同此前那样反复无常。欧洲未能与德国达成和解。它们之间的敌对反倒变得更加严重和充满仇恨。凡尔赛和约（1919）的条款苛刻得难以置信，它要求德国为战争负责，为所有遭受伤亡的民众支付三百亿美元"赔款"。

德国经济走向毁灭。很多大帝国摇摇欲坠，甚至有些已经解体。不过，最具创伤性的直接变化，是启蒙的终结这个糟糕的哲学现实。"人性完美"的观念、道德进步和精神提升的观念，因为这场战争而彻底粉碎，它夺去了840万人的生命，遍及几乎整个欧洲。文明国家以民族主义的名义，追求利润，纯粹是为了虚荣和骄傲，结果表明自己是非理性的，看不到自己的基本价值，从而陷入难以想象的地狱。

[①] 差不多同时，胡塞尔通过现象学也在探究同样的问题，并得出了类似的结论。比如，乐曲无法分解成原子式的瞬间。哪怕最简短的瞬间，也带有此前的音符，并预示将要到来的音符。

德国作为一支伟大的军事力量遭到摧毁，但不管怎样，它坚持履行条约。德国只保留了规模很小的军队，而且没有军事生产能力。但是，随着自由的魏玛共和国在财政赤字的重负和德国人的挖苦和怨恨中崩溃，新的力量开始横扫欧洲，紧紧控制了受战争重创的国家。在国家社会主义和法西斯主义的旗帜下，德国、意大利和奥地利被鼓动起来。阿道夫·希特勒和墨索里尼开始把新颖的可怕哲学强加给他们的民众，不过民众也不全是无辜的受害者。

法西斯主义的哲学带有极其强烈的复仇和怨恨，它要求重新寻回失去的伟大和庄严，在这种沙文主义修辞的掩盖下行事。1935年，德国重新收回了它曾丧失的某些土地。意大利则攫取了埃塞俄比亚。整个世界被折腾得疲惫不堪，对德国和意大利的做法袖手旁观。当希特勒在1939年先后入侵捷克斯洛伐克和波兰时，其他国家想要干预已经太晚了。整个世界已然极度虚弱，被裹挟着走向另一场战争。

第一世界大战之后，欧洲哲学主要是某种怨恨哲学。即便我们无法直接从逻辑原子主义的某些文本和现象学方法的最新运用中觉察到这点，但是，哪怕是最抽象的哲学体系也无法避开以下这个显而易见的事实，即"世界是恐怖的"（罗素语），而且情形也不会有改观。罗素自己也抱怨道，尽管他愿意把哲学和逻辑当成避难所，却没有人的存身之地。那些把持了英美大学"分析"哲学家们的反应，则是有意轻视或忽视他们排斥在外的主题。牛津和剑桥的绝大多数哲学家不再高谈阔论人性、生活的意义、伦理学、美和政治哲学这类话题。实际上，这些话题通常要么被斥为无意义，要么被简单地一笑了之。比如像大萧条和世界大恐怖这样的实际问题，被排斥在肤浅、干瘪、形式的逻辑关切和语言分析之外。

与此同时，在法国，哲学完全一片死寂，仅仅靠柏格森轻快的乐观主义才得以苟延残喘。到1941年，法国人因遭受德国人的严重打击而元气大伤。但是，在英国和法国之外的地方，其他某些哲学家以更为直接、对抗的方式应对时代问题。为了准确把握这个问题，我们或许应该从欧洲的边缘国家开始，因为那里的哲学风气没有那么专断，但政治和经济状况甚至更加糟糕。

米盖尔·德·乌纳穆诺（Miguel de Unamuno，1864—1936）可能是西班牙最伟大的哲学家，而且他为自己的哲学具有明显的西班牙风格而自豪。无论是在诗歌、小说中，还是在哲学论文和文学评论中，他都简洁明了地谈到"生活的悲剧感"。他关注的不是北方哲学家的雄心，而是如何应对充满焦虑、残酷和失落的生活的问题。他是极具个性的哲学家，激情地呼吁诚实和正直，他完全可以算作"存在主义者"（存在主义是场哲学运动，这个阵营的哲学家尤为关切的是人的责任和具体处境。）

乌纳穆诺的哲学英雄是克尔凯郭尔。他抱怨客观的科学和理性无法回答生活问题，因而提倡某种主观真理。生命中的重要之事是激情和承诺，而不是理性和合理性。理性必然导致怀疑主义，而怀疑主义则不可避免导致绝望。相反，信仰能够提供保障，哪怕它们"只是"主观的。乌纳穆诺说，"要么一切，要么全无。"人们想要的无非是永恒，此外别无他求。理性和科学告诉我们，这是不可能的。信仰却能满足终极要求。通过信仰，通过激情的承诺，生活的焦虑被转化为某种过完满生活的动力。人是"为了生活而沉思"，而非相反。

乌纳穆诺将他的生活推向极致，这常常使他陷入麻烦。他在第一次世界大战时支持盟军反对德国，在战后又反对军事独裁，最终因此遭到流放。多年后他重回故土，又把反抗的怒火指向弗朗西斯科·佛朗哥（Francisco Franco）这位新的法西斯独裁者。结果，他被监禁在家，不久后逝世。与此同时，西班牙内战（1936—1939）让世界预感到了将要发生的一切。德国人和意大利人，以及世界上西班牙共和军的支持者，都参与到了这场战争之中，在这个本已残酷的世纪，这场战争可谓是最残酷、最悲惨的冲突。

克罗齐（Benedetto Croce，1866—1952）是维科之后最伟大的意大利哲学家。如同西班牙哲学，意大利哲学常常被历史叙述所遗漏，至少在那些用英语写就的哲学史中如此，因为意大利人对在剑桥大学和海德堡大学占据主导地位的新哲学运动几无兴趣。曾几何时，意大利还是伟大的罗马帝国，如今早已分崩离析。事实上，意大利只是到了19世纪晚期，通过复兴运动才得到统一。这种统一如同更早的德国统一，需要自己的先知、哲学家和道德领袖。克罗齐就是这样的人物。在意大利最黑暗的岁月，他是民主、正直、自由和自由主义的代言人。

克罗齐的哲学始终是政治性的，但它显现为某种精神哲学。他在哲学上的精神导师是黑格尔，他常常对黑格尔亦步亦趋，并在《黑格尔哲学中活的东西和死的东西》(*What Is Living and What Is Dead in the Philosophy of Hegel*, 1907)中对其做了极为详细的评述。黑格尔的哲学沿着精神在历史的兴衰变迁前行，对矛盾进行综合、协调，无论如何，都把矛盾接纳下来。它的核心论题始终是精神的发展，在这个过程中，个体差异被融入全面的和谐统一体。

如同黑格尔的哲学，克罗齐的哲学也是彻头彻尾的历史哲学和文化哲学，是对时代的内在动力的研究。在其早期著作中，克罗齐像维科那样论述了严格的发展图式。但是后来，由于意大利要为自己的自我认同斗争，而世界不可避免地走向战争，他提出了较为弹性的观点。这时他认为，世界是不确定的。它充满了自发性、不可预测性。它是自由的作品，是自由个体的作品。历史创造自己的结构，而不是发现结构。

如同黑格尔，克罗齐最终认为，人类的历史是为自由而斗争的历史，是自由呈现的历史。因此，当墨索里尼上台掌权，克罗齐就成了勇敢、公开的反法西斯主义者。墨索里尼垮台后，克罗齐成了民族英雄、意大利的道德楷模。尼采说，哲学最终应该成为典范，克罗齐做到了，而且非常完满。他的哲学是哲学介入世界的极佳范例，他本人堪比罗素、萨特和美国的杜威，以及所有把哲学视为勇敢爱智慧而非方便的敲门砖的古代哲学家。

马丁·海德格尔(Martin Heidegger, 1889—1976)是胡塞尔的学生，不过不同于他的老师，他主要关切的并非哲学方法，也不是胡塞尔那种关于数学和"形式科学"的冷酷探究。在成为现象学家之前，他学的是神学，他的问题是存在主义问题，比如在这个复杂混乱的世界中如何生活、如何"本真"地生活，即如何诚实地生活。为此，他为我们留下了系列发人深省却也常常晦涩的启示。

海德格尔的哲学具有里程碑的意义，是这个世纪最有力、最有影响的哲学。但是，从人生典范角度来看（即我们应用于乌纳穆诺和克罗齐的那种存在主义测试），我们必须说，海德格尔是不过关的。乌纳穆诺和克罗齐都冒着生命危险谴责法西斯主义，而海德格尔反倒加入法西斯主义阵营。他在1933年成为纳粹党员，并在同年当上了弗莱堡大学的校长。他解雇犹太裔教授，发表演讲称颂希特勒和纳粹的理想。第二年，他辞去校长之职，但他从未就参与国家社会主义有过悔意。他仅仅抱怨过，纳粹未能实现他们自己的哲学，而他仍在为这种哲学辩护。

海德格尔的这个立场引发了我们尚未充分面对的难题。在我们这本书中，我们一直在追问以下这个问题："哲学是如何表达文化和个人的？"我们坚持认为，不能将哲学与哲学家完全割裂开来。当然，这种关联"或多或少"总是相关的。人们可以陈述某种观念、论点或完整的观念体系，而无需提及那些采纳了上述观念、论点或观念体系的人。相应地，人们也可以巨细无遗地描述哲学家的生活，却完全不提及他的哲学，实际上，许多哲学家的传记都是这样写的。尽管如此，哲学家和他的哲学之间，相互之间有深刻影响。

海德格尔的批评者为了寻找证据表明他对纳粹的同情渗入甚至推动了他的哲学，仔细地审读他那些艰涩的文本以及有时晦涩的结论。相反，海德格尔的辩护者则坚持认为，著作是著作，无论我们对他这个人有多么尖刻的批评，著作本身是不受此沾染的。我们以为，这两种极端的说法，都是无意义的。哲学预示了生活方式，生活方式也预示了哲学。当然，我们要能够承认伪善和自欺，我们也必须允许个人的观念与其行为之间存在距离。即使如此，海德格尔的立场仍然具有问题，这部分是因为哲学与哲学家、纳粹之间的关系绝不是明确的。

如同维特根斯坦的哲学，海德格尔的哲学也分为两个部分。他的早期作品是现象学家的成果，在《存在与时间》（*Being and Time*，出版于1928年）这本旷世巨著中登峰造极，不过它也表明海德格尔完全可以归入"存在主义者"的行列。如同克尔凯郭尔，他探究本真存在的意义、我们的有死性的意义、我们作为个体在世界以及他人中的位置。海德格尔的晚期著作则有所转向。如同他的老师胡塞尔，海德格尔一生的哲思活动，始终坚持从零开始，坚持"无前提性"；但是他在晚期认为，他早期的著作仍然深陷传统形而上学的前设之中。

通过转向最早的希腊哲学家的著作，即尚未被柏拉图和形而上学、笛卡尔和主体性损害的哲学，海德格尔试图向我们展示通向真正无前提性的整体哲学之路。这种哲学蕴含了新的敞开、感受性，意味着与世界融合为一，用更为人所知的语言来说，它与许多激进或"深度"的生态主义者的方案类似，正如海德格尔自己发现的那样，某些非西方文化从未受到他自己身处的那个哲学传统的二元论的人道主义傲慢的干扰。

我们这里将只集中于海德格尔早期的"存在主义"哲学。具体而言,海德格尔早期著作有两个主题。第一,海德格尔展现了某种深刻的反笛卡尔主义立场、强硬的整体论,由此拒斥所有关于心灵与身体、主体与客体的二元论区分,以及在语言学上分裂"意识""经验"和"心灵"的做法。第二,海德格尔的早期哲学主要寻求本真性,或所谓的"我属性",对此我们可以通过某些解释而把它理解为诚实。这种对本真性的寻求将把我们带入现在大家非常熟悉的永恒大问题,即自我的性质和生命的意义,以及海德格尔那些略微令人悚然的"向死而在"观念。这也导致了海德格尔对传统和"历史性"的称颂,即强调完全致力于自己所身处的文化的重要性。某些批评海德格尔的政治活动的人,正是在这样的观点中,发现他的哲学倾向德国沙文主义(即使不是直接导向国家社会主义)的证据。

海德格尔的反笛卡尔主义始于他对"意识""经验"和"心灵"这类语言的拒斥。他是现象学家,但是海德格尔认为,作为现象学家仅仅意味着从一个人的特殊观点出发。它无需要求作出如下形而上学假定:有让观念显现的心灵,或者,存在诸如意识这样的东西或活动,它如同世界中的一束光那样指向自身。

为了保证这个出发点的中立性,为了不使我们陷入笛卡尔的语言,如今它已然深深嵌入到了我们的日常语言之中,海德格尔提出了新术语。此在(Dasein)这个术语指的是以下这种存在者:从其自身的角度出发描述。此在不是意识,也不是心灵,更不是个人。它与它所意识到的世界分别开来。它与那个世界相融而不可分。(我们可以把这些说法与维特根斯坦在《逻辑哲学论》中的如下说法进行比较:"我不在我的世界之中。我是我的世界的边界。")此在仅仅意味着"在世存在",海德格尔坚持认为这是"统一的现象"。

此外,我们的在世存在首先不是意识或认识世界的过程,绝大多数现代哲学就是这样假定的。科学是保持距离的关切。它最直接的典范就是工匠,这是古希腊早期的德性观沉迷的形象。无疑,工匠"清楚自己的材料"。可是他或许没法把它解释给你看。他甚至可能不知道如何向你展示这些材料。他能做的,而且确实在做的,就是运用他的技艺。他向你表明自己知道如何做。海德格尔跟我们说,这种知道"如何"要先于知道"什么"。

事实上，我们的世界在本质上是扩展了的工艺室，我们可以在这里进行各种任务，只是偶尔（常常是在出了故障的时候）才会停下来反思我们正在做的事情，才会把我们的工具当作客体、事物来打量。在这个工艺室中，它们首先只是工具（或材料），而且我们在这个意义上视其为理所当然，我们依赖它们却从未注意到它们。

这种原初的世界观是开端，从此出发，我们必定理解知识的作用，以及谈论"意识"和"经验"的危险诱惑，正是后者使我们与世界相疏离。事实上，海德格尔早期哲学的某个核心概念是情绪。正是通过我们的情绪，而不是疏离的观察性知识，我们才与所处的世界"谐调"。（这在德语中是双关语："情绪"是 Stimmung，"谐调"是 bestimmen。）情绪也是理解自我性质以及我们是谁的出发点。

首先，此在观念不允许心灵与身体的二元论，以及主体与客体的区分。因为，所有这些区分都预设了"意识"的语言。因此，海德格尔论述了某种彻底的整体论，其中，自我不能像在笛卡尔那里那样，是"思考的东西"，与所有身体性存在区分开来。可是，自我是什么呢？首先，它只是别人投射于我的角色，比如他们的儿子、他们的女儿、他们的学生、他们的闷闷不乐的玩伴、他们的聪明朋友。自我，这个常人（Das Man）的自我，是某种社会建构。这里没有任何本真的东西，没有什么是我自己的。（Das Man 是海德格尔自造的词，源于习语"Man ist……"，意思为无名的"某人"。）

相比之下，本真自我出现在独一无二的自我承认的深刻瞬间，比如当某个人面对自己的死亡之时。仅仅承认"我们在走向死亡"还不够，海德格尔认为，这仍是某种客观的真理，因而是非本真的。这里至为紧要的是某人自己的死亡，因此，某人的"我属性"成了"向死而在"，完全面对着自己的有死性。我们在乌纳穆诺那里看到了类似的论点，至少在这个意义上，海德格尔也认可"生命的悲剧感"。不幸的是，他没有理解也不承认德国的悲剧，以及他自己在其中扮演的不可忽视的角色。

马克斯·舍勒（Max Scheler, 1874—1928）也是胡塞尔的学生，不过他同样把现象学带向了不同且更富激情的方向。舍勒是个热情的人，他对哲学的巨大贡献在于把情感引入康德那种过度形式化的伦理学观念，后者在当时仍支配着欧洲大陆。在某部论"同情"的著作中，他复兴了道德—情感理论，并把爱和恨这类情感置于伦理学的核心位置。他认为，情感向来被哲学家理解为完全是"主观的"，因而他主张的"认知观"认为，情感可以构建为知识的重要来源。他甚至认为，存在某种先天的情感，这是向来遭到哲学家忽视的情感的普遍必然状态。

舍勒在他的著作《怨恨》（*Ressentiment*）中，对两次大战之间展开的世纪主题作了总结，在其中，他发展了尼采的控诉：现代道德是"奴隶道德"、怨恨道德。不过，尼采指责的是基督教，而舍勒（作为天主教徒）放过了自己信仰的宗教，把矛头指向了资产阶级。（在接下来的半个世纪中，资产阶级受尽辱骂。）

舍勒的现象学与胡塞尔的现象学不同，它主要关注的是价值，尤其是价值在情感中的来源。现象学以及整个欧洲哲学，日益显示出某种不那么刻板紧绷的状态，拒斥形式化，强调接受和理解人类生存"非理性"方面。

我们或许可以通过进入更加遥远的欧洲东部来结束这部分的论述，这里的世界也在急速地发生巨变。在这个世纪的头二十年里，俄国一直为革命所折磨，最终在 1917 年的布尔什维克革命中达到顶峰。列宁（Vladimir Ilich Lenin）是二流的哲学家，但却是一流的革命家，他把停滞不前的封建国家变成了马克思主义的先锋（或如后来所称的那样，马列主义）。列宁死后，斯大林（Joseph Stalin）掌权，他用残酷的铁拳政策统治这个国家，以社会主义观念的名义杀害了成千上万的同胞。

这种打着哲学旗号的极端主义，对于俄国而言并不新鲜。曾几何时，我们曾轻蔑称俄国为欧洲东部的熊，我们应当记住，在 19 世纪的大部分时间里，在共产党人掌权之前很长时间，哲学在大学里被认为是颠覆性活动，因而是非法的。或许，作为这种禁止的结果而非原因，哲学在俄国掀起了很大的热情，甚至具有颠覆性。虚无主义（被理解为对一切权威的抨击）概念就是俄国人的发明，而且这个术语作为恰当的标签扎根于游荡在欧洲的这个新幽灵之中。（这个术语因屠格涅夫 [Ivan Turgenev，1818—1883] 的小说《父与子》而流行开来。）

另一方面，俄国思想也不是只关注这种颠覆性。两位伟大的小说家—哲学家陀思妥耶夫斯基（Fyodor Dostoyevsky，1821—1881）和托尔斯泰伯爵（Count Leo Tolstoy，1828—1910），就编织了宏伟的关于绝望、精神性和爱的哲学叙事。陀思妥耶夫斯基看不起正在吞噬俄国人的那种斤斤计较的功利主义和社会主义。在他的《地下室手记》(*Notes from Underground*，1864）这部存在主义经典之中，他为我们描述了以下人物形象：他反对所有"为了自己利益"的哲学，他认为，只是为了证明自由和尊严，而不是机械性追求自己的利益，才是人的"最大好处"。

在《卡拉马佐夫兄弟》（*The Brothers Karamazov*，1880）中，陀思妥耶夫斯基把现代俄国的哲学张力注入了三兄弟以及他们的同父异母兄弟、父亲的奇异性格中。叫伊万的兄弟是热衷尼采的无神论者，他宣称"没有上帝，一切都是被允许的"，这驱使他试图疯狂地去理解他的无神论的意涵，并且尝试理解这个世界的不义。与此同时，他的兄弟和米特里和阿廖沙恰好与其相对应，前者是粗俗的时而有暴力倾向的利己主义者，后者是天真的虔诚的年轻基督徒。同样，在《白痴》（*The Idiots*，1869）中，陀思妥耶夫斯基试图在圣彼得堡这个腐化的社会中创造"完美好人"的形象。不必说，这样的人不适合其所处的贪得无厌的社会环境。

如果说陀思妥耶夫斯基主要关心的是内在价值和个体尊严，那么托尔斯泰则更为关注社会的不平等和残忍。他的宗教倾向发展成了社会伦理。他虽然从小是娇生惯养的贵族，但在小说中却揭露了俄国贵族的奢华生活。他心系农民。作为叔本华的信徒，他认为整个世界都是非理性的，但他也同样认为，同情在伦理学中有着极端的重要性。黑格尔对托尔斯泰的影响也很明显，尤其是他的伟大小说《战争与和平》（*War and Peace*，1869）中，甚至拿破仑也被描述为受害者，是世界精神的工具，因为世界精神对纯粹的个体毫无兴趣。

不过，托尔斯泰在其史诗作品中再造的那个混乱时代，不过是20世纪即将到来的混乱的预演而已。紧接着革命的暴力之后，斯大林开始了他的肃清运动。那时，尽管斯大林与希特勒缔结了合约，德国军队仍从西面进攻俄国，直指圣彼得堡（后来被改称列宁格勒，如今又改回圣彼得堡）。与欧洲的所有其他国家相比，俄国更加展现了自愿承受的生命的悲剧感，俄国哲学家别尔嘉耶夫（Nikolai Berdyayev，1874—1948）称之为历史的"深刻失败"。

希特勒、大屠杀、实证主义和存在主义

第二次世界大战始于 1939 年希特勒入侵波兰，但是，这次史诗性的对抗早已开始在酝酿，事实上，可以从 1919 年凡尔赛和约算起。德国受到了严重的惩罚，整个经济完全瘫痪。魏玛共和国解体，狂人希特勒在 20 世纪 30 年代初迅速掌权，发动反犹主义的浪潮。

纳粹打算灭绝全欧洲犹太人的大屠杀到底始于何时，这个很难说清楚。希特勒在 1933 年掌权之后不久，犹太人的公民自由就被剥夺。1935 年，希特勒通过立法彻底排除犹太人，并在 1938 年没收他们的财产。在 1938 年 11 月的水晶之夜，盖世太保发动暴乱，德国的绝大多数犹太教堂被毁，由此开始了针对犹太人的全面恐怖统治，前后持续近十年。奥地利和意大利主动加入到这场清洗之中，几年之后，法国也出现类似情形。

教皇本来可以对此发表声明进行干预，但他什么也没说。实际上，天主教徒、吉卜赛人、同性恋者和其他少数派都笼罩在集中营、行刑队和毒气室的恐怖之中。有人宣称，世界上的绝大多数领袖和这些国家中的绝大多数人对大屠杀毫不知情，当然，这种说法几乎没有什么证据支撑。罗斯福总统，不管他想了什么或有什么感觉，在 1941 年之前什么也没做，直到日本偷袭夏威夷的珍珠港才给了他参与战争的借口。无论在此之前世界是什么样子，哪怕有第一次世界大战的恐怖，人们都从未见到，或至少从未如此清晰、如此贴近地看到如下情形：现代技术和有效管理被用以系统地灭绝整个民族。由于这场战争，欧洲最古老最伟大的文化处于危险之中。

在北欧，纳粹的崛起和战争的肆虐激发了两种激进的哲学运动，一种哲学运动正面抨击各种形式的非理性，另一种哲学运动则把非理性当作人类境况加以接纳。前者就是众所周知的逻辑实证主义，它建基于维特根斯坦的早期哲学，其根源可以追溯到休谟和英国经验主义者。它为自己的冷静、科学以及对废话毫不留情而自豪。后者则是存在主义，它源自克尔凯郭尔和尼采，并以胡塞尔的现象学作为方法。无论这两种哲学运动有什么差异，它们都基于残酷的经验、战争的恐怖和大众的非理性。事实上，它们都认可某种诚实的、非情绪化的理性，不过，它们也都对非理性加以理论化，尤其是它在伦理学中的地位。

逻辑实证主义者坚持科学和逻辑的严格性，拒斥他们认为应对恐怖负责的德国浪漫主义，因而把伦理学弃置一旁。正如维特根斯坦在《逻辑哲学论》的结尾所说的，他们似乎认为，关于这些问题，我们不可能有任何可理解的表述。如同罗素，他们似乎满意于如下观点：伦理学完全是主观的，是情感问题，毫无逻辑和理性。这使伦理学的地位显得可疑，至少遭到悬置。可是，如果哲学家不去阐明世界的罪恶，还能让什么去阐明呢？逻辑实证主义者奋力让启蒙运动保持活力，尽管它已然在第一次世界大战中消亡。可最终，他们把伦理学完全排除出了哲学。

非常奇怪的是，存在主义可以说是20世纪最道德的哲学，或者至少是最道德化的哲学，但存在主义者似乎也对伦理学避而不谈。尼采认为，西方的道德是奴隶道德，他在《快乐的科学》（*The Gay Science*, 1882; revised 1887）中记述了如何轻快地在道德的墓穴上起舞。海德格尔还特别强调，他没有提出任何伦理学，进而轻蔑地说那些关注伦理学的人是"在错误的价值海洋中的鱼"。甚至萨特这位卓越的道德家，也跟随海德格尔，认为他的存在主义不是伦理哲学，尽管他确实曾作出承诺，他的巨著《存在与虚无》（*Being and Nothingness*, 1943）的"存在论现象学描述"将提供某种伦理学。（萨特关于伦理学的笔记事实上仅仅在几年前才出版。）

实际上，存在主义者所拒斥的是资产阶级的"道德"观念，这种伦理学关心如何保持干净、偿清债务和避免丑闻。存在主义哲学的口号是本真性（各个存在主义者的表达方式并不相同），首要呼吁诚实、责任，甚至英雄主义。本真性完全无法用传统的哲学理性和科学理性加以计算（或描述）。因此，存在主义诉诸文学、预言、晦涩的表述、时评，以及所有可以唤醒世界意识到其残酷和不负责任的行为的方式。

奥地利针对犹太人的威胁可能最为严重，在这里，大部分是犹太裔的才华横溢的哲学家组建了"维也纳小组"，这是逻辑实证主义者的圈子。首先，维也纳小组是对非理性主义的回应。许多早期的实证主义者，既是哲学家，也是物理学家和数学家。他们严重偏向科学，他们的方法可以回溯到休谟，以及新近出现的罗素和维特根斯坦的逻辑原子主义，因而完全把逻辑和科学视为理性的典范。这种方法首先始于事实与价值的严格区分，其次则是不那么严格的逻辑真理与经验真理之间成问题的区分。逻辑真理，包括数学真理，都是从小部分基本、实际上微不足道的公理推导出来。（这已得到罗素和怀特海证明。）相反，经验真理基于经验、实验和观察。哲学家在这种真理的发现上并无特别的洞见、天赋或工具。相反，实证主义者认为，自己在生活中的作用是让生活于世界中的人们感到世界很安全。他们试图通过为理性和逻辑辩护来实现他们的主张。

逻辑实证主义者主要关心的是区分科学能够且应该考察的有意义的假设与无意义的假设，后者纯粹是浪费时间，而且它们是无法解决的歧见之源。他们确立了自己的标准，即证实性观念这把锋利工具。假设（以及由此扩展成的命题）只有当它能够被证据证实才是有意义的。因此，"这间屋里有十二只兔子"是有意义的（哪怕它刚好错了）。"这间屋里十二个隐身的天使"则是没有意义的，它既不真也不假，因为毫无可能去确定这些隐身的天使。

这个证实性标准不久就需要某种逻辑改进。比如，显然有些假设（有些命题）"原则上"是可证实的，事实上现在是不可证实的（比如"其他太阳系的某些星球是有生命的"）。某些实证主义者还意识到以下这个窘迫的问题，即证实性原则本身似乎不能在经验上得到证实。尽管如此，它的基本观念仍清晰明了，精神气质也十分明确。实证主义者宣称，世界上有大量毫无意义的东西，哲学家的工作就是竭尽自己的力量去澄清它们。

实际上，逻辑实证主义者并非人们时常以为的那样，狭隘地沉迷于科学和逻辑。他们首先是这个陷入疯狂的世界中维护理性的人。尽管如此，他们在努力清除无意义的同时，也消除了哲学中大量重要之事。既然伦理表达（或"价值判断"）无法得到科学的证实，那么实证主义者的伦理学就成了不正当的主观主义，或者更准确地说，成了名为情感主义的哲学。情感主义，它较为复杂的形式可以用赞成（或不赞成）来说明。情感主义者认为，"这是善的"意思是"我赞成它，我想你也这样做"。据此而言，没有证据或论证来表明某物是善（或恶）。伦理"判断"完全是说服的问题。根据较为激进的情感主义者的看法，比如晚期的艾耶尔（A. J. Ayer，1910—1989），伦理表达实际上无非是"嘘声"和"欢呼"。这样的表达无论对于表述者和听众多么重要，实际上是毫无意义的。（艾耶尔尽管持情感主义立场，他的学术生涯却因某部吹捧伟大的法国道德家伏尔泰的著作而大放异彩。）

1941年，希特勒入侵巴黎，开始占领这个曾经让人感到骄傲的城市。如今，我们只能想象巴黎人民日日夜夜感到的羞辱、恐惧和道德压力。每天都在逮捕犹太人和破坏分子，有些勇敢的法国人正建立长期"抵抗"德国人的组织。日常生活提出了这样的问题，谁会有足够的勇敢，用自己的生命去冒险？谁又是毫无原则、背信弃义、胆小怕事，与占领的敌人同流合污？

在战争背景下，存在主义臻于极致。在这本书中，我们好几次提到了存在主义，它最好应理解为包括克尔凯郭尔（或许还有尼采）、乌纳穆诺和海德格尔在内的哲学运动。有人可能会加上陀思妥耶夫斯基和捷克作家卡夫卡。这场运动通常会追溯到克尔凯郭尔，不过某些研究者甚至会追溯到苏格拉底。不过，"存在主义"这个词本身，则是让-保罗·萨特（Jean-Paul Sartre，1905—1980）在占领法国和战争最激烈的时刻创造出来的。

"存在哲学"这个词，精神病理学家卡尔·雅斯贝尔斯（Karl Jaspers，1883—1969）此前就已经在使用，他也属于存在主义传统。雅斯贝尔斯是首位看到，克尔凯郭尔与尼采这两个截然不同的人（一个基督原教旨主义者，一个是无神论者），比任何人都更为相像。他利用从克尔凯郭尔那里借来的特别术语"存在"，来概述规定了人类存在的自由的核心（当然，这是在一定客观限制内的自由）。雅斯贝尔斯自己是科学家，是科学理性和客观理性的辩护者，但他反对实证主义者的单向关注，坚持认为关于人类境况之性质的非客观（并非必然是主观）的洞见有适当地位。

萨特的哲学通常被当作存在主义哲学的典范，其他人之所以被视为存在主义者，则在于他们与萨特的某些主题的共鸣，比如他的极端个人主义、他对自由和责任的强调、他关于是我们而不是世界赋予生活以意义的主张。不过，我们必须要清楚，存在主义者彼此各不相同。由于他们强调个人主义，因此他们中的许多人都认为自己从未参与任何"运动"。克尔凯郭尔是虔诚的基督徒，尼采是无神论者，乌纳穆诺是自由的天主教徒，让-保罗·萨特是马克思主义者，海德格尔是纳粹。萨特非常热情地倡导意志自由，尼采对之进行了否定，海德格尔几乎从未谈起它。

尽管如此，人们也不要错误地以为，存在主义代表了特别适合于现代（甚至后现代）大众社会的态度。如果我们暂时做个概括，或许可以这样说，存在主义者共有某种对个体和个人责任的关切。他们对于那种吞没个人的公共群体或力量，常常充满怀疑甚至怀有敌意。因此，克尔凯郭尔和尼采都抨击"畜群"，海德格尔把"本真的存在"与纯粹的社会存在区分开来。特别是，萨特强调个人自由选择的重要性，无视他人对我们的欲望、信念和决定的影响、强迫。在这方面，他追随克尔凯郭尔，认为充满激情的个人选择和承诺是真实"存在"的基本要素。

尽管克尔凯郭尔的作品激发了20世纪的很有影响力的宗教存在主义学派（包括保罗·蒂利希［Paul Tillich］、马丁·布伯［Martin Buber］、卡尔·巴特［Karl Barth］和加布里埃尔·马塞尔［Gabriel Marcel］），不过存在主义的态度更经常地与无神论思想家相互联系，在他们看来，宗教信仰是某种胆怯行为，或如阿尔贝·加缪所说，乃是"哲学的自杀"。尼采抨击基督教和基督教道德，认为它是弱者的庇护所和武器。在《查拉图斯特拉如是说》中，尼采最著名的形象就是引入了令人激动却又模糊不清的超人。即使这个理想很模糊，尼采的目标仍很清楚，激励个人特立独行，不甘平庸顺从，提倡要有"此世"的态度，而不要追寻更好的"彼岸"世界。

20世纪的存在主义深受现象学的影响，现象学发源于胡塞尔，后来由他的学生海德格尔引入存在领域。此在的"存在论"问题探究个人是谁、个人自己如何成为自己。在海德格尔看来，现象学成了"揭示（某人）存在"的方法。萨特在胡塞尔和海德格尔之后，运用现象学方法为如下论点辩护：人本质上是自由的。

萨特回避海德格尔对笛卡尔的意识观的抨击，认为意识（被描述为"自为的存在"）总是自由选择（而不会自由地不去选择），自由"否定"（或拒斥）所给定的世界特征。个人可能胆小或害羞，但这样的行为仍是选择，他完全可以下定决心加以改变。个人可能生为犹太人或黑人、法国人或瘸子，但个人总是可以造就自己，无论上述这些是障碍还是优势，是要克服的挑战还是无所事事的借口。萨特的哲学在战争和占领的恐怖时期，显得异常尖锐。

战后，他年轻的同事莫里斯·梅洛-庞蒂（Maurice Merleau-

Ponty，1908—1961）对他有过影响，让他觉得应该修改对自由的"绝对"强调，当然，他仍然保留了对自由和责任的强调。进而，梅洛-庞蒂提出了他自己关于自由的激进现象学，强调人类意识本质上的涉身性。阿尔贝·加缪（Albert Camus，1913—1960）则从海德格尔那里借来了世界中的"被抛"感，他与萨特类似，认为世界无法赋予个人以意义。不过，与萨特和海德格尔强调人必须赋予自己以意义不同，加缪断言世界是"荒诞的"，这是代表了整个存在主义思想的术语，当然这种代表也许是错误的。

实际上，关于存在主义的流俗理解一直存在的错误是，它混淆了对宇宙的"无意义"的强调与对绝望或"存在的焦虑"的提倡。甚至加缪也认为，荒诞不是绝望的通行证，而尼采则提倡"快乐"。克尔凯郭尔书写"福音"，对于海德格尔和萨特来说，备受颂赞的焦虑情绪是人类境况的基本要素，是自由和自我意识的象征，而不是绝望的理由。特别是，在萨特看来，存在主义的核心既非阴郁，也非无望，而是重拾作为人的意义的信心。我们后面将回到他以及加缪的哲学。

"本真性"并不是新观念。它一直以各种形式呈现在哲学最有影响的核心关注之中。苏格拉底也是关切自我的本真性的哲学家，涉及思想和行动的真实性、"灵魂的善"等问题。他寻求的不是纯粹的意见，而是知识，尤其是自我知识，规定的不会是正确的行动，还有德性，即"对自己诚实"。奥古斯丁则关注"真实"的自我精神，反对欲望和身体的非本真要求。让-雅克·卢梭要求"自然"的自我基本善，反对社会强加的"败坏"。

作为首位存在主义者，克尔凯郭尔认为，本真自我是个人选择的自我，而不是个人的公共身份或"群体"身份。这种把真实自我与公众或"群体"对立起来的观点得到尼采接受，克尔凯郭尔和尼采影响了海德格尔，海德格尔的自我属性概念支配了当代的存在主义思想。让-保罗·萨特则把后来阿多诺所谓的"本真的行话"改造为他的"自欺"概念，这是为了逃避责任而为自己的行动寻找借口的自我欺骗。无疑，这个观念建基于海德格尔的非本真性观念之上。不过，积极的本真性观念（诚实）对于萨特而言仍然存在问题，而且，存在主义遭受的诸多持续批评包括本真性观念的含糊性和飘忽性。（这会是"原罪"的残余吗？）

毫无出路：加缪、萨特、波伏娃的存在主义

加缪成长于战火纷飞的阿尔及利亚，因此，尽管他那些知名作品表面上不涉政治，但他写下的所有文字都染上了内在的苦涩经验。第二次世界大战开始之际，他出版了题为《局外人》（*The Stranger*, 1942）的小说和题为《西西弗斯的神话》（*The Myth of Sisyphus*, 1942）的散文集。由于这两本书，他成了现代新道德的代言人，这种新道德就是在面对"荒诞"时直面生活的能力。加缪把它描述为"我们时代的感受力"。重要的是，我们应当把荒诞与日常生活的纯粹荒谬区分开来。荒诞是某种形而上学视角，是我们自身以及我们的理性和正义要求与"漠不关心的宇宙"之间的冲突感。

《西西弗斯的神话》这个书名中的人物，是古希腊的著名人物，他被罚终生不断推一块石头上山，而石头每次推上山后又会滚落下来。加缪说，这就是我们所有人的命运。我们费尽心力对抗沮丧。人们应该注意到，存在的这种荒诞并不因西西弗斯不死这个事实有所减缓。因此，加缪认为，哲学的首要问题是生活是否值得过的问题，或者用另外的表述来说，我们是否应该自杀。对于前者，他以热情的口吻做了肯定的回答，对于后者，他以道德家的口吻做了否定。加缪笔下的西西弗斯投身于无意义的事业，从而使其变得有意义，这对于我们有很大启示。加缪断言："我们必须认为西西弗斯是幸福的"。因此，我们也要让自己投入到自己生活的荒诞之中。

相较而言，《局外人》的主角毫不犹疑地接受了生活的荒诞。他不做判断，尤其不做道德判断。他接受了那些令人厌恶的人做自己的朋友。他不为自己母亲的死亡所触动，甚至对于自己杀人也无动于衷。他因自己的罪行而面临死刑，也毫无悔意地"敞开心扉接受宇宙的漠不关心"。他也说自己是幸福的。不过，小说有个引人注目的糟糕结局。这个被判死刑的人，受到刺激而意识到生活的荒诞，因审判和监禁的严酷而意识到自己的人性，竟然期望人群在自己执行死刑时报以"咆哮的欢呼"。因此，西西弗斯也接受了自己徒劳的命运，但他通过"嘲笑"诸神而让自己获得幸福。我们对荒诞的接受沾染了艰涩和怨恨的色彩吗？加缪似乎在接受和反抗之间受到撕扯。

同样的主题也出现在《鼠疫》（*The Plague*, 1947）和《反抗者》（*The

Rebel，1951）这两部作品中。在《鼠疫》中，加缪的反抗展现出社会性维度，他描述了阿尔及利亚某个城市的公民共同与无情的传染病和幽闭恐惧症（或许是对纳粹占领的隐喻）作斗争的故事。在《反抗者》中，加缪回到他的"反抗"主题，并用非政治的话语表明，我们不仅抵抗荒诞，而且抵抗那些以这种或那种意识形态的名义谋杀或撒谎的人。（因为这个观点，萨特这个马克思主义者与加缪断绝来往。）

在加缪最后的小说《堕落》（The Fall，1956）中，主角是名叫让-巴普蒂斯特·克拉蒙斯（Jean-Baptiste Clamence）的堕落者，他总结了加缪早期小说中的人物以及他自己在杂文中所拒斥的那种艰涩和绝望。如同《局外人》中的主角，克拉蒙斯拒绝对人做判断，不过，默尔索（"局外人"）是没有能力判断，而克拉蒙斯（他曾是一位律师）则把这种不做判断视为哲学问题，"我们中谁是无辜的？" "不去判断别人，这样才不会被别人判断"，这是他的座右铭，当然他的这个策略是让我们自己判断自己。自始至终，罪与无辜的问题都是加缪哲学的核心。在荒诞的世界中，个人怎么可能是无辜的？在这个世界中，个人怎么能既敏感又负有责任？

萨特哲学的核心观念是无所不能的自由和毫不妥协的个人责任感。在纳粹占领的高压环境中，在第二次世界大战之后的危机岁月，萨特坚持认为每个人都要对自己的所作所为、自己成为什么人或"把自己造就为什么人"负责，而无论所处环境如何，哪怕是处于战争中，在面对死亡时。三十年后，萨特还是认为（在他去世之前的访谈中），他一直相信"人最终要对自己成为什么样的人负责"，与他早年更加自信的口号（"人造就他自己"）相比，并没有多大修改。

作为黑格尔和马克思的学生，并且由于深受身体病痛和战争悲剧的折磨，萨特必定意识到了人类自由的诸多限制和障碍。但是，作为笛卡尔主义者，他从未背离笛卡尔关于人类意识的经典描述，即认为人类意识是自由的，而且与它居于其间的物理宇宙截然不同。萨特认为，人从来就没有摆脱过自己的"处境"，不过人总是可以自由地"否定"自己的处境，进而（试着）去改变它。人有意识，可以自由想象、自由选择，因而要对自己的生活负责。

在其早期著作中，萨特遵从胡塞尔的现象学，为接下来的许多研究奠定了基础。特别是，萨特颂赞我们想象某个不同于现存世界的自由，而且，他否认自我处于意识"之中"，更别说等同于意识。他认为，我们关于世界的知觉向来都渗透着想象，因此我们总会意识到选择和替代方案。萨特还指出，自我就在那里，"像是另一个世界中的自我。"它是世界中正在进行选择的某个方案，而不只是自我意识本身（如笛卡尔在"我思故我在"中所提示的那样）。这种对自由的最初辩护和要求自我与意识的分离，为萨特最伟大的哲学著作《存在与虚无》提供了框架。

尽管那时海德格尔对萨特有强烈的影响，不过《存在与虚无》的结构显然是笛卡尔式的（这就是说，类似于笛卡尔的哲学）。一方面存在着意识（"自为的存在"），另一方面存在着纯粹的事物（"自在的存在"）。萨特把意识描述为"虚无"（"不是一物"），并且肯定胡塞尔的"意向性"观念（意识总是指向某个对象）。萨特避开所有关于意识"之中"的对象的谈论，并且否认意识是或可以是因果秩序的组成部分。意识不是"物"，它在世界的因果秩序之外，它是"从虚无中吹向世界的风"。通过意识的虚无，否定进入了世界，使我们能够想象完全不同于现存世界的世界，因而必然会想象自己的不同模样。因此，意识"向来是其所不是，不是其所是"，这个好玩的悖论指涉以下这个事实：我们总是处于"超越"自我的过程之中。

萨特对其存在论的界定，根据的是自在存在与自为存在的对立。我们作为个体，这个对立显现处于如下事实的张力之中：一方面，我们发现自己总是处于我们无法选择的诸种事实所决定的具体处境之中（我们的"事实性"），另一方面，我们有超越这种事实性、进行想象和选择的能力（我们的"超越性"）。我们可能发现自己面临某些事实，比如身体欠佳、战争、年老或反犹社会中的犹太血统，但这总是要取决于我们如何利用这些事实，以及我们对它们的反应。我们可能在社会中有特定的角色，比如警察、侍者，但我们不只是这样的角色，我们总是超越这样的位置。不过，只要我们试图假装自己就是所扮演的角色，或是自己处境的俘虏，我们就是"自欺"。所谓自欺，就是我们把自己视为某种为工作或人性所固定、设定、规定之物。不过，如果我们无视那些在我们做选择时限制我们的事实和环境，这也是自欺。我们总是在试着定义自己，但我们也总是"开放的问题"，这是尚未完成的自我。因此，萨特告诉我们，我们有"成为上帝"的挫败欲望，即想要同时成为自在存在和自为存在，既受限制又是自由的。

萨特还界定了第三个存在论范畴，他称之为"为他人存在"。我们关于他人的知识，并非从他人的行为推断出来，比如，通过某种类比论证。首先，我们关于他人的经验是被注视的经验，这种被注视，既非旁观也非好奇。有人"在这种行为中抓住了我们"，我们就这样来确定自己，把自己等同于我们"向他人"显现的样子。在他的那本题为《圣热内传》（*Saint Genet*，1953）的讽刺性著作中，萨特描述了十岁的让-热内如何在他人"视为"偷窃行为的情形下成为小偷而堕落。因此，我们在自己所做的判断中相互"抓住"，这些判断则成了我们的自我感中不可避免的成分。这些判断也会导致冲突，以至于萨特在他的剧本《毫无出路》（*No Exit*，1943）中让他笔下的人物发出这样的呐喊："他人即地狱。"

萨特在《辩证理性批判》（*Critique of Dialectical Reason*，1958—1959）这部著作中，日益转向政治，并根据存在主义原则为马克思主义辩护。他拒斥马克思主义的唯物主义决定论，但他主张政治团结（《存在与虚无》中所缺乏的观念）是最有助于本真性的条件。毫不奇怪，萨特认为这种团结在革命事业中是可能的。为了与他的革命原则保持一致，萨特在1964年拒领诺贝尔奖。（加缪在1960年接受了这个奖项。）

西蒙娜·德·波伏瓦（Simone de Beauvoir，1908—1986）是位哲学小说家，她与萨特同样强调自由，以及对自己所是和"成为其所是"的责任。在《模糊性的伦理学》（*Ethics of Ambiguity*，1947）中，她比萨特本人更清楚地阐明了后者哲学的伦理意蕴。波伏娃提出以下这个重要论点：处境的"模糊性"总是破坏要求"正确"和"错误"答案这种一厢情愿的想法（梅洛-庞蒂也持这种论点）。波伏娃总是痴迷于受到社会遗忘或拒斥的敏感话题，因此，她成了当时最具争议的作者。值得注意的是，她对自己身处的社会（实际上是所有社会）几乎不关注作为人类组成部分的女性所遭遇的问题和不平等感到震惊。同样，在生命的晚年，她抨击人们对注定到来的衰老无动于衷，为此，他就这个主题写了两本书，分别是《人都是要死的》（*A Very Easy Death*，1964）和《晚年》（*Old Age*，1970）。

波伏娃对哲学和社会思想最具持久性的贡献，是关于整个哲学史向来忽视的主题的革命性论述：作为女性意味着什么。在《第二性》

(*The Second Sex*，1949）这本书中，波伏娃开启了当代哲学中的最具活力的话题，即关于性别的重要性。不过，哲学中女性问题仍不是哲学论述中的组成部分，尤其是在英国（尽管已经出现了好几位优秀的女性哲学家）。

从理想语言到日常语言：从剑桥学派到牛津学派

这个世纪的后半叶，英美哲学家中的较为刺激性的问题是，维特根斯坦的"早期"与"晚期"之间是否有变化，如有变化，又有多大变化。当然，他并不是唯一发生转向并抨击自己早期著作的伟大哲学家。不过，他的转向最为壮观。无疑，他的转向颇具戏剧性，因为他是有魅力、令人着迷的教师，甚至更像是牧师而非教授。他的学生及再传弟子，竞相仿效他的紧张神情，模仿他那痛苦的言谈举止（有时还很滑稽）。根据那些曾在他跟前聆听过教诲的人的说法，进入维特根斯坦的状态，就是呈现至为深刻之物的痛苦诞生。问题是，似乎没有人，包括维特根斯坦还在世时，能够确定这个深刻之物是什么。

维特根斯坦在《逻辑哲学论》之后的哲学，逐渐出现在他的讨论班、笔记和各种"评论"中，最后汇集成书，它由几乎没有关联的格言、沉思感言、趣闻轶事和问题构成，名为《哲学研究》，在他死后出版。它关注的是某些令人困惑的问题，其中许多涉及语言及其对世界的指称。维特根斯坦明确拒斥了意义的"图像"论。不过，他当时更关注逻辑原子主义的细节，审查认知心灵的性质及其感觉、情感、直觉、经验。鉴于这本书的形式，我们难以概述其内容。尽管如此，还是有些明显突出的主题。

首先，在《逻辑哲学论》中，与意义有关的是命题的正确逻辑形式及其对于世界的指称或"图像"。在《哲学研究》中，意义即使用。易言之，命题的意义取决于如何用它来行事，而这里的事绝不限于对构成世界的事实的科学描述。词的意义在于它在命题中的使用，而我们会在谈话中用命题来交流、质疑、挑战、说笑、讨好、谈论哲学、勾引、争论、宣称和颂扬。因此，语言的基本单位不是简单命题（以及它所描绘的简单事实），而是更大的语言游戏，是有许多目的和目标的"生活形式",而这与寻求科学真理几无关联。

后期维特根斯坦不仅抨击原子命题观念,而且也抨击原子事实观念。世界不只是"一切发生的事情",相反,它要根据我们的兴趣、活动和"语言游戏"来确定。事物也没有本质,事物与它们的名称也并非自然对应。实际上,以游戏概念为例,维特根斯坦论证道,不存在唯一的游戏定义,也不存在所有游戏都共有的东西。(有些游戏没有目标或终点;有些单独进行;有些游戏的规则边玩边形成;有些游戏很无趣[或者并不以有趣为目标],诸如此类。)维特根斯坦从普鲁塔克那里借用了一个概念,说它们之间只存在"家族相似",相似、比较的基础和可以算作游戏的东西(或任何别的东西)最终只能在具体语境中加以确定。

其次,尽管《逻辑哲学论》保持了对哲学的良好敬意甚至敬畏,《哲学研究》却又将哲学转变为哲学疾病,而且只有更多的哲学才能治愈这种疾病,不知是幸还是不幸。维特根斯坦写道,哲学是"度假的语言",是去除了日常背景的语言,是没有"游戏"的语言。人们可以在这里看到来自《逻辑哲学论》的关键主题,但无法再用可说或不可说来表述。维特根斯坦告诉我们,现在最重要的事情在于观察语言如何在现实中得到运用。哲学之所以为我们设下了陷阱,源自它容许我们误用语言,误用指把某种运用移到其他背景下,以为问题在某个背景或某种生活形式中有意义,就必定会在其他背景或生活形式也有意义。

最后,维特根斯坦质疑"心灵状态"观念,这是所有笛卡尔主义和经验主义的核心观念。或许,《哲学研究》的最佳例子是他对我们在"报告"某种感觉时我们在做什么的分析。我们来分析以下这个例子,我们告诉某人刚才感到阵痛。或者,我们说"那是红色"(在非哲学的背景下),对此,罗素这类优秀的逻辑原子主义者会理解为"我有红色的感觉。"维特根斯坦对报告和指称这种感觉的观念表示怀疑。反过来说,这至少引起了以下问题,即什么样的感觉让我们说我们"拥有"它们。在这里,维特根斯坦的论证并不清楚,许多哲学家对此做了重构,结论或多或少也是无意义的。无论如何,它被称作"私人语言论证",它较为简洁的形式可表述如下:

如果想要指称某物,就要求说话者有某种确定该物的"标准",

因而也有能力再次对它加以确定。相应地，这些标准必定是更大的语言游戏的组成部分，这就意味着它们可以公开接近。但感觉就其本性而言是"私人的"。它们可以被个人而且只能被个人所知觉（感觉）。因此，语言没有办法指称它们，因为不存在指称它们的公共标准。

人们可能会问，如果个人没有自己的"内在"标准，没有像颜色表（或痛苦表）这样的东西用以比较不同的感觉，他如何能够知道自己是否正确地记住了其他感觉呢？个人如何确定自己正确地记住了刚才的感觉呢？维特根斯坦的论证使他的许多追随者导向了温和但成问题的结论：我们无法通过标准来指称感觉，因此，严格来说，我们根本无法用语言去指称感觉。

不过，我们当然还有其他标准可用。我们经常把他人归于各种心理状态，包括各种感觉的体验。那些标准包括环境（"我看见你踩在锋利的钉子上"），尤其是某人的行为（"我看见你退缩、嚎叫、抓住自己的脚"）。因此，把感觉归于人并不是说它指涉的是某种私人的东西，而是某种谈论方式，在这种谈论方式中，我们知识的基础是他们的行为，而非他们私人的内在生活。

由此，人们可能得出颇为诱人但很愚蠢的结论：根本就没有或不可能有任何感觉。（维特根斯坦嘲笑道，要是有所谓的私人经验，它肯定会是"不是机器组成部分的轮子"那样的东西。）维特根斯坦的"行为主义"就关于他人的感觉而言，似乎很合理，但是说到"个人自己的情形"，这就不可理解了。比如，当个人说自己感觉到痛，这是什么意思？在这方面，维特根斯坦持反对态度。他告诉我们，这些表述并不是报告，这里只有更进一步的痛苦行为（包括"我痛"的表达）。在语言游戏中，并没有痛和其他感觉的地位。

这里展示的不只是与我们自己的心灵知识有关的困惑论题（这也是弗洛伊德怀疑的论题），还有与语言性质有关的深刻论题。根据罗素的模型（青年维特根斯坦对此有所保留），简单命题与简单感觉对应，通过把这些原子命题和原子事实相互结合，我们自己就构建了世界的图像。但是，根据晚年维特根斯坦的说法，并不存在那样的简单命题，而只存在完整的对话和生活形式；而且，即使存在这样的简单感觉（或者像他们通常所说的那样，"感觉材料"），它们也没有可能成为我们知识的砖块。

维特根斯坦还有很多值得探究的地方。不过，还是让我们来看看他的"影响"吧。（有多少哲学家曾两次改变了哲学的面貌？）在维特根斯坦离开剑桥之后不久，英语世界的哲学中心就转移到了牛津。《哲学研究》可能不是牛津哲学家的文本（他们绝大多数更愿意认为自己是好的亚里士多德主义者），但是，维特根斯坦对日常语言的强调无疑大获全胜。牛津哲学家的领头人奥斯汀（J. L. Austin，1911—1960），在他那本题为《如何以言行事》（*How to Do Things With Words*）的著作中概括了这种新的精神。如同维特根斯坦，他运用新的分析方法以及对日常用法的仔细观察，把逻辑原子主义者关于感觉和感觉材料的谈论分割开来（这主要是在题为《感觉与可感物》[*Sense and Sensibilia*]的著作中，这个书名是对简·奥斯丁的著作《理智与情感》[*Sense and Sensibility*]的戏仿）。奥斯汀也发展出了自己的信徒，先是在牛津大学，然后在美国。

与此同时，奥斯汀的同事吉尔伯特·赖尔（Gilbert Ryle，1900—1976）发动了对"内在生活"观念以及有别于机械身体的笛卡尔式心灵观念的抨击，赖尔嘲讽地称之为"机器中的幽灵"。在《心的概念》（*Concept of Mind*）中，他以各种不同的方式戳穿和嘲笑所有关于心理"抽搐、瘙痒、呻声"的谈论，认为所有这些关于心灵的谈论，本质上谈论的是各种"行为倾向"。因此，发怒不是"感觉"到什么，更不是有某种内在的私人经验。确切地说，这是根据环境而有意选择的具体行为方式。如果你对国会议员感到气愤，你就会写封"气急败坏"的信。如果你对老板感到气愤，你就会在饮水机旁小声抱怨。如果你对自己的猫感到气愤，你就会把它丢出去。但根本没有愤怒这个东西，而只有行为。如果把这种行为归结为内在的"神秘"事件，就犯了"范畴错误"，这是错把一种东西当成了另一种东西。

关于"心灵"，我们已经谈了很多，而且这场战争仍在继续。奥斯汀和赖尔在英国发表了这样的声明，与此同时，现象学家们在欧洲大陆聚集起来。当然，现象学的前提恰好是经验的可及性。直到这个世纪中期，这两个运动仍鲜有交汇。在某次著名但略显尴尬的交流中，法国现象学家梅洛-庞蒂在一次会议上向赖尔提问："难道我们不是在做同一件事吗？"对此，赖尔以牛津人特有的讽刺口吻答道："我希望不是！"然而，事实上赖尔阅读过胡塞尔，并且有所评论，而梅洛-庞蒂也曾沉浸于与赖尔常常相关的行为主义者的著作中。因此，这两个不明确的学术阵营之间开始了长久且虚妄的误解，不幸的是，这种误解至今仍未得到纠正。

在当代哲学中，"语言哲学"和"心灵哲学"极为繁盛，不过争论的主题已经发生了巨大的改变。或许，这两个学术领域（如今难以分开）影响最深的是计算机的扩展、计算机模型、计算机隐喻以及计算机语言。这些领域发生的思想爆炸远远超出了本书的叙述范围。简而言之，哲学家、语言学家、计算机科学家、神经学家和心理学家之间的新协作，必定会为哲学史揭开全新篇章，幸运的是，只要哲学没有受到狭隘地设想或过度专业化解释的限制，哲学史就能够通过回溯更为古老的传统来汲取力量。

不过，还是让我们回到自己的历史吧，尽管它并不完整。事实上，接下来的某些最重要的的篇章，它们之所以重要，是因为我们完全不知道它们要走向何处，也不知道它们会终结于何处、如何终结。

女性和性别：哲学的女性化

细心的读者必定在此前就想问简单却令人惊讶的问题："女性在哪里？"除了我们在讨论法国存在主义时提到的波伏娃，这三千多年的哲学历史中实际上没有出现女性。这是如何可能的呢？女性和男性同样在思考、焦虑、阐述和写作，为何她们被排除在哲学史之外？换句话说，为什么她们的哲学未能包括进来？女性的哲学与男性的哲学相同吗？女性的哲学史完全类似，还是各不相同？如果有更多的女哲学家，哲学还会是这个样子吗？撇开简单的公平问题不说（为何女性哲学家的作品不能像男性哲学家的作品得到出版和承认？），还有更为严重的问题（但一直未被提及），事关哲学的整体状况。它实际上会是我们所熟悉的男性状况吗？倘若如此，这不就难以满足自己普遍性和无所不包的标准吗？

即使西方哲学有对女性的论述或包括了女性，这也是后来添加进入的内容。或许，最好的假设也不过如此，在心灵问题上，女性本质上与男性无异，因此没有什么需要特别关注的。（尽管如此，我们还是可以追问，为何没能留下女性的观点和评论？）不幸的是，这种对女性的遗漏并非无意的疏忽，而是基于女性是不正常或二等人类的假设，而男人则被理解为人类的典范。（我们不妨举出例子，罗马人的"德性"这个词，词根就是来自于男人，即"vir"。更为明显的是，我们已经确定地用"man"和"mankind"来指称人类的所有成员。）整体状况甚至成了如下这个样子（这在西方历史上再三出现）：女性不只被视为不正常或二等人类，而且被视为低劣的人；而且，女性的从属地位还因她们的天生能力得到"证成"，这些天生能力只有某些与生物特征有关，比如女性生孩子，而男人不生。

特别是，有种观点认为，与男性相比，女性不够理性，常常太过情绪化，因而不适合研习哲学。我们首先提出的问题无疑是，这些说法是否真实。如果它们确实有合理性，我们要提出的第二个问题就是，男性与女性的差异是如何出现的。比如，如果女性确实比男性更情绪化，这又是为什么呢？难道不是对女性的要求和教育使得她们"更情绪化"吗？

在更深的层面上，我们还可以像某些哲学家曾经做过的那样，质疑情绪与理性的区分以及传统对于理性的信任和强调。或许，绝大多数男性哲学家对理性的过度强调、对情绪的系统排斥，是某种障碍、缺乏的表现，因而这本身就是个问题。有些女性主义者认为，"哲学"更偏爱那种与我们文化所推崇的典型的"男子气"风格相协调的方法。如果说辩论和交锋是哲学的基本方法，男性在这个学科领域更感舒适就没什么奇怪的了，因为这些模式更偏向男性，而让女性感到挫败。

无论如何，哲学向来主要是那些（以某种方式）摆脱痛苦的体力劳动、谋生和家务的人的庇护所，是他们的奢侈享受。因此，我们所论述的绝大多数男性、绝大多数伟大的哲学家（苏格拉底除外）都是单身绅士（有时还是牧师），这就不令人感到奇怪了。这样的话，他们几乎从不谈论家庭，一般的人际关系在哲学史上的作用也微乎其微。而且，绝大多数哲学家（马克思和亚当·斯密是例外）也不怎么谈论或推崇工作和谋生。我们的伟大哲学家，某些是由教会或共同体照顾。某些自己就很富有。还有些人则是教授，或者有自己的研究所。但是，他们几乎都处在特权的位置，他们之所以能瞥见天堂，部分因为他们无需清扫地板。

哲学是特权,也是成就,不仅需要天赋,也依赖于同行、老师、听众、出版商、读者、未来的学生。不幸的是,女性在各个层面都被实质性地排除在哲学的成功之外。只有极少的女性有机会对哲学产生兴趣。在 20 世纪之前,几乎没有什么女性被允许去学校学习,而那些被允许学习哲学的女性(比如毕达哥拉斯和柏拉图的某些学生)也很难取得成就。如果有女性设法传播自己的观念、吸引追随者,她也很难被接纳为"男性中的一员",她很可能没有任何出版发表的机会,最终导致默默无闻。即使她的作品发表了,也很难留存下来,我们知道有大量的原创作品遭受毁灭的命运,我们所见到的只是其中的少部分。我们完全可以说,哲学中女性的缺席绝不是天赋的原因。女性哲学家没有自己的柏拉图,像传播苏格拉底那样把自己的传奇告诉后世子孙。(不过,即使有某位女性柏拉图,她可能也没有机会发表自己的作品。)

女性主义哲学认为,女性与男性同样重要,同样可以做哲学,这对整个西方传统(但不只是这个传统)构成了挑战。女性主义哲学家主张,女性在历史上受到的对待(或遗忘),本身就是这个传统之局限的征兆。哲学尽管宣称自己无所不包,是普遍的,但它确实甚至没有包括或考虑过近在眼前的女性。当然,它也没有追问,女性是否有不同于男性的视角,是否会像男性那样探询同样的问题。[1]

女性主义为哲学增添了新的维度,因为它认为人的性别对于他或她走进世界的方式有重要影响。女性主义者对尼采所谓的"透视主义"非常看重。女性主义者主张,哲学家像所有其他人那样,都处于特定的社会和历史背景和生物处境之中,而这些不同的处境有可能让人们在阐述哲学问题时有所不同。当然,男性也是如此。某种哲学理论应该根据气质所产生的视角以及这种视角下的不同考察来评价。倘若如此,我们怎么能把人的性别和生物性排除掉呢?

当然,这不是在说,女性化的或女性哲学先天地不同于男性化或男性哲学。确实,就目标是要促进这场正在进行的对话而言,我们希

---

[1] 例见 Genevieve Lloyd, *The Man of Reason*: "*Male*" *and* "*Female*" *in Western Philosophy* (Minneapolis: University of Minnesota Press, 1984).

望双方会有更多相互理解和交集。(我们在这里要补充一句,并非每个女性主义者都把这当成目标。)但是,无论是否有这样的交集,甚至无论是否有这样的对话,最重要的是,如今有大量女性进入哲学领域,并且发表某些极为重要的哲学著作。(不仅美国和欧洲如此,当然那里仍有极其顽固的"男性网络",而且在亚洲、中东甚至非洲和拉丁美洲也日益有这种趋势。)只要女性在哲学中得到明确规定、获得恰当位置,她们在兴趣、思想和方法方面是否就会有所不同,这仍然有待观察。

近来的研究表明,哲学史上一直都有大量女性哲学家,只是要让这些长久以来遭到埋没、作品常常未发表因而受到忽视的女性重见天日,并不是易事,遑论让她们从声名卓著的男性哲学家中凸显出来。甚至是希帕蒂娅(Hypatia,370—415),她可谓是早期哲学史上最著名的女性,也更多的是因她的威严赴死(被暴民杀害)而非她的哲学(新柏拉图主义)为人所知。因此,我们能够谈论的哲学和女性主义哲学中的女性,绝大多数都是非常现代的女性。[1]

近代最早的女性主义哲学作品是英国作家玛丽·沃斯通克拉夫特(Mary Wollstonecraft,1759—1797)的《女权辩护》(*A Vindication of the Rights of Woman*,1972)。沃斯通克拉夫特认为,无论在教育、政治、工作和习俗方面,女性应与男性得到同样的对待。约翰·斯图亚特·密尔的论文《妇女的屈从地位》(*The Subjection of Women*,1869)也主张妇女与男人平等,并且呼吁社会让妇女参与政治决策。(某些女性主义者认为,密尔在这本书以及其他书中所表述的诸多观念,要归功于他的常年伴侣哈里特·泰勒[Harriet Taylor]。)这些对妇女权利的哲学辩护,政治后果就是女性主义运动在19世纪欧洲和美国的发展。特别是,这些运动寻求女性的选举权,它经过多年斗争之

---

[1] 原则上(出于公平起见,也是为了避免那些令人厌恶的个人问题和政治问题),我们这本书论述的女性哲学家不包括还在世的哲学家,当然,脚注中偶尔提及则是例外。因此,我们将不会详述当代女性主义的具体细节,这些当然可以在大量出版物中获得。关于历史上被忽视的某些女性哲学家,见 M. Atherton, ed. *Women Philosophers of the Early Modern* Period (Indianapolis, Ind.: Hackett, 1994)。

后获得成功。美国的选举权运动在1848年就已经组织起来，但直到1920年，美国的妇女才获得选举权。英国妇女在1928年获得选举权；法国的妇女则是在1944年获得选举权。

西蒙娜·德·波伏娃在1949年发表的《第二性》（*The Second Sex*）开启了哲学女性主义的新纪元。波伏娃是存在主义运动的组成部分，最近充满争议的话题是，她在多大程度上借用了她的终身伴侣让－保罗·萨特的哲学，而萨特又在多大程度上从她那里借用了使自己成名的观念。波伏娃首先是位小说家，然后才是女性主义者。通过把存在主义与女性主义结合起来，她建立了首个借以论述哲学中的性与性别差异的哲学论点。她对女性的考察，强调扫除阻碍女性肯定自身作为本真、自主的人类的障碍。

首先，这些阻碍来自法律，法律否认了女性的财产权、署名权、选举权、演讲权、竞选权和同工同酬权。不过，除了来自法律的障碍，波伏娃还分析了那种限制女性自由的"现象学"的心理结构。她有个著名的说法："女人不是天生的。"相反，波伏娃认为，妇女是被社会化后，塑造成了异于男人的"他者"。妇女应当努力摆脱那些社会要求以及源自这些要求的内在限制。为了与存在主义的要旨保持一致，波伏娃认为，那些让某些个人难以表达自由的社会结构，同样也损害了每个人的自由。因此，她断言，男人在妇女解放中也有其位置。因为，妇女的解放也是男人的解放。

波伏娃对妇女社会平等的心理障碍的分析，激发了人们对于那些促发男性至上主义（即认为男性高于女性的偏见）的社会化方式的兴趣。她声称，既然妇女是"成为"而非"生为"的，这就意味着，性（sex）与性别（gender）的区分要作为女性主义论述的基本区分。"性"指的是个人生殖系统的解剖学特征。相反，"性别"指的是基于这些解剖学特征而分派的那些社会建构的行为和角色。这种区分有助于人们认识到，性特征本身不能使某个人确立社会视为"自然"的性别角色。女性主义者常常用性—性别的区分来抨击生物决定论，或"生物性即命运"的观点，它通常认为，妇女之所以必须扮演某种角色（比如母性的角色），是因为她们生来就具有某些身体特征。实际上，在今天，生物学意义上的身体的"被给予性"也是值得怀疑的。难道解剖最终不是某种"社会建构"？

波伏娃的作品也有助于女性主义者认识到那些内在障碍，正是这些障碍阻止了妇女承担与男人具有同样声望的社会角色。女性主义运动是20世纪60年代晚期发生在欧美的更大的左翼运动的组成部分，它特别关注的是推翻让妇女处于从属地位的社会结构和心理结构。这个时期最著名的争论，关注的就是女性解放是否与婚姻制度或异性恋一致（在某些女性主义者看来，这种制度必然会使女性处于从属的位置。）另一个关注点则是，妇女如何克服自己内心那些阻止她取得社会顶尖成就的心理障碍（比如，某种培养起来的"对失败的恐惧"）。

哲学上的女性主义者分析，性别歧视论者的假定常常无意中明显地影响了中立的历史概念。特别是，女性主义者批判了普遍性、客观性和理性的启蒙观念。普遍性立场是可疑的，因为它很容易成为要求顺从的借口。那些声称客观性和普遍性的人们，常常看见的无非是自己放大了的特征。结果，西方哲学的"客观"立场成了男性白人的立场。所有从女性或少数族裔的角度来看非常独特的东西，常常由于所谓的"普遍"视角而被系统地抹去。因此，"客观性"常常被规定为"价值中立"，而从未考虑到这可能会消除或忽视什么。[①]

若要矫正哲学中对女性和少数民族的忽视，就需要某种女性主义存在论和女性主义认识论，后者始于女性视角这种透视主义的假设，至少如其偶然发展出来的那样，可以对行将到来的认识实在的方案作出独特、重要的贡献。从同样的假设出发，某些女性主义者试图发展出女性主义科学哲学，它在决定科学应追寻何种方案以及何种经验发现具有的重要性方面，运用女性的视角来考察。[②] 社会科学和医学研究显然受到影响，某些女性主义者认为，这种影响要广泛得多。

20世纪60年代晚期兴起的女性主义运动，试图发展出堪与男人

[①] 见 Sandra Harding, *The Science Question in Feminism* (Ithaca: Cornell University Press, 1986)。也见 Helen E. Longino, *Science as Social Knowledge: Values and Objectivity in Scientific Inquiry* (Princeton, N. J.: Princeton University Press, 1990)。

[②] 但我们不应该认为，女性主义因此就能够发明另外一种物理学，或者说，可以拒斥过去的科学成就和科学发现。毋宁说，科学需要扩展，需要考虑更多的不同证据，这尤其体现在社会科学中，这个领域充满了各种偏见。近来持这些论点的学者有 Sandra Harding, Steven Jay Gould 和 Robert Procter。

之间的"兄弟情谊"比肩的女性之间的"姐妹关系",那种兄弟情谊正是激发了法国大革命的启蒙哲学家所提倡的。女性之间的友爱得到强调,被视为这种对女性的"颂扬"的组成部分。某些女性提倡女性分离主义,即某种完全由妇女构建和管理的社会秩序。一些理论家担心,早期的女性主义已经变成了某种对异性恋的歧视,进而把女同性恋置于女性主义的中心。近来,某些女性主义者呼吁要认识到,给予性欲以具体取向的既不是性也不是性别。她们认为,异性恋与社会对女性的要求的性别角色紧密相关,我们应该把"欲望"与"性"和"性别"区分开来。如果这样,它们就无需遵从社会的裁定了。①

许多关注女性主义的女性主义者并未忽视更大社会中的政治问题,因而寻求与其他社会哲学和政治哲学流派以及其他政治运动建立理论上的联盟。某些女性主义者把女性主义与心理分析进行了理论综合(不过它对传统的尤其是弗洛伊德的心理分析进行了严厉的批判)。在美国,有时会运用儿童的心理分析来表明,早年把抚养儿童的任务交付给女性如何促进了性别歧视态度的发展。法国的女性主义者更注重从女性主义的立场去重写心理分析理论,尤其是强调女性的身体经验和母性经验(弗洛伊德对此仍然茫然不解)。②

这种将心理学视为依附于哲学的做法,也影响了女性主义者研究伦理学的方法。心理学研究表明,女性在处理伦理问题时要比男性更注重情境,男性则倾向于寻求相关原则来解决道德困境。③因此,某些女性主义者试图强调"女性"的道德路径的女性主义伦理学,它更多注重关系而非原理、注重关爱而非一致。比如,就此而言,康德所维护的道德是男性对非个人性的客观冷静的偏好。不过,其他女性主

---

① 例见 Judith Butler, *Gender Trouble: Feminism and the Subversion of Identity* (New York: Routledge, 1990); idem, *Bodies that Matter: On the Discursive Limits of "Sex"* (New York: Routledge, 1994).

② 例见 Janice G. Raymond, *A Passion for Friends: Toward a Philosophy of Female Affection* (London: Women's Press, 1985).

③ 见 Carol Gilligan, *In a Different Voice: Psychological Theory and Women's Development* (Cambridge, Mass.: Harvard University Press, 1982).

义者担心，认为女性具有某种"不同"的道德做法会导致双重标准，并且会倒退到认为女性没有男性"理性"的倾向。

某些女性主义者已经开始质疑这场运动对姐妹关系的强调。她们担心，这种对单一的"女性"群体的关切，只是领导这场运动的中产阶级白人女性的关切点，这会使其他大量女性遭到边缘化。这些女性包括女同性恋和非白人种族的女性，以及经济地位低下的底层女性。结果，就出现了"第三波"女性主义哲学。[①] 为了对人们抱怨女性主义是场富有、异性恋、白人女性的运动做出回应，当前的女性主义特别关注对女性多样性的认可，尤其是关注那些在社会阶级和文化上处于劣势的女性。

当前，女性主义积极从少数族裔和第三世界的女性的观点来重新思考和定义自身，因为早期女性主义的作品大多数是中产阶级的，不能代表她们。某些女性主义者质疑把"女性"或"性别"当作跨文化范畴来谈论是否恰当。或许，她们建议道，女性主义者应该更多地关注自己所发现的区域性问题，而要尽量少地对世界各地的女性的处境提供理论说明。无论如何，哲学上的女性主义力图揭示西方思想中对女性的压迫模式，借此纠正早期对许多女性的边缘化。

受压迫者归来：非洲、亚洲、美洲

20世纪的后半叶见证了不同文化群体之间前所未有的互动、交融和冲突。世界变得越来越小，交通变得日益便捷和便宜。自然的边界和地理的界限不再令人可怕。无论是出于经济原因、政治原因、私人原因还是文化原因，移民和在国与国之间来回往返都变得非常频繁。（世界最富裕的国家，有许多正困扰于移民的涌入以及由此带来的复杂而且总是不那么愉快的文化冲突。）

第三世界国家的反殖民主义和经济剥削的斗争、美国仍在持续的

[①] 第一波女性主义集中于妇女在法律上获得平等的权利。第二波则集中于妇女在社会中的参与性，以及妨碍这种参与的心理障碍和社会障碍，哪怕有恰当的法律保护。

民权运动（如今是诸多运动），以及欧洲和世界各地的民族主义运动，全都反映了人们对文化群体能够而且应该共生的方式的关注。当较小的种族和文化群体在面临许多人所谓的更大的社会群体和社会吞噬，他们强调对自己身份的主张和保存，然而，那些认同更大结构的人们则又觉得自己受到社会崩溃的威胁。这种相互胁迫最切实的结果，就是内战和革命的明显增多，它们常常有种族或民族主义的起源，较小的种族群体为了使自身与较大的种族群体区分开来而斗争。哲学常常采用普遍的权利话语，但也要小心谨慎地适应地方性的环境，因此也是这种斗争运用的重要武器。

因此，至少到现在为止，马克思主义是最盛行的哲学。第二次世界大战结束后不久，毛泽东推翻了民国政府，这场"农民革命"引起了世界上所有受压迫人民的关注。马克思主义成功地综合了当地传统和观念（如同数十年前列宁领导下的俄国那样），形成了前所未有的巨大力量，而且这种力量在此之前实际上没有得到承认。汉代（始于公元前3世纪）的儒家思想强调个人和家庭的至高权威，这种思想因建国之父毛泽东而在"共产主义"中国呈现为新的父权结构。在某种意义上，中国人的生活和外在政治完全颠倒了过来，但是，许多中国学者仍然认为，毛泽东统治下的中国更像而非更不像传统的中国政府。

如同绝大多数革命政府，毛泽东领导下的新中国也出现了此前统治者那样的极其糟糕的压迫性，在20世纪60年代中期，毛泽东发动了"文化大革命"，这使整个国家的社会状况和经济状况陷入混乱。到了20世纪90年，随着苏联的解体，马克思主义的毛泽东思想让位于中国儒家传统的其他形式，我们称之为商业社会。（有些人以戏谑的态度看待这个新生的中国资本主义，但要记住的是，中国是世界上最古老、最有经验的商业社会之一。）尽管如此，毛泽东式的革命作为极具魅力的范例召唤着世界上穷苦人民和受压迫的人民。同样，本世纪最畅销的哲学书之一是弗朗茨·法农（Franz Fanon, 1925—1961）的《全世界受苦的人》（*The Wretched of the World*），或许只有毛泽东的红宝书堪与之相比。这本书呼吁世界各地受压迫的人民使用暴力来结束迫害。（不过，与毛泽东的暴力革命相反但同样富有魅力的典型，是甘地针对英国在印度的统治的"非暴力抵抗"，稍后我们会对此作简短的论述。）

哲学无法不受这些全球性潮流和关切的影响。群体之间日益增多的文化接触和冲突，引发了大量哲学问题。真的有适合于一切文化的规范和标准吗？（1948年的联合国宣言强调的"人权"，实际上难道不是第一世界把自己的伦理强加给第三世界的人民吗？）是否有唯一的知识概念，它既在中国、尼日利亚有效，也在芝加哥、海德堡有效？（物理学所研究的现实确实是真的、普遍的吗？还是说物理学理论的一致性是由于物理学的语言和技术？）是否存在唯一的宗教，或者说，是否存在某种奠定了所有宗教的唯一灵性？（还是说，"传教事业"会毁灭本土文化？）是否存在"人性"这种东西，或者说，只存在各种各样的人类群体和文化？

此外，作为哲学的组成部分，我们要问问自己，文化群体是如何加以确认的。这个问题在传统上并不认为具有哲学上的深刻性，这个事实表明了以下这个未经批判的假设：哲学家们并不从文化视角来考虑问题，自己也不体现独特的思考方式。相反，在当代的非洲哲学中，"作为非洲人意味着什么？"这个问题恰恰是当前争论的中心（如"作为犹太人意味着什么）"传统上被视为犹太哲学的核心问题之一）。我们完全可以说，哲学与文化的区分已然成为过去。

与众不同的文化特征观念，在调节人们认识世界上，可以发挥良性作用——与我们所有人有某种共同人性的观念形成平衡。值得一提是利奥波德·塞达尔·桑戈尔（Léopold Sédar Senghor, 1906— ），他是本世纪早期试图解决这个问题的新哲学流派的代言人。最初由非裔法国作家发起的"黑人文化认同"运动提出以下观点：黑人有某种集体的种族特征，它是非洲人针对独特的环境所作出的具体反应形成。桑戈尔认为，非洲人特征的这种独特性在于其"情感参与"，这种对于对象的情感介入，是欧洲哲学所不熟悉的。他写到，非洲艺术和音乐是这种情感介入的生动写照，因此，非洲哲学与众不同。

桑戈尔的观点与美国哲学家杜波依斯的观点形成鲜明对比，后者提出了颇具影响的非裔美国人的"双重意识"理论。杜波依斯认为，美国黑人除了自己的黑人意识，还总是通过白人世界的眼光来判断自己。杜波依斯的说法在强调非裔美国人的独特处境的同时，也痛苦地意识到其他美国少数族裔与美国黑人之间的深刻裂痕，这种裂缝因殖民、大规模绑架和奴隶制的漫长历史而加深。

桑戈尔的观点遭到其他非洲哲学家的明确批判，因为他的观点强化了非洲人本质上不同于欧洲人的观念，从而常被用来证成殖民主义。为了抗衡这种趋势，某些非洲哲学家试图表明，传统的非洲思想处理的问题与欧洲传统思考的问题相似（比如，人的本性和心—身问题）。其他非洲哲学家则认为，非洲哲学有自己的发展脉络，但这并不是因为他们与欧洲人有本质差异，而是因为非洲人的历史环境（尤其是殖民主义）导致了非洲人这种独特的关注。不过，很明显，非洲哲学是哲学史的一部分，这既是因为它与其他哲学传统的差异，也是因为它与其他哲学传统的亲缘性。

在特定的种族或部落共同体中，谁的话语是权威，什么在这种文化中处于权威的位置？西方人对哲学中的批判的强调，在许多权威文化中遭到怀疑，因为在后者那里，服从和顺从似乎比抽象（但尚未得到证明）的充满活力、具有社会破坏性的"辩证法"承诺要重要得多，也更具说服力，因为辩证法只是用来达到共识或真理。

这些政治问题涉及某些敏感的政治话题。应该要为这些少数族群中的异议分子确立怎样的保护？应该对其他主权国家应采用何种政策？在批判甚至干涉国内政治和活动问题上，"人权"的范围到底有多大？（比如，想想因政治信念或宗教信仰或部落关系而造成的对公民的屠杀，传统祭仪对青年男女的残害，以及媒体的沉默。）审查制度是企业影响力或消费者的漠不关心的产物，还是政府管控的结果，这个重要吗？以宗教名义进行的审查又如何呢？当宗教不再"只是"宗教，而变成了具有潜在压力的政治力量，又该如何呢？

"原教旨主义"的复兴引发了这样的问题，它们有时以极为熟悉的相互仇恨和暴力相向的形式呈现出来。我们如何彼此理解？哲学家们完全可以讲述彼此不可通约的"替代性概念框架"这类可理解性观点，但是，这里还有更为急迫的哲学问题，即当我们我们在实际碰到这些不同的概念框架和文化框架，该如何应对。哲学本身必须成为政治的（或许，哲学一直就是政治的）。它自身不仅要关注观念间的关系，而且还要切实推动对于这些观念的信仰的强有力的利益和影响。它不能简单拒斥分离主义和暴力。它必须与提倡分离主义和暴力的人对话，否则，它将变得（或一直就是）毫无意义。

什么样的关系才是少数族群与更大社会之间的最佳关系？比如，

在新西兰，白种欧洲人与土著毛利人有两种截然不同的法典，一种基于个人的罪感，一种基于家庭责任感。白种新西兰公民会因某项罪行受到指控，英国殖民者会用它所制定的法律对他进行起诉和审判。而毛利人若犯下某项罪行，则会使他的整个家庭陷入道德和情感（或许还有金钱）债务的复杂系统之中。人们会问，新西兰的法律体系是如何容纳这两种不同的法律观和责任观的。世界上的所有国家都会有同样的问题。人们完全可以坚持说是"对法律的尊重"，但尊重的是哪种法律呢？还有，那些不是建立在"法律"之上，而是建立在宗教或其他权威之上的社会，又是什么样的情形呢？

同样，在每个"多元文化"国家中，以下问题适用于所有少数族群：同化或分离主义是规定好了的观念吗？无论我们谈论的是非裔美国人、美国的西班牙人、德国的土耳其人、日本的韩国人，还是拉美印加人的后代，最基本的公平问题是无法回避的，而且极其复杂。政府和教育机构可以在多大程度上提倡种族团结？当然，这场争论的核心是语言这个迫切的政治问题。如果语言不只是人类交往的主要模式，而且也是社会阶级和经济前景的仲裁者，"官方语言"应在国内政策上扮演什么样的角色，方言又应在多大程度上要加以取代呢？美国的"大熔炉"理想或加拿大的"马赛克"理想是可欲的目标吗？又或者，是否应该让少数族裔按自己的选择发展，更大社会不应要求他们保持一致呢？

当然，这些问题不是传统形而上学的存在和生成问题，也不是据说引起笛卡尔的毫不妥协的怀疑的怀疑主义，不过现在必须来追问，是否这些问题只是地方性的，它们之所以成为问题，并不是因为它们足够深刻，而是因为它们有意远离实践智慧和所在文化的日常关注。又或者，从不同视角来看，问题在于最抽象、也最"基本"的西方哲学问题和概念未能考虑到其他可能性，即所讨论的范畴根本不是必然的和基本的。

比如，常常有人指出，中国思想没有逻各斯那样的观念，即没有稳定的奠基性秩序的概念。因此，中国人没有西方那种对科学的信念，即没有任何发现宇宙的基本规律和结构的学问。同样，中国人也从未有过强烈的进步观念，包括科学进步的观念，尽管人类历史某些重大的技术突破发生在中国。直到最近，中国人的观点仍为绝大多数西方哲学家轻蔑地置之不理。不过，如今由于我们西方的某些备受推崇的哲学方案的瓦解，以及自然科学中的某些令人惊异的新发展，西方哲学家开始同情地理解与之不同的实在概念。甚至在科学领域，也越来越对与我们自己认知和文化传统不同的哲学体系感兴趣，而不再总是重复或强化自己已有的认知和文化传统。

由于非洲人、亚洲人以及长期以来被美国哲学和文化排斥在外的美国土著对哲学的要求（当然还有政治要求和经济要求），那些虚无缥缈的专业化关注日益显得含糊其辞、不得要领。最早的哲学家并不是逃避现实，而是要理解现实。他们创造的智慧语言，在世界上的许多文化（若不说绝大多数文化）中具有某种共同语言。它与生活得好有关，如今，它与大家共同生活得好有关。目前，随着非裔美国人和非洲哲学在思想世界得到凸显，随着中国、日本和印度哲学吸引了西方哲学家的注意并赢得了他们的尊重，随着美国本土的哲学变得广为人知并在本土得到广泛讨论，现在是时候构造某种共享的智慧了，它既能够尊重差异，又能够理解文化和思想互动的动态性。

环视宽广的哲学传统，古典的和现代的、书写的和口传的、宗教的和世俗的，人们会瞥见它们之间的相似和差异，以及一种文化对另一种文化的微妙或不那么微妙的影响。或许，根本就不存在什么"纯粹"的文化或传统。每个社会都在某种程度上都具有亚群体或异见者。或许，民族主义甚至"文化"观念不过是（而且仍旧是）哲学神话罢了。或许，从来就没有称作德国的实体，有的只是施瓦本、巴伐利亚、弗兰科尼亚、普鲁士，而它们自身又是由许多更小的群体和认同组成。

如今的德国依然处于分裂状态，不是东德与西德之间的分裂，而是土生土长的德国人与上百种其他德国人（比如德国出生的土耳其人、德国出生的斯拉夫人）之间的分裂，其实，后者的语言和利益并没有不同到无法习得和理解的程度。这些群体各自都有自己的哲学，或者曾经有自己的哲学，有清晰可辨的相貌以及其他系列重要问题。有时，这些问题彼此类似、互有重叠。有时，这些问题彼此截然不同甚至相互反对。

从跨文化的视角来看，最有魅力的哲学当属日本哲学，它在某些方面与我们考察的西方哲学类似，但在深刻之处却与西方哲学截然不同。任何到过日本的西方人都不会否认，日本文化和西方文化在思维方式以及处世态度上有深刻甚至无法理解的差异。如同其他非西方文化，日本在向西方打开国门之际，经历过打击和重创。实际上，日本最伟大的现代哲学家西谷启治（Nishitani Keiji，1900—　）曾写过论述他所谓的"虚无主义"（借自尼采的术语）这个长期存在的问题的著作，认为由于最初遭受的文化妥协和失败，虚无主义仍渗透在日本文化中。

在日本，"哲学"（tetsugaku）是新事物，这个词本身就是特指西方的思维方式。（比如，日本的大学有大量关于康德、黑格尔和德国观念论者的课程，实际上，这比德国之外的任何大学都多得多。）除了这种舶来的哲学，日本人也有自己理解自身的独特方式，而且这种方式极为明晰，无论从哪个意义上来说，都极为"哲学"，像哲学那样有系统。这种哲学源自传统文化、日本的禅宗，以及封建社会晚期的社会实践，尤其是武士道传统。它在大学的学术研究中不怎么明显，但在日常生活中，尤其是在能剧、插花艺术以及日本人做生意的方式中，表现得很明显。

当然，日本最终取得了商业上的成功——或许，正如人们常说的那样，商业上的成功使日本从第二次世界大战中恢复过来。日本的电子和汽车产业，这些曾经为美国所支配的产业，如今在世界上最为成功。日本的银行是世界上最大的银行，日本的海外投资令人难以置信。

资本主义在现代已经表明了它的普遍性，但是，日本的经济不只是资本主义，而是与美国盛行的资本主义截然不同的形式。日本的公司与美国的公司不同（如今美国的公司开始试着模仿日本公司的经营模式）。日本公司不像传统的美国公司那样，反对与政府合作，不接受政府的支持，日本公司不像美国公司那样处理与其他公司的关系。日本人的商业关系也与美国人的商业关系不同。日本的资本主义与美国、英国或德国的资本主义不同。有许多优秀的研究表明，意大利和斯堪的纳维亚的资本主义也别有不同。[①] 易言之，资本主义及其文化复杂多样，同样，使得现代商业成为可能的观念和价值也复杂多样。它们之间差异既微妙又重要。"生意就是生意"，这是美国人的老话。

---

① 例见 Marco Orru 未出版的专论 "Institutional Typologies of Capitalist Economics."

但事实是，生意是多样的，让我们着迷的，既有相似也有差异。

哲学必须"从内部"展开自身，而不必考虑其他传统，也不必从更大的世界图景中来看待自己，这种古老的观念已经成为过去。这不是说其他文化和观念必定更好（比如许多美国人在若干年前似乎就是这样认为的）。不过，如果认为哲学本质上只存在于某种文化之内，只关注自身，而不会超出和"超越"自己的文化视角和局限，那就完全错了。

比如，本世纪两位杰出的印度哲学家将传统的吠檀多和优秀的英国教育背景相互结合，提出了远远超出其地域性起源的哲学体系。当然，这其中就包括圣雄甘地（1869—1949），他运用非暴力的消极抵抗和不合作（精神力量），通过自己典范的禁欲生活，把英国统治者赶出了印度。由于他在政治上的成功和道德上的榜样力量，他的生活、信念和方法鼓舞了数百万人。

其他还有阿罗频多（Ghose Aurobindo，1872—1950），他的名气稍逊于甘地，但他也赢得了人们的尊敬，追随者超出印度遍及世界各地。他把进化的概念引入了吠檀多。他驳斥了印度教向来具有的共同主张，既世界是幻象，以及随之而来的对世界的否定。因此，他也拒斥禁欲主义。他试图调和印度教和基督教，建立融合宗教神秘主义和日常生活的共同体（静修院）。

在西方，哲学直到今天仍视为独属于西方的传统。我们要说，哲学到处都存在，只是形式各不相同，我们不仅应该看到各种不同哲学传统的相似之处，也要看到它们之间的差异。在此之前，哲学史上的哲学家也偶有交流和相互借鉴，但多数情况是彼此不相闻和相互不理会。然而，如今哲学这门学科在西方已经扩大它的关注范围，拥有了全球视野，在政治压力和环境压力的迫使下，不仅把自身视为各自国家的公民，也视为整个世界的公民。

这种日益得到承认的全球化背景，产生的结果就是走向多元文化的比较哲学的强劲趋向。长期以来，在英国、欧洲和美国的顶尖学府访学的来自其他文化的学者和教师，把当今时髦的哲学潮流带回各自国家。如今，这种影响颠倒了过来，西方的哲学家越来越想学习和教授西方之外的哲学。这种共同关注开始渗入哲学。

人们通过向多样的美国本土信仰和非洲信仰以及古希腊的信仰汲

取资源，如今的哲学领域发现了新的问题，比如，它导致了环境哲学的出现。环境哲学关注的全球问题，不只是如何保存足够的资源以维持当前生命（包括人类和非人类）的生存，还有如何维持未来生命的美好生活。这场运动（以及这场运动之外）的某些哲学家呼吁，人类应把道德责任感不仅扩展到全人类，而且应该扩展到动物。他们提倡尊重动物的权利，并采用体现这种尊重的政策。甚至在更大的范围内，许多"新时代"、环境意识强的哲学家提倡无所不包、有机的"盖亚"哲学的重要性。这种哲学不再认为我们人类是孤立的个体、共同体或社会，也不再认为人类与众不同，能够"支配"地球上其他生命和资源，而是开始看到世界是活生生的整体。

易言之，在经历了 2500 年从原初的万物有灵论向更为机械、更为科学的世界观过渡之后，我们走了完整的循环，又回到古代的万物有灵论者和许多所谓的原始人所共有的信念。如同艺术，哲学发现自己回到了自己原初的"根"，现代艺术就是如此。（当毕加索把非洲的面具形象融入传统西方艺术图像学，然后在巴黎展出，这开启了现代主义艺术。）或许有一天，哲学家也不再坚持我们自己深奥难解的诡辩与普通人富有洞见的观念和情感之间的区分。或许有一天，全球哲学甚至全世界的哲学还会超越局限于人类地球哲学的局限，不过，这样的推测显然超出我们当前的关切。

从后现代主义到新时代

随着女性主义哲学和多元文化哲学的兴起，以及对传统哲学问题日益增长的怀疑，人们或许期望哲学会有某种超越传统的尝试，去迎合哲学的各种新要求，去认识和尊重差异，承认把西方的"普遍"和"客观"强加于世界其他地区时，我们常常会运用工具性的暴力。当然，随着新千年的到来，随着第二次世界大战和冷战后废墟的清扫，以及最后但并非最不重要的，随着长期以来启蒙运动对理性的信心及其所促发的哲学传统的耗尽、专业上的不可理解、技术和概念上的破产，整个世界变得碎片化和混乱，不过，这场运动却大大受益于这样的碎片化和混乱。

但是，如何来称呼这场运动呢？它不能是派性的，倘若如此，就会有损于其无所不包的客观性。同时，与它所抨击的"现代主义"不同，它自身并不试图保持中立，因为自称中立恰恰是它所拒斥的现代主义的做法。它不能是纯粹传统的，不过即使如此，它仍必须参考传统。它不能太过地方化，也不能过于政治化，当然，它也不能具有性别歧视、种族主义倾向，否则就是"政治不正确"（这个短语本身的盛行就已然表明某种思想上的新道德主义）。

那么，为何不称之为后现代主义呢？毕竟，这场运动的支持者宣称，现代主义是场始于笛卡尔和新科学、过度西方化的排外运动，它已经走到了尽头。某种寻求唯一绝对真理的哲学，已然不复存在。如今只有各种各样的哲学体系。甚至可以说，不再有真理，而只有"话语"，人们谈论、思考、书写和传播。也不再有中心，而只有迅速扩张的边缘。

或许，后现代主义是最不具想象力的名称，仅仅表明它是"之后"，而不再"超越"，甚至也不"在此"。因此，后现代主义呈现的是对传统哲学关注和主张的各种反驳、指控、戏仿和讽刺。它多否定而少肯定，提倡终结却又不提供任何新东西。它拒斥古老的哲学自负和武断（尽管绝大多数后现代主义者并不因谦逊或怯懦著称）。后现代主义者实质上主张虚无，不过他们很快又收回这个说法（这是他们"正在删除"的主张）。①

尽管如此，某些"后现代主义"的主题仍不时重现，无论它们是否受到提出者认真对待。首先，后现代主义倾向于认为，并没有什么无所不包的"总体性"观点，不存在"出于上帝之眼的观点"，也没有纯粹的"客观性"。（因此，它这样说并不自称这个说法是客观真理。）绝大多数后现代主义者认为，存在的只是解释（这是直接从尼采那里借用而来的论点）。而且，解释是多样的（某些后现代主义者甚至认为是"无限多样的"），它们之间的差异无法加以评断，除非动用权力。（其他某些后现代主义者认为，不同观点之间"不可通约的"、相互不可理解。）

许多后现代主义者认为，充满活力的怀疑主义、"怀疑的解释"，

---

① 德里达就是这种既主张又收回的滑头形象的代表，他认为，写下某些东西，随即应该将之删除。

乃是唯一健康的思想态度。后现代主义者尤其怀疑二元论和对立思维，不只是针对笛卡尔式的二元对立，而是针对所有二元对立思维。（他们中的某些学者最初针对的是结构主义者列维－斯特劳斯，斯特劳斯如同他的死敌萨特，常常沉溺于普遍的二分之中。）

最后，后现代主义者似乎颂扬世界广泛存在的碎片化，或者说，不管怎样，他们都认为这个世界广泛存在着碎片化。文化的碎片化，意义的碎片化，政治、伦理和正义的碎片化，最为基本的是，自我的碎片化，或者说，自我的消失。不再有"我思故我在"，甚至不再有"我们在"。后现代主义者倾向于认为，"自我"乃是虚构，为的是让我们相信有某种稳定的东西支撑我们的生活。因此，后现代写作甚至在最具个人性甚至自白之际，通常也呈现为显然的非个人性、无焦点，甚至杂乱性。实际上，这种非个人的个人忏悔已经成了某种正统，哪怕从密切陈述绝对真理的漫长西方传统来看，也没什么可奇怪的（比如，苏格拉底和笛卡尔）。

或许，由于它过分夸张的论点看似极为不祥，后现代主义倾向于拒斥西方传统常见的自以为是的阴郁风格。不过，它所偏爱是自己极不寻常但仍自以为是的阴郁的哲学风格。后现代主义者偏爱"游戏性"、风格实验，完全缺乏严肃性。它拒斥模式性的论证，因为后者强调证明、教条性地迷恋确定性，因此，后现代主义并不去论证和证明。实际上，由于拒绝认真对待自己提出的论点，后现代主义常常只好依赖于人身攻击、旁白和政治谩骂。后现代的"话语"（他们最喜欢的词）迷恋于括号、破折号、斜线以及其他破坏性的标点符号。论证常常缺乏最后的结论，然而，彻底的后现代主义者会认为，这正是关键所在。

后现代主义引起的晦涩、自负，就是在常常以充满晦涩、自负的漫长哲学史上，也是无可匹敌的。它抨击教条主义，可它自己常常成了教条主义。它强调风格，可它常常变得"僵化"、盲从和毫无想象力，以至于变得单调乏味。实际上，它有时看起来像是在做哲学的归谬法，对哲学的糟糕缺陷加以放大，以便一劳永逸地解决问题。由于拒斥西方传统，后现代主义吸引了大量追随者，他们对传统毫无所知，甚至认为无需认识传统，尽管事实上后现代主义最杰出的提倡者是传统的优秀学者。① 然而，后现代主义批评与历史传统之间的互动，赋予了后现代主义意义和重要性，如果这种后现代主义是作为真正的哲学立场而非音乐电视的时尚姿态。

无论怎样，后现代主义终究是西方传统的延续。它呈现的都是传统中非常活跃的论题（有时是潜在的）——怀疑论、多元论、强调风格、反讽和间接话语、拒斥教条主义、怀疑诸如"存在"和"真理"这些抽象范畴、尊重甚至沉迷于传统和文化。它既对权威充满疑虑并与之保持距离，又对哲学中的政治重要性非常敏感。与此同时，后现代主义者很巧妙地保持学院化，熟谙传统哲学，害怕"弄脏自己的双手"，至于只得到拥护者理解而不为其他人理解这个事实，他们也能泰然自若。

后现代主义发现，自己更为持久的思想家园在法国，而不是美国。而且，后现代主义的主题似乎也更好地渗入了美国的文化。不过，后现代主义者是从某些大陆思想家那里汲取灵感，比如德国的尼采和海德格尔，以及某些时兴的法国哲学家。我们的知识分子总是向法国寻求哲学，以至于不仅可能而且事实上使法国变得比祖国更为亲近，比如威廉·詹姆士和约翰·杜威，这是美国或新英格兰由来已久的不安全感的标志，是某种逆向的自负。我们接下来极其简要地勾勒后现代主义的历史（这部分是因为我们决定避免论述仍活着的作家，部分是因为后现代主义的真正意义尚不确定）。

后现代主义始于存在主义之后的法国，始于对让-保罗·萨特这个前辈的反抗（弗洛伊德的提倡者将之描述为"弑父"）。当时，在第二次世界大战和德国占领结束之后的这段时期，萨特无论多么激进，他都仍顽固地坚持传统的笛卡尔式和观念论哲学的核心特征：意识与世界的二元论、黑格尔式的历史感、世界"在场"的非批判假设，以及对存在某个知识之锚的信念。他仍是老不死的启蒙哲学家、顽固的普遍主义者。

萨特最严厉的批评者是人类学家克劳德·列维-斯特劳斯，后者开启了虽短暂但颇为强劲的结构主义运动。列维-斯特劳斯主要关注的是萨特哲学的地方性，即萨特试图把本质上属于巴黎知识分子的意

---

① 比如，这里没有论及的雅克·德里达和理查德·罗蒂。

识扩展到全人类。当然，列维-斯特劳斯并不否认心灵的普遍结构的可能性。实际上，结构主义的基本观点就是要研究所有文化中存在的基本区分和对立，由此表明它们实际上是嵌入人类心灵的规则或结构。（康德有过类似的观点，只是他不是从某些范畴的普遍性来推出它们可能的先天性，而是从范畴的先天必然性出发断定它们必定是普遍的。）列维-斯特劳斯对萨特的抨击非常强有力。它打开了新一代思想家的视野，让他们看到了后来成为抨击整个哲学传统的焦点的那些缺陷。

这个抨击的某些动力来自马丁·海德格尔的晚期著作，海德格尔对自己的早期著作有所质疑，并多少有些修正，从而走向了与萨特的存在主义完全不同的方向，而且，海德格尔轻蔑地拒斥了存在主义这个词。萨特的笛卡尔主义，他对主体（意识）的强调，他强烈的意志主义（强调选择），他对自由的强调，所有这些在海德格尔看来是错误的。实际上，此时的海德格尔把整个西方形而上学传统视为巨大的错误，它始于柏拉图，终于尼采，他（不无可疑地）称尼采为"最后的形而上学家"。海德格尔的疑虑启发了新一代的法国人，他们中的绝大多数如今仍然在世，我下面只提及其中已经不在人世的重要哲学家。

米歇尔·福柯（Michel Foucault，1926—1984）是充满活力的新尼采主义者，他曾经被视为结构主义者，但随即又成为颇有成就的历史学家。他的主要论点如下：历史很大程度上是种幻象。如同尼采，福柯对权力在所有人类活动和关系中未被承认的地位极为敏感，特别是，他注意到权力在知识中地位，尤其是在历史知识中的地位。福柯拒不承认知识是"客观的"，相反，他认为知识是社会操控的工具。他论证道，知识范畴承担了社会功能，进行区分、歧视、孤立、指控、谴责。它们绝不是"道德中立的"。比如，他集中于通常为哲学家所忽视的边缘化社会存在，包括监狱、精神病院、非主流的性欲，等等。他力图想要表明的是，权力语言或"话语"事实上如何造就了这些"边缘之物"。他没有清楚陈述的言外之意就是，在这些问题上，"真相"就是社会状态和政治的功能，而非事情本身的"事实"。

福柯认为，历史在很大程度上无非就是我们自己创造的产物。它是另一种社会建构，由多少有些随意地选择出来的所谓"事实"编织起来的故事。历史学家通常强调历史的连续性。福柯则强调非连续性，即故事中的断裂，认为并不存在通常线性、"客观"意义上的真实历史。因此，哲学史和传统最好视为某种方便的虚构，无非是另一种"话语"，是我们为了让世界变得可理解和可接受而构造的故事。就哲学史的叙述而言，我们促进了自己作为这个传统的保护者和继承人的利益。（回顾当前的工作，我们确实无法说他在这方面搞错了。）

不过，福柯最猛烈的抨击指向的是自己（但很少明确提及）的导师，即让－保罗·萨特。萨特论述自由乃是意识的本质，是人类主体的必然本性。但是，萨特没有考虑到以下这种可能性：他哲学的核心概念，包括自由概念和意识概念，本身可能就是社会建构的，既不是先天确立的，也不是通过反思或与生俱来的，而是由某种文化和语言构成的。如果真是这样，自由就可能不是像萨特主张的那样，是人类生存的存在论核心，相反，它是某种特定思想的特定产物。此外，主体或意识（自为存在）可能对我们所有人而言并不具有本质性，相反，它可能也是构建起来的，由文化和语言所造就，甚至是想象出来的。或许，后现代主义者认为，"确实"没有主体、意识、自由，有的只是"诸种力量的相互作用"，我们的"自我"无非是这些力量的暂时结合。

那么，哲学如今在哪呢？后现代主义并非哲学。它充其量不过是条导火线，或许是绝望的呼喊。确实，它谈论世界哲学，也谈论诸种文化的哲学，但是这种谈论本身并非哲学。与此同时，学院哲学仍然继续存在，在美国、英国、荷兰和德国以及非后现代的法国，也在日本、阿根廷和印度。完全没有后现代那种哲学终结的感觉。（实际上，后现代主义哲学家也仍然占据终身教席，只是偶尔承认这是个讽刺。）

哲学"主流"或者说诸种哲学仍在哼哧哼哧前行，变得日益技术化和更加深奥难解，这极像中世纪晚期各种学派的状况。哲学的危机愈发促进了这种僵化，尽管最近计算机研究领域的突破导致了"认知科学"和"人工智能"的兴起。后现代主义已然产生了新一代的学术势力，而"传统"的老卫兵们，那些仍然坚持有必要阅读希腊语和拉丁语文献的人、那些尚未抛弃笛卡尔主义或经验主义或者那些为新思潮吓坏了的人，则以"真哲学"之名发动了艰苦的战役，他们常常与同行为敌，也相互争论不休。

当然，在这场令人困惑而又毫无结果争战中，输家往往是学生，因为他们进入哲学之门并不是要挣得某个专门领域的入场券，而是探询那些亘古未变的问题，或者探询他们自己的各种各样的问题：生活的意义、最好的生活方式，以及他们的信仰是否与他们获得的商科学位或科学学位相容。而且，我们还应该补充，输家还包括公众，或大部分理智之人，他们仍然渴望某种哲学洞见，渴望窥探"超越"世俗的东西，可是他们发现，在学院化的哲学中，找不到任何"滋养"他们的东西，或者说，在密不透风的学院高墙之内，没有任何充满生气的东西。

然而，人类的心灵憎恶空虚，在传统哲学家驻足不前的地方，其他人没有望而却步。或许，正是在这个背景下，我们应该考虑有时显示为新时代哲学的现象，包括大量的观念，从健全的思想到边缘性的卡通想象。在这里，好奇的探寻者能从有趣的论文中发现所有东西，从环境、药物的真正替代品，到令人屏住气息的关于UFO绑架的详细叙述，以及古埃及人的奇异复活（或"通灵"），就像20世纪末女演员所表演的那样。把这些无奇不有的观念当作单一的"运动"，无疑是严重误解。但是，新时代现象所揭示的这种新哲学的渴求，确实暗示了对于哲学的重要预测，尽管仍有来自某些后现代主义者的末日警告。传统保留下来的，就是这种对哲学的渴求，如今因全球意识而变得更加复杂。狭隘的哲学教授可以安全地探寻自己狭隘的领域，但仍有某种需求更多的迫切要求，这种要求在我们这个日益富有自由进取精神的世界中（无论好坏），会得到满足。

世界哲学：希望还是幻影？

我竭尽所能撰写了这本哲学"简"史，或许它并未穷尽世界哲学，但至少触及到了它的大致范围和复杂性。在对待我们自己的"西方"传统时，我们尽可能不去太过明显地展示，但很显然，我们对于历史所展现的过程，既有热情也有疑虑。

就我们自己作为哲学研究者而言，面对纷繁复杂的观念、持续发酵的冲突以及社会敏感事件（用多少有些抽象的哲学术语表述），我们常常禁不住激动不已。但是，与此同时，我们也为如下事实烦恼：

古老的智慧理想，即哲学是某种人所独具的东西，而不是某种特殊的专业技巧活动，这样的观念已经消逝了。特别是，哲学变得日益珍贵。对话不再为所有人敞开，而只限于小撮志趣相投的专家，成了他们之间的专门活动。

当然，新的世界哲学可能会变得越来越专业化。比如，不是印度哲学或中国哲学丰富了其他文化的思想，而是梵文学者或汉语学者把印度哲学或中国哲学占为己有，这是完全可以想象的。哲学不再是与其他领域和专业、其他生活方式的同行分享洞见，而是成了某种学术专长，日益变得技术化，最终变得让"专业"之外的人感到无趣（也不再支持），这也是完全可以想象的。

我们以为，这是个悲剧，但是，我们的某些最具天赋的哲学家却正费劲地朝这个方向前行。哲学是奇妙的，里面充满了惊奇。或许，哲学是种奢侈，但它是每个人都能够负担得起的奢侈。事实上，在充满怀疑、烦恼或动乱的时代，哲学可以说是种必需。把哲学与它有时导致的比较晦涩的问题相互混淆，这是对这门学问的误解。

我们需要的不是更多的冷酷无情，而是更多的人性和开明。我们需要的是更耐心的聆听者，而不是更强的争辩者。我们必须承认近来的某些女性主义理论家的深刻洞见，西方人所追寻的这种"客观性"，并不是价值中立，也不是与个人无关，而是具有极强的社会和思想责任感。毕竟，达到"超越"，超越我们自己的局限，超越我们必定具有的关于世界和他人的偏见，向来是哲学关注的主题。亚里士多德声称哲学始于"惊奇"，并在其中得到保持，原因就在于此。世间再无其他事物配得上这个名称。

参考书目

西方哲学

通论

Copleston, Frederick, *The History of Philosophy*. 9. vols. Rev. ed. Westminster, Md.: The Newman Press; 1946–76.

Durant, Will and Ariel. *The Story of Philosophy*. 9. vols. New York: Simon and Schuster, 1935.

Flew, Antony. *An Introduction to Western History*. London: Thames and Hudson, 1971.

Jones, W. T. *A History of Western Philosophy*. 4 vol. New York: Harcourt, Brace, Jovanovich, 1969–75.

Parkinson, G. H. R. And S. G. Shanker, eds. *The Routledge History of Philosophy*. 10 vols. London: Routledge, 1993–.

Russell, Bertrand. *History of Western Philosophy*. New York: Simon and Schuster, 1945.

Solomon, Robert C. *Introducing Philosophy*. 5th ed. Fort Worth: Harcourt Brace, 1933.

Tarnas, Richard. *The Passion of the Western Mind*. New York: Harmony, 1991.

Whitehead, Alfred North. *Adventures of Ideas*. New York: Macmillan, 1933.

第一部分 世界秩序的追寻：古代哲学

埃及

Glanville, Stephen. *The Legacy of Egypt*. Oxford: Clarendon, 1947.

Steindorff, Georg, and Keith C. Seele. *When Egypt Ruled the East*. Chicago: University of Chicago Press, 1957.

古希腊

Barnes, Jonathan. *Aristotle*. New York: Oxford University Press, 1982.

Burnet, J. *Early Greek Philosophy*. 4th ed. London: Black, 1930.

Cornford, Francis M. *Before and After Socrates*. Cambridge: Cambridge University Press, 1932.

Dodds, Eric Robertson. *The Greeks and the Irrational*. Berkeley: University of California Press, 1951.

Farrington, Benjamin. *Greek Science*. Harmondsworth, Eng.: Penguin, 1944.

Findlay, John Niemeyer. *Plato and Platonism*. New York: Times Books, 1978.

Guthrie, W. K. C. *Greek Philosophy*. London: Methuen, 1950.

Kirihan, P. D. *Pre-Socratics*. Indianapolis, Ind.: Hackett, 1994.

Kirk, G. S., and J. E. Raven. *The Pre-socratic Philosophers*. Cambridge: Cambridge University Press, 1957.

Kraut, Robert. *Socrates and the State*. Princeton, N. J.: Princeton University Press, 1984.

Mourelatos, A. P. D. *The Pre-Socratics*. Princeton, N. J.: Princeton University Press, 1993.

Ring, Merrill. *Beginning with the Pre-socratics*. Mountain View, Calif.: Mayfield, 1987.

Ross, W. D. *Aristotle*. 5th ed. London: Methuen, 1949.

Stone, Isidor F. *The Trial of Socrates*. Boston: Little, Brown, 1988.

Taylor, Alfred E. *Aristotle*. Mineola, N. Y.: Dover, 1955.

———.*Socrates*. Garden City, N. Y.: Doubleday, 1953.

Vlastos, Gregory, ed. *The Philosophy of Socrates*. New York: Doubleday, 1971.

第二部分 神与哲学家：宗教哲学与中世纪哲学

琐罗亚斯德教

Boyce, Mary. *Zoroastrians: Their Beliefs and Practices*. London: Routledge and Kegan Paul, 1979.

Malandra, William W. *An Introduction to Ancient Iranian Religion.* Minneapolis: University of Minnesota Press, 1983.

犹太教

Jacobson, Dan. *The Story of the Stories: The Chosen People and Its God.* New York: Harper and Row, 1982.

Katz, Steven T. *Jewish Philosophers.* New York: Bloch, 1975.

Kent, Charles Foster. *History of the Hebrew People.* New York: Charles Scribner's Sons, 1905.

Phillips, Anthony. *God B. C.* Oxford: Oxford University Press, 1977.

Scholem, Gershom G. *On the Kabbalah and Its Symbolism.* Translated by Ralph Manheim. New York: Schocken Books, 1965.

基督教

Chadwick, Henry. History and Thought of the Early Church. London: Variorum Reprints, 1982.

Croo, F. L., and Elizabeth A. Livingstone, eds. The Oxford Dictionary of the Christian Church. London: Oxford University Press, 1958.

Pelikan, Jaroslav. *The Christian Tradition: A History of the Development of Doctrine.* Chicago: University of Chicago Press, 1971-89. Vol. 1: *The Emergence of the Catholic Tradition (100-600).* Vol. 2: *The Spirit of Eastern Christendom (600-1700).* Vol. 3: *The Growth of Medieval Theology (600-1300).* Vol. 4: *Reformation of Church and Dogma (1300-1700).* Vol. 5: *Christian Doctrine and Modern Culture (since 1700).*

Walsh, Michael. *Roots of Christianity*.London: Grafton, 1986.

伊斯兰教

Cragg, Kenneth. *The House of Islam.* 2nd ed. Belmont, Calif.: Wadsworth, 1975.

Hourani, Albert. *A History of the Arab Peoples.* Cambridge, Mass.: Harvard University Press, 1991.

Lewis, Bernard. *Islam and the West.* New York: Oxford University Press, 1993.

Ormsby, Eric. "Arabic Philosophy." in *From Africa to Zen: An Invitation to*

World Philosophy. Edited by Robert C. Solomon and Kathleen M. Higgins. pp. 125–50. Lanham, Md.: Rowman and Littlefield, 1993.

Phillips, Stephen H. *Classical Indian Metaphysics.* La Salle, Il: Open Court, 1995.

Rahman, Fazlur. *Islam.* 2nd ed. Chicago: University of Chicago Press, 1979.

———. *Major Themes of the Qur'an.* Minneapolis, Minn.: Bibliotheca Islamica, 1980.

Sepasi-Tehrani, Homayoon, and Janet Flesh. "Persian Philosophy." In *From Africa to Zen: An Invitation to World Philosophy.* Edited by Robert C. Solomon and Kathleen M. Higgins. pp. 151–86. Lanham, Md.: Rowman and Littlefield, 1993.

中世纪哲学

Bainton, Roland H. *The Medieval Church.* New York: Van Nostrand, 1962.

Copleston, Frederick, S. J. *Thomas Aquinas.* New York: Harper and Row, 1955.

Goodman, L. E. *Avicenna.* New York: Routledge, 1992.

Grunebaum, Gustav E. Von. *Medieval Islam.* Chicago: University of Chicago Press, 1966.

Knowles, David. *The Evolution of Medieval Thought.* London: Longman, 1962.

Netton, Ian Richard. *Al-Farabi and His School.* New York: Routledge, 1992.

Runciman, Steen. *The Eastern Schism: A Study of the Papacy and the Eastern Churches During the Eleventh and Twelfth Centuries.* Oxford: Clarendon, 1955.

Vignaux, Paul. *Philosophy in the Middle Ages: An Introduction.* Translated by E. C. Hall. New York: Meridian Books, 1959.

宗教改革

Kittelson, James M. *Luther the Reformer: The Story of the Man and His Career.* Minneapolis, Minn.: Augsburg, 1986.

Whale, J. S., D. D. *The Protestant Tradition: An Essay in Interpretation.* Cambridge: Cambridge University Press, 1955.

文艺复兴

Cassirer, Ernst. *The Individual and the Cosmos in Renaissance Philosophy.*

Translated by Mario Domandi. New York: Barnes and Noble, 1963.

Copenhaver, Brian P. *Renaissance Philosophy*. New York: Oxford University Press, 1992.

Kristeller, Paul Oskar. *Renaissance Thought and Its Sources*. Edited by Michael Mooney. New York: Columbia University Press, 1979.

McKnight, Stephen A. *Sacralizing the Secular: The Renaissance Origins of Modernity*. Baton Rouge: Louisiana State University Press, 1989.

Seung, T. K. Cultural *Thematics: The Formation of the Faustian Ethos*. New Haven: Yale University Press, 1976.

第三部分　在科学与宗教之间：近代哲学与启蒙运动

Allison, H. E. *Kant's Philosophy of Freedom*. Cambridge: Cambridge University Press, 1990.

Beck, Lewis White, ed. *Eighteen-Century Philosophy*. New York: The Free Press, 1966.

——.Early German *Philosophy: Kant and His Predecessors*. Cambridge, Mass.: Harvard University Press, 1969.

Berlin, Isaiah, ed. *The Age of Enlightenment: The Eighteen-Century Philosophers*. New York: Oxford University Press, 1979.

Breazeale, Daniel. "Fichte and Schelling: The Jena Period." *In The Age of German Idealism*. Edited by Kathleen Higgins and Robert Solomon. pp. 138–80. London: Routledge, 1993.

Cassirer, E. *Kant's Life and Thought*. New Haven, Conn.: Yale University Press, 1981.

Cottingham, John. *The Rationalists*. Oxford: Oxford University Press, 1992.

Gardiner, Patrick, ed. *Nineteenth-Century Philosophy: Hegel to Nietzsche*. New York: The Free Press, 1969.

Guyer, Paul, ed. *The Cambridge Companion to Kant*. Cambridge: Cambridge University Press, 1992.

Hamlyn, D. W. *Schopenhauer*. London: Routledge, 1980.

Hampshire, Stuart, ed. *The Age of Reason: The Seventeenth-Century Philosophers*. New York: Braziller, 1957.

Higgins, Kathleen. *Nietzsche's Zarathustra*. Philadelphia: Temple University Press, 1987.

Higgins, Kathleen, and Robert Solomon, eds. *The Age of German Idealism*. London: Routledge, 1993.

Hooker, M., ed. *Descartes*. Baltimore, Md.: Johns Hopkins University Press, 1978.

Kenny, Anthony. *Descartes: A Study of His Philosophy*. New York: Random House, 1968.

Korner, Stephan. *Kant*. New Haven, Conn.: Yale University Press, 1955.

Mackey, Louis. *Kierkegaard: A Kind of Poet*. Philadelphia: University of Pennsylvania Press, 1971.

Miller, James. *Rousseau and Democracy*. New Haven, Conn.: Yale University Press, 1984.

Nehamas, Alexander. *Nietzsche: Life as Literature*. Cambridge, Mass.: Harvard University Press, 1985.

Nola, Robert. "The Young Hegelians: Feuerbach and Marx." In *The Age of German Idealism*. Edited by Kathleen Higgins and Robert Solomon. pp. 290–329. London: Routledge, 1993.

Schacht, Richard. *Nietzsche*. London: Routledge, 1983.

Skorupski, John. *English–Language Philosophy, 1750–1945*. Oxford: Oxford University Press, 1992.

Solomon, Robert C. *Continental Philosophy Since 1750: The Rise and Fall of the Self*. Oxford: Oxford University Press, 1988.

———.*In the Spirit of Hegel*. New York: Oxford University Press, 1983.

Tanner, Michael. Nietzsche. Oxford: Oxford University Press, 1995.

Taylor, Mark. *Journeys to Selfhood: Hegel and Kierkegaard*. Berkeley: University of California Press, 1980.

Toulmin, Stephen. *Cosmopolis: The Hidden Agenda of Modernity*. New York: Macmillan, 1990.

Werhane, Patricia. *Adam Smith and His Legacy for Capitalism*. New York: Oxford, 1978.

White, M. *The Philosophy of the American Revolution*. New York: Oxford, 1978.

Woolhouse, R. S. *The Empiricists*. New York: Oxford University Press, 1988.

第四部分　20世纪：从现代主义到后现代主义

Barnes, Hazel. *Sartre*. Philadelphia: Lippincott, 1973.

Charlesworth, Max. *The Existentialists and Jean-Paul Sartre*. London: Prior, 1976.

Dreyfus, Hubert L., and Raul Rabinow. *Michel Foucault: Beyond Structuralism and Hermeneutics*. 2nd ed. Chicago: University of Chicago Press, 1983.

Fogelin, Robert. *Wittgenstein*. London: Routledge, 1983.

Guignon, Charles, ed. *The Cambridge Companion to Heidegger*. Cambridge: Cambridge University Press, 1993.

Hylton, Peter. *Russell, Idealism, and the Emergence of Analytic Philosophy*. Oxford: Oxford University Press, 1990.

Janik, A., and S. Toulmin. *Wittgenstein's Vienna*. New York: Simon and Schuster, 1993.

Magee, Bryan. *Modern British Philosophy*. Oxford: Oxford University Press, 1988.

Miller, James. *Michel Foucault*. New York: Simon and Schuster, 1993.

Myers, Gerald. *William James*. New Haven, Conn.: Yale University Press, 1986.

Schroeder, William. *Sartre and His Predecessors*. London: Routledge, 1984.

Skorupski, John. *English-Language Philosophy, 1750-1945*. Oxford: Oxford University Press, 1992.

Sluga, Hans. *Heidegger's Crisis*. Cambridge, Mass.: Harvard University Press, 1993.

Solomon, Robert C. *From Rationalism to Existentialism: The Existentialists and Their Nineteenth-Century Backgrounds*. New York: Harper and Row, 1972.

Spiegelberg, H. *The Phenomenological Movement*. The Hague: Martinus Nijhoff, 1962.

Weitz, Morris, ed. *Twentieth-Century Philosophy: The Analytic Tradition*. New York: The Free Press, 1966.

非西方哲学

通论

Douglas, Mary. *Purity and Danger: An Analysis of Concepts of Pollution and Taboo*. New York: Praeger, 1970.

Deutsch, Eliot, ed. *Culture and Modernity: East–West Philosophic Perspectives*. Honolulu: University of Hawaii Press, 1991.

Smart, Ninian. *The Long Search*. Boston: Little, Brown, 1977.

Smith, Huston. *The Religions of Man*. New York: Harper and Row, 1958.

Solomon, Robert C., and Kathleen M. Higgins, eds. *From Africa to Zen: An Invitation to World Philosophy*. Lanham, Md.: Rowman and Littlefield, 1993.

——.*World Philosophy: A Text with Readings*. New York: McGraw-Hill, 1995.

非洲哲学

Abimbola, Wande. *Ifa: An Exposition of Ifa Literary Corpus*. Ibadan, Nigeria: Oxford University Press, 1976.

Abraham, W. E. *The Mind of Africa*. Chicago: University of Chicago Press, 1962.

Appiah, Kwame Anthony. *In My Father's House: Africa in the Philosophy of Culture*. New York: Oxford University Press, 1992.

Fanon, Frantz. *The Wretched of the Earth*. New York: Grove Press, 1968.

Floistad, Guttorm, ed. *Contemporary Philosophy*. Vol. 5: African Philosophy. The Hague: Martinus Nijhoff, 1987.

Gyekye, Kwame. *An Essay on African Philosophical Thought*. New York: Cambridge University Press, 1987.

Hountondji, Paulin. *African Philosophy: Myth and Reality*. Translated by Henri Evans, with Jonathan Reé. Bloomington: Indiana University Press, 1983.

McVeigh, Malcolm. *God in Africa: Conceptions of God in African Traditional Religion and Christianity*. Cape Cod, Mass.: C. Stark, 1974.

Makinde, M. Akin. *African Philosophy, Culture, and Traditional Medicine*. Athens: Ohio University Press, 1988

Mbiti, John S. *African Religions and Philosophy*. Garden City, N. Y.:

Doubleday, 1969.

Mudimbe, V. Y. T*he Invention of Africa: Gnosis, Philosophy and the Order of Knowledge*. Bloomington: Indiana University Press, 1988.

Murungi, John. "Toward an African Conception of Time." *International Philosophical Quarterly* 20:4 (December 1980): 407–16.

Okere, Theophilus. *African Philosophy: A Historico-Hermeneutical Investigation of the Conditions of Its Possibility*. New York: University Press of America, 1983.

Oruka, H. Odera. "Sagacity in African Philosophy." *International Philosophical Quarterly* 23:4 (December 1983):383–94.

Senghor, Léopold Sédar. *Prose and Poetry. Translated by Clive Wake and John Reed*. London: Oxford University Press, 1965.

Serequeberhan, Tsenay, ed. *African Philosophy: The Essential Readings*. New York: Paragon House, 1991.

Trimier, Jacqueline. "African Philosophy." In *From Africa to Zen: An Invitation to World Philosophy*. Edited by Robert C. Solomon and Kathleen M. Higgins. pp. 187–219. Lanham, Md.: Rowman and Littlefield, 1993.

Wiredu, Kwasi. *Philosophy and an African Culture*. New York: Cambridge University Press, 1980.

Wright, Richard A., ed. *African Philosophy: An Introduction*. Lanham, Md.: University Press of America, 1984.

美国印第安人的哲学

Allen, Paula Guun. *The Sacred Hoop*. Boston: Beacon, 1986.

Brown, Joseph E. *The Spiritual Legacy of the American Indian*. New York: Crossroad, 1984.

Crow Dog, Mary. *Lakota Woman*. New York: Harper Collins, 1990.

DeMallie, Raymond J. T*he Sixth Grandfather: Black Elk's Teachings Given to John G. Neihardt*. Lincoln: University of Nebraska Press, 1984.

Erdoes, Richard. *Lame Deer: Seeker of Visions*. New York: Simon and Schuster, 1976.

Jennings, Francis. *The Invasion of America*. New York: Norton, 1975.

Josephy, Alvin. *Now That the Buffalo's Gone: A Study of Today's American*

Indian. Norman: University of Oklahoma Press, 1984.

Nelson, Richard. *Make Prayers to the Raven*. Chicago: University of Chicago Press, 1983.

Overholt, Thomas W., and J. Baird Calicott. *Clothed-in-Fur and Other Tales: An Introduction to an Ojibwa World View*. Washington, D. C.: University Press of America, 1982.

——. "Traditional American Indian Attitudes Toward Nature." In *From Africa to Zen: An Invitation to World Philosophy*. Edited by Robert C. Solomon and Kathleen M. Higgins. pp. 55–80. Lanham, Md.: Rowman and Littlefield, 1993.

Underhill, Ruth M. *Red Man's Religion: Beliefs and Practices of the Indians North of Mexico*. Chicago: University of Chicago Press, 1965.

Vescey, Christopher. *Imagine Ourselves Richly: Mythic Narratives of North American Indians*. New York: Crossroad, 1988.

中国哲学

Allan, Sarah. *The Shape of the Turtle: Myth, Art, and Cosmos in Early China*. Albany: State University of New York Press, 1991.

Allinson, Robert E., ed. *Understanding the Chinese Mind*. Hong Kong: Oxford University Press, 1989.

Ames, Roger T. *The Art of Rulership*. Honolulu: University of Hawaii Press, 1983.

Ames, Roger T., and David L. Hall. *Thinking Through Confucius*. Albany: State University of New York Press, 1987.

——. "Understanding Order: The Chinese Perspective." In *From Africa to Zen: An Invitation to World Philosophy*. Edited by Robert C. Solomon and Kathleen M. Higgins. pp. 1–23. Lanham, Md.: Rowman and Littlefield, 1993.

Bodde, Derk. *Chinese Thought, Society, and Science*. Honolulu: University of Hawaii Press, 1991.

Fung Yu-Lan. *A Short History of Chinese Philosophy*. Edited by Derk Bodde. New York: Macmillan, 1948.

Graham, A. C. *Disputers of the Tao: Philosophical Argument in Ancient China*. La Salle, Ill.: Open Court, 1989.

Mote, Frederick W. *Intellectual Foundations of China*. New York: Alfred A.

Knopf, 1971.

Wing-Tist Chan, ed. *A Source Book in Chinese Philosophy*. Princeton, N. J.: Princeton University Press, 1963.

印度哲学

Basham, A. L. *The Origins and Development of Classical Hinduism*. Boston: Beacon, 1989.

Bilimoria, Purusottama. *The Self and Its Destiny in Hinduism*. Geelong: Deakin University Press, 1990.

Daniélou, Alain. *The Myths and Gods of India: The Classic Work on Hindu Polytheism from the Princeton Bollingen Series*. Rochester, Vt.: Inner Tradition International, 1991.

Deutsch, Eliot. *Advaita Vedanta*. Honolulu: East-West Center Press, 1969.

Koller, John. *The Indian Way*. Albany: State University of New York Press, 1982.

O'Flaherty, Wendy Doniger, ed. And trans. *Hindu Myths: A Sourcebook Translated from the Sanskrit*. Baltimore, Md.: Penguin Books, 1975.

Phillips, Stephen H. *Aurobindo's Philosophy of Brahman*. New York: E.J.Brill, 1986.

——. "Indian Philosophers." In *From Africa to Zen: An Invitation to World Philosophy*. Edited by Robert C. Solomon and Kathleen M. Higgins. pp. 221–66. Lanham, Md.: Rowman and Littlefield, 1993.

Potter, Karl. *Guide to Indian Philosophy*. Boston: G. K. Hall, 1988, pp. 221–266.

Zimmer, Heinrich. *Myths and Symbols in Indian Art and Civilization*. Edited by Joseph Campbell. Bollingen Series VI. Princeton, N. J.: Princeton University Press, 1946.

日本哲学

Benedict, Ruth. *The Chrysanthemum and the Sword: Patterns of Japanese Culture*. Boston: Houghton Mifflin, 1946.

Dumoulin, Heinrich. *Zen Buddhism: A History*. 2 vols. Translated by James W. Heisig and Paul Knitter. New York: Macmillan, 1989–90.

Kasulis, T. P. *Zen Action/Zen Person*. Honolulu: University of Hawaii Press, 1981.

Nishitani Keiji. *The Self-Overcoming of Nihilism*. Translated by Graham Parkes, with Setsuk Aihara. Albany: State University of New York Press, 1990.

Parkes, Graham. "Ways of Japanese Thinking." In *From Africa to Zen: An Invitation to World Philosophy*. Edited by Robert C. Solomon and Kathleen M. Higgins. pp. 25–53. Lanham, Md.: Rowman and Littlefield, 1993.

Ryusaku Tsunoda, ed. *Sources of Japanese Tradition*. New York: Columbia University Press, 1958.

Sei Shōnagon. *The Pillow Book of Sei Shōnagon*. Translated and edited by Ivan Morris. New York: Penguin Books, 1967.

Suzuki, Daisetz T. *Zen and Japanese Culture*. Princeton, N. J.: Princeton University Press, 1959.

Varley, H. Paul. *Japanese Culture*. Honolulu: University of Hawaii Press, 1973.

拉丁美洲哲学

Aquilar, Luis, ed. *Marxism in Latin America*. Rev. ed. Philadelphia: Temple University Press, 1978.

Clendinnen, Inga. *Aztecs*. Cambridge: Cambridge University Press, 1991.

Crawford, William Rex. *A Century of Latin American Thought*. Cambridge, Mass.: Harvard University Press, 1944.

Dascal, Marcelo. *Cultural Relativism and Philosophy: North and Latin American Perspectives*. New York: E. J. Brill, 1991.

Dussel, Enrique. *Philosophy of Liberations*. Translated by A. Martinez and M. Morkovsky. New York: Orbis Books, 1985.

Gracia, Jorge J. E. *Latin American Philosophy in the Twentieth Century*. Buffalo: Prometheus, 1986.

Jorrin, Miguel, and John D. Martz. *Latin-American Political Thought and Ideology*. Chapel Hill: University of North Carolina Press, 1970.

Leon-Portilla, Miguel. *Aztec Thought and Culture: A Study of the Ancient Nahuatl Mind*. Translated by Jack Emory Davis. Norman: University of Oklahoma Press, 1963.

———.*The Broken Spears: The Aztec Account of the Conquest of Mexico*. Boston: Beacon Press, 1966.

Sahagún, Fr. Bernadino de. *The Florentine Codex: General History of the Things of New Spain*. 12 books in 13 vols. Translated by Arthur J. O. Anderson and Charles Dibble. Santa Fe: School of American Research and the University of Utah Press, 1950–82.

Valadez, Jorge. "Pre-Columbian and Modern Philosophical Perspectives in Latin America." In *From Africa to Zen: An Invitation to World Philosophy*. Edited by Robert C. Solomon and Kathleen M. Higgins. pp. 81–124. Lanham, Md.: Rowman and Littlefield, 1993.

Zea, Leopoldo. *The Latin American Mind*. Translated by J. H. Abbot and L. Dunham. Norman: University of Oklahoma, 1963.

环境

Blackstone, William, ed. *Philosophy and Environmental Crisis*. Athens: University of Georgia Press, 1974.

Callicott, J. Baird. *In Defense of the Land Ethic: Essays in Environmental Philosophy*. Albany: State University of New York Press, 1989.

Elliot, Robert, and Arran Gare, eds. *Environmental Philosophy: A Collection of Readings*. University Park, Pa.: Pennsylvania State University Press, 1983.

Leopold, Aldo. *A Sand County Almanac: And Sketches Here and There*. New York: Oxford University Press, 1977.

Regan, Tom, and Peter Singer, eds. *Animal Rights and Human Obligations*. 2nd ed. Englewood Cliffs, N. J.: Prentice-Hall, 1989.

Regan, Tom. Earthbound: *Introductory Essays in Environmental Ethics*. Prospect Heights, Ill.: Waveland Press, 1984.

Sadler, Barry, and Allen Carlson, eds. *Environmental Aesthetics: Essays in Interpretation*. Victoria, B. C.: University of Victoria Press, 1987.

Sagoff, Mark. *The Economy of the Earth: Philosophy, Law, and the Environment*. Cambridge: Cambridge University Press, 1988.

Singer, Peter. *Animal Liberation*. 2nd ed. New York: Random House, 1975.

Vandeveer, Donald, and Christine Pierce, eds. *People, Penguins, and Plastic Trees*. Belmont, Calif.: Wadsworth, 1986.

女性主义

Beauvoir, Simone de. *The Second Sex*. Translated by H. M. Parshley. New York: Knopf, 1953.

Butler, Judith. *Gender Trouble: Feminism and the Subversion of Identity*. New York: Routledge, 1990.

Chodorow, Nancy. *The Reproduction of Mothering: Psychoanalysis and the Sociology of Gender*. Berkeley: University of California Press, 1978.

Dinnerstein, Dorothy. *The Mermaid and the Minotaur*. New York: Harper and Row, 1977.

Firestone, Shulamith. *The Dialectic of Sex: The Case for Feminist Revolution*. New York: Bantam Books, 1970.

Gilligan, Carol. *In a Different Voice: Psychological Theory and Women's Development*. Cambridge, Mass.: Harvard University Press, 1982.

Harding, Sandra. *The Science Question in Feminism*. Ithaca, N. Y.: Cornell University Press, 1986.

Hooks, Bell. *Feminist Theory: From Margin to Center*. Boston: South End Press, 1984.

Lloyd, Genevieve. *The Man of Reason: "Male" and "Female" in Western Philosophy*. Minneapolis: University of Minnesota Press, 1984.

Nicholson, Linda J., ed. *Feminism/Postmodernism*. New York: Routledge, 1990.

Noddings, Nel. *Caring: A Feminine Approach to Ethics and Moral Education*. Berkeley: University of California Press, 1984.

Raymond, Janice G. *A Passion for Friends: Toward a Philosophy of Female Affection*. London: Women's Press, 1985.

Ruddick, Sara. *Maternal Thinking: Toward a Politics of Peace*. Boston: Beacon Press, 1989.

Tuana, Nancy. *Woman and the History of Philosophy*. New York: Paragon, 1992.

人物年表

亚伯拉罕　　　　　　　　　　　（公元前 2000 年早期）
摩西　　　　　　　　　　　　　（公元前 14—前 13 世纪）
大卫　　　　　　　　　　　　　（约公元前 1000—前 962）
查拉图斯特拉　　　　　　　　　（约公元前 628—约前 551）
泰勒斯　　　　　　　　　　　　（公元前 625?—前 547 年？）
阿那克西曼德　　　　　　　　　（公元前 610—约前 545）
毕达哥拉斯　　　　　　　　　　（约公元前 581—约前 507）
释迦牟尼（佛陀）　　　　　　　（约公元前 563—约前 483）
色诺芬尼　　　　　　　　　　　（约公元前 560—约前 478）
孔子　　　　　　　　　　　　　（公元前 551—前 479）
阿那克西美尼　　　　　　　　　（盛年约公元前 545）
赫拉克利特　　　　　　　　　　（约公元前 540 年—约前 480）
老子　　　　　　　　　　　　　（公元前 6 世纪）
巴门尼德　　　　　　　　　　　（约公元前 515—前 450）
阿那克萨戈拉　　　　　　　　　（约公元前 500—前 428）
恩培多克勒　　　　　　　　　　（约公元前 490—前 430）
普罗泰戈拉　　　　　　　　　　（约公元前 490 年—前 420）
爱利亚的芝诺　　　　　　　　　（约公元前 490—约前 430）
高尔吉亚　　　　　　　　　　　（约公元前 483—约前 376）
墨子　　　　　　　　　　　　　（约公元前 470—前 391）

苏格拉底	（约公元前 470—前 399）
德谟克利特	（约公元前 460—约前 370）
希波克拉底	（约公元前 460—约前 377）
柏拉图	（约公元前 428—前 348 或 347）
庄子	（公元前 4 世纪）
亚里士多德	（公元前 384—前 322）
泰奥弗拉斯托	（约公元前 372—约前 287）
孟子	（约公元前 372 年—约前 289）
皮浪	（约公元前 360—前 272）
伊壁鸠鲁	（公元前 341—前 270）
斯多葛派的芝诺	（公元前 335—前 263）
第欧根尼	（死于约公元前 320）
克吕西普	（公元前 280—前 206）
荀子	（约公元前 298—约前 230）
西塞罗	（公元前 106—前 43）
卢克莱修	（约公元前 100 至 90—约前 55 至 53）
耶稣基督	（约公元前 6 年—30）
斐洛	（1 世纪—2 世纪）
圣保罗	（死于 62—68 年间）
爱比克泰德	（约 55—约 135）
马可·奥勒留	（121—180）
盖伦	（129—199）
普罗提诺	（204—270）
圣奥古斯丁	（354—430）
希帕蒂娅	（370—415）
穆罕默德	（约 570—632）
阿尔－铿迭	（约 800—866）
阿尔－拉兹	（865—约 925）
阿尔－法拉比	（约 878—约 950）
清少纳言	（966 或 967—1013）

伊本·西那或阿维森纳	（980—1037）
圣安瑟尔谟	（1033—1109）
彼得·阿伯拉尔	（1079—1144?）
伊本·鲁西德或阿威罗伊	（1126—1198）
朱熹	（1130—1200）
摩西·迈蒙尼德	（1135—1204）
道元	（1200—1253）
托马斯·阿奎那	（1225—1274）
埃克哈特大师	（约1260—1327?）
邓斯·司各脱	（1266？—1308）
奥卡姆的威廉	（1285—1349？）
马西利奥·斐奇诺	（1433—1499）
伊拉斯谟	（1466？—1536）
尼可洛·马基雅维利	（1469—1527）
王阳明	（1472—1529）
托马斯·莫尔	（1478—1535）
约翰·福斯特	（约1480—约1540）
马丁·路德	（1483—1546）
帕拉塞尔苏斯	（1493—1541）
约翰·加尔文	（公元1509年—1564）
阿维那的特蕾莎	（1515—1582）
米歇尔·德·蒙田	（1533—1592）
弗朗西斯科·苏亚雷斯	（1548—1617）
弗朗西斯·培根	（1561—1626）
穆拉·萨德拉	（约1571—1640）
托马斯·霍布斯	（1588—1679）
勒内·笛卡儿	（1596—1650）
布莱泽·帕斯卡尔	（1623—1662）
巴鲁赫·斯宾诺莎	（1632—1677）
约翰·洛克	（1632—1704）

艾萨克·牛顿爵士	（1643—1727）
戈特弗里德·威廉·冯·莱布尼茨	（1646—1716）
詹巴蒂斯塔·维柯	（1668—1774）
乔治·贝克莱主教	（1685—1753）
孟德斯鸠	（1689—1755）
伏尔泰	（1694—1778）
以色列·本·以利撒，或贝施特	（约1700—1760）
乔纳森·爱德华兹	（1703—1758）
本杰明·富兰克林	（1706—1790）
大卫·休谟	（1711—1776）
让·雅克·卢梭	（1712—1778）
亚当·斯密	（1723—1790）
伊曼努尔·康德	（1724—1804）
摩西·门德尔松	（1729—1786）
托马斯·杰斐逊	（1743—1826）
约翰·赫尔德	（1744—1803）
杰里米·边沁	（1748—1832）
约翰·沃尔夫冈·冯·歌德	（1749—1832）
玛丽·沃尔斯通克拉夫特	（1759—1797）
弗里德里希·席勒	（1759—1805）
约翰·戈特里布·费希特	（1762—1814）
G. W. F. 黑格尔	（1770—1831）
詹姆士·密尔	（1773—1836）
弗里德里希·谢林	（1775—1854）
亚瑟·叔本华	（1788—1860）
奥古斯特·孔德	（1798—1857）
拉尔夫·瓦尔多·爱默生	（1803—1882）
约翰·斯图尔特·密尔	（1806—1873）
哈里特·泰勒	（1807—1858）
查尔斯·达尔文	（1809—1882）

索伦·克尔凯郭尔	（1813—1855）
弗雷德里克·道格拉斯	（1817—1895）
亨利·大卫·梭罗	（1817—1862）
卡尔·马克思	（1818—1883）
弗里德里希·恩格斯	（1820—1895）
费奥多·陀思妥耶夫斯基	（1821—1881）
列夫·托尔斯泰	（1828—1910）
查尔斯·桑德斯·皮尔士	（1839—1914）
威廉·詹姆士	（1842—1910）
弗里德里希·尼采	（1844—1900）
戈特洛布·弗雷格	（1848—1925）
约西亚·罗伊斯	（1855—1916）
西格蒙德·弗洛伊德	（1856—1939）
埃德蒙德·胡塞尔	（1859—1938）
亨利·柏格森	（1859—1941）
阿尔弗雷德·诺思·怀特海	（1861—1947）
乔治·桑塔亚纳	（1863—1952）
米盖尔·德·乌纳穆诺	（1864—1936）
马克斯·韦伯	（1864—1920）
贝内德托·克罗齐	（1866—1952）
W. E. B. 杜波依斯	（1868—1963）
圣雄甘地	（1869—1949）
西田几多郎	（1870—1945）
伯特兰·罗素	（1872—1970）
奥罗宾多	（1872—1950）
马克斯·舍勒	（1874—1928）
尼古拉·别尔嘉耶夫	（1874—1948）
阿尔伯特·爱因斯坦	（1879—1955）
德日进	（1881—1955）
卡尔·雅斯贝尔斯	（1883—1969）

毛泽东	（1893—1976）
路德维希·维特根斯坦	（1889—1951）
马丁·海德格尔	（1889—1976）
吉尔伯特·赖尔	（1900—1976）
西谷启治	（1900— ）
让·保罗·萨特	（1905—1980）
利奥波德·塞达尔·桑戈尔	（1906— ）
莫里斯·梅洛-庞蒂	（1908—1961）
西蒙娜·德·波伏娃	（1908—1986）
A. J. 艾耶尔	（1910—1989）
J. L. 奥斯汀	（1911—1960）
阿尔贝·加缪	（1913—1960）
弗朗茨·法农	（1925—1961）
米歇尔·福柯	（1926—1984）
马丁·路德·金	（1929—1968）

出版后记

本书主要作者为罗伯特·所罗门（Robert C. Solomon）教授，长期执教于美国德克萨斯大学奥斯汀分校，以丰富的教学经验和风趣的行文风格，写作了系列哲学入门读物。凯瑟琳·希金斯（Kathleen M. Higgins）教授，曾任教于加州大学河畔分校、奥克兰大学和德克萨斯大学奥斯汀分校。本书是两位教授在大学执教哲学史和哲学导论课程三十余年的经验之作，叙述生动，行文晓畅，自出版以来，广受各类读者欢迎。

如今出版的这部《世界哲学简史》，与我们之前出版的《哲学导论》（Introducing Philosophy）相互配合，"史""论"结合，完整地呈现出美国大学哲学入门课程的基本内容。正如哈佛大学教授希瑟拉·博克（Sissela Bok）的恰切评价所言："这本哲学史大胆、敏锐而有趣，开创了在全世界范围内探讨哲学问题的全新广度和深度，读者感到的不是沉闷，而是挑战和惊喜。"本书不同于通常以西方为中心的哲学史写法，力图收录某种意义上哲学的全球性视角，尤其注重对不同文明进行比较，简明扼要地勾勒出了哲学的复杂性和多样性。全书不仅仅是对历史进行纵览，也不限于对某个特殊体系的辩护，而是介绍鲜活的反思活动，引导读者对哲学的主题、思想的张力以及试图缓解张力的各种方案进行深入思考。

本书尤其适合作为哲学通识教育的教材使用。我们希望，无论是哲学专业的学生，还是人文社科学生，甚或普通大众，都能从中受到激发、有所受益，同时获得乐趣。

服务热线：133-6631-2326　188-1142-1266
服务信箱：reader@hinabook.com

后浪出版公司
2017年8月

图书在版编目（CIP）数据

世界哲学简史 /（美）罗伯特·C.所罗门,（美）凯瑟琳·M.希金斯著；梅岚译. -- 南昌：江西人民出版社, 2017.8
ISBN 978-7-210-09597-2

Ⅰ．①世… Ⅱ．①罗…②凯…③梅… Ⅲ．①哲学史—世界 Ⅳ．①B1

中国版本图书馆CIP数据核字(2017)第176910号

A SHORT HISTORY OF PHILOSOPHY, FIRST EDITION by ROBERT C. SOLOMON and KATHLEEN M. HIGGINS
Copyright 1996 by Oxford University Press
Simplified Chinese edition
Copyright 2017 POST WAVE PUBLISHING CONSULTING (Beijing) Co., Ltd.
本书中文简体版权归属于后浪出版咨询(北京)有限责任公司

版权登记号：14-2017-0366

世界哲学简史

作者：[美]罗伯特·C·所罗门　[美]凯瑟琳·M·希金斯
译者：梅岚　校对：陈高华　责任编辑：冯雪松　钱浩
特约编辑：陆炎　封面设计：墨白空间·张静涵

出版发行：江西人民出版社　印刷：北京盛通印刷股份有限公司印刷
665毫米×1000毫米　1/16　24.5印张　字数380千字
2017年10月第1版　2017年10月第1次印刷
ISBN 978-7-210-09597-2
定价：60.00元
赣版权登字 -01-2017-566

后浪出版咨询(北京)有限责任公司 常年法律顾问：北京大成律师事务所
周天晖　copyright@hinabook.com

未经许可，不得以任何方式复制或抄袭本书部分或全部内容
版权所有，侵权必究

如有质量问题，请寄回印厂调换。联系电话：010-64010019